许可 夏路路 编著

运营大变局

——赢战4G

人民邮电出版社

北京

图书在版编目（CIP）数据

运营大变局：赢战4G / 许可，夏路路编著. -- 北京：人民邮电出版社，2015.4
ISBN 978-7-115-38420-1

Ⅰ. ①运… Ⅱ. ①许… ②夏… Ⅲ. ①码分多址－移动通信－邮电企业－企业管理 Ⅳ. ①F626

中国版本图书馆CIP数据核字(2015)第024588号

内 容 提 要

本书在深入研究国内外典型4G运营企业的实践和探索的基础上，对4G移动互联时代，运营业的发展现状和未来变革趋势进行了深入透彻的分析和论述。对 4G 时代运营业的角色定位、流量经营、平台战略、套餐设置、品牌推广、运维变革、终端竞合、渠道适配等多个关键环节进行系统、立体地分析，对移动互联网、大数据、OTT、虚拟运营商等对运营业的影响进行了全面的研究和阐述。

本书数据充分、案例丰富详实，有助于广大读者全面深入了解国内外运营业 4G 创新经验和教训，掌握未来运营业变化趋势，在 4G 时代赢得先机。本书既适合运营商、设备制造商、终端企业等相关管理人员，对于移动互联网产业的从业者也会有所借鉴和帮助。

◆ 编　　著　许　可　夏路路
责任编辑　牛晓敏
责任印制　彭志环

◆ 人民邮电出版社出版发行　　北京市丰台区成寿寺路 11 号
邮编　100164　　电子邮件　315@ptpress.com.cn
网址　http://www.ptpress.com.cn
北京隆昌伟业印刷有限公司印刷

◆ 开本：787×1092　1/16
印张：17　　2015 年 4 月第 1 版
字数：362 千字　　2015 年 4 月北京第 1 次印刷

定价：69.00 元

读者服务热线：(010)81055488　印装质量热线：(010)81055316
反盗版热线：(010)81055315

前 言

2013年12月4日，工业和信息化部宣布向中国移动、中国电信、中国联通颁发“LTE/第四代数字蜂窝移动通信业务(TD-LTE)”经营许可证，中国正式迈入4G时代。以高带宽为特征的4G推进带来了3G时代互联网移动化的进一步深化，这一深化将使得用户的消费习惯深度移动化，为信息消费产业链带来巨大变革，包括支付、医疗、购物、社交、娱乐、交通、教育和智能家居等在内的各行业领域生产要素纷纷涌入电信行业，数字世界和现实世界迫切要求整合；而基于4G宽带的大数据、云计算和物联网等领域的蓬勃发展更提出了4G深化推进的刚性需求。

目前，国内4G市场仍处于初级阶段，为领跑4G，搭乘互联网、大数据、物联网的快车实现传统通信和互联网企业的转型，整个互联网通信行业尤其是电信运营商必须了解4G，掌握4G发展规律，理解4G运营核心，进而把握4G商用带来的产业融合和资源整合机遇。

欧美、日韩等先进地区4G产业已进入全速发展的快车道，也带动了全球经济增长，研究国际标杆的发展模式及布局策略，有利于中国互联网领域企业及电信运营商规避短板，发挥优势，推进本土化4G市场深入发展。

为此，本人基于在电信和互联网行业咨询领域的多年实践经验和成果总结，从“了解4G”（第1章），“4G时代再定位”（第2章），“4G时代下运营商的转型”（3-10章），“直面虚拟运营商”（第11章），“4G管理变革”（第12章），“4G未来”（第13章）六个方面介绍了4G带来的电信行业冲击并指出了运营商下一步布局方向，同时也希望能对互联网领域企业有所启示。

在本书创作过程中，本人和夏路路负责本书整体框架的设计、策划及内容撰写，本人还对书稿内容进行了最终审核。李耀垲、欧阳轩宇、符国钊、穆泓达、喻怡雯、任锦丽、林明月在本书写作过程中做了大量的资料收集和处理工作，在此予以致谢！

由于产业正在快速发展变化以及个人能力和时间的限制，书中必有不周之处，敬请广大读者批评指正。

许 可

2015年3月于北京

目　录

第一章 4G来了

1.1 吹响新时代的号角——4G初现

LTE（Long Term Evolution，长期演进）是由第三代合作伙伴计划组织制定的通用移动通信系统技术标准，于2004年12月在多伦多TSG RAN#26会议上正式立项并启动。此后，LTE技术在全球范围内得到了飞速的发展。截至2014年5月，全球已有288个LTE商用网络遍布于104个国家，其中有超过200个LTE FDD商用网络，28个LTE TDD商用网络，13个LTE FDD/TDD融合网络。全球144个国家的508家运营商正在对LTE技术进行投资，其中包括135个国家456家运营商的LTE部署承诺和52家运营商在9个国家进行的LTE试验。从目前来看，早期部署的多为LTE FDD网络，但是全球对LTE TDD网络的兴趣也在持续增加。LTE TDD商用网络中有接近一半是LTE FDD/TDD融合网络，如日本的SoftBank、美国的Sprint和中国移动（香港）。中国在LTE方面起步较晚，直到2013年12月4日，工业和信息化部（以下简称“工信部”）才向中国电信、中国联通和中国移动发放了LTE TDD牌照，这标志着中国4G时代的到来。

LTE作为一个全球统一标准支持FDD和TDD模式，FDD用于成对频道，TDD用于非成对频道，两者只是在物理层有微小的差异，LTE FDD和LTE TDD有90%以上的共同性，第三代合作伙伴计划组织要求LTE标准中的FDD模式和TDD模式从一开始在功能提高和演进增强方面就保持同步发展。在未来，LTE FDD/TDD融合组网将成为主流，全球移动设备供应商协会（GSA）主席Alan Hadden认为“由于LTE是全球统一的通信标准，LTE FDD与TDD的网络部署和用户终端制造都可以极大地受益于LTE的全球规模经济”。在LTE统一标准下，LTE FDD能够与LTE TDD紧密互通操作，提供无缝语音和数据服务，实现与3G/2G的无缝互通，未来LTE FDD和TDD的互通操作将在多个方向继续演进，也会变得更加稳固。

截至 2014 年第三季度，全球已有 168 家终端厂商发布了 1 889 款 LTE 终端，大部分终端同时支持 TDD 和 FDD 两种制式。其中支持 TD-LTE 的终端达 530 款，比 2013 年多了 330 款。大多数 LTE 终端是兼容 3G 的多模产品，已经发布的 LTE 手机中，99% 以上为 LTE+3G 多模。三星、苹果作为手机行业的标杆企业，已经推出多款 LTE 手机，国内的主要厂商不断跟进，中兴、华为、酷派和联想相继推出具有价格竞争力的 4G 终端，手机终端市场呈现一片繁荣。2012 年全球 LTE 用户数为 1.3 亿。2013 年全球 LTE 用户数已达到 2.297 亿。2014 年 7 月全球 LTE 用户数近 3 亿，在移动用户中的渗透率已超过 4%，其中中国移动的网络已覆盖 330 个城市。至 2014 年年底用户数已达到 9 006 万，而在两个月前，这一数字仅为 5 445 万，两个月之间，中国移动的 4G 用户数暴涨超过 3 500 万。仅 2014 年一年，中国移动的 4G 终端销量就超过 1 亿。

1.2　悄无声息的变革——4G产业链

纵观全球通信行业，4G 正在悄无声息地改变着我们的生产和生活。美日韩在 4G 的规划部署与应用上走在了最前端。与 4G 部署领先的国家相比，我国 4G 部署较晚但是发展较迅速。2013 年 12 月 4 日，工信部向中国移动、中国电信、中国联通正式发放了第四代移动通信业务牌照（即 4G 牌照），此举标志着中国电信产业正式进入了 4G 时代。截至 2014 年年底，仅用 8 个月，中国 4G 用户数突破 8 000 万大关，中国 4G 产业正在逐步走向成熟。

目前国内 4G 产业相关主体主要有：政府部门、生产性企业、客户、上下游配套企业等。政府部门主要是行业的监管者，也是行业发展的管理者，国内通信行业的主要监管部门是工信部和国务院国有资产监督管理委员会（以下简称“国资委”）。工信部的主要职责是管理通信业，指导推进信息化建设，协调维护国家信息安全等。国资委代表国家履行出资人职责，监管中央所属企业的国有资产。

生产性企业主要是电信运营商，电信运营商提供固定电话、移动电话和互联网接入等服务。中国三大电信运营商分别是中国移动、中国电信、中国联通。中国移动通信集团公司于 2000 年 4 月 20 日成立，是在原中国电信移动通信局资产总体剥离的基础上组建的国有重要骨干企业。目前中国移动已建成一个覆盖范围广、通信质量高、业务品种丰富、服务水平一流的综合通信网络，其网络规模和客户规模均列全球第一。中国电信集团公司于 2002 年 5 月重组挂牌成立，是按国家电信体制改革方案组建的特大型国有通信企业，下辖 21 个省级电信公司，拥有全国长途传输电信网 70% 的资产，是经国务院授权投资的机构和国家控股的试点企业，由中央直接管理。中国联合网络通信集团有限公司成立于 1994 年 7 月 19 日，旨在为中国基础电信业务领域引入竞争，对中国电信业的改革和发展起到积极的促进作用。

电信行业需求方面主要来自个人、家庭、政府、企业等客户。中国移动公布的

2014 年 7 月份运营数据显示，中国移动新增客户数 295.9 万户，客户总数累计达 7.935 73 亿户；当月 3G 用户净增 238.5 万户，3G 客户总数达 2.409 03 亿户；4G 用户净增 649.4 万户，总数达 2 043.7 万户。中国联通发布的 2014 年 7 月运营数据显示，移动业务方面，用户数累计为 2.958 91 亿户，当月净增长 88.8 万户；其中移动宽带用户数累计 1.433 18 亿户，当月净增长 251 万户。家庭业务方面，中国联通固网宽带用户数累计 6 779.8 万户，当月净增长 37.8 万户；本地电话用户累计 8 544 万户，当月净减少 63.1 万户。当月移动宽带无线上网卡用户净流失 4.5 万户。中国电信公布的 2014 年 7 月运营数据显示，中国电信当月移动用户再度流失 20 万，总数降至 1.800 4 亿户，2014 年 1—6 月移动用户累计净减少 554 万户；3G 用户数新增 145 万，累计达 1.086 9 亿；家庭业务方面，中国电信本地固话用户减少 98 万，累计为 1.482 4 亿户，宽带用户新增 53 万户，累计达 1.046 6 亿户。

上下游配套企业主要有设备制造商、终端制造商、互联网内容供应商、芯片生产厂商等。通信设备制造商主要有华为、爱立信、中兴等公司。

终端制造商主要有三星、苹果、中兴、华为、联想、酷派、步步高等，2014 年第二季度三星手机市场份额为 25.2%，出货量为 7 430 万台，是排名第二的苹果的两倍。苹果手机在 2014 年第二季度所占市场份额为 11.9%，出货量为 3 510 万台。华为的业绩在当季度排名第三，出货量达到 2 030 万台，占市场份额的 6.9%。联想智能手机当季度出货量为 1 580 万台，占市场份额的 5.4%。此外，酷派、步步高等国产手机在低端市场上也占据一定份额。

互联网内容提供商（Internet Content Provider，ICP）是指在互联网上提供大量丰富且实用信息的服务提供商。ICP 提供的产品就是网络内容服务，包括搜索引擎、虚拟社区、电子邮箱、新闻娱乐等。一般大型的门户网站，像新浪、搜狐等都是内容提供商。互联网内容供应商主要聚焦在游戏、音乐、视讯、阅读、团购、电商等业务。

手机芯片生产方面，高通作为行业内技术和专利的领先者，拥有高达 47.8% 的绝对的市场份额。紧随其后的三星占有 28.5% 的份额。芯片厂商生产相对集中。

1.3 与4G同行——互联网、大数据、OTT浪潮汹涌

伴随着 4G 时代到来的是互联网的飞速发展，大数据应用的普及和 OTT 的新时代浪潮。

根据麦肯锡《中国的数字化转型：互联网对生产力与增长的影响》报告，截至 2014 年 7 月中国网民数量已经达到 6.32 亿，2013 年中国电商零售额已接近 3 000 亿美元，其规模超过美国成为世界上最大的网络零售市场。由互联网和信息化所创新的商业模式，比如网络媒体、网络社区、网络游戏、即时通信、搜索、电子商务等，不但高效

便捷地提升了人们的学习工作效率，丰富了人们的文化娱乐需求，而且还极大地推动了社会经济的发展。

在可预期的未来，随着移动终端和智能手机的普及，无线宽带覆盖区域的提升，互联网在全球的渗透率将会继续提高，互联网将在现有基础上更进一步影响公众生活的方方面面，在创新商业模式、促进传统产业升级、承载社会价值、最终促进整个社会的和谐发展上发挥更为重要的作用。互联网信息的快速传递和互动特性，让公众在社会舆论监督、公益志愿事业等方面发挥越来越大的作用。互联网作为智力密集型、低能耗、高附加值的生产工具，已经成为促进传统产业升级、倡导绿色环保的引擎。

互联网时代是信息爆炸的时代，因此对信息存储和分析不断提出新的要求。依据维克托•迈尔 - 舍恩伯格及肯尼斯•库克耶编写的《大数据时代》中定义，大数据为不用随机分析法而采用搜集所有数据的方法获得数据。大数据主要具有 4V 特征：数据量大（Volume）、速度快（Velocity）、类型多（Variety）、真实性（Veracity）。基于上述特征，大数据具有广泛的应用前景。

在通信行业，电信业者透过数以千万计的客户资料，能分析出多种使用者行为和趋势，提供给需要的企业进行消费者行为预测。例如运营商通过大数据分析，可对企业运营的业务进行针对性的监控、预警、跟踪，第一时间自动捕捉市场变化，再以最快的方式推送给指定负责人，在最短时间内获知市场行情。

在城市交通规划运营中，通过在城市多处设置的传感器，随时掌握某个地区车辆数量、车速等数据，就能基于这些数据建立模型进行分析，指导人们确定出行计划避免拥堵。此外通过采集交通信号灯、二氧化碳传感器甚至汽车的数据，就可以帮助乘客重新调整路线，节省时间和出行成本。

在客户跟踪分析应用中，可以准确分析用户购物行为，对广告进行精准投放。例如 eBay 的分析平台每天处理的数据量高达 100PB，为了准确分析用户的购物行为，eBay 定义了超过 500 种类型的数据，对顾客的行为进行跟踪分析。通过对用户行为数据的分析，可以深入挖掘用户的购物需求，改善界面，优化网络购物功能。

大数据在能源行业的应用可以通过提供智能电表实现电网智能化。以德国为例，通过家庭安装的智能电表每隔五分钟或十分钟收集一次数据，可以用来预测客户的用电习惯等，从而推断出未来 2 个月内整个电网大概需要多少电量，就可以向发电或者供电企业购买一定数量的电，提前购买一定数量的电就会比较便宜，可以降低采购电力的成本。

对应大数据的发展，云计算的概念也逐步兴起。云计算是基于互联网的相关服务的增加、使用和交付模式，通常涉及通过互联网来提供动态易扩展且经常是虚拟化的资源。不同的人对云计算有不同的定义，目前广为接受的是美国国家标准与技术研究院（NIST）的定义：云计算是一种按使用量付费的模式，这种模式提供可用的、便捷的、按需的网络访问，进入可配置的计算资源共享池（包括网络、服务器、存储、应用软件、服务等资源）。这些资源能够被快速提供，只需投入很少的管理工作，或与服务供应商进行很少的交互。云计算主要经历了电厂模式、效用计算、网格计算和云计算 4 个阶段才发展到目前比较成熟的水平。

云计算包括以下几个层次的服务：基础设施即服务（Infrastructure as a Service，IaaS），平台即服务（Platform as a Service，PaaS）和软件即服务（Software as a Service，SaaS）。基础设施即服务是消费者通过互联网可以从完善的计算机基础设施获得服务。平台即服务是将软件研发的平台作为一种服务，以 SaaS 的模式提交给用户。软件即服务是通过互联网提供软件的模式，用户无需购买软件，而是向提供商租用基于网页的软件来管理企业经营活动。

目前云计算运营主要存在以下几个问题：首先是数据隐私问题，存放在云服务商的数据隐私不被非法利用，不仅需要技术支持还需要法律支撑；其次是数据安全性问题，涉及商业机密的数据，其安全性关系到整个企业的生存和发展，数据安全性问题制约着云计算的发展；此外，目前整个互联网网络速度低且不稳定造成云计算服务传输问题依然严峻；最后，还需要为云计算制定统一的技术标准，努力实现不同服务之间的互联互通。

OTT 是“Over The Top”的缩写，是指通过互联网向用户提供各种应用服务。这种应用和目前运营商所提供的通信业务不同，它仅利用运营商的网络，而服务由运营商之外的第三方提供。目前，典型的 OTT 业务有互联网电视业务、应用商店、即时通信等。近两年来，国内外众多互联网企业都在致力于提供 OTT 业务，国外以 Whatsapp、Imessage、TalkBox、Line、KIK、Kakao Talk 为代表，国内主要有微信、米聊、陌陌、飞聊等。其中以微信为代表的消息类产品是成长极快、对基础电信企业冲击明显的 OTT 业务之一。

微信（Wechat）是腾讯公司于 2011 年 1 月 21 日推出的为智能终端提供即时通信服务的免费应用程序，微信可跨通信运营商、跨操作系统平台通过网络快速发送免费文字、语音短信、图片和视频，支持“摇一摇”、“漂流瓶”、“朋友圈”、“公众平台”等基于位置的社交和共享流媒体内容的服务。截至 2013 年 10 月 24 日，微信的用户数量已经超过了 6 亿，每日活跃用户 1 亿，是亚洲地区最大用户群体的移动即时通信软件。微信作为时下最热门的社交信息平台，是移动端的一大入口，正在演变成为一大商业交易平台，其对互联网营销行业带来的颠覆性变化开始显现。

在整个互联网信息化时代，4G 只是其跌宕起伏的历史进程中的一朵浪花，伴随着新技术和新发明的应用，在摩尔定律的强大推动下，新的一轮技术浪潮必将不断推进。在大数据、云计算以及 OTT 等技术的基础上，必将演进出更加先进的技术，促进整个世界的进步！

1.4 全球4G现在进行时

2014 年第一季度全球移动用户数同比增长约 7%。同期移动宽带用户数增长更为显著，同比增长 35%，达到 23 亿，每个用户使用的数据量也继续稳步增长。在该季度全球销售的手机中约 65% 是智能手机。在这些因素的共同推动下，2014 年第一季度的移动数据流量同比增加了 65%。

全球 LTE 产业进程加快、网络部署提速，抢先部署 LTE 网络已经成为运营商提升市场竞争力的主要选择，由此部署 LTE 成为众运营商顺应产业发展的必然选择。根据 GSA 最新报告数据显示，截至 2014 年 8 月，全球已有 318 个 LTE 商用网络遍布于 111 个国家，其中有超过 200 个 LTE FDD 商用网络，39 个 LTE TDD 商用网络，13 个 LTE FDD/TDD 融合网络。全球 155 个国家的 526 家运营商正在对 LTE 技术进行投资，其中包括 135 个国家 460 家运营商的 LTE 部署承诺和 66 家运营商在 10 个国家进行的 LTE 试验，2014 年年底全球 LTE 商用网络达到 350 个。

截至 2014 年第一季度末，全球移动用户总数约为 68 亿，其中包括第一季度新增用户 1.2 亿。全球移动用户数持续增长，同比增长 7%，环比增长 2%。截至 2014 年第一季度末，全球移动用户普及率达到 93%。从全球 LTE 用户数的渗透率来看，全球 LTE 用户累计占比达到 2.67%，目前全球整体的 LTE 市场发展整体还处于“导入期”。亚太地区日韩 4G 业务发展较快，截至 2013 年底，在日本 LTE 用户普及率已超过 30%，在韩国超过 50%（位居全球首位），日韩已进入 4G“成长期”。到 2014 年年底，日本和韩国的 LTE 用户数将占全球 LTE 用户总数的 25%。根据预测，中国大陆的 LTE 用户数将大幅增加，到 2019 年年底将超过 7 亿，也就是说，中国的 LTE 用户将占全球 LTE 用户总数的 25%。亚太地区正逐步迈向 3G 和 4G 技术，2013 年 2G 移动用户约占总用户数的 75%，而到 2019 年 3G/4G 移动用户将约占 80%。总体来看，全球各区域的 LTE 市场发展并不均衡为诸多运营商的战略模式转型提供了机遇。

1.5 各国4G面面观

1.5.1 美国4G发展现状

（1）网络部署

美国地区电信运营商领先于大多数国家，很早便开始进行 4G 网络部署，Sprint 在 2008 年进行首个 4G-WiMAX 试点，但此技术未实现广泛应用，2010 年 12 月，美国 Verizon 率先商用 FDD-LTE 网络，处于市场中绝对领先地位。AT&T 紧随其后密集部署 4G 网络，于 2011 年 9 月宣布通过 HSPA+ 和 LTE 技术向用户开展 4G 商用服务；2012 年 7 月，美国第三大运营商 Sprint 宣布放弃 4G-WiMAX 网络，加入 4G LTE 网络阵营；T-Mobile USA 稍落后于竞争对手，于 2013 年 3 月正式商用 4G 服务，与 AT&T 一样，采用的是HSPA/HSPA+和LTE的混合网络。截至2014年年底，HSPA+和LTE是美国4G的主要网络标准，美国主要的移动电信运营商均已实现商用4G网络，并实现97%以上美国人口的信号覆盖率，美国也成为世界上LTE网络覆盖最广的国家。

（2）业务产品

美国各大运营商进军4G服务后，一方面主打数据共享流量套餐，另一方面，将VoLTE作为争先发展的热点产品。相较于OTT VoIP，VoLTE可提供更高质量的语音，具备更优质的QoS、更短的语音接入时延等特点，同时未来可拓展更多业务服务。2014年美国T-Mobile、AT&T、Verizon三家运营商先后公布在美国全国部署VoLTE的商用计划，并推出多款支持VoLTE功能的手机终端，吸引用户使用VoLTE服务，2014年年末，Verizon和AT&T联合公布，2015年两家运营商的用户有望进行VoLTE端到端的通信服务，从而使VoLTE服务实现跨网兼容并互通，美国运营商正共同朝向VoLTE时代前进。

（3）资费套餐

美国地区运营商4G时代主要侧重向用户推出流量共享套餐，实现多终端共享流量。Verizon于2012年向智能手机用户推出将多终端流量共享作为主打卖点的Share Everything Plan，允许多个终端进行套餐流量共享，每增加一部智能手机，月费增加$40，且不区分3G /4G网络，套餐内包含无限量语音通话和短信以及无线Wi-Fi。对于非智能机用户，Verizon推出两种非智能手机计划套餐，一种是针对上网用户提供$40每月包含无限量语音和短信以及300MB数据流量的套餐，另一种是针对语音用户提供$10每月的网内无限量语音网外700min语音时长的套餐。此外，针对只需要数据流量的用户，Verizon也为其提供一种配合Share Everything Plan的多终端共享套餐Data-only Plan，以满足不同种类的客户需求。通过进行资费套餐创新，Verizon的ARPA（每账户收入贡献）指标也随之提高。

美国另一家运营商AT&T在Verizon推出多终端共享套餐后也紧随其后，推出类似的流量共享套餐Mobile Share Value Plans。套餐内包含无限量语音及一定流量，每增加一部智能手机，月费需根据所添加的设备增加$15～$40不等，且Mobile Share Value Plans的门槛限制较低，仅为$20。2015年1月AT&T宣布推出Rollover Data服务，客户未用完的数据流量不清零，可沿用至下一月继续使用，但若在此期间改变套餐，则数据流量清零。自2015年1月25日起，Mobile Share Value Plan客户将可免费自动享用此服务，这也意味着AT&T正式成为美国继T-Mobile之后向用户提供“流量不清零”服务的运营商。T-Mobile USA向用户推出面向家庭用户端主副卡套餐服务，增加第一张副卡月费增加$30，第二张副卡及其他副卡仅增加$10；另外，$70以上的套餐的数据流量不受限制。2014年12月，T-Mobile推行数据流量不清零新策略，客户套餐中的数据流量在未来的12个月都可使用。

（4）营销

美国运营商通过多种营销手段积极推动4G服务发展。以Verizon为例，其4G用户发展主要依靠优惠的资费政策、4G 终端的大力推进以及丰富的业务应用。一方面，在资费政策层面，Verizon 推出两倍于 3G 套餐中数据流量的流量包，价格不变，吸引 3G 用户向 4G 网络迁移；另一方面，Verizon 积极引领 4G LTE 手机发展，通过与多方芯片商合作，加大投入终端设备，推出多款 4G LTE 智能手机，使用户对终端的选择更加丰富，包括智能手机、连接设备、平板电脑、个人电脑等多种终端，成为 4G 时代拥有最多终端的运营商。此外，Verizon 依托自身网络优势和丰富的终端产品，主动拥抱移动互联网，进行个性化视频服务等移动应用的创新，推出如 Indycar 赛车比赛视频应用等新型个人应用，同时在家庭市场中，探索智能家居等领域，推出家庭监控及控制应用产品。

（5）客户发展

在美国电信运营商 4G 服务的强大攻势之下，截至 2014 年年底，美国 4G 用户占全球 LTE 用户的 50% 左右，约 1 亿用户。在各运营商中，Verizon 的 4G 攻势开始最早同时也是最强，从 2010 年年底实现商用 4G LTE 网络后，仅在 3 年内便实现了 40 000 个基站的建设，在全美的五百多个城市实现覆盖，覆盖约 3 亿人口，每账户收入贡献（ARPA）也实现年复合增长率 7% 的增长，增至 $154 左右。

1.5.2 韩国4G发展现状

（1）网络部署

韩国早在 3G 时代就处于世界领先地位，在网络覆盖方面尤为抢眼。韩国从 2006 年开始布局 4G 网络，首先采用 M-WiMAX 方案；韩国 LTE-TDD 的时代始于 2011 年，2012 年时，通过导入 VoLTE、载波整合技术，韩国拥有了更高质量的语音通话及更快的上网速度；2014 年 1 月，韩国率先应用 eMBMS 技术，大大领先全球整体发展状况，依靠极少的网络资源实现了线上音乐播放以及电视播放，截至 2014 年年底已经有两个高清频道在首尔上线。2014 年 6 ～ 9 月，SKT、LG U+ 和 KT 陆续推行 LTE-A 网络商用，在世界 LTE 网络尚未普及之际，将 LTE 改进，大幅提升 LTE 的网络速度。

截至 2014 年 1 月，韩国的 LTE 渗透率在世界名列第一，高达 62% 的人口。排名二、三、四位的日本、澳大利亚、美国等，虽然都有着超过 10% 的普及率，但是相比于韩国 62% 的比例还是相形见绌。随着韩国 4G 基站的不断修建，4G 时代的手机信号较 3G 时代好很多，甚至覆盖了 3G 时代无法达到的偏远山区。

（2）业务产品

韩国运营商的 4G 业务均是通过“语音、短信、流量”的模式发展。基本套餐与 3G 时代相差不大，同时推出了诸多定制套餐以满足不同用户群体的需求。以 SKT 为例，SKT 于 2013 年效仿 Verizon 的数据共享计划，面向 3G 和 LTE 用户推出“T&T 共享”计划。该计划包括：语音及短信无限量；数据流量可实现多终端共享；移动 VoIP 服务。

除此之外，SKT 还为不同类型的用户群体量身定制了“移动 Life Pack”系列套餐，例如面向 18 岁以下青少年的包含教育信息的“Ting Life Pack”套餐，面向 65 岁老人的低资费防诈骗的“LTE Golden”套餐以及面向影音发烧友的“Free T Life Pack”套餐。

（3）资费套餐

韩国 4G 用户数量高速发展，截至 2014 年年底已经达到 3 539 万人。如此高速的用户发展除了得益于韩国高质量的 LTE 网络覆盖，更是由于其较低的资费套餐。韩国的三大运营商的 4G 套餐资费均采用“语音 + 数据捆绑”的方式，套餐中包括语音、短信和流量三大元素。同时 4G 套餐取消了套餐内流量不限量的模式，通过设置上限、超量计费的方式，对数据业务进行强化，实现套餐内的语音和短信的资费淡化。

韩国的三家运营商由于 4G 基础以及布局时间不同，资费策略也存在较大差异：

- SKT 作为韩国最大的移动运营商，首先开启了韩国 LTE 商用的大门，4G 业务主要定位于高端用户，定价高于 3G 以确保用户的 ARPU 值，凸显服务的差异化；
- KT 作为韩国第二大移动运营商，失去了最有利于开展 LTE 商用的时机，所以通过低廉的价格以及偏低的入网门槛，达到吸引用户入网的目的；
- LG U + 无疑是 4G 发展中的一匹黑马，作为韩国第三大移动运营商，LG U+ 与 SKT 同期开展 LTE 商用，建网速度快，LTE 应用丰富以及资费的相对激进，均为 LG U+ 的发展奠定了胜局。

（4）营销

韩国运营商的促销手段多为套餐优惠及套餐内资费优惠等方式。以 SKT 和 KT 为例进行具体的分析。

SKT 采取以下几种促销手段吸引用户。

- 入网费用优惠：SKT 给予新入网用户 50% 的费用优惠，降低用户的初始投入成本，吸引新用户入网。
- 视频通话费用优惠：2012 年年初，SKT 通过降低视频通话费用吸引用户。SKT 的视频通话费用从 3 韩元 /s 下调至 1.8 韩元 /s，优惠率高达 40%，极大地减轻了用户视频应用费用的负担。
- 数据优惠：SKT 为初级 LTE 套餐提供 50% 额外数据流量的优惠。
- 数据限速业务赠送：SKT 为 LTE62 套餐的用户开通数据限速业务，为用户省去该项业务 9 000 韩元的费用。
- 终端优惠：SKT 提供“LTE Plus 优惠”，为智能手机用户减轻购机费用负担。

KT 的营销模式与 SKT 基本类似，主要利用套餐月费优惠以及套餐内资费优惠两种方式进行营销。

- 套餐月费优惠：KT 在 4G 商用初期对套餐进行降价，降价幅度达 20% ～ 25%。
- 套餐内资费优惠：KT 对两款入门套餐进行大力度的促销活动，且同等套餐，KT 的语音时长和流量都高于 SKT。入门套餐的促销将更有助于持观望态度的低端用户入网，以在短期内更快地抢占 4G 市场。用户规模达到一定程度后，KT 入门资费套餐恢复为原价。

（5）客户发展

韩国用户对4G网络抱有很高的热情，2013年7月，短短两周时间内，韩国SKT的LTE-A网络便吸引了高达15万用户。截至2014年年底，韩国4G用户增至3 539万人，而3G用户减至1 520万人，4G用户为3G用户的3倍之多。同时韩国用户的ARPU值年年上升，用户对于4G需求不断增加。

韩国人均收入为250万韩元，月话费仅为6万韩元，仅占韩国人月收入2%左右，价格并不高。据统计，韩国人平均使用流量高达3GB，远高于欧美国家略低于1GB的使用情况。流量的大幅使用主要因为韩国人对于视频观看的高需求。

1.5.3 日本4G发展现状

（1）网络建设

日本4G网络发展处于亚洲领先地位，各大运营商相继进入4G时代。其中，NTT DoCoMo早已开始4G的测试，至2014年年底，DoCoMo LTE网络覆盖率达到80%，预计到2015年覆盖率将达到98%。其LTE品牌终端设备深受消费者和手机厂商欢迎。此外，EMCBILE、KDDI（au）也都采用了FDD技术的LTE网络。

而SoftBank同时运营FDD和AXGP（兼容TDD）两种技术的4G网络。AXGP（Advanced eXtended Global Platform）网络兼容TD-LTE网络，中国的华为、中兴对日本SoftBank TD-LTE网络建设提供了巨大的支持。目前AXGP网络覆盖率已经达到92%。此外，SoftBank也逐步推广运营FDD-LTE网络。

目前，日本的4G网络发展呈现百花齐放的局面，在多家运营商的推进下，移动网络整体水平处于全球领先地位。

（2）业务产品

4G时代来临，用户诉求剧变，语音和短信对用户的吸引力急剧下降。流量及应用是拓展用户及提升用户粘性的关键。在此背景下，运营商均推出无限量语音套餐，NTT DoCoMo推出无限制条件的无限通话，SoftBank和KDDI仅支持网内无限量通话。

在增值业务方面，随着LTE网络逐步普及，DoCoMo致力于提升用户智能生活体验，推出“Dmenu”门户网站、内容商店“Dmarket”、位置信息服务“I-concier”、数据安全中心等服务，拉动用户流量消费。KDDI推出AU Smart Pass应用合集服务，预装在定制安卓手机中，2013年用户数已超过500万。SoftBank采取多样化的数据业务吸引用户和提升用户粘性；此外，逐步开始拓展O2O服务，结合自有店面数据与客户通信使用行为，开始探索大数据商业模式。

（3）资费套餐

日本运营商在语音业务资费体系呈现套餐简洁、定价较低的特点。以DoCoMo为例，语音套餐和数据套餐相对独立，各成体系，用户可根据需要自由组合所需的套餐。仅开设两档语音资费套餐：“Type Xi Plan”和“Type Xi Plan Ninen”（需签约两年）以及一个语音可选包（Xi Talk 24）。在资费上，如果选择签约两年再加装一个语音包，每月花费1 480日元（约合79.1元人民币），即可实现DoCoMo网内用户之间无限制国内通话；而SoftBank在语音业务资费方面实行低资费套餐策略，不断推出创新的资费套餐，用户在网络空闲时期，网内通话免费，月租仅为同期语音ARPU值的1/5；1:00am～9:00pm网内通话免费，非免费的通话时长，每30秒21日元。新策略的实施让SoftBank成功扩大其用户规模。

在数据业务资费体系方面，日本运营商呈现资费体系高度统一的特征，统一实施限量封顶资费，超出资费后可采用降速或叠加包方式。在数据套餐方面，DoCoMo分别推出3GB、5GB、7GB三档套餐，资费分别为4 935日元、5 985日元、6 510日元，流量使用量超出后，将会限制最高速度或断开网络。而要恢复到套餐内带宽，每2GB需另支付2 625日元。

（4）营销

日本运营商在业务营销上呈现三大特点。

- 价格战成为常态化促销手段：日本用户可自由携号转网，因此资费水平成为抢夺用户的关键，以SoftBank为例，日本政府宣布携号转网当天，SoftBank宣布用户可网内免费通信及发送短信，避免了大量用户的流出。
- 注重用户粘性提升：例如SoftBank推出双阶资费和捆绑优惠策略，每月支付5 985日元可以使用7GB的流量，流量耗尽后，用户可通过支付2 625日元/2GB的资费恢复套餐内带宽，手机新用户则能以3 880日元的低价使用5GB的流量。
- 明星终端对用户的拉动作用明显：2012年，Docomo作为日本唯一一家没有销售iPhone的运营商，客户维系压力巨大，2012年9月SoftBank和KDDI开始在日本销售iPhone5后，DoCoMo的MNP（带号转网）转入超过转出的数量为53.4万人，创下历史最低纪录。近年来DoCoMo逐渐调整终端策略，2014年发售的iPhone新机型价格与KDDI（au）、SoftBank移动相似，此外开展旧款iPhone“以旧换新”活动，最高可抵43 200日元（约合人民币2 480元），以吸引其他运营商用户转网。

（5）客户发展

日本4G用户发展速度较快，以DoCoMo为例，DoCoMo Xi品牌LTE服务自发布以来成长迅速。作为全球首批LTE商用网络之一，该网络于2010年12月24日正式启用，2011年12月用户规模达到100万户，2012年8月用户规模突破500万户。2013年2月LTE用户规模已突破1 000万户。截至2014年9月，4G用户数已达到2 621万，占其移动用户总数的40%。

在用户规模对比方面：4G正式商用前，日本前三大运营商份额呈现5/3/2的格局，其中NTT DoCoMo用户份额达51.1%，KDDI次之，SoftBank份额最低。4G商用三年后，日本市场格局剧烈变化：NTT DoCoMo用户市场份额逐渐下滑，SoftBank快速上升，KDDI基本保持不变。截至2013年12月，SoftBank移动用户规模达到3 476万，市场份额达25.5%，较2010年3月提升5.6%；NTT DoCoMo移动用户规模达6 218万，市场份额下降至45.5%。

1.5.4 欧洲运营商4G发展现状

（1）网络部署

相比于北美市场和亚洲市场在网络建设上的风风火火，欧洲市场 4G 发展虽然起步稍慢却来势汹汹。欧洲运营商从 2013 年年初开始集体发力，法国、意大利、英国等国的运营商纷纷开始 4G 网络部署，4G 之风正在席卷欧洲大陆。

最先推出 4G 商用网络的瑞典发力强悍，目前瑞典 4G 网络的覆盖率已经达到 88%，下载速度在全球排名领先。英国也是 4G 建网速度最快的欧洲国家之一，2012 年 10 月英国最大的移动通信运营商 EE 公司开始商用其 4G 业务，当天就实现了对英国国内 11 个城市的覆盖，网络覆盖的城镇数量在 9 个月之后已达 100 个。法国在 4G 建设方面保持不紧不慢的节奏，其 4G 网络的覆盖率也差强人意，两大电信巨头 Orange 和 SFR 甚至连巴黎地区都不能实现无缝覆盖，表现最好的运营商 Bouygues 则勉强覆盖了全法国的 63%。

（2）业务产品

英国运营商 EE 为其 4G 用户提供手机安保、Orange 电影服务、移动电视、Deezer（欧洲最流行的在线音乐分享网站）和游戏下载等多种服务。O2 亦基于高速 4G 网络推出多种多样的应用，其推出的音乐服务，允许 4G 用户下载音乐排行榜的前 40 首歌曲。此外 O2 的 Priority 套餐还为 4G 用户提供游戏服务，用户下载游戏所产生的流量将不会计入套餐中的流量消耗。

（3）资费套餐

Iliad 是法国互联网服务提供商，在 2013 年 12 月 3 日 Iliad 在 Free Mobile 产品中新增了 4G 服务，用户将可以接入 4G 移动互联网，且不用支付额外费用（仍为每月 19.99 欧元），低价策略在法国通信行业引起轩然大波，给 Orange、SFR 和 Bouygues 三家运营商带来巨大压力。

在英国和记黄埔“3”公司同样采取了低价策略，其在 2013 年 12 月开始商用 4G 服务，并宣布 3G 用户可以免费升级至 4G，同时 3G 时代的无限量流量服务将继续提供。而和记黄埔“3”公司的竞争对手 EE、Vodafone 和 O2 等运营商将 4G 业务作为溢价服务，采取比以往套餐更高定价策略，同时对流量的使用上限进行相关限制。

（4）营销

“没有最低限额，没有额外花费”是法国运营商 Free 的 4G 业务营销口号，Free 进行营销宣传的重点是其 4G 套餐最低仅收费 19.99 欧元，价格仅为竞争对手的六分之一。

英国运营商借鉴韩国 SKT 的做法，采取类似的促销手段。其中 EE 的 4G 套餐继续提供 Orange 电影服务，在每周三提供 EE 电影及二合一的电影票。此外，用户可观看最新上线的影片。

O2 通过优惠的方式培养用户流量消费习惯，激活用户流量需求。O2 的 4G 用户如果选择的是5GB或8GB的流量套餐，将可以分别在6个月和12个月内免费使用Sun+Goals服务。Sun+Goals是O2推出的足球应用程序，用户可以通过客户端随时随地观看英超联赛、足总杯和苏格兰超级联赛等精彩赛事。

（5）客户发展

由德国电信和Orange控股的EE是英国最大的移动通信运营商，根据其公布的数据显示：2014年12月底，EE的4G用户数达到770万，超过其制定的600万目标。EE在2014年全年，新增共计570万4G用户，一举成为欧洲4G用户数最多的移动运营商。

4G网络部署处于先进地位的瑞典在用户数上发展一直不理想，瑞典通信局公开数据显示，LTE网络商用三年后，瑞典4G用户数仅达到24万户，而相比之下瑞典拥有共计1 394.6万移动用户，4G用户数在其中的渗透率为1.72%，这对于商用三年的时间而言交出的是一张不太合格的成绩单。

法国在4G建设方面的随性态度对其用户发展产生了负面影响。自2012年11月SFR公司推出4G服务至今，虽然法国的四家运营商都推出了4G服务，但法国的4G用户数量也只有160万左右，这相对于总人口数量6 400万的法国无疑是很小的比例。

1.6 4G：时代的选择

1.6.1 技术演进

第一代移动通信标准是采用FDMA制式的模拟蜂窝系统。由于受到传输带宽的限制，无法实现移动通信的长途漫游，注定只能成为一种区域性的移动通信系统，“大哥大”便是其中的典型代表。该移动通信标准有很多不足之处，比如容量有限，制式太多，互不兼容，保密性差，通话质量不高，不能提供数据业务，不能提供自动漫游等。

随后，第二代移动通信技术逐渐出现。第二代移动通信标准简称2G，演进出了大家熟知的GSM、CDMA两种模式技术。第二代移动通信技术的主要业务是语音，其特性是提供数字化的话音业务及低速数据业务。它克服了模拟移动通信系统的弱点，相比第一代移动通信技术话音质量、保密性得到了巨大的提高，并可进行省内、省际自动漫游。

第二代移动通信系统替代第一代移动通信系统完成模拟技术向数字技术的转变，但由于第二代采用不同的制式，移动通信标准不统一，导致用户只能在同一制式覆盖的范围内进行漫游，无法进行全球漫游。同时，由于第二代数字移动通信系统带宽有限，限制了数据业务的应用，无法承载高速率的多媒体业务。随后，第三代移动通信标准诞生。

第三代移动通信标准，也就是我们所熟知的3G技术，相比2G实现了再次的提速和更多的通信方式，并提供视频通话（电话会议）、流媒体、GPS、在线播放等功能。第三代移动通信系统主要有三大特点：全球化、综合化和个人化。全球化就是提供全球海陆空三维的无缝隙覆盖，支持全球漫游业务；综合化指的是能提供多种话音和非话音业务，尤其是多媒体业务；个人化就是有足够的系统容量、强大的多种用户管理能力、高保密性能和服务质量。相比从前以模拟技术为代表的第一代和以数字技术为代表的第二代移动通信技术，3G 移动通信技术可提供更宽的带宽，其传输速度最低为 384kbit/s，最高为 2Mbit/s，带宽可达 5MHz 以上，从而提供快捷、方便的无线应用。

随着数据通信与多媒体业务需求的不断发展，3GPP 和 3GPP2 为了适应移动数据、移动计算及移动多媒体运作的需要，启动 LTE 的研究工作，第四代移动通信技术开始兴起。

第四代移动通信技术，相较于 2G 和 3G，在诸多方面赋予现代通信更长远的进步。

（1） 4G 有着更快的传输速率，通信速度更为迅捷。1G 和 2G 移动通信的传输速率只有 9.6kbit/s，PHS 最高可达 32kbit/s。3G 的传输速率达到 2Mbit/s，虽然客户感知上确实有很大的提升，但是 LTE 演进而来的 4G 最高可以达到 100Mbit/s 的惊人速度。

（2） 4G 有着更宽的网络频谱。为了让 4G 移动网络达到理想的 100Mbit/s 网速，电信运营商必须在 3G 网络的基础上对网络进行大幅度的改造。研究显示，每个 4G 信道会占有 100MHz 的频谱，相当于 WCDMA 网络的 20 倍。

（3） 4G 有着更灵活的通信方式。4G 终端犹如掌上小型电脑，用户可以随时随地通信，更可以双向下载及传递资料、图画、影像等数据，通过移动终端在线与素不相识的人联网打游戏。

（4） 4G 有着更高的智能。4G 的智能性更高，这不仅表现在 4G 终端设备的设计和操作更具有智能化，更重要的是 4G 手机可以基于高速的 4G 网络，实现许多以往的移动通信技术无法支撑的功能，如终端能根据环境、时间等因素在关键节点对用户行程进行提醒，4G 手机具有更好的共享能力，4G 手机可以看视频、在线游戏等。

（5） 4G 有着更高的通信质量。尽管 3G 也能实现各种多媒体通信，但 4G 更胜一筹，4G 提供的无线多媒体通信服务可以将大量数据同时通过宽频的信道传送出去，因此 4G 被称为“多媒体移动通信”。

（6） 4G 有着更便宜的通信费用。由于 4G 不仅解决了与 3G 在通信上的兼容问题，同时引入了许多顶尖的通信技术，保证 4G 能提供一种灵活性非常高的系统操作方式，因此部署 4G 就变得更加容易、更加迅速；此外运营商在建网时，会考虑直接在 3G 网络的基础设施之上逐步引入，从而有效地降低各项费用，因而 4G 的通信资费更低。

1.6.2 时代之变

移动互联网，就是将移动通信和互联网二者结合起来，成为一体。“著云台”的分析师团队结合科学发展理论认为，移动互联网是指互联网的技术、平台、商业模式和应用与移动通信技术结合并实践的活动总称。

移动互联网作为一项新兴业务，包含终端、软件和应用三个层面。终端层包括智能手机、平板电脑、电子书、MID 等。软件包括操作系统、中间件、数据库和安全软件等。应用层包括休闲娱乐类、工具媒体类、商务财经类等不同应用与服务。随着技术的飞速发展，移动互联网时代智能终端、手机应用和用户需求也发生着巨变。

1.6.3 终端之变

2012 年全球智能手机与平板电脑出货量超过台式机与笔记本电脑出货量，智能终端的普及对电信市场格局以及行业生态环境产生了重要影响。智能终端作为承载业务的重要工具，作为用户接入移动互联网重要的入口一直在不断升级换代，持续更新。

从屏幕分辨率来看，手机在 2013 年全面进入了 1080P 年代，单位像素密度最高已经达到 490PPI，远超乔布斯当年对 300PPI 的视网膜屏幕定义；从屏幕尺寸来看，目前市面上超过 6 英寸的手机已经不罕见，华为公司推出的荣耀 X1，屏幕尺寸已经达到了惊人的 7 英寸；从内存来看，目前三星、小米厂商的旗舰机型的 RAM 高达 3GB；从处理器性能来看，联发科已经发布真八核处理器，目前已有多款机型使用。

当前市场智能终端相比传统的功能手机，拥有更大的屏幕、更精细的屏幕分辨率、更大的内存和更强悍的处理性能，能够满足用户在移动互联网时代的多样化需求。

1.6.4 应用之变

近几年来，随着移动操作系统的盛行，安卓和 iOS 两大主流操作系统越来越多的程序开发者投入到手机应用的开发队伍当中。手机应用是安装在手机上的软件，以求在完善原始系统的不足同时满足用户个性化的需求。随着科技的发展，现在手机应用的功能也越来越多，越来越强大，应用数量也呈现爆发式增长。

苹果 App Store 于 2008 年 7 月 11 日正式上线，仅仅 3 天过后，App Store 中可供下载的应用就已经达到 800 个，下载量达到 1 000 万次。目前，App Store 中的应用数量已经超过 140 万个，其中 iPad 应用数量超过 50 万，而支持 iPhone 的应用超过 90 万。此外，作为占据了当前市场约 80% 份额的移动操作系统，安卓系统的移动应用数量也在不断增加中。

除了数量上呈现不断增加的趋势之外，移动应用在流量消耗、网络带宽上的需求在逐渐上升。

研究结果显示，2013 年社交、沟通应用的用户占比最高，其次是生活搜索类应用。从全球手机终端应用发展来看，2013 年谷歌地图（Google Maps）已成为全球排名居首的智能手机应用；排名第二的是移动版 Facebook 应用，在全球智能手机人口中的使用比例为 44%；谷歌旗下的视频播放网站 YouTube 排在第三位，使用比例为 35%；

Google+ 移动应用排在第四位，使用比例为 30%。而在国内市场，生活类、休闲益智和系统类软件为目前的主流，其中生活类软件占比最大，达到 35%。这些应用相较于以往传统的手机软件，对网络速度有着更高的需求，同时将消耗更多的流量。

1.6.5 需求之变

随着宽带无线接入技术和智能终端技术的飞速发展，用户迫切希望在移动过程中能够随时随地方便地从互联网获取信息和服务，因此移动互联网应运而生并迅猛发展。

移动互联网大背景下，用户的需求相较于以往有着较大的改变。除了基础的语音通话需求之外，用户的需求在不断地丰富发展，逐渐催生出移动休闲娱乐需求、移动搜索需求、移动电子商务需求、交流交际需求、自我表现需求。

（1）移动休闲娱乐需求。娱乐需求是社会大众的普遍需求，几乎每个人都需要娱乐。手机音乐、手机游戏、手机电视、手机阅读等产品的出现，使得用户可以在移动的场景下，轻松获取音乐、游戏、电视和阅读等服务。

（2）移动搜索需求。移动搜索是指用户通过 SMS、WAP、IVR 等多种方式接入互联网进行搜索，以获取站点信息、移动增值服务以及本地服务等内容。其实，移动搜索本身是搜索技术在移动网络的实现，帮助用户随时、随地方便快捷地获取信息。用户使用移动互联网，在移动的过程中利用移动网络对信息进行检索和查询，从而解决工作和生活中的问题已经成为一种潮流。

（3）移动电子商务需求。以往传统的电子商务满足了消费者足不出户就能了解商家发布的商品信息，与卖家进行交流，最终达成交易的需求。但消费者通过电子商务进行消费的场景并不仅仅局限于家中，而基于传统固网和 PC 端的电子商务没有办法满足消费者随时随地使用的需求。因此，移动电子商务需要填补传统电子商务留下的空白，为用户提供方便快捷地获取商品信息、服务信息的平台，还能通过互动社区满足用户随时随地表达与互动的需求，使其在向商家提出改进需求的同时向朋友或其他移动互联网用户传递平台价值。

（4）交流交际需求。交流是人最基本的需求，在固网时代用户通过电子邮件或者即时通信软件进行交流、发布和交换信息、结交朋友等，而在移动互联网时代，用户期望得到的是随时随地的交流体验，尤其是在排队等候或者长途旅行的场景当中，用户希望利用其碎片化的时间与朋友进行交流，从而消除等待的烦躁。目前市场上的主流社交、通信产品，无论是起源于 PC 端或是移动端，都推出了相应的移动应用以满足用户在移动过程中的交流需求。

（5）自我表现需求。每个人都有自己的资源，也都有表现自我、展现自我的欲望。在互联网时代，博客是一个进行自我展现的重要渠道，而在移动互联网时代，每个人都是可以成为世界的中心，微博、推特等产品的诞生使得用户可以随时随地书写文字、上传图片、与朋友进行互动，在这过程中只需要支付低廉的流量费用。

第二章 4G 时代角色再定位

进入 21 世纪，世界各大电信运营商你方唱罢我登场，掀开了 LTE 商用的浪潮。各运营商根据自身市场规模、技术基础以及创新应用能力，选择不同的发展模式，既包括敢为人先的市场领先者模式，也包括誓不落下的市场跟随者模式，还包括敢于打破既有竞争格局、力图后发赶超的市场挑战者模式。

运营商的竞争带动移动技术日新月异的发展，使人们的通信生活不断突破物理世界固有的限制。从 2G 到 3G 再到 4G，伴随着更大的带宽、更高的网速，人们从语音时代进化到数据时代。在线视频、VoLTE、大数据、M2M 等应用不断涌现，4G 正在不断地带给我们前所未有的惊喜，并以蓬勃发展的姿态宣告还有更多潜在的空间等待发掘。

但是另一方面，伴随 4G 发展的是信息与通信业务加速互联网化，这给传统的电信运营商带来了极大的挑战。传统核心业务如语音、短信收入比例与绝对值在不断下降，不抓住变革机遇的运营商将遭受重创。数据需求的膨胀带动了用户庞大的流量消费，使濒临危机的运营商看到了转机，诸多运营商通过完善网络、调整资费、优化上网体验的方式拥抱流量创收的时代。还有运营商以基于高速连接的高附加值创新应用驶进另一片市场的蓝海。

运营商更大的挑战来自于行业外部的互联网企业。互联网企业在音乐、阅读、电子商务、娱乐、广告等领域蚕食了大部分的收入，使运营商面临被管道化的危险。在移动互联网重塑传统电信行业商业规则的时代，电信运营商能否杀出重围，在新时代里展现更耀眼的光芒？

2.1 建网

2009 年 12 月，在挪威奥斯陆和瑞典斯德哥尔摩，北欧电信巨头 TeliaSonera 同时部署了全球第一个 LTE 商用网络，成为在 LTE 商用领域“第一个吃螃蟹的人”。

北欧有线接入资源相对匮乏，且成本较高。但是另一方面，在这个诞生了爱立信、诺基亚等通信巨头的北欧市场，漫长的通信发展史潜移默化地培养了用户的技术领悟力。2010 年 5 月，欧洲数字竞争力报告显示，在使用移动电话通过 3G 和使用笔记本电脑通过无线接入互联网的人口百分比方面，瑞典、挪威和丹麦名列前三位。同时，无形中催生了用户迅速膨胀的对移动数据的需求。2005 年以来，TeliaSonera 移动数据流量就以 10 倍的惊人速度快速增长，这一切无疑给 TeliaSonera“敢行天下先”的勇气，让 TeliaSonera 认识到 LTE 网络的广阔前景。

虽然 TeleaSonera 的 LTE 商用是象征性的，当时只有一款不稳定的 LTE 单模数据卡，网络也不具备与 3G 的互操作能力，但仍然点燃了电信行业转型的第一把火。在 TeliaSonera 身后，一股电信运营商建设 LTE 网络的狂潮正席卷而来。

2011 年美国运营商 Verizon Wireless 大规模部署 LTE，标志着开启 LTE 网络在全球范围的商用进程，并引发了鲶鱼效应。2008 年频谱拍卖中，Verizon Wireless 获得了 700MHz 频段的 2×10MHz 的频谱，力求以 LTE 网络摆脱 CDMA 产业的限制。Verizon Wireless 在 LTE 商用之初就部署约 2 万个基站，覆盖全美 165 个城市和 111 个主要机场，是全球最具规模的 LTE 商用网络；2011 年年底在全美 175 个城市完成 LTE 网络覆盖；2012 年覆盖全美 2/3 的人口，2013 年年底实现全部人口覆盖。此外，Verizon Wireless 还在部分城市升级了 eHRPD，实现 LTE 与 3G 网络的数据业务互操作。突破性的进展不仅表现在 LTE 网络开始具备与 3G 的互操作能力，还表现在多款多模数据卡终端和手持终端的出现为 LTE 业务走向个人用户市场准备了条件。竞争对手 AT&T 在 2011 年 9 月启动了 LTE 商用。依赖于 HSPA/HPSA+ 作为提供移动宽带的主力网络，AT&T 部署 LTE 的步伐相较于 Verizon Wireless 要平稳得多，在 2011 年底开通了 15 个城市的 LTE 服务。全美第三大移动运营商 Sprint 迫于 Verizon Wireless 和 AT&T 的压力，开始密集发布 LTE 的商用计划消息，并试图以直接部署 4G 网络实现后发赶超。日韩向来是追求技术和创新业务的高端市场，移动业务竞争激烈，在 LTE 商用方面的表现可谓相当抢眼。日本 NTT DoCoMo 于 2010 年年底开始在部分核心区域启动商用，截至 2012 年 9 月，NTT DoCoMo 的 LTE 用户已经超过 600 万。已被 SoftBank 收购的日本虚拟运营商 eAccess 在 2012 年 3 月完成了 LTE 商用服务。韩国的 3 大运营商相继在 2011 年启动商用。2012 年 10 月底，韩国 LTE 用户数已经超过 1 000 万，2014 年底达到 1 600 万。SK Telecom 早在 2012 年 7 月完成覆盖韩国 99% 人口的 LTE 部署工作。从 2011 年 7 月开始，韩国第三大移动运营商 LG U+ 用了不到 9 个月的时间，就实现了 LTE 网络在韩国的全境覆盖，远远超过 SK Telecom 和 KT 的网络覆盖水平，创造了惊人的韩国速度。

欧洲国家、美国、日本、韩国陆续推动 LTE 商用，掀起了电信运营商发展 LTE 业务的潮流。LTE 用户发展迅猛，根据统计，截至 2013 年 6 月，全球 LTE 用户规模达到 1.12 亿，同比增长 303%，美国、日本和韩国引领 LTE 用户规模快速上升，但用户集中在少数运营商，LTE 用户规模排名前 7 位的运营商在全球 LTE 用户总数中占比为 80%。

LTE 产业链日益壮大，LTE 智能终端逐渐成熟，截至 2013 年 6 月，全球 LTE 终端设备达到 948 款，较 2012 年同期新增 531 款，增幅达 127%；LTE 智能手机已达到 316 款，是 2012 年同期的 4 倍。TD-LTE 产业链逐步完善，2014 年 TD-LTE 智能手机具备规模商用能力；TD-LTE 和 FDD LTE 正在朝着融合方向发展。

目前，部署和发展 LTE 日渐成为主流运营商发展的必然趋势。但是由于不同地区的 LTE 商用步伐不一致，导致不同地区的 LTE 发展存在较大差异，再加上各地区原有的市场竞争格局不尽相同，各运营商的 LTE 部署和运营模式各具特色。

纵观全球主流运营商的 LTE 部署和运营模式，大致可分为三类：市场领先者模式、市场跟随模式和市场挑战模式。

市场领先者：市场份额领先第二名 10% 左右，如 DoCoMo、SK Telecom、TeliaSonera。

市场跟随者：市场份额十分接近，如 Vodafone 德国、AT&T、T-Mobile。

市场挑战者：3G 市场份额逐步下滑，CDMA 产业劣势明显，如 Sprint、SoftBank。

2.1.1 市场领跑者

借助 4G 保持领先地位，与 3G 网络协同发展，这种模式的运营商可以分为竞争驱动型和技术驱动型两种。竞争驱动型的运营商一般实力雄厚，处于领先地位，典型代表包括 NTT DoCoMo、SK Telecom 等。他们发展 4G 的目的不是争夺新增客户，而是通过技术提升巩固市场地位。技术驱动型的运营商以瑞典的 TeliaSonera 等北欧运营商为代表。这些运营商 3G 业务发展已进入成熟期，各种应用渗透广泛，发展 4G 属于技术发展的自然演进。市场领先者将 LTE 作为“拓展新领域、开创新模式”的主要手段，目前将 LTE 业务作为高端业务差异化定位，在用户和业务层面强调与 3G 的区隔化发展。

2.1.1.1 市场成熟：2G停网，3G饱和，4G呼之欲出

进入 21 世纪后，日本与韩国在电信行业的发展居于全球领先地位。在 21 世纪的头个十年过去后，日本、韩国的 3G 市场已经臻于成熟，并日趋饱和。截至 2010 年 6 月底，日本的手机用户已达到 1.137 2 亿，人口普及率达到 89%；3G 用户占有率为 98%，其中 WCDMA 制式占整个 3G 市场的 71%（四家运营商中有三家采用 WCDMA）。1996 年，当 GSM 网络在世界上占有主导地位时，韩国选择了只发展 CDMA 一种网络制式，建设了世界上第一个正式商用化的 CDMA 网络。拥有超过 5 000 万人口的韩国，在国内约有 4 700 万移动通信用户，其中 3G 用户约占手机用户的 44%。

2011 年日本 3G 渗透率达 96.72%，居全球第一，韩国 3G 渗透率达 81.89%，居全球第二。超高的 3G 渗透率也意味着 2G 网络在这些国家逐渐成为逝去的历史。2011 年起，在韩国停止 2G 用户服务均被三大运营商列入日程。日本三大移动运营商于 2012 年关闭 2G 网络。

在 2G 渐成历史的同时，日韩国内对数据业务的巨大需求仍在不断的膨胀当中。SK Telecom 的增值业务收入逐年增加，从 2003 年的 17 450 亿韩元增长到 2008 年的 27

820 亿韩元，增幅高达 59%；其年度增长率经过 2004 年和 2005 年的较快增长后，逐步趋于缓和；受经济危机的影响，2008 年其年度增长率首次出现负值。虽然目前语音业务仍然是全球移动运营商的主要收入来源，但移动增值业务收入占总收入的比例已经呈现出逐年增加的趋势。而日韩运营商在 3G 时代就为用户提供的丰富多彩的业务应用无形中培育了用户对更好的网络体验、更大的数据流量的需求。以 NTT DoCoMo 为例，早在 3G 发端之初，就注重提供多方位的信息服务，在业务应用方面更是越来越丰富，如手机电视、多媒体业务、移动支付、移动定位等，而移动视频、多媒体以及移动支付业务更是成为其发展的重中之重。这些当时新兴的应用不仅丰富了运营商的业务种类，更是形成了一种造血功能，多元的业务提升了用户体验，并刺激用户消费，从而形成数据业务的使用量不断提高的强有力的驱动。

在国内 3G 市场发展成熟，在 3G 覆盖率较高、用户人数稳定、市场比较饱和的情况下，要创收就只能另辟蹊径。移动数据业务需求的持续膨胀又使得 DoCoMo 和 SK Telecom 有巨大的动力提升网络容量，以应对挑战。

2.1.1.2 3G起步早，占据市场统治地位

NTT DoCoMo 是全球率先推动商用 WCDMA 网络的运营商，也是全球最早推出 HSDPA 网络的运营商之一。如今，它不仅是日本移动通信市场的主导者，也是全球无线技术发展的先锋。尽管朝气蓬勃的 KDDI 和 SoftBank 公司都在想方设法积极地吸引客户，但目前 NTT DoCoMo 依然在日本市场占据霸主地位。NTT DoCoMo 长盛不衰的秘诀在于，它总是能够不断地凭借技术、应用上的创新，引领日本乃至全球移动通信技术的发展。NTT DoCoMo 是全球率先推出商用 WCDMA 网络的运营商，早在 2001 年 NTT DoCoMo 就推出了 3G 业务品牌 FOMA，即“自由移动的多媒体接入(Freedom Of Mobile Multimedia)”。当时 NTT DoCoMo 对 FOMA 寄予了战略性的厚望：以 FOMA 继承其 2G 业务以及 i-mode 的成功，为用户提供高速数据传输和多媒体业务功能。FOMA 主要用于语音和高速数据通信，其核心是积极发展各种移动多媒体业务，使用户能在任何时间、任何地点与任何人连接，传递高质量的视频并提高声音的清晰度，使移动多媒体世界“尽在你的手掌中”。目前 FOMA 提供的主要业务分为语音通信业务及数据通信业务，语音通信业务包括普通电话和可视电话。DoCoMo 数据品牌为 i-mode，是日本最普及的移动互联网业务，可浏览的网站达 7 400 余个，已成为日本手机上网的代名词。FOMA 在 3G 数据业务继续沿用了 i-mode 的成功模式，助推 3G 服务的渗透。在 3G 刚刚蹒跚起步之时，NTT DoCoMo 的构想付诸实践的过程充满了坎坷。由于 2G 的 PDC 网与 3G 的 WCDMA 网互不兼容以及手机终端种类匮乏等难题，DoCoMo 的 3G 业务发展之初进展非常缓慢，得不到用户的认可。进入 2004 年，随着 WCDMA 技术标准的逐渐成熟，以及终端种类的极大丰富、终端功能的有效提高，FOMA 业务开始呈现出快速发展的趋势。到 2005 年 3 月底，已签约 4 402 万用户，占 DoCoMo 用户的 90.2%。i-mode 数据业务的人均消费额已达人均 ARPU 综合值的 26%，而 FOMA 的 i-mode 高达 33.9%。截止到 2007 年底，NTT DoCoMo 的 3G 用户占到其

移动用户总数的 80%，且 4 200 多万的 3G 用户数也是目前全球运营商中最多的，3G 市场份额达到 53%。到 2010 年年末 DoCoMo 总用户达到 5 651 万人，3G 用户数 5 416 万人，3G 用户比例达到 96%，3G 在国内市场份额为 49%。

而在韩国，SK Telecom 作为韩国最大的移动通信运营商，占据了 50% 以上的市场份额，拥有 2 000 多万用户。同时，SK Telecom 也是最先将 CDMA、cdma2000 1x EV-DO 和 HSDPA 网络进行商业化和市场化运营的企业。凭借其极高的网络覆盖率和丰富多彩的多媒体业务，SK Telecom 一直在韩国乃至世界移动通信运营商中占据领先地位，并稳步向前发展。1996 年 1 月 SK Telecom 在全球首次推出 CDMA 移动商用服务，2000 年 10 月 SK Telecom 启动世界首例基于第三代技术的 cdma2000 1x 服务——Nate 品牌。用户可以随时随地利用多种终端，通过无线或有线方式实现对互联网的无缝连接。Nate 一经推出，立即受到用户的欢迎，仅仅两个月时间，用户数就达到近 100 万。截至 2008 年底，Nate 用户数已突破 1 000 万，由 Nate 业务带来的收入也高达 1.31 万亿韩元。SK Telecom 在不断提高网络质量的同时推出了一系列新的增值业务，从而使 3G 的无线数据业务得到越来越多用户的认可。2002 年 11 月，SK Telecom 基于 cdma2000 1x EV-DO 的 3G 网络服务，正式以"June"的品牌推出了动态影像为主的多媒体内容服务。在服务推出初期提供音乐、电影、游戏等娱乐为主的内容，让用户感觉到有很多内容可供他们使用。随后，又增加了基于位置的服务、新闻、交通、广播等具有实用性的信息，历时 8 个月其用户数就突破了 100 万户。当 June 已经进入了用户逐渐熟知并经常使用的阶段后，SK Telecom 又在金融交易等方面进行了业务的补充和完善，改变用户的购买方式并逐渐引导消费新形式，提高了业务价值。2006 年 SK Telecom 的用户 ARPU 值就已达到 43 422 韩元，其中无线数据业务贡献的比例逐渐加大。

超高的 3G 普及率以及长期占据市场霸主地位，为 DoCoMo 和 SK Telecom 在 LTE 的商用上发挥先行优势，延续行业翘楚地位准备了前提条件。

但是随着竞争对手的网络建设逐渐演进到 HSPA+，对还在建设 HSPA 网络的 DoCoMo 和 SK Telecom 构成了极大的挑战，并威胁了其市场霸主的地位。在这种情况下，DoCoMo 和 SK Telecom 绕过 HSPA+，直接从 HSPA 演进到 LTE，可以降低成本，先发制人，强化其技术领先的形象，以应对 HSPA+ 的挑战。

2.1.1.3　从HSPA演进到LTE，强化技术领先形象

在 LTE 网络建设方面，DoCoMo 和 SK Telecom 延续了其一贯的领先技术引导者的角色，积极布网，实现快速覆盖，同时运用多种领先技术提高网络容量，强化技术领先形象。

在日本，NTT DoCoMo 于 2010 年 10 月正式商用 LTE FDD 网络，并且跳过 HSPA+，直接将现有的 3G 网络从 HSPA 升级到 LTE。在网络建设方面，DoCoMo 大幅度上调 LTE 网络覆盖率规划，2013 年 DoCoMo 开始将 LTE 网络从主要城市往郊县城市推进。原本施行稳步建网策略的目标是使 2014 年网络覆盖率达到 40%，但随后迫于竞争压力而

调整规划，将 2014 年网络覆盖率目标调整为 98%，至 2015 年完成全面覆盖。DoCoMo 还积极提升 LTE 网络能力，LTE 的通信速度在理论上来说最快可达 326Mbit/s，而现在 NTT DoCoMo 提供的最快速度为 75Mbit/s。截至 2013 年 6 月，下行峰值速率达到 75Mbit/s 的基站已经占到 75% 以上。截至 2013 年 9 月，LTE 用户数达到 1 640 万。DoCoMo 还积极部署 LTE-A，预计 2015 年将开通 LTE-A 网络商用；同时加大 Small Cell 部署力度，2014 年底之前建成 2 万多个基站，其中一半以上将是 Femtocell 和 Picocell 网络。

2006 年 3 月 16 日 SK Telecom 率先部署了 HSDPA 网络，希望能够带来更好的用户体验和比 EV-DO 更高的性价比，也使 HSDPA 和 EV-DO 能够做到技术互补，形成无线覆盖的组合，并提供名为“3G+”的业务。HSPA 商用服务是 SK Telecom 在国内以及海外市场的一个重要里程碑，SK Telecom 希望引入新的高速率移动业务改变韩国现行的移动市场保护国内厂商的规则，并通过提供 HSDPA 服务进入目前 WCDMA 普遍被看好的海外市场。HSDPA 作为 WCDMA 演进中的第一步，支持视频会议、高速高质数据业务，通信速度理论上最大支持 14.4Mbit/s。在欧美运营商已然展开一场 4G 的战争时，韩国市场却岿然不动。一直在 3G 时代以网速高闻名的 SK Telecom 在 LTE 网络的建设上走了一条厚积薄发的道路，直到 LTE 商用首例过去两年之后，SK Telecom 才开始走上 LTE 的赛场。由于 3G 时的网速就表现不俗，SK Telecom 希望在准备充足后再推出 4G，实现 3G 到 4G 的平滑过渡。2011 年 7 月 1 日 SK Telecom 与另一家韩国运营商 LG U+ 同时推出 LTE 业务。不久 SK Telecom 上调了整年的资本支出，相比年初计划增长 15%，总投资至 2.3 万亿韩元，其中增长的 3 000 亿韩元用于扩大 3G 网络容量以及 LTE 网络建设，同时计划到 2014 年投资 2 万亿韩元用于建设 LTE 网络。SK Telecom 在建设 LTE 网络时采取了由点及面、逐步推广的方法，2011 年主要在首尔提供 LTE 商用服务，2012 年扩大到首尔大都市区和 6 个大城市，2013 年覆盖全国。除巨资投入外，SK Telecom 还部署大量 Wi-Fi 和 Femtocell 网络对 LTE 网络进行补充，分流网络流量压力，并率先在全球推出了 Wi-Fi 融合 LTE 的 Femtocell 设备。除了较为快速的覆盖之外，为提高 LTE 的网络容量，SK Telecom 还采取了多种技术提高 LTE 的网络容量，其中尤其令人瞩目的是 Small Cell。在 LTE 环境下，数据流量大幅增加，Small Cell 能使运营商以最具成本效益的方式扩大网络容量。目前，SK Telecom 已经部署了 3 000 多个 LTE Femtocell。SK Telecom 还采用了 Super Cell 技术，通过蜂窝虚拟化降低小区间干扰；部署了 SCAN（智能云接入网络技术），将网络体验速度提高了 2 倍，容量提高了 3 倍。此外，多种创新性的 LTE 技术如多载波技术、下行链路协同、自组织网络等也被 SK Telecom 采用，以使 LTE 网络更加智能和快速。LTE 启动不久，在 2013 年 6 月底，SK Telecom 又一次以世界第一的角色，跨代发展 LTE-A 网络。LTE-A 理论下行峰值可达 150Mbit/s，理论上行峰值可达 75Mbit/s，下行速率可达 LTE 的 2 倍、标准 3G 网络的 10 倍。在推动 LTE-A 的同时，SK Telecom 也在积极争取终端环节的支持，在发布之初，已有三星 Galaxy S4 LTE-A 同期发布；SK Telecom 还与苹果公司谈判，希望将 LTE-A 运用到 iPhone 5S 中。

迈入 LTE 时代后 SK Telecom 的全球领先地位依然表现突出。自 2011 年 7 月推出 LTE 服务之后，仅仅用了一年时间 SK Telecom 的 LTE 用户数就达到了 500 万，到 2012 年底这一数字增长到了 760 万，截至 2013 年 6 月底则达到了 1 100 万，提前半年完成了商用之初设定的目标。

2.1.1.4　应对数据业务发展，挖掘新型收入来源

市场统治者将 LTE 作为实现拓展新领域、开创新模式的主要手段。由于 LTE 的迅速发展，现在的 SK Telecom 与 DoCoMo 已经从大规模吸引用户的阶段过渡到通过提供差异化的内容服务实现创收的阶段。SK Telecom 和 DoCoMo 利用 LTE 提供创新型业务，挖掘新的收入来源。

针对语音 ARPU 值的下滑，DoCoMo 通过普及动画业务和数据业务来提高数据业务 ARPU 值，进而提升综合 ARPU 值。在提高数据业务的 ARPU 值时，DoCoMo 强化特色业务推广，拓展基于云计算的云服务，强化特色业务推广，推出 dmenu 门户网站和 dmarket 内容商店，最大程度地增加现有用户的粘性，并将基于大数据的云计算服务创新作为 LTE 业务发展的重点。由于支付手段的便利，NTT DoCoMo 已经成功地打造出金融、购物、媒体内容为主的应用生态圈。DoCoMo 现有 i-make、智能手机、PC 数据以及电子书、平板电脑等业务。

经过 3G 的积淀，韩国的内容产业已经非常发达。SK Telecom 进一步开发基于高速 LTE 网络的新服务。该公司迄今推出了 LTE 视频通话和视频点播 LTE 流媒体、“电子智能学习”和“智能健康”、高清视频服务“Hoppin”、LTE 网络游戏、实时体育赛事直播等服务。其中视频是运营商 4G 时代在内容领域的最大关注点。SK Telecom 的“T-freemium”服务每月给 4G 用户免费提供最新的电影、游戏、电子书等高品质内容。该服务提供的内容上市两个月下载次数就突破了 370 万，受到很多消费者的喜爱。2012 年 6 月，SK Telecom 在“T-freemium”中增加了最受 4G 用户欢迎的 VOD 内容以及最新人气电影。此外，SK Telecom 联手专业的手机游戏公司迪培公司，在韩国单独上市网络游戏“创世纪”，推出网络游戏套餐，拉开了 4G 网络游戏时代的序幕。“创世纪”把原本只能在个人电脑和游戏控制台操作的多人实时战略模拟游戏扩展到智能手机上。用户使用每月 3 000 韩元（约合人民币 17 元）的“LTE 创世纪套餐”，在游戏连接网络时就没有流量使用限制，还可免费获得每月 4 000 韩元的游戏道具。自推出 4G 服务开始，SK Telecom 的 4G 用户使用的数据流量中的 46% 来自于多媒体内容，比 3G 用户的 36% 多了 10 个百分点；4G 用户平均每天登录 YouTube 使用的数据流量比 3G 用户多了 3.2 倍。

2.1.2　市场跟随者

采取跟随策略的运营商并不是在市场成熟之后自然而然实现技术更替，而是在市场领先者的带动之下，避免网络演进缓慢造成竞争劣势的压力不得已而为之的结果，因而需要稳健部署，与原有网络协同发展，保持有利竞争地位。这种模式的典型运营

商是 AT&T。2010 年 Verizon 规模部署 LTE 后，引发了美国市场的鲶鱼效应，促使美国的其他运营商纷纷采取跟随策略。AT&T 迫于竞争压力跟随 Verizon 快速开启 LTE 战略，在 WCDMA 升级到 HSPA+ 的同时发展 LTE 网络，采用 3G、4G 甚至包含固网的混合模式运营，协同发展，既充分利用了 3G 网络的能力，又为争取客户感知平滑过渡到真正的 LTE 网络争取了时间。

2.1.2.1 竞争环境：3G渗透率较低，数据业务处于成长阶段

进入 21 世纪以来，AT&T 在美国的市场份额一直在 30% ～ 40%。2009 年第二季度，AT&T 市场份额达 38.3%，低于 Verizon 的 46.3%，在各运营商中位列第二（见图 2-1）；AT&T 2008 年用户净增规模与 Verizon 基本相当，但户均利润水平比 Verizon 低 5 美元左右。这反映为 AT&T 的用户份额为 28.5%，但收入份额仅占 27.8%；而 Verizon 的用户份额为 26.3%，收入份额却达到 31.1%。

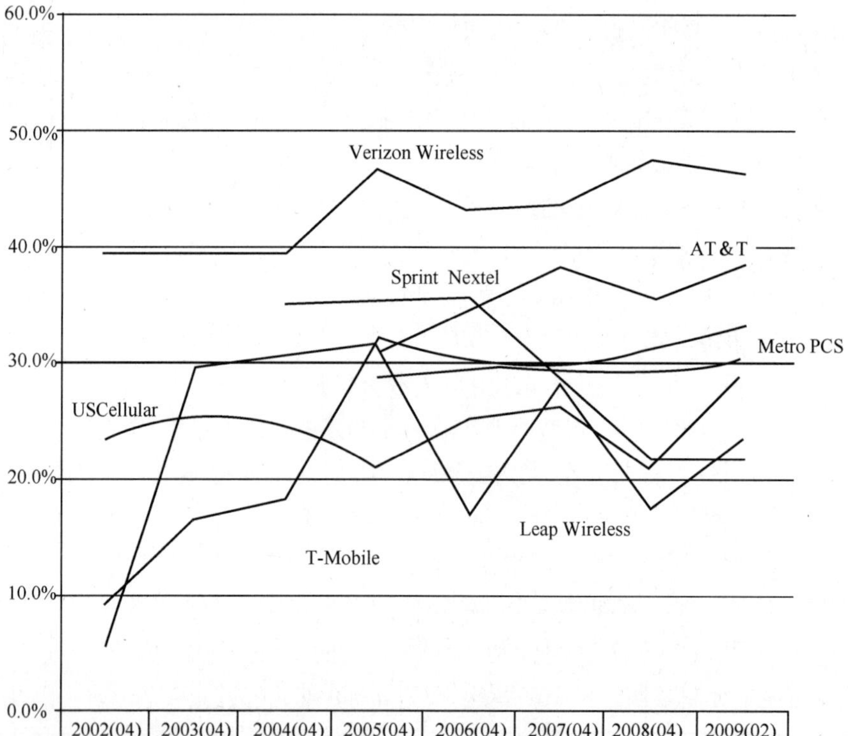

	2002(04)	2003(04)	2004(04)	2005(04)	2006(04)	2007(04)	2008(04)	2009(02)
—Verizon Wireless	39.5%	39.7%	39.5%	46.8%	43.2%	43.6%	47.5%	46.3%
—T-Mobile	9.1%	16.5%	18.5%	32.0%	29.8%	29.8%	31.1%	33.1%
—Leap Wireless	5.7%	29.5%	29.4%	31.6%	17.1%	28.2%	17.7%	23.5%
—USCellular	23.7%	25.9%	24.6%	24.0%	25.2%	26.4%	21.3%	28.9%
—Sprint Nextel	—	—	34.8%	34.6%	35.4%	28.7%	21.6%	21.7%
—AT&T	—	—	—	31.1%	34.4%	38.2%	35.8%	38.3%
—Metro PCS	—	—	—	28.9%	29.4%	29.9%	29.2%	30.5%

图 2-1　2002-2009 年美国电信市场份额

2009 年 AT&T 收入的 95% 来自于有线及无线两个部门，有线占 59%，无线占 40%。纵向来看，无线部门收入保持了较好的增长态势，当年增幅达 15.5%；有线部门仍为收入主要来源，但正呈现萎缩趋势，当年下降 2.7%。

AT&T 用户 ARPU 与 MOU（见图 2-2）近几年基本保持稳定，数据业务渗透率快速提升。

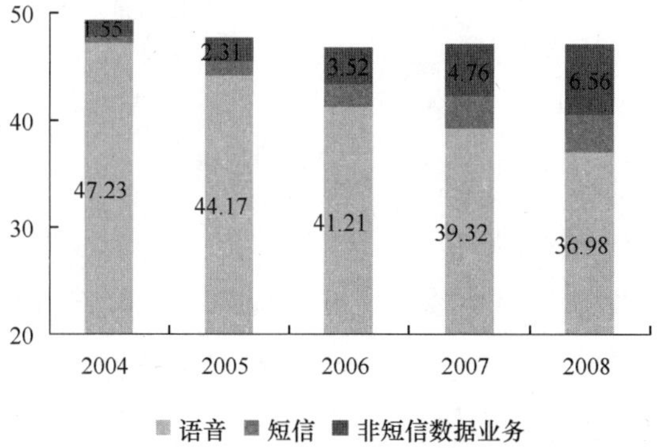

图 2-2 AT&T 语音、短信、非短信数据业务渗透率

从用户份额来看，2005 年到 2009 年 3G 用户比例在逐步上升，但到 2009 年第三季度仍只有 39%，2G 用户仍是主流（见图 2-3）。

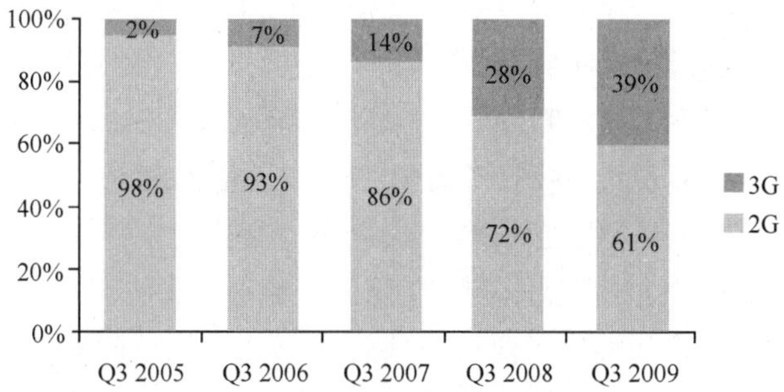

图 2-3 AT&T 的 2G、3G 业务用户份额

从 3G 渗透率来看，AT&T 起步较晚，但 2007 年之后发展较快，2009 年第三季度 3G 渗透率达到 40%，但仍低于美国电信巨头 Verizon，见图 2-4。

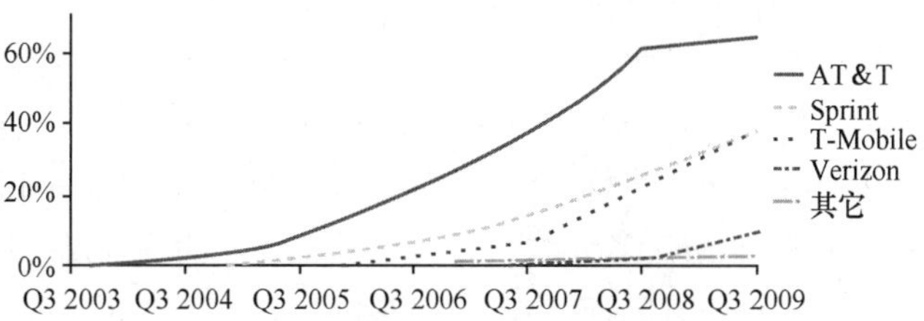

图 2-4 各运营商的 3G 渗透率

3 年内全美数据流量行业增长 30 倍，AT&T 增长 50 倍（见图 2-5）。网络负担日益加重，必须快速找到解决方法。

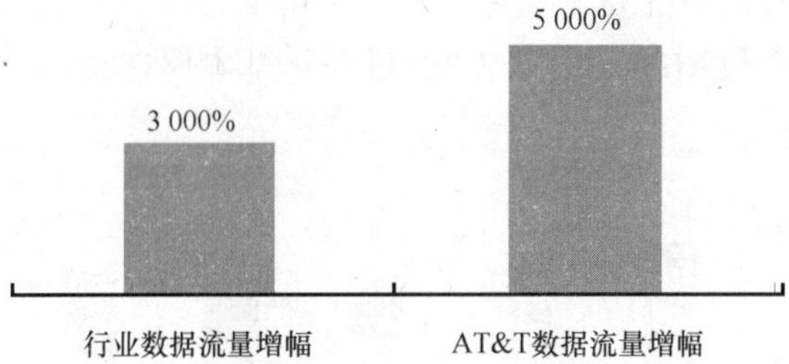

图 2-5　数据流量增幅

另外，加紧步伐过渡到 4G 也是为了应对领先运营商的挑战。

美国 Verizon 在 LTE 方面起步最早迈开步伐最大，对 AT&T 构成了较大的压力。截至 2013 年 9 月，Verizon 公司的 LTE 网络覆盖超过 90% 的地区，LTE 用户数已突破 3 600 万，占 Verizon 全部用户的 1/3 以上，占据全球 LTE 用户市场总体份额的 23.2%。在网络建设方面，Verizon 采用 700MHz 作为主力承载频段，以较少的基站规模实现较大的区域覆盖。Verizon 的 4G 网络理论上能够达到下载速率在 5 ～ 12Mbit/s，上传速度 2 ～ 5Mbit/s。除了网络的部署，Verizon 还积极打造完整的 LTE 产业链，与手机、平板电脑厂商合作推出 4G 终端设备，建设创新研发中心研究 4G 创新业务等。

AT&T 主要受市场竞争驱动，为应对 Verizon 的 4G 挑战发展 LTE 网络，通过采取 HSPA+ 和 LTE 网络双向发展的 4G 网络策略，强调“高速网络连续体验”，提供基于 HSPA 及增强回路的 3G 网络和 LTE 网络的混合网络服务。

2.1.2.2　在HSPA+网络基础上发展，瞄准LTE-A，向4G演进

AT&T 在早期网络服务提供过程中，非常强调“高速网络连续体验”这一关键因素。我们可以在 AT&T 官方网站中看到其对 4G 网络服务的诠释：可以实现更少缓冲的视频传送，更快地下载高清晰度影片，快速下载音乐，几乎可以瞬时实现照片上传，观看实时的高清晰度电视，在线玩多媒体游戏等。在产品描述中，我们可以看到 AT&T 对 4G 服务的理解：高速而连续的服务体验。

2011 年 9 月 AT&T 开始建设 4G 网络，在美国亚特兰大、芝加哥、达拉斯、休斯敦、圣安东尼奥 5 个城市发布了 LTE 业务。在此之后，AT&T 的建设速度一直都在计划之内。2012 年底 AT&T 在网络建设公告中称已经实现了对 1 500 万美国用户的覆盖，并计划在两年内实现对 90% 客户的覆盖。与其他运营商不同，AT&T 提供的服务是一种 3G/4G 混合网络模式——基于 HSPA+ 及增强 Backbone 的 3G 网络、LTE 网络。HSPA+ 为运营商提供从 HSPA 向 LTE 平滑演进的低复杂度、低成本途径，它在保留 HSPA 关键技术的基础上，增加了 MIMO 多天线技术提高系统的容量和可靠性；利用连续性分组连接方案，降低了潜在的传输间断、频繁的连接终止以及重连等带来的开销和时延，以提高用户数量、用户容量和系统效率；HSPA+ 所采用的高阶调制技术提高了用户的

数据传输速率。HSPA+ 是一个全 IP、全业务网络，它提高了 VoIP 和其他时延敏感业务的容量，减少了业务建立时延，改善了实时业务，同时后向兼容原有 WCDMA 网络，较好地保护了用户的原有投资。

AT&T 同时还提醒其用户，该公司广泛部署的 HSPA+（AT&T 将 HSPA+ 也宣传为 4G 技术）较 Verizon 无线和 Sprint 的 3G 网络要快得多。如果用户不在 AT&T 的 LTE 覆盖范围内，那么无线信号通常将切换到 HSPA+ 信号。许多用户的无线速度体验不一，不过运营商们通常将 LTE 的速度宣传为 3G 速度的 10 倍以上，HSPA+ 则为 3G 速度的 3 倍。在那些最近才由一家运营商推出 LTE 服务且 LTE 用户较少的地区，下载速度最高可达 20Mbit/s。一些用户表示，在 AT&T 最近推出 LTE 网络的一些城市，下载速度已经达到了 50Mbit/s。这一混合网络的平均下载速度可以达到 9.56Mbit/s。相对于主要竞争对手 Verizon，目前 AT&T 的覆盖范围还较少，但是这种强调客户连续体验的方式却为其争得了好口碑。采用 3G/4G 混合网络模式来逐步过渡到目标网络的这样演进方式可以充分发挥 3G 网络的效益，不至于承受过高的替代网络建设带来的高成本，还能够在较短周期内实现较好的网络覆盖，也为争取客户感知平滑过渡到真正的 LTE 网络争取了时间。

2.1.2.3　延伸固网，发力无线，打造全IP网络

AT&T 本身的固网较为薄弱。AT&T 固网业务的年度营收大约为 12 亿美元，在 2013 年总营收的占比还不到 1%。2013 年 AT&T 宣布将其在康涅狄格州的固网业务，以 20 亿美元的现金出售给美国电信公司 Frontier Communications。这项交易中出售的业务包括 AT&T 在康涅狄格州的所有电话业务、U-verse 付费电视业务、宽带业务以及卫星电视业务，而曾供职于 AT&T 的大约 2 700 名员工将一起加入 Frontier。在交易完成后，出售收入的一部分将被 AT&T 用来进行业务转型升级，即耗资 140 亿美元投入 Project Velocity IP/VIP 计划（80 亿元将投入无线网络建设，60 亿元投入有线网络建设）。通过该计划，AT&T 将打造一个全网际网路（All-IP）、无线网络以及云网，让第四代移动通信系统LTE的4G网络覆盖到美国仍在使用有线服务的21个州的3亿用户。此外，AT&T 还将为当地用户提供高速的上网业务和视频服务，并为当地更多的商业用户提供光纤网络。预计到 2015 年底企业光纤客户将增加 100 万，在 AT&T 有线服务区域覆盖 50% 的多租户写字楼。作为一个综合业务提供商，AT&T 从战略角度做好无线宽带、有线宽带及应用方面的整体规划的方式非常值得借鉴。

2.1.3　市场挑战者

在发展 LTE 业务上采取市场挑战者模式的运营商往往处于市场竞争地位，需要应对数据流量增长挑战以及竞争对手优势网络的竞争。“激进”与“创新”是企业价值增长的关键。若 4G 网络、终端等具备相对竞争优势，一方面采取激进策略可扮演挑战者角色，通过较为激进的策略攫取用户，实现战略转型。另一方面主打创新，主攻数据流量

市场——抓住本身强大的产业生态优势以及 LTE 的机遇，成为综合信息服务提供商。市场挑战者在以激进与创新策略为核心的战略指导下，聚焦用户增长，提升企业价值，以实现后发赶超。这方面典型的运营商是 SoftBank。

2.1.3.1 处于市场竞争地位

SoftBank 作为运营商出现在电信行业的历史并不长。2005 年 1 月 SoftBank 与 KDDI 进行洽谈，收购了其下属的 Tu-Ka 移动电话公司。2005 年 11 月与 eAccess、IP Mobile 三家公司一起获得 3G 业务牌照，才具备了开展移动业务的先决条件。2006 年 3 月 17 日 SoftBank）与 Vodafone（日本）达成收购协议。随后固网和移动子公司分别改名为 SoftBank Telecom 和 SoftBank Mobile，正式进军通信业，成为日本第三大移动运营商，拥有 1 513 万用户和 16.8% 的市场占有率。在日本这个当时世界上两大 3G 阵营的商用网络直接对垒的国家，SoftBank 这个电信业的新生儿在 3G 市场上并不占据优势。截至 2007 年底，日本移动用户突破 1 亿户，其中 NTT DoCoMo 拥有用户 5 315 万，KDDI 拥有用户 2 920 万，SoftBank 公司拥有用户 1 761 万。在 3G 用户方面，NTT DoCoMo WCDMA 用户达到 4 208 万，KDDI 公司的 cdma2000 1x EV-Do 用户达到 2 847 万，SoftBank 的 WCDMA 用户达到 1 228 万。

SoftBank 一直力图挑战既有的市场竞争格局。2012 年 SoftBank 收购日本排名第四的运营商 eAccess，超过 KDDI 上升为日本排名第二的运营商；2013 年 7 月，SoftBank 以 216 亿美元并购美国第三大运营商 Sprint Nextel，用户数合计近 1 亿，超过 NTT DoCoMo，并且横跨日美两个高端价值市场。但是 KDDI 与 DoCoMo 在网络建设上领先一步，使 SoftBank 倍感压力。2010 年 KDDI 的 WiMAX 网络和 DoCoMo 的 FDD LTE 网络相继投入商用。

近年来日本的数据业务需求井喷式增长。据 2010 年 11 月的统计，DoCoMo 的市场占有率为 47.33%，KDDI 为 26.91%，而 SoftBank 在 2008 年开始独家引进苹果公司的 iPhone 绑定业务（零终端费用，用户绑定 2 年）后，2010 年比上一年增长 16.7%，从而使其无线市场占有率激增到 20.05%，达到 2 407.5 万用户。因此，各大运营商力图抢占数据用户以获得制胜的关键。截止到 2011 年底，DoCoMo 的 FDD LTE 网络拥有数据业务用户 100 万，而 KDDI 的 WiMAX 网络用户则高达 180 万。迫于竞争压力和数据业务的巨大需求，SoftBank 选择通过建立 TD-LTE 网络来抢占数据用户，进一步缩小市场差距。

2009 年的 Willcom，用户数、营收连年下降，不被业界看好，然而孙正义出手了。孙正义看中的是 Willcom 拥有的站点和 2.6GHz TDD 频谱，他以非凡的洞察力看到频谱是运营商的不可再生资源，而 TDD 频谱随着 TD-LTE 产业的成熟必将大幅增值。SoftBank 入主 Willcom 后成立 WCP（Wireless City Planning Inc.），专攻 AXGP（即 TDD 无线宽带），全面展开研究。SoftBank 战略投入 TD-LTE，作为公司无线宽带战略中重要的一环，TD-LTE 承担着卸载 3G 网络的任务；更重要的是，20MHz 的带宽、完备的 TD-LTE 产业链，使得 SoftBank 在与日本其他竞争对手的对比测试中遥遥领先。

2010 年 SoftBank Mobile 兼并 Willcom，为 2012 年 2 月推出兼容 TD-LTE 标准的 AXGP 网络和 SoftBank 4G 的新服务准备了条件。

2.1.3.2　战略转型：由CDMA阵营转向全球性LTE阵营

2010 年 SoftBank 组建子公司 WCP 来发展 TD-LTE 网络。2012 年 7 月启用基于 900MHz 频段的移动通信服务，9 月正式推出基于 TD 的 LTE 移动通信服务，名为 SoftBank 4G LTE。

- 低成本建网。SoftBank 建设 TD-LTE 的基本思路是最大程度使用原有的 PHS（即“小灵通”）网络站点资源，快速低成本建设成 4G 网络。

- 集中建设覆盖人口密集区域。SoftBank 采取城市高密度网络、同时充分利用传统网络资源的策略，建立了三层网络架构：WCDMA 现网广覆盖，承载语音业务和小量数据业务；TD-LTE 广覆盖，分流 80% WCDMA 数据业务压力；WLAN 和 Femtocell 应用于室内场景，承载室内数据业务。SoftBank 不断扩大其 TD-LTE 网络的建设规模，目前其 TD-LTE 基站已达到 1.4 万个。在推动 TD-LTE 发展的同时，SoftBank 也正在加紧部署 FDD-LTE 网络，同时推动两个网络，实现互补发展。2012 年 10 月，其通过股权交换收购日本第四大移动运营商 eAccess，获得后者 1.7 GHz 的频段资源。截至 2013 年 3 月，SoftBank 已经有 2.1 万个基站，同时兼容 eAccess 和 SoftBank 的 LTE 网络，进一步扩大了 LTE 的用户量，提升了在 LTE 市场的竞争力。为了应对日益增长的流量压力，截至 2012 年 3 月，SoftBank 的 Wi-Fi 接入点已经扩展到 25 万个。SoftBank 在 2012 年 2 月正式商用 TD-LTE，已部署近 4.1 万个基站，商用第一个月用户发展过 3 万，5 月已经超过 9 万用户。截至 2013 年底，其网络已覆盖日本 97% 的地区和人口。由于其明星终端 iPhone 不支持 TD-LTE，用户增长相对不足，即便如此，截至 2013 年 9 月底，用户仍达到 208 万。总体来说，TD-LTE 网络的部署给 SoftBank 收入带来了良性增长。

- 终端层面。SoftBank 的 TD-LTE 网络使用 2.6GHz 的 30MHz TDD 频谱，终端类型前期以移动热点和 USB 数据卡为主，2012 年第三季度起，SoftBank 陆续推出多款 TD-LTE 智能手机，推动用户规模进一步增长。通过捆绑 iPhone 销售提升数据 ARPU，推动终端阵容扩大，通过差异化外观设计丰富终端，满足用户需求，同时利用 iPhone 增加用户数量，扩大数据流量，提高数据 ARPU。2012 年 SoftBank 的 3G 数据渗透率已达到 100%，数据业务流量高速增长，因此 SoftBank 的 TD-LTE 主要定位于满足热点数据业务需求，以满足用户日益增长的数据流量使用需求。

- 资费策略。为了吸引用户，SoftBank 提供了比 DoCoMo 更为优惠的 LTE 业务套餐。套餐有两种：一种是月资费 5 505 日元；另一种是月资费 3 880 日元，且用户每月流量上限是 5GB，流量超出后速率将退回至 128kbit/s，用户也可以另外增加费用保持 TD-LTE 速率。与 DoCoMo LTE 业务最低套餐的 5 490 日元相比，SoftBankTD-LTE 业务资费有很大吸引力。

总之，SoftBank 利用成本优势建设网络，以市场为驱动，在热点地区进行 LTE 的重点覆盖，并通过捆绑 iPhone，采用激进的资费策略和积极的营销策略，实现了网络数据业务的分流。即便在基础业务——电信运营服务上，SoftBank 也对 DoCoMo 和 KDDI 造成巨大压力：2013 年 DoCoMo、KDDI 和 SoftBank 分别占据 44%、28% 和 25% 的市场份额，而只有 SoftBank 在 5 年内市场份额持续增长。经过多年的发展，SoftBank 净增用户份额多次持续领先，收入份额接近行业第二名的 KDDI，利润率在日本领先，这是一个以小搏大、改变市场份额的成功故事。

2.1.3.3 抢占移动互联的高地

过去 6 年多，SoftBank 成功抓住了移动互联网发展的机遇，受益于移动通信行业的发展，真正把移动互联网的爆发转化为自己的增长优势，其成功的基础就是其关键的移动通信业务 SoftBank Mobile（SoftBank 移动）。

以 iPhone 和 Android 为代表的智能机时代，完全改了日本市场，也让 SoftBank 进入了一个完全不同的阶段。智能机对日本用户的手机购买和消费习惯产生了很大的影响，iPhone 3GS 作为一款"舶来品"不仅登上了日本手机销售榜，而且持续的时间超过了一般的手机生命周期。

SoftBank 在 2010 年夏季新品发布时，智能机的占比还很低，也低于另外两家竞争对手；而到了 2011 年夏季，不仅智能机占了多数，而且比例远超另外两家。SoftBank 依靠智能机不仅带来了新用户，还拉动了整个数据流量的使用。智能机改变了整个移动互联网生态，原来 SoftBank 通过旗下互联网和移动通信业务结合，可以实现比较好的协同作用，比如雅虎（日本）的一键按钮；但智能机将这个模式彻底打破，虽然互联网来自移动端的访问更多了，移动通信网络上数据使用量也更多了，但是两者间的联系越来越弱。在全球这是普遍的趋势，即使对于没有引进 iPhone 的 NTT DoCoMo，智能机导致的"开放地带"使得 i-mode 也是一样的痛苦。对于 NTT DoCoMo 来说，i-mode 上的内容和资源是其精心建立的生态系统，对 SoftBank 而言，就是自己投资的互联网和内容企业，可能更痛苦。SoftBank 原来规划打造"基础设施 - 平台 - 门户 - 内容"多个层次的业务体系也随之变得非常松散。

但智能机开放的生态和 App 经济使手机和通信服务的销售更加有利，这对于原来一直希望用优质的互联网内容吸引用户入网的 SoftBank 来说，也是一个新的福音。DoCoMo 和 KDDI 整个数据业务体系较为完善，相比之下，SoftBank 的数据 ARPU（Data ARPU）要低 30%。而到了 2011 年，伴随着 iPhone 用户的增加，依靠流量的增长，SoftBank 的数据 ARPU 就和另外两家持平，同时 SoftBank 也成为全球第一家翻越 50% 黄金分界线的电信运营商，实现了数据收入超过语音收入的关键性逆转。收入结构改变背后，是整个行业的巨变。早在 2007 年 SoftBank 就制定了 Internet Machine 的战略，通过移动上网设备提高数据收入来弥补整体收入的下滑，这个策略多年之后依靠 iPhone 才获得了成功。

智能机也带来了对网络的压力，2010 年为了提供数据用户的网络覆盖和体验，SoftBank 又花费了 4 000 亿日元的年度资本性开支，甚至超过了原来收购后初期的巨额投资。SoftBank 新的投资重点是增强高速数据网络和扩大网络覆盖，并通过微站等加强家庭和室内覆盖，来应对日益增长的数据流量压力。而这样巨额的网络投资并没有很快结束。从 2011 年开始，SoftBank 集团连续四年用于移动网络的资本性开支并没有按原来计划回落，而是继续增加，这一方面得益于 SoftBank 在 2008 年之后财务状况的改善和现金流压力的减轻，另一方面，SoftBank 也看到了数据流量背后的惊人的增长潜力。

数据业务正在超越语音成为手机业务的主流。过去 8 年，手机芯片的处理速度增长了近 400 倍，手机显示屏幕也越来越大，分辨率、像素达到了原来的 20 多倍。移动互联网用户的迅速增长令雅虎在日本的一个移动门户网站业务激增——访问量在过去两年增长了近 100 倍。在日本市场，用手机下载音乐的数量已经是电脑下载的 10 倍。此外，访问社交网站也是移动互联网应用的另一重点。一年前通过电脑对日本主流社交网站的访问量还占到九成，现在下滑到不足四成。手机移动消费的巨大潜力令孙正义信心满满，他表示，SoftBank 抢占未来移动互联网市场高地的战略目标势在必行。

2.1.3.4 打造差异化与集中化的混合体

根据竞争战略理论，“差异化战略”使企业因能够为顾客提供独特价值而与众不同。一方面，SoftBank 的“坚守不退”与其他风险投资构成差异化，满足了一部分有长远打算的创业企业的需求，能够帮助其打造品牌形象、构筑竞争的高门槛；另一方面，其“运营 - 投资互动”的架构则保证了坚持战略的长期实施。在此基础上，“集中化（聚焦）战略”成为 SoftBank 的第三阶段，而重点开发亚洲市场的移动互联网战略则是 SoftBank 结合差异化与集中化的混合体。

与谷歌借助创新，不断推出革命性产品的核心能力相比，SoftBank 的优势在于其旗下直营和投资的众多企业已构成了庞大的互联网方阵。作为一名精明的投资商人，孙正义希望“群狼优势”能发挥出更大的势能。目前在亚洲，SoftBank 除了提供手机、宽带、网络服务器等基础设施外，还渗透进体育、新闻、音乐等内容业务，在内容、门户、基础设施上构成垂直链条。

投资不是“天女散花”，孙正义希望通过垂直整合和横向整合，与被投资公司享受良好的“协同效应”。

2.1.3.5 另一个案例 LG U+：超越发展模式

亮点：激进发展 4G，迅速提升用户价值与流量规模。

LG U+ 在韩国三家主要运营商中用户份额最小。2011 年 7 月商用 4G 后，LG U+ 通过三阶段的颠覆性策略获得 4G 竞争优势，实现了用户与收入的高速增长。

第一阶段，4G 商用初期，聚焦资源开展激进的网络部署与终端推广，抢夺 4G 先发优势。针对 SK Telecom 竞争定价，跟随 SK Telecom 抢夺尝鲜 4G 的中高端用户。LG U+ 套餐价位与 SK Telecom 相近，但各档套餐包含流量均高于 SK Telecom 8% 以上。在这一阶段，套餐外的流量资费相对较高。

第二阶段，4G 商用两年后，采用颠覆性资费策略继续获取竞争对手的中高端用户。

第一步，大幅降低套餐外资费，大幅赠送短期流量包，针对中高档位套餐，超量后加 3 000 韩元每日赠送 3GB 免费流量，实现准包月；第二步，进一步提升套餐竞争力，对最高档套餐实现语音流量无限包月。在经过 4G 初期培育后，用户已经对流量产生强烈的需求，这一资费设计鼓励用户选用高档位套餐，刺激用户的流量使用。

第三阶段，在获得共计 80MHz 的 4G 频段后，LG U+ 聚焦发展高价值、高流量的 4G 标签应用，主推高清视频、云存储、云游戏等服务，提升用户流量与价值。其中，手机高清电视服务 U+ HDTV 是最有影响力的 4G 标签产品，提供超过 87 个频道 65 000 个高清节目，并支持 4 频道同屏播放、实时回放、慢放等多项功能。截至 2014 年 6 月，U+ HDTV 已成为韩国用户数最多的手机高清电视服务，总用户规模达 610 万，该业务用户的户均流量达 6GB。此外，LG U+ 个人云存储服务用户规模也较大，而 C+games 云游戏平台则吸引了大量年轻人。在这一阶段，配合所提供的服务与应用，LG U+ 推出了 LTE8 新套餐。在该套餐中，语音、短信全包月，高速流量每天 2GB，用完后限速至 3G 速率。此外，LTE 8 各档套餐价格差异主要源于所包含的 4G 标签应用的种类和数量不同。这一新套餐是 LG U+ 通过应用提升用户价值的具体体现。

网络、终端、资费、应用的四轮驱动，配合较为激进的市场拓展策略，使得 LG U+ 在 4G 时代实现了市场地位与企业价值的显著提升。2014 年 6 月，LG U+ 商用 4G 整三年后，其 4G 用户渗透率达 70.9%，居韩国首位；而户均流量已达 3.2GB，高于行业平均水平 25%。与此同时，LG U+ 的用户 ARPU 在商用 4G 一年后即超越了用户份额第二位的韩国电信，现在已经接近市场主导者 SK Telecom，而其移动业务收入更实现了超过 20% 的爆发式增长。

2.2 业务

“去电信化”日益成为一个热词，对于电信运营商而言，究竟是穷途末路的一曲挽歌，还是一场勇士自我革命的宣言？

随着移动互联网时代的到来，电信行业正处于变革的转折点。尤其是在开放创新、人人参与的 Web2.0 与移动通信融合后，不可胜数的新型移动互联网业务问世，给予亿万用户全新的生活、工作体验，同时也给电信运营商带来了机会和挑战。

在移动互联网的趋势下，通信行业已被分割为两大业务形态：电信业务和在线业务，电信业务是指固定和移动语音业务、SMS、MMS 业务。在线业务又叫 OTT 业务，是指 VoIP、社交网络、电子邮件、即时消息传递、博客、论坛及 Wikis 等业务。虽然传统的通信服务在中国相对饱和市场上还是呈现出总体增长，但传统电信运营商的话务 MOU 或 SMS 和 MMS 都呈下降趋势，而 OTT 通信业务（如微信、微博等）却是呈现爆发性的增长，增值业务和连接收入的增长却未能抵消国内电信运营商总体收入增长乏力的趋势。

2.2.1 数据业务成4G命门

网络的代际转换，势必将带来一系列应用的发展，这既包括了面向公众用户的应用，也包括了面向行业用户的应用。

在2G时代，语音和短信几乎是电信运营商业务的代名词。而在4G时代大放异彩、成为业务核心的数据业务虽然崭露头角，但无论产品还是市场表现都十分黯淡。1996年到1997年出现的第二代GSM、CDMA等数字制式手机增加了接收数据的功能，如接收电子邮件或网页。但令人遗憾的是，由于2G时代手机数据业务系统在支持IP数据业务时频谱效率低，连接固定带宽的结构难以适应突发式IP数据业务的需求，因而提供的数据业务传输速率较低、时延过长，限制了数据业务的应用，也无法实现移动的多媒体业务。

3GPP和3GPP2都认识到目前的系统在提供互联网接入业务上的局限性，试图在原来的体系框架内，在下行链路中采用分组接入技术，大幅度提高IP数据下载和流媒体速率。与2G时代相比，3G在传输语音与数据的速度上实现了大幅提升，3G下行速度峰值理论可达3.6Mbit/s，上行速度峰值也达到了384kbit/s。更高的数据速率直接拓宽了电信运营商的业务范围，这主要体现在处理图像、音乐、视频流等多种媒体形式成为可能，手机电视、移动FM、电子书、手机报开始流行，这为传统互联网上的业务开始向移动端转移创造了条件。另外，电信的传统业务数据传输、邮件、音视频下载等也被纳入了移动互联网的范畴。一些知名运营商推出了移动互联网业务，企图在这个新兴领域分得一杯羹。如和记3公司的X-Series，与Skype合作在英国率先推出移动宽带互联网服务，与Sling合作使得手机家庭电视节目成为现实；Vodafone、AT&T分别在欧洲和美国推出了移动版Myspace移动社区业务；韩国SK Telecom的UGC视频为用户提供移动视频共享业务。音视频下载等互联网业务初试啼声，开始带来了移动互联网接入流量的提升。

这些极富创新精神的尝试催生了运营商关于基于3G的移动互联网生活更多的期盼：3G及3G+网络所创造的实时在线、高速接入的数据环境将能推动移动生活概念的加强及延伸，从购物、导航到手机监控、远程医疗，3G业务将全方位渗透进人们的日常生活领域，以更人性化、智能化的服务满足用户多层次的需求。

然而，事实上这是3G难以承受的重任。一方面，包括可视电话在内的实时类业务对QoS要求较高，特别是时延——IP通信对高比特误码率（BER）极其敏感，高误码率在移动网络中司空见惯。但是3G网络架构还难以处理这一棘手的问题，用户渴望更新的技术突破以应对时延敏感的应用。另一方面，作为移动互联网核心的多媒体业务对网络的速率和带宽有着较为严苛的要求。无线网络是建立在共享的有限的频谱资源基础之上的，当大量数据业务并发时，就会对网络的承载力造成极大的压力。而运营商极为看好的3G杀手应用视频恰恰对带宽要求很高，比如IPTV业务需要8Mbit/s带宽，其他家庭业务也至少需要1Mbit/s带宽。但当用户量达到一定规模的时候，就会对用户的使用体验带来负面影响。更重要的是，为了避免移动数据流量的爆发增长带来的网络压力，运营商往往限定每个套餐的流量消费上限，超限即会产生高额的费用，这直接抑制了移动用户上网的动机。

3G 除了数据速率提高之外，在语音业务上也有不小的突破，主要体现在带来声音传输的另一个进步——实现了全球漫游，使通信进一步打破了时空的限制，使任意的交流成为可能。只要带着手机，走遍五湖四海，都可以第一时间与亲人取得联系。因此即使在 3G 时代，传统语音业务仍是重要的业务。

运营商关于移动互联时代的蓝图到了 4G 时代才真正成为可能。4G 时代的到来预示着业务发展的结构性变化，流量逐渐取代了语音和短信成为 4G 时代的业务发展主角。

3GPP 到 LTE 时代飞跃的关键，主要在于 OFDM 和 MIMO、FLAT IP 等关键传输技术的引入极大提高了 LTE 频谱效率和数据传输速率。20MHz 频谱带宽之下 2×2 MIMO 在 64QAM 情况下，理论下行最大传输速率为 201Mbit/s，根据实际组网以及终端能力限制，能够实现峰值下行 100Mbit/s 左右，上行 50Mbit/s 左右的速率，支持多种带宽分配以及主流 2G/3G 频段，提升频谱分配的灵活性以及系统容量和覆盖。另外，更加扁平化的 LTE 系统网络架构减少了网络节点和系统复杂度，降低了系统时延，从而达到削减网络部署和维护成本的效果。

LTE 技术上的突破开启了运营商业务进化的旅程。在数量更多和速率更高的无线连接之下，运营商为用户提供了支持多媒体业务的足够带宽。在标准情况下，LTE 最终可以提供 20MHz 带宽及 100Mbit/s 速率，高清视频等对宽带要求较高的业务具备了普及的可能性，多媒体通信不再只是一句空话。在这种情况下，可视电话、多媒体游戏、VoIP 和视频推送、改良型 IMS 等业务层出不穷。大区域覆盖和接口开放技术的采用，赋予了 4G 通信良好的兼容性，以实现高速移动网络中与 3G、固定网络、无线网络的无缝连接，这也为数据业务赢取更广阔的用户基础起到了推波助澜的作用。

随着移动互联网和宽带互联网的快速发展，对电信运营商最大挑战的并非在于同业竞争，而是 OTT 企业。随着智能终端从简单的通信工具演变成通信、社交、娱乐等多种功能复合的体验平台，用户对通信产品的需求越来越高，也酝酿了一个以业务应用平台为核心的产业生态的移动互联网时代。Google、苹果等互联网巨头通过业务应用平台引入创新产品和服务模式，赢取了海量用户，冲击了电信运营商传统的主导地位，并奏起了管道化的四面凯歌。尤其是 Facetime、微信、Kiki 等一大批 OTT 业务快速兴起，直接对运营商传统的语音、短信等优势业务领域形成挑战。在 OTT 企业的强势竞争压力之下，运营商逐步放弃将话音业务作为主要的业务收入来源，有更多的动力发展流量业务以赢取新的利润增长点，推进企业战略转型和业务融合成为了行业发展的主旋律。在这样的背景之下，电信运营商围绕客户体验大力提升运营管理和服务水平，同时，顺应产业融合发展趋势，努力构建开放共赢的网络业务平台，加强与价值链各方的交流与合作，加快从传统电信运营商向综合信息服务商的转型。随着 3G 的普及，电信业务重点已由传统的语音业务转向数据业务，在 4G 时代到来之际，电信运营商更是纷纷大力发展移动互联网、物联网以及云计算等新兴融合业务。

在引进新的通信技术这一条件以及OTT企业的竞争压力之下，数据业务将成为移动通信业务发展的核心。纵向来看，4G时代数据流量需求激增。根据思科2013年的统计，4G用户对移动数据流量资源的需求极大，通过4G网络产生的流量是非4G网络的14.5倍。横向来看，数据业务逐渐取代语音、短信业务成为运营商的主要收入来源。Informa公司的数据表明，截至2013年第三季度，数据业务收入在全球运营商的收入比例已经达到了36.2%，有23家运营商的数据业务收入占总收入的比例超过了50%。

2.2.2 4G的杀手锏应用在哪里

从3G到4G，对用户而言，最大的变化在于速度提升了十多倍。但更值得关注的问题是，这一条件的改变，是否能为运营商带来杀手级的应用，找到创收的增长点？

每当新一代网络商用之后，首先是将原有网络上的应用迁移到新网络中来，在此过程中，优化而非颠覆成为业务更新换代的轨迹。优化主要体现在增添一些匹配新网络的功能以及提升用户体验上，例如一些高清视频类应用，包括即摄即传、高清视频监控等，在3G时代其实也已经出现，只是由于3G网络的问题使得画质为标清画质，但在4G网络中，标清将升级为高清；此前由于网速受限等原因不能尽兴的手机游戏、手机视频等应用普及开来；社交工具Line在转换为4G后，语音质量也变得更加稳定；基于LTE的物联网设备管理，如车辆管理等，在原有的3G网络中其实也能够实现监控与管理，但是在4G网络中，车辆可以有更多的监控点，也可以通过远程进行实时操控。在LTE商用之初，除了速度更快之外，业务方面的飞跃极具突破性，更重要的是，4G时代培养了用户对流量的使用习惯，对移动性的依赖与日俱增，为未来的移动应用商业化探索提供了更多种可能。

2.2.2.1 视频：4G创收杀手锏

以容量大、速度快为特征的4G网络，极可能催生的杀手级应用乃是移动视频、在线音乐与游戏等大流量消耗的应用，尤其是视频业务具有较强的多媒体属性，能带来更丰富的用户体验。随着4G的发展及资费降低，用户对这类应用的需求越来越大。目前，已经有少部分运营商开始了不小的动作，澳大利亚沃达丰在套餐中设置了50%的视频流量，以刺激用户使用视频服务，培养消费习惯。移动视频业务这一巨大的市场迎来新一轮爆炸式的增长：截至2013年底，全球移动视频产生流量达数据流量的53%。具体来说，4G移动视频业务具有以下三个特征：一是高清化。韩国SK Telecom的移动电视服务的分辨率已高达1 920×1 080P，为用户提供了极佳的观看体验。二是视频内容的丰富。由于传统媒体的限制，移动互联网有较高的动力发展原创视频，Netflix自制的《纸牌屋》赢得一片喝彩。三是平台化。视频功能在移动购物、移动教育、移动社交等领域的作用正在不断提升，这使得企业可以在未来基于视频业务建立起一种全新的综合信息服务平台。韩国SK Telecom的“Mobile BTV”具有40个流行频道的高画质内容，汇聚多种教育及娱乐类的服务，向固网和移动用户提供实时直播、点播等服务。

虽然目前 4G 只是相对 3G、2G 优化了视频传输管道，但随着移动端用户使用时长的积累，在线视频服务商在探索营收多元化方面仍然显示出了较光明的前景。

2.2.2.2 VoLTE：语音业务的革命

对用户而言，语音和短信仍是基本的通信需求。

但是由于 Google Voice、Skype 等移动互联网类应用凭借语音近乎免费的价格优势对运营商造成了强烈的冲击，不少运营商从语音质量入手，在溃败中谋求一线生机，而 VoLTE 就是运营商一剂自我解救的良药。

VoLTE 是一种基于 IP 多媒体子系统（IP Multimedia Subsystem，IMS）的数据传输技术，由于 IMS 支持多种接入和多媒体业务，可以实现将 2G、3G 网络中的业务全部承载于 4G 网，以实现数据、语音业务在 4G 网络下的统一，形成完善的漫游、互通、带宽、QoS、业务连续性保障机制。与传统语音业务相比，在 4G 网络的保障下，VoLTE 带给用户更短的接通等待时间与更佳的通话效果。与 2G、3G 语音相比，由于采用高分辨率编解码技术，VoLTE 语音质量能提高 40% 左右，接通等待时间仅需要 2s 左右，而 2G 时代需 6 ～ 7s。此外，VoLTE 还大大降低了掉线率——掉线会严重影响用户语音业务的使用体验。运营商希望更优的语音服务能阻止移动语音通话用户流向 OTT 语音以及 VoIP 服务。更重要的是，发力 VoLTE 不仅是一剂止疼药，还形成造血功能——可以进一步拓展高清视频通话等语音增值业务形成新的收入增长点。根据市场研究机构 ARCchart 的预测，到 2016 年，全球 VoLTE 服务将带来 20 亿美元的可观收入。

这块巨大的市场蛋糕吸引着运营商前赴后继。根据 GSA 发布的报告，截止到 2013 年底，全球已有 66 个国家和地区的 93 家运营商推出商用的高清语音服务，仅仅 2013 年就有 30 家运营商上马高清语音服务项目。2013 年美国 Metro PCS、韩国 SK Telecom 和 LG U+ 分别推出了 VoLTE 服务。2014 年 AT&T 宣布实施 Velocity IP 计划，在美国部署超过 4 万个 Small Cell，并已经开始在一些地方进行 VoLTE 测试。

2.2.2.3 M2M业务与云计算应用：一片蓝海

如果说视频业务是将 3G 时代的已有产品发扬光大，VoLTE 是在回应传统的语音业务面临的挑战，M2M、云计算业务则更多地代表了业务创新的可能。

M2M 以通信技术为基础实现机器到机器、人对机器、机器对人的数据传输，实现人、机器和系统三者之间的智能化连接。M2M 应用大体包括以下 10 类：远程测量，公共交通服务，销售与支付，远程信息处理 / 车内应用，安全监督，维修维护，工业应用，家庭应用，遥测、电话、电视等手段求诊的医学应用，针对车队、舰船的快速管理。在 M2M 产业链中，移动运营商作为使机器与机器通信成为可能的管道提供者，扮演着基础的角色。LTE 时代的到来，使 M2M 提高了数据传输速率，更易得到现有计算机 IP 网络的支持，从而更好地在不同的环境中执行任务，M2M 将在 LTE 网络时代获得广阔的应用前景。只有当 M2M 走向规模发展与普及，并通过网络来实现智能的融合和通信，才能使“物联网”这一概念真正落地，在移动医疗、汽车、金融、家庭安保等方面拓展人类生活的可能性。在 LTE 时代，在飞奔的汽车上召开高清视频会议，医生通过视频为农村病患提供远程医疗服务都将成为现实。

面对语音和短信等传统业务收入下降的困境，全球运营商开始在 M2M 领域跑马圈地，力图在这片商业蓝海中走得更远。在欧洲，德国电信公司推出了首个面向全球的 M2M 市场平台，为厂商和开发商提供与 M2M 相关的软硬件、应用与解决方案。Verizon 收购了车联网服务商 Hughes Telematics 公司（HTI），借力其车联网技术和平台，开始进军美国的汽车保险市场。西班牙电信还专门成立了 Telefónica Digital 数字新业务部门，发展 M2M 业务，为中小企业提供通常只面向大企业客户的收费增值服务、客户支持和全球网络连接服务等业务。

云计算是 LTE 时代的另一个亮点。互联时代应用向云端聚拢，需要对这些海量的数据进行处理和提取，这造就了云计算核心网的位置。云计算本身依赖能实现虚拟化、自动负载平衡的软硬件平台，而电信运营商凭借电信网络基础与较全面的业务服务，可以更好地承载云计算数据，在云计算发展中占有重要位置，预计云计算将有可能成为运营商增值业务的高速增长点。AT&T 和 IBM 达成了合作关系，打造企业私有云服务；德国 T-Systems 在云计算领域通过多方合作，提供多种解决方案；AT&T、Verizon 和 Orange 等的云计算发展势头也较为强劲。据市场研究机构 IDC 预测，未来 4 年全球云计算服务市场平均每年将增长 26%。

云计算与物联网的智能融合，将大大提速智慧城市的建设。云计算和物联网能够解决数据传输、处理等后台工作，是智慧城市的基础设施。智慧城市的内容包括：智慧交通如实时路况服务；智慧医疗如病患信息的存储、提取，使远程医疗得以实现；智慧教育在于使优质资源打破地域界限，促进教育公平；基于 4G 网络视频的观测监控技术使智慧安防成为可能。有理由相信 4G 高性能网络也给各产业带来广阔的想象空间。随着移动智能设备的普及以及 LTE 家庭基站的部署，智能家庭应用会成为现实。家庭电视可以走向移动端，老人可以通过 IPAD 在家看病；通过手机、电脑可对住所进行安全遥控。AT&T 发布“数字化生活”的家庭安全和自动化系统，使得用户能通过客户端即可对自己的住所进行远程视频监控、自动化控制以及安全告警。

2.2.2.4 大数据业务：亟待开垦的金矿

随着流量的迅猛增长，运营商积累的数据呈几何级数规模增长，围绕数据采集、传输、存储、处理和应用形成了大数据业务。

多年来早有不少运营商利用积累的用户数据来加深对用户的理解，以改进经营，提升用户体验，进行精准营销。以法国电信为例，若发现某段网络上的掉话率持续过高，可借助大数据诊断网络负荷，并相应地优化网络。韩国 SK Telecom 成立了 SK Plannet，以分析用户的使用行为，适时推出符合用户偏好的业务，实现精准营销，提升用户留存率。

当然还有一些野心勃勃的运营商并不满足于仅仅将大数据作为提升经营水平的工

具，而是希望通过向第三方出售用户个人数据，获取行业新的价值增长点。尤其是在传统业务收入不断下降的压力下，运营商通过挖掘、再利用用户数据以获得利润的动机比以往更为强烈。与诸多应用相比，移动运营商积累的数据具有海量、全面的优势，可以将用户现实生活中的工作、生活、使用行为等数据出售给公司或公共机构。

Verizon 在大数据的经营上动作颇大，2011 年底 Verizon 更改了隐私政策，扫清了与第三方共享匿名聚合数据的障碍。2012 年 Verizon 成立了精准营销洞察部门 Precision Market Insights，这个部门不仅提供商业数据分析服务，提供广告投放支持，实现精准营销，还面向移动支付联盟 ISIS 等移动商务。2014 年 Verizon 又建立了大数据分析实验室，同时为有线网络与无线网络产品线提供服务：既帮助公司寻找到提高互联网基础设施效率的方法，还要协助公司关注教育、医疗等垂直市场的业务部门进行产品和服务开发。德国电信投资了一家通过挖掘蜂窝网络与 GPS 导航数据进行市场研究的公司 Streetlight Data。与一般公司基于人口普查信息建立的人口行为数据库相比，Streetlight 的软件带有互动的、颜色编码的街区和道路地图，可以提供更为全方位的信息。

以先进的 LTE 技术为基础的无线网络，使运营商摆脱了网络的局限，也使用户挣脱流量的缰绳，以惊人的速度带来众多超乎想象的新应用。运营商在面临传统业务收入下降的压力之下，在深耕现有市场的同时，抓住产业融合机遇努力开辟新的市场业务空间，如支撑多媒体和 IPTV 等、物联网和云计算、大数据等新兴产业，培育新的收入增长点。在 4G 时代电信新业务不断涌现的过程中运营商也完成了自身的角色转变：从通信网络运营商转型为综合信息服务商。在用户对创新型服务无止境的需求中，相信 LTE 网络承载下的全新定制化内容将不断涌现，以不断拓宽人类相互沟通的边界。

2.3 收入

2.3.1 流量：运营商的生机

在 2G 时代，语音是套餐体系的核心和主要区隔元素。以美国运营商为例，语音业务收入高达 78.40%，短信业务收入占到 12.40%（见图 2-6），语音和短信毫无疑问是最重要的收入来源。

虽然 2G 时代运营商已经推出了数据业务，但是在有限的网络承载和带宽之下，时延过长，资费昂贵，愿意为数据业务买单的用户并不多，所以 2G 时代套餐产品中的语音作为用户的刚性需求，成为运营商主要的收入来源。运营商的套餐定价策略都围绕着语音和短信定制，其他的如流量只是增值业务。

在 3G 时代运营商开始引入流量套餐包，但语音依旧是运营商的主要收入来源，但流量开始成为套餐的区隔。

与 2G 时代相比，一方面，3G 在传输声音与数据的速度上实现了大幅提升，加上部分媒体业务的推出，带动了用户的流量消费不断上扬。另一方面，由于 3G 在语音业务上也有不小的突破，实现了全球漫游，加之 4G 时代分流语音业务的 OTT 企业尚未发展成熟，用户的语音需求仍然较强，故而虽然语音收入占比下降，但在创收上仍然具有较重要的位置。

以 Verizon 2002 年至 2010 年的收入结构为例（见图 2-7），2004 年 Verizon 采用 cdma2000 1x EV-DO 部署 3G 网络，2010 年 12 月开始在美国各主要城市部署 LTE 网络。在商用 3G 网络之前，数据收入微乎其微。而 2004 年之后到 LTE 商用之前，Verizon 数据业务占比有较稳步的增长，2010 年数据业务达到 35%。但是显然语音业务仍然是 Verizon 业务收入的顶梁柱，在 3G 网络时代，Verizon 的语音收入占比一直在 65% 以上。

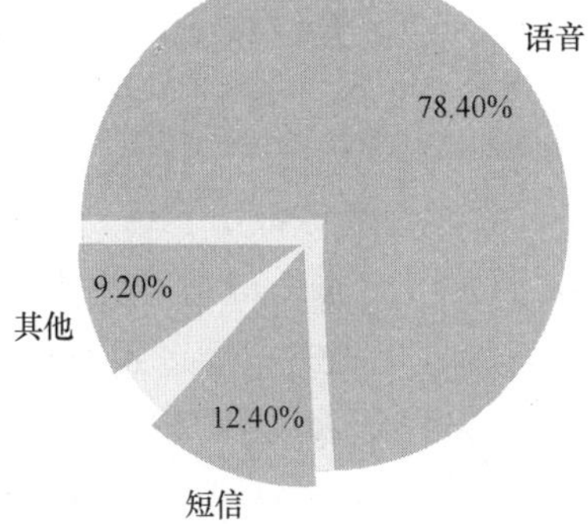

图 2-6 美国运营商 2G 时代收入结构

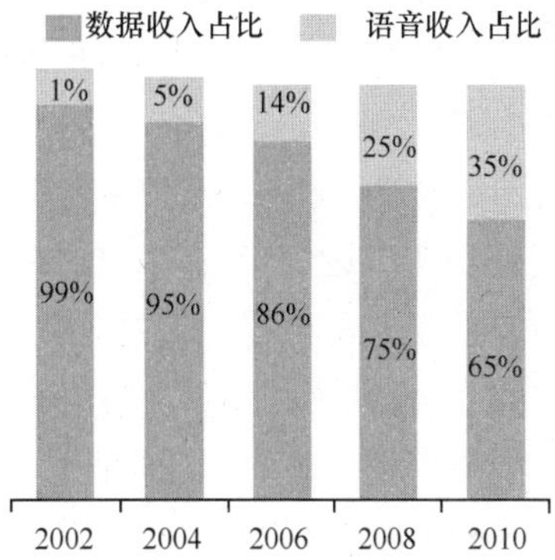

图 2-7 Verizon 收入结构

但是在 LTE 时代，这样的局面正在被改变。一方面，语音、短信等传统电信业务已经触到了创收的天花板。从通信行业本身的发展情况来看，发达国家在语音、短信等通信业务发展较为成熟，在人口规模相对稳定的情况下，难以通过扩大用户规模的方式急剧地拉动语音收入的增长，因而语音收入增长乏力。再加上在语音、短信等传统业务上，运营商开始面临以低价甚至免费为卖点的 OTT 业务越来越激烈的竞争，传统收入出现了锐减。另一方面，流量的大规模使用拉动流量收入的增长。目前，全球多个运营商经历了 2G 和 3G 的发展，进一步通过加速 LTE 网络建设提供了更高的业务承载能力和带宽速率，满足了数据业务的庞大需求；推动智能终端普及也推动了网络流量的急速增长。智能终端用户的户均无线接入流量是普通手机的 8 ～ 10 倍，iPhone 等超级智能终端户均流量更可达普通终端的百倍以上。此外，运营商通过加强品牌宣传、推出特色业务、优化数据资费等手段，刺激 4G 用户的规模化提升，并培养用户的消费习惯。这些硬件环境与商业策略的转变，促使了流量使用规模的大幅增长，并相应地提高了流量收入的比重。幸运的是，LTE 用户的 ARPU 值高于 3G

用户。2012 年全球 LTE 用户平均 ARPU 高达 55.2 美元，折合人民币 338 元；其中韩国 LTE 用户的数据使用量比 3G 用户高出 132%，日本高出 67%，美国高出 36%。那么，4G 时代用户的流量消费激增能不同程度地弥补话音收入的下降，流量收入迅速成为拯救运营商于水火的救命稻草，为电信企业的持续增长带来了新的机遇。

LTE 的到来加速了运营商以语音业务为主的定价模式向以数据业务为主的定价模式的变化。Verizon、AT&T 和 SoftBank 等纷纷推出以 LTE 流量为基准网内语音和短信不限量的资费套餐。其 4G 的资费套餐出现了以下的特征：语音短信不限；流量作为价值区隔。

当然，不少运营商处于新旧业务转型的时间窗口。一方面运营商需要忍受传统业务模式崩塌的阵痛，另一方面也通过逐步建立基于数据的经营模式焕发生机。在转型期，一些运营商还未抓紧时间调整收入结构，可能会出现流量收入的增量无法弥补传统业务的降低这种糟糕的情况。而那些 LTE 发展较成熟的运营商已经开始将数据业务作为主营业务，取消了话音及短信业务网内的限制并无限量提供给用户使用，完成了经营价值的重构。当然，在 LTE 运营初期，网络投资、过激的流量营销对运营的成本带来不小的压力。

美国运营商 Verizon、AT&T 和 DoCoMo、SoftBank2010-2013 年上半年（这个时间节点正好是几大运营商商用 LTE 网络的初期）的收入数据清晰地证实了这一点（见图 2-8）。在通信市场和智能终端发展成熟的日本，DoCoMo 和 SoftBank 流量业务的比重在 2010 年时已经达到一半左右，在 2013 年上半年，流量收入业务已经达到 65% 以上。美国运营商也紧随其后，流量收入占比快速提升。Verizon 的语音业务收入从 67% 降低到 53%，相应地数据业务收入占比从 33% 上升到 47%；AT&T 的变化幅度也十分接近。

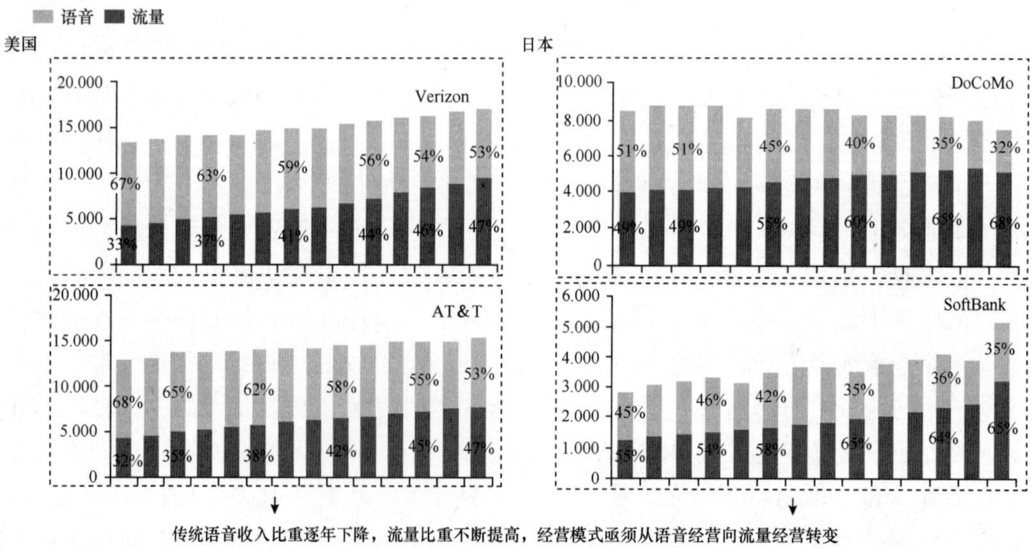

图 2-8 2010 年—2013 年上半年运营商每季度语音、流量收入情况（单位：美元）

2.3.2 创新应用：增收引擎

LTE时代，曾经以提供通信服务为主的电信运营商未来将不限于提供传统的通信业务，而是口径更宽、模式更新、受众更广的媒体娱乐服务。大流量、高附加值应用将成为拉动运营商收入的重要动力。

2.3.2.1 创新型应用拉动流量规模

3G时期，流量规模主要靠智能手机和数据卡为主的连接型业务带动，带动幅度非常有限。而在4G商用初期以功能应用型业务为主，包括视频下载、游戏下载、社交应用、音乐点播下载等；4G成熟期则以创新娱乐类业务为主，包括LBS应用、实时游戏、高清视频、3D视频等（见图2-9）。可见随着网络带宽的增大，拉动流量增长的应用不仅在种类上趋于丰富，而且在带动流量消费上也显得越发有利。Verizon旗下的FiOS服务就是带动流量消费大规模膨胀的利器。2013年Verizon的FiOS互联网共有610万用户，FiOS视频连接数为530万条，46%的FiOS互联网用户选择了50～500Mbit/s的FiOS Quantum高速互联网业务。

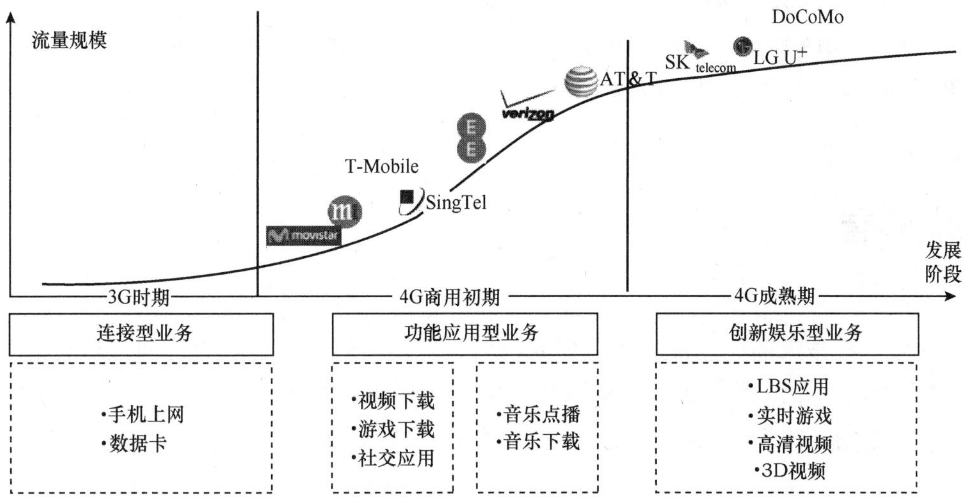

图2-9 国际标杆运营商流量业务规模

2.3.2.2 高附加值应用：内容收费

创新型应用对电信运营商的收入拉动不仅仅在于促进了用户流量消费的规模，也在于为运营商提供了较高的附加值。

以DoCoMo为例：从2010年开始，DoCoMo就提出要向金融支付、媒体娱乐、电子商务、医疗健康、物联网、集成与平台化业务、环保、安全八大领域扩张，较早地形成良好的业务战略布局，实现企业的多元化增长。2012年该公司在全球率先改变ARPU结构，将2011年之前的数据收入拆分为主要为流量拉动的数据收入和内容应用收入；数据收入仅包含i-mode、sp-mode基本收费及数据包收入；而新增加的内容应用收入主要是内容与服务收入，包括 i-channel、i-concier、导航、电子商务（dmarket）、手机保险、手机服务、广播电台（NOTTV）等。从 2011 年 LTE 网络至 2013 年商用开始，DoCoMo 语音 ARPU 从 2 198 元下降到 1 340 元，数据 ARPU 从 2 590 元上升至 2 720 元，而以应用和服务为主的内容应用业务 ARPU 从 355 元上升到 510 元（见图 2-10）。按这组数据来看，2012 年 DoCoMo 公司关注的业务结构不仅仅是单纯流量的增加，而是已逐步进入数据业务与内容应用双驱动的发展阶段。2013 财年 DoCoMo 推出“dfashion”时尚商业网站，用户在该网站购物费用可以计入月通信账单，或利用积分购物；DoCoMo 旗下的 Docomo Healthcare 还推出了智能腕带 Moveband，并提供“WM”与“身体生物钟 WM”等手机应用，帮助用户监控个人健康。在截至 2014 年 3 月 31 日的财年里，DoCoMo 新领域业务营业收入比 2013 年增加了 304 亿日元，至 2 253 亿日元，营业支出也相应增加了 155 亿日元，至 2 416 亿日元。

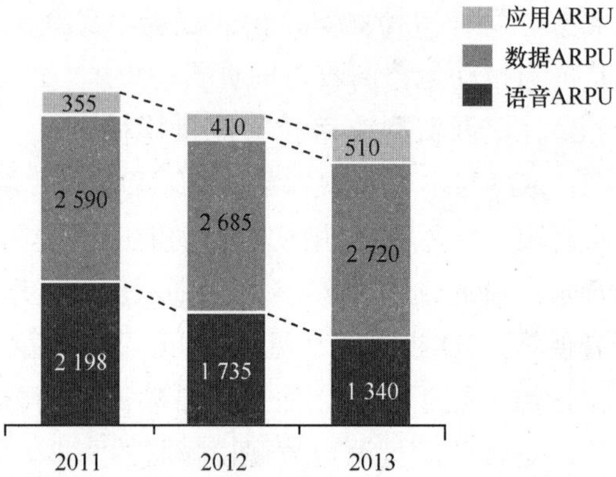

图 2-10　DoCoMo ARPU 变化

2.4　运营

任何一种技术的迸发都将带来产业的新生，然而新生的前奏是阵痛。要真正发挥 4G 网络的巨大驱动力，通信运营商需重新进行定位，界定自身与 OTT 企业的关系，加强产业互动，才能在 4G 时代寻找新生。

2.4.1　背景：产业链重构

在不同的网络时代，由于用户消费直接产生了价值，因而用户是整个产业价值链的目标和终点。用户的消费是通过使用基于网络的业务实现的，而要有终端才有可能接入网络；要接入网络，还需要设备提供商提供的网络接入服务，因而他们都构成了电信行业产业链的基础性的环节。而作为用户消费客体的业务随着网络技术的更替发生变迁，也就相应地改变了产业链上不同环节的关系（见图 2-11）。

在 2G 时代，电信行业的核心业务十分单一，用户的通信消费基本集中于语音通话，增值业务创收作用不足为道，通信产品的质量基本就是由网络所决定的，因而整个 2G 通信产业链就是围绕着保证语音信息传递准确及时而建立的。整个产业链条较短，由系统设备提供商、运营商、终端厂商和用户几大环节构成。运营商作为无线网络的直接经营者，可以直接产生和捆绑语音业务，因而在整个产业链中占据主导地位；设备提供商要配合运营商建设网络基础；终端方面，2G 时代几乎与功能机时代重叠，终端厂商生产的手机要符合入网标准，经过测试才能投放市场，由于没有增值业务的需求，终端提供商也难以通过提供定制化服务牢牢抓住用户。因而在 2G 时代，移动运营商居于产业链的核心，获取了整个产业链大部分的利润，而设备商、终端商的议价能力较差。

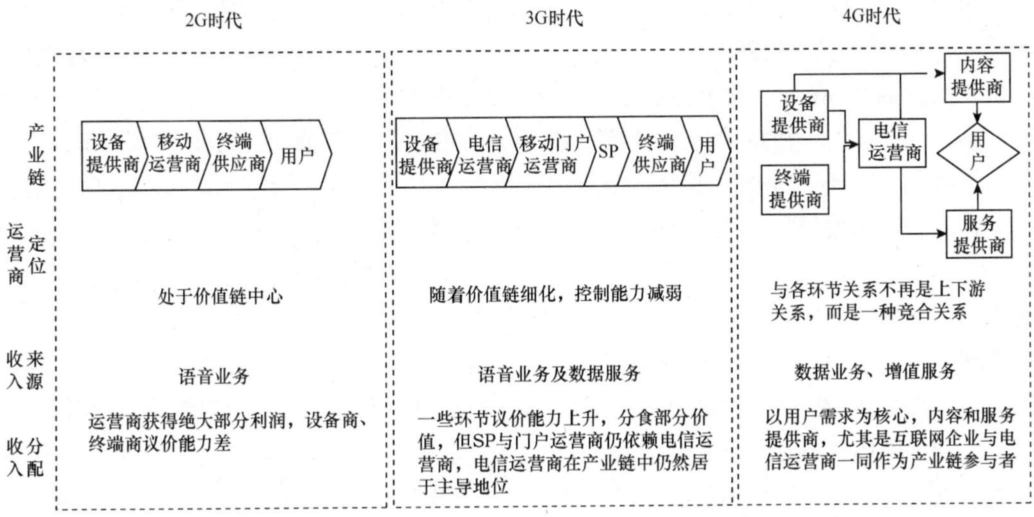

图 2-11 2G、3G、4G 时代产业链及其特点

到了 3G 时代，电信业的业务趋于丰富，主要表现在 2G 时代保持“高冷”形象的数据业务不再只是“王谢堂前燕”，随着传输速率的提升以及资费的下降，渐入“寻常百姓家”。而数据的使用也带动了更多的应用及相关的内容提供、应用开发和服务提供的丰富。业务的丰富使得运营商与多个环节有更广泛区域内的联系，带动了产业链各环节的增多、细化，不少新的市场主体和价值创造者分享电信产业的蛋糕。

由于新业务出现，更丰富的价值链使得产业链上不同环节的相互依赖程度加深。到了 3G 时代，随着基于数据的增值业务的出现，提供业务、内容的厂商（SP/CP）以及移动门户运营商等环节在产业链中也占有重要位置。服务和内容提供商要通过接入菜单的方式将服务和内容提供给用户，用户以流量付费的方式付费，服务提供商则以协议、计费系统的方式收费。移动门户运营商是将特定内容加以整合的内容整合商。内容整合商主要是把不同的内容整合到一个特定的网站上，目前也称之为门户网站。当然在不同的发展阶段，产业链中不同环节的重要性也会略有变化。3G 网络商用初期，网络设备是产业链建立的硬件基础，因而网络设备商占有基础性地位。3G 启动初期，运营商在产业链中居于“支配性作用”，选择 3G 建设标准，负责运营 3G 通信系统，为用户提供 3G 数据服务及语音服务，同时也为下游的设备商、终端厂商、业务服务提供商提供市场机会，因而仍然能将产业链中的大部分价值揽入怀中。在 3G 的成熟运营阶段，内容与应用提供商及终端制造商发挥更大的作用。由于移动通信业务更富于个性化和定制化，运营商提供的数据业务和特色应用需要相应的终端进行配合，因而提高了终端厂商在产业链中的重要性。3G 用户换机风潮也给终端尤其是智能终端带来新的商机，上游设计、终端软件、芯片厂商以及测试厂商也从这场电信业的转型中分得一杯羹。

随着移动互联网与智能终端、网络的不断融合以及数据业务和创新应用需求的增大，电信运营商在产业链上的话语权被削弱，对终端用户的控制力度有所降低。但是由于业务服务提供商仍然要依赖于电信运营商，加上语音业务在创收上仍然具有重要地位，运营商在 3G 时代仍然维持了产业链上的核心地位。

到了 4G 时代，数据业务以及增值服务成为电信行业最重要的价值来源，语音与短信的收入比重不断降低，甚至诸多欧美运营商采取了语音、短信无限量的定价方案。数据业务的迅猛发展以及创新型应用的层出不穷，深刻地塑造了 4G 时代的通信产业链。由于用户对通信产品选择的重点不仅仅基于网络质量（决定了语音及数据的传输效果），更在于创新型内容服务的生产与使用，以及制约应用生产和使用的相关环节即终端、操作系统和应用下载平台，因而服务与内容提供商和终端供应商的重要性凸显。与 3G 时代相比，4G 时代服务和内容提供商大量涌现，而且更为专业化。用户对创新型应用的热情，激发了不同领域、不同市场定位的内容、服务的涌现。而智能终端作为网络、业务的连接点，决定了用户市场竞争力，使得终端供应商在产业链上的地位进一步得到巩固。

作为传统的电信产业链主导者，运营商却处于四面楚歌的境地。这主要在于 4G 时代网络虽然仍然是电信业的基础，但是对于获取价值的影响力持续降低。在语音时代，网络与业务几乎合一，用户良好的业务使用体验的基础在于网络质量。但是在创新型应用越来越重要的时代，由于应用层和业务层具有空前的开放性，导致业务和网络之间的耦合性越来越低，用户的感知质量不再仅仅为运营商一家决定，而是业务提供者、平台经营者、网络提供者、终端厂商等多个环节协同创新的结果。这意味着单纯作为网络服务供应商的运营商在 4G 时代不再处于产业链的中心，与产业链的其他环节不再仅仅是上下游的关系，而构成了一种竞合关系。尤其是 4G 普及之后作为内容与应用提供商的互联网企业，通过创新的商业模式打破了电信行业原有的产业链，在音乐、阅读、电子商务、娱乐、广告等诸多领域瓜分了原先由运营商攫取的利润。

2.4.2 管道化危险：OTT是洪水猛兽？

“运营商被管道化”是 4G 时代经常见诸新闻的热词。

管道化即运营商将自身定位为网络接入提供商，只经营数据传送业务，不参与价值链上的其他环节，尤其是 4G 时代极具创收潜力的创新型应用，而主要由互联网 OTT 服务商直接面向用户提供服务并计费。

典型的 OTT 业务就是应用商店，如 AppStore、Google Play，还有互联网电视业务 Skype、Netflix、QQ 等。OTT 一词发源于篮球体育运动，指的是球在运动员头上来回传送而到达目的地，用以比喻互联网公司仅仅利用运营商搭建的高质量的物理网络，但内容以及服务的生产排除了运营商的参与，而由互联网公司直接面向用户提供。结果，尽管以实时化、多媒体为特征的移动 App 需要依赖运营商的高速网络，但是在接触用户产生价值联系时，运营商却隐匿了，而由互联网企业一展雄风。可以说管道化模式其实就是“运营商搭台，互联网唱戏”。而当运营商仅仅作为单纯的“传输管道”，下沉成为互联网基础设施的提供者时，就难以触及管道传输中用户消费所产生的巨大价值，而过去依赖运营商分成谋生的互联网企业反而对运营商的收入构成了威胁。具体而言，尽管基于 4G 和移动互联网所带来的市场规模较大，但作为管道的运营商只能获取行业占有比例很小的流量收入，而增值服务费用则归于互联网企业。2012 年 OTT 企业已分流全球电信运营商近 140 亿美元利润。

欧洲和记黄埔 3 公司是较为典型的管道模式采用者，它于 2006 年推出 X-series 包月套餐，手机用户只需要缴纳一笔固定的月租费就可以使用无限流量包月上网，套餐中还包含 Skype、Sling Media、Yahoo、Google、eBay 等业务，能提供 VoIP、移动搜索、社交、娱乐等移动互联网应用。用户不限流量手机包月上网，使得和和记黄埔 3 公司只获得网络接入费，无法获得除网络接入以外的其他收入，而 VoIP 等多种业务的收入则都归入互联网企业囊中。

管道模式的另一个极端是围墙模式。如果说管道模式意味着运营商只是为他人做嫁衣，围墙模式则代表运营商一家通吃的勃勃野心。在发现 LTE 网络时代内容服务的巨大价值之后，一些运营商采取与其求人不如求己的策略，自发进行互联网业务的开发和运营，拒绝引进第三方内容供应商，进而独占移动互联产业链上包括网络、内容生产、业务开发运营的大多数环节。在独立经营创新应用、进军移动互联网数据业务的大潮中，沃达丰在内的欧洲运营商是勇敢的冒险者。从理论上说，这种一家通吃的经营模式有助于运营商独享流量收入与增值业务收入，带来利益的最大化。但实际上，这样一种经营方式也与经营的精细化、专业化相违背。运营商本身的优势在于垄断网络底层、庞大的客户规模、全程全网的管道疏通能力，在创新型内容的开发、业务的营销方面的优势较小，何况移动互联网在娱乐、医疗、教育、社交等垂直细分领域的应用不计其数，以一家之力独立掌控，可谓难于登天。后来部分欧洲移动运营商开始放弃了这种野心，以更开放的态度迎接互联网的挑战，并且开始采纳与第三方供应商合作的策略。2007 年沃达丰集团相继与雅虎、Google、eBay 等互联网巨头合作，推出基于移动电话的广告服务和捆绑式移动宽带服务。

2.4.3 智能管道：破冰、合作

管道模式与围墙模式都是较为极端的情况，被管道化是运营商最不愿意看到的局面，但一家通吃也只不过是美好的蓝图。更多的运营商选择了更为现实的策略就是与 OTT 建立竞合关系，既借力于互联网企业的创新精神以优质业务吸引用户，也力图能

够分享移动互联网市场的大蛋糕。而智能管道日益成为运营商与 OTT 企业合作的基础。

目前运营商与 OTT 企业基于智能管道进行的合作，主要分为两种类型：运营商定位于数字世界基础设施的建设，连接实体世界和数字世界，为互联网企业提供服务并获取价值；OTT 企业以投资入股方式直接介入应用层，按照后向付费模式加入 ICT 社会化整合的趋势中。

2.4.3.1 搭建数字世界的基础设施

一般而言，市场规模较大的运营商更愿意以智能管道能力为基础，与互联网企业合作进行资源置换。运营商基于 DPI、PCC 以及 API 接口等功能，可以实现智能管道能力。通过为互联网企业提供智能管道服务，电信运营商也能借助 OTT 丰富已有业务，提高向用户提供差异化服务的能力，强化客户对电信品牌的认知；再者，也能充分挖掘电信网络及平台潜力，带动对网络及带宽的需求。而智能管道的能力，主要表现在三个方面：

（1）能够识别不同流量的数据业务类型，因而能够对其加以控制并计费。一种常见的模式就是把基于流量识别的定向流量套餐作为 OTT 业务分销的渠道。具体而言，运营商将互联网企业提供的内容或服务与流量资源进行捆绑，形成资费套餐，双方享有收入分成。

定向流量收费在运营商与社交媒体类 OTT 企业中很常见，因为这两类应用往往具有较高的用户粘性，能够借力 OTT 企业提高运营商的品牌认知。社交媒体类 OTT 企业的优势在于既是流量入口，又积累了海量用户信息，而且往往具有用户忠诚度较高、用户行为数据多、信息传播高效等特征，可以为运营商提供客户服务以及营销推广的渠道，节约客户维系与营销推广成本。这种定向流量套餐通常分为两种收费策略：一是内容与流量分开单独计费，运营商针对某项具体业务给予用户流量优惠或免费流量，收取业务服务费，互联网企业负责业务的提供推广，但不参与分成；二是内容与流量捆绑计费，运营商针对某项具体业务的内容与流量给予整体优惠，运营商与 OTT 企业共同推出业务，并参与分成。

（2）根据不同类型用户的不同需求或不同应用价值，提供差异化的网络服务，为具有高质量应用付费能力的用户或潜在价值巨大的应用提供优质服务，优化用户体验。

具体而言，基础运营商根据用户价值、业务价值、终端价值三个层面识别网络差异化的影响因素，为用户分配网络资源，提供差异化的网络服务，并收取相应的服务费。这种差异化的网络服务通过通过设定最大带宽，拥塞时段保障最小速率，接入或使用网络资源的优先级等方式来实现。其中优先级保障在资费套餐中较为常见，运营商为用户、终端、业务整体价值较高的应用提供更高的网络优先级保障，以保障高端用户的良好使用体验。美国 AT&T、西班牙的 Vodafone 等运营商都对忠实果粉——iPhone 用户提供了较高优先级。在与流媒体类 OTT 合作中，运营商一般都会采用 QoS 控制，因为流媒体类OTT凭借高质量的内容吸引了一大批忠实的用户。为此类OTT铺设管道，运营商也能从中获利。

（3）建立能力开放平台，在整合和利用电信 IMS、ISAG 核心网资源的基础上，采用统一的多层级的开放接口来开放电信能力，可以集聚不同的移动互联业务和服务开发者。

在这个能力开放平台上，电信运营商可以起到诸多业务的平台聚合作用。开发者提供的多种创新业务可以在运营商所搭建的业务平台上得到聚合，由运营商出售给用户并收取相关的服务费用，基础运营商与开发者对收入进行分成。目前，开放电信能力已经日渐成为全球范围内主流运营商的共识。AT&T、德国电信、Orange、Telefónica、沃达丰、KDDI 等运营商都在积极实施能力开放策略。Orange 早在 2004 年启动 Partner 计划，邀请逾 6 万名开发者加入；2009 年 Telefónica 在西班牙、英国等地开始推广 Mashup 应用，仅在西班牙的开发者就超过 1 800 名。面对几乎被 App Store、Google Play 垄断的应用发布入口，KDDI 将集合了 500 个应用的 AU Smart Pass 内置在安卓终端中，向用户每月收取 399 日元的服务费，年化营收达到 2.5 亿美元左右。KDDI 与开发者进行分成，开发者常常能获得 80% ～ 90% 的营收，高于 Google Play 和 App Store 的 70%。

此外，运营商还可以代销移动互联网公司的业务，为业务运营进行计费和代收费，并对业务产生的收入进行分成。计费支付是运营商在能力开放平台上为互联网公司提供的另一项服务。运营商与银行建立合作，绑定银行卡与手机卡，用户在线上或线下消费时，基础运营商运用其手机支付平台完成支付并获取相应的佣金；互联网业务收费也可以通过电话充值卡等方式向用户收取费用，运营商收取一定的代收手续费。

智能管道这种商业模式，实质上是将 OTT 视为运营商的客户，通过智能管道的网络能力的建设，满足 OTT 提升用户体验的市场需求，进而间接地获得用户对电信品牌的认可。

2.4.3.2 介入开发层和应用层

一些在市场上占据领导地位、拥有较大规模现金流的运营商则更彻底地抛弃为他人做嫁衣的陪衬角色，选择自发介入到开发层和应用层中，推出了 OTT 即时通信类、手机管理类、移动支付类（手机钱包等）、地图及位置类（LBS）等多种 App 应用类新业务，以更直接地获取流量附加值。但是运营商要介入开发层和应用层仍然有赖于智能管道能力。一方面，运营商可以通过管道能力的建设限制第三方的开发者加入某一项业务和内容的竞争。常见的途径包括无线网络限制接入，提高用户资费门槛，降低 QoS 保障级别等。另一方面，运营商可以把智能管道建设与 IT 能力建设相结合，在运营商介入开发层和应用层之后为提供差异化服务提供支撑，比如运营商可以通过建设 OTT 业务发送平台并给予计费和 QoS 优先保障等，以此提升相对于 OTT 的差异化能力，进行流量经营的同时也实现了培养用户、增强用户粘性的目标。

在自主开发 OTT 业务方面，西班牙电信是一个很典型的例子。为了应对传统业务日益萎缩的困境，西班牙电信于 2011 年设立了独立的创新业务部门 Telefónica Digital，在电子医疗、云计算、远程教育等全新领域开疆拓土。Telefónica 整合社交网络 Tuenti、门户网站 Terra 等媒体平台，推出具有短信、通话、图片传输等多种功能的即时通信软件 TUME，推出仅 2 个月便获得了超过 25 万的注册用户。日本的 KDDI 也在逐渐朝着以运营商为主导的移动内容商方向转变。KDDI AU 向日本所有 iPhone 用户提供点播音乐、书籍和视频订阅服务。而 SoftBank 与日本国内唱片公司 AVEX 合作，向日本 iPhone 用户提供超过 6 万个节目的点播服务，用户只需一年支付 490 日元就可以欣赏海量音乐。

NTT DoCoMo 的做法是与 M2M、医疗、金融、安保等多个垂直细分领域的 OTT 企业合作，打造"智能生活"（Digital Life）的新应用平台。2013 年 7 月 NTT DoCoMo 还与 Line 合作，向 DoCoMo 在日本的智能手机用户提供两款新应用，该应用集合了话音和短信业务，向用户收取每月 500 日元（约人民币 31 元）的费用。

虽然理论上，运营商根据自身市场竞争地位、用户规模以及业务创新能力等方面的综合考量，在以智能管道能力为基础建立的与 OTT 企业的竞争关系中，呈现出数字世界基础设施建设者与介入应用层与开发层的内容提供者两种模式，然而实际的市场运作过程中，两者的合作关系更为复杂。因为运营商通常会根据市场格局、IT 技术能力以及 OTT 的属性特征，采取不同的 OTT 应对策略，形成一套或竞争或合作的多元化组合拳。

第三章 4G：能否以旧换新

3.1 十字路口传统玩不转

3G 升 4G，运营商传统营销方式还玩不玩得转？能不能换汤不换药，投入不变，换个玩法？我们将以中国电信为例做简要分析。

2014 年末中国电信董事长王晓初到广东公司调研时，谈及 2015 年中国电信 4G 网络建设、宽带与悦 me、云以及铁塔公司等问题，他将电信集团的压力增大主要总结为两个方面的原因：一是中国移动获得了固网牌照，加大了宽带业务上的力度，移动捆绑投入加大，加上中国电信在中心地区光纤改造力度不够造成了不可忽视的压力；二是中国移动的 4G 牌照发放时间早，有时间竞争优势。对于广东电信的试点发展他总结出下面三条经验。

（1）推进发展方式转变。销售费用压降对三大运营商都是挑战，与中国移动、中国联通相比中国电信压降又是最少的，中国电信在往转增长方式上去调整，逐步找到了发展道路。销售费用压降并不是中国电信发展的绊脚石，反而是中国电信转变发展方式的一个机会。过于依赖营销成本如手机补贴等的发展模式在新形势下已经行不通了。而新兴的基于互联网的“去电信化”，给中国电信带来成本方面很大的节约。目前电渠占中国电信总销售额的 5%，电渠成本相对实体营业厅要低很多。网厅、掌厅、易信、微信等帮助中国电信完成了服务分散，减轻了业务增长带来的压力。

（2）加强渠道细分。中国电信前几年的持续高速增长，关键在于善于发现特定的市场，并真正把握住市场。从客户维度讲，中国电信准确切入了聚类市场（比较分散的商业客户）和城乡结合部。当前，广东电信在驻地网的资金上开始和社会合作，开拓了新的合作模式。在政企客户垂直市场上，政企行业信息化中国电信优势明显。

从移动业务来看只卖手机，并没有看到移动市场许多其他的巨大需求。单一的主力业务将带来企业业绩的直线走低，发展特色才是王道。中国电信在全网有安全保密的体系，又有各种在网络上防攻击的能力，能在手机市场上形成自己的特点。基于此可以开展芯片的应用，美国传感器的芯片平均价格只有 0.5 元，与通信芯片一结合就形成了物联网。中国电信通过物联网可以发挥做数据汇聚、平台分发的强项，做得好将变成中国电信的王牌。

在 4G 的建设上，像 3G 一样到处去覆盖，是不可行的，成本太大，中国电信发展将抓住重点城市，先把有话务量需求的地区做好。财大气粗砸钱补贴终端抢用户的方式表达了一个主题，那就是“用资本杀出一片市场”，4G 时代也是行不通的。4G 建设没有太多资本投入用来“拼杀”，中国电信将奉行“借兵打仗”、“拿来主义”。

（3）用户质量上升。3G 换 4G，个体消费者和企业流量用量显著提高，需求扩大，关键在于通过什么方式来满足这种需求。中国电信本质上是推销业务，宽带和移动电话是其两大核心业务。伴随着宽带和中国移动同质化，中国电信原来捆绑的那招不灵了。中国电信正在积极开展从“卖业务”上升到“卖产品”的转型。“悦 me”如果能够做成功，中国电信将占互联网总流量的 60%，中国联通占 30%，剩下的占 10%；中国电信将能真正地控制流量入口。

对于未来中国电信集团整体转型，王晓初认为中国电信最大的问题在于地区分权。

以地区为主的发展在固网的形态下问题不大，但在互联网时代很多新的业务完全依靠以省、地区为单位发展会面临很多的挑战。目前，中国电信用户越级申告在三大运营商里排第一位，问题基本上不在于网络，多出自营销和套餐设计，过于分散出现了很多问题，群体性的事件在中国电信层出不穷，甚至习以为常，这是很危险的。中国联通通过 IT 集中，资费基本实现了全国统一，中国移动控制力相对较强，这个问题中国电信最为严峻。

中国电信在长期的发展中更注重提高收入，而收入提高主要并不来自发展用户规模，地区自治使得因地制宜的手段更接地气，每个地区都在想着提高自己业绩，中国电信 31 个省级公司默默地给中国移动提供“地下管道”，提供 20Gbit/s、50Gbit/s、100Gbit/s 的带宽，地区赚了点小便宜，但大网损失了，本质的问题还是不够集约，而在互联网时代，这相当于把中国电信最具核心竞争力的东西低价卖给别人。

在地区分权的形势下，新业务出台后，投入很多精力在内部划分利益的过程中，结果是还没有研究市场怎么发展，“蛋糕”也没有开始做。中国电信要推出“悦 me”，目的是借着卖宽带实现卖产品，它挂着 IPTV，同时也有 OTT 色彩在里面，最终完成逐步过渡到 OTT。网络成本将大大下降，同时全网买节目源是在规模效应下比较便宜的，那么就成本来说，均摊到每一个地区的成本是很低的，全网的效益会有很大提高。但是这要全网的支持，中国电信地区分权的结果是自己把自己最好的产品打得一钱不值。那么还不如开始就不推出这个业务，避免一个长周期的人力投入。

4G 时代电信市场复杂化，百度、阿里巴巴、腾讯等雄心勃勃地参与角逐，中国移动、中国联通各自改革，加紧布局，中国电信再不团结一心，布局全国这盘大棋，地区各自为政，市场敏感度不高，用户一群群地在丢失都意识不到，结果就是被各个击破。

3.2 艰难的再次选择

3.2.1 3G换4G压力山大

随着智能手机的普及，中国已经完全进入了移动互联网的时代。OTT业务的迅速发展，虚拟运营商的火热加盟，更加开放的市场环境，都对三大运营商的传统业务产生了很大的影响。4G应运而生，用户能够以100Mbit/s的速度下载，比拨号上网快2 000倍，上传的速度也能达到20Mbit/s，能够满足几乎所有用户对于无线服务的要求。加上可以在DSL和有线电视调制解调器没有覆盖的地方正常工作，很明显，4G有着不可比拟的优越性。

虽然4G取代3G顺应时代潮流，但目前完成转型仍存在很大问题，主要来自技术转型成本和市场占领能力两方面。

（1）网络运营成本高，侧重要抉择

目前较为成熟的2G和3G制式可以进行语音通话，WCDMA、CDMA等常见制式均可以做到把语音和数据业务同时调制到载波上。而现有的LTE制式则不支持语音通话，只支持数据网络，打电话时，网络制式必须要回落到3G/2G。这意味着目前发展4G的同时并不能放弃3G。

就目前国内通信网络基础设施建设来看，2G和3G在室内的覆盖仍有不足，通话质量有待提高。相对来说，TD-LTE 4G网络时代，在基础网络设施完善、4G网覆盖率高的情况下，通话将基于IP，会带来越来越多的语音应用，有望提高语音品质，基于互联网的各项服务业务的用户体验也将有显著提高。所以我们认为，3G到4G，势在必行，攻占市场优势十足。然而，目前对于4G网络最大的挑战，是从3G到4G的转变涉及很多基础设施的问题：从3G升级到4G，中国移动需要从TD-SCDMA到TDD，中国电信则是从cdma2000升级至FDD，在CDMA网络的基础上实现TD-LTE/FDD-LTE的混合组网，成为世界上唯一一个同时运行CDMA、TD-LTE和FDD-LTE的运营商。这种转型需要技术基础设备的大量更换，几乎为原有基础设施大部分拆除，成本极大。而中国联通则是WCDMA升级至FDD，基本只需要关键部分的芯片更换，其投入成本比起中国移动、中国电信要少。

移动通信与固定通信相比，前者没有足够频率难以建立。中国移动网络频率是2.1GHz，CDMA是800MHz，两个频率相差3倍，建网费就高3倍。700MHz频段被国际公认为“数字红利”频段，它具有信号覆盖广、穿透力强等特性，适合大范围网络覆盖，组网成本极低，是运营商梦寐以求的优质频段。部分发达国家已经把700MHz广播频率数字化后用于通信，中国则不然。相对其他国家，不同频率意味着不同成本，尤其是中国移动，4G 网络投入极大。

这就带来了一个问题，3G 到 4G 的转型将如何实现？在前期 3G 已经大面积投入的基础上，是放慢速度，在前期 3G 的基础上继续建设，发展 3G 市场，培养品牌效应，增加用户粘性，再发展 4G 网络，抢夺市场？还是放弃 3G 投入的沉没成本，大幅度减少 3G 投入，减少网络在 3G 时代的停留时间，直接完成 4G 的建设，冒着失去部分 3G 市场的风险抢占 4G 市场？多网并行时，重点投入的又应该是哪个系统？

（2）用户体验难预测，创新流量经营成难题

曾有这样一个笑话，一个人用 4G 手机，晚上忘记关流量，第二天发现房子都赔了。这个笑话固然有其夸大的成分，但说明在 4G 时代，虽然单位流量的成本会大幅下降，但数据流量的使用速度远远超过 3G，变相地增加了用户对流量额度的需求，极大提高了数据业务支出。此外，虽然手机达人们会出于紧随时代步伐的原因主动要求更新到 4G，但主要部分的用户转型还需要考虑到用户能否感受到 3G 和 4G 的区别，这种区别又能否使用户更倾向于使用 4G 网络。加上 OTT 业务的冲击，如何让用户觉得 4G 比 3G 更省钱，创新流量经营就是一个大的问题。

3.2.2 典型案例分析

3.2.2.1 中国移动壮士断腕

首先要说，中国移动 3G 发展被动。招商证券研究报告指出，2013 年中国移动 3G 新增用户以及移动数据流量继续保持了高速增长，但仍然不足以抵消传统语音业务收入加速下滑、3G 业务投入（补贴及营销）的增加以及大幅增加的资本开支对中国移动业绩的负面影响。

4G 势如破竹，中国移动做出了抉择，在财报说明中，中国移动用“令人振奋”表达了对 4G 投入的热情，把 4G 看作了打翻身仗的王牌。据了解，中国移动 2014 年 4G 建设力度空前绝后，整体投资将超过 2 400 亿元。

在 2013 年底 4G 牌照发放之前，中国移动就开始了大规模的 4G 基站建设。中国移动表示将在 2014 年年内完成 50 万个基站的建设，基本实现全国大陆城市及县城城区、重点乡镇的连续覆盖。这个庞大的基站数字意味着，中国移动将在 2014 年年底前建成全球最大的 4G 网络。终端是承载移动互联网发展的基础，中国移动加大了自有品牌终端的推进，比如发布了业界首款五模千元 4G 手机，同时还加大了对终端资源的投入。继 2014 年初传出中国移动停用 2G 后，疑似放弃 3G 的消息也甚嚣尘上，矛头直指助力发展 4G。虽然此前中国移动就 2G 事件发表官方声明，称停用 2G 纯属误读，中国移动并没有停用 2G 的打算，只是停止对其新增建设的投资，并保证将会对现有的 2G 网络进行必要的优化和调整，但中国移动在 2014 年下半年确实逐步减少了对 3G 手机机型补贴，转而全部补贴 4G 手机机型。在早先中国移动 2014 年股东大会上，董事长奚国华解释称，4G 方面的资本开支有必要增加，因行业正在转型中。2014 年 3 月中国移动

表示，因为2014年是4G发展元年，将加大2014年手机补贴的力度，计划手机补贴增加至340亿元，比上年提高大约30%（中国移动2013年手机补贴263亿元，较2012年增长了11%）。中国移动为了照顾4G的发展，先后减少对2G和3G的投入，可见中国移动已经慢慢在大布局，以期手机厂商觉得2G甚至3G的手机无利可图。这将会大力压缩中国移动的资本开支，尤其是减少终端的补贴，而且不是对用户的补贴，是对手机厂商的补贴。这些举措旨在引导大众去选购中国移动4G手机，但也将一部分市场贡献给了中国联通和中国移动3G。4G资费上，中国移动加大投入，大力降低4G准入门槛，尤其是在资费方面不断优化，降低使用门槛和流量单价，延长流量使用周期，还推出流量分享、流量提醒、引导客户升级等举措。2014年5月14日中国移动对外宣布，降低4G入门价格，下调资费，推出流量季度包、半年包，打破“流量月清零”做法；广东移动在推出类似“团购”的4G流量共享套餐后，推出了流量转赠业务，用不完的4G流量可转赠给其他用户，这实际上意味着间接实现流量“不清零”。随着虚拟运营商业务的落地，这种灵活的资费必将吸引大量客户。

笔者认为，中国移动加大4G投入，一方面是为了扭转在3G时代的被动局面，另一方面也是为了加快中国移动业务转型。在这种转型中，中国移动不可避免地要度过较为困难的阶段。从2013年的财报数据来看，大规模的4G网络建设已经对中国移动的净利润产生了影响。随着转型深入，在未来几年里，也就是4G建设的初期，中国移动的成本投入还将持续增加。2015年将是中国移动在财务上最为困难的一年。但这只是短期的财务上的冲击，这种业绩下滑是暂时的。从逻辑上来讲，4G未来的业务是成长性的。虽然目前网络基础设施的建设将在一定程度上影响4G用户的用户体验，但从2G到3G再到4G的变革不仅代表着新技术的变革，也代表着潮流的发展。中国移动果断放弃3G，加大4G市场的投入比重，极大地缩短了从2G到4G的更迭时间，提前了中国移动占据4G市场的时间。未来物联网、智能家居等新兴事物的发展必然对网络质量有高要求，4G网络建设得好，未来就是坐地收钱。

3.2.2.2 中国电信处境尴尬

关于中国移动4G发展前景预测的评论层出不穷，业内一片看好，中国电信比起来似乎弱势很多，中国电信的转型存在很多问题。

（1）制式不兼容

中国电信采用的CDMA EV-DO 3G制式并不支持向FDD和TDD平滑过渡，中国电信如果选择建网，就必须从零开始。这种情况下中国电信复杂的制式并存，但是由于没有统一的国际通信标准，中国电信的几种制式之间彼此并不兼容，给用户带来诸多不便。中国电信在国内开展4G营销也存在3G与4G不兼容、转换难的问题。而工信部先发TD-LTE的牌照，后发FDD-LTE的牌照意味着未来中国电信必须运营两张4G牌照，而这两个4G牌照在技术上与其之前运营的3G技术并不兼容。中国电信未来发展必须要解决2G、3G与4G之间的自由转换和兼容共享的问题（全部淘汰2G、3G在未来并不是不可能，重要的是缩短这个淘汰周期），同时也要解决TDD与FDD之间自由切换的问题。

（2）终端支持少

中国电信 cdma2000 制式 3G 网络没有直接向 FDD-LTE 及 TD-LTE 升级的可能，这就要求中国电信一方面重新建设基站，另一方面也需要研发更多适应多频多模的手机终端。目前全球手机生产商多基于一种制式来进行手机生产，国际上的 4G 手机多适合 FDD 模式，国内生产的 4G 手机更多适用于 TDD 模式，而在未来中国电信若坚持走混合网络模式的话，对于 4G 终端必须满足一些具体要求：4G MIFI 要求同时兼容 TD-LTE、FDD-LTE、cdma2000，4G 网卡要求同时兼容 TD-LTE、FDD-LTE、cdma2000，4G 手机要求同时兼容 FDD-LTE、cdma2000、GSM。无论是多模手机，还是兼容式网卡，生产商开发和生产都需要一定的时间，这种时间差将极大拖慢中国电信 4G 发展速度。

（3）组网成本高

单一制式下 4G 网络复杂度低，成本控制是最佳的。但政策要求中国电信必须被动开展 TDD 基站建设，它本身又不希望放弃最新的 4G 制式，主动开展 FDD 基站的建设，两个 4G 组网，再加上 2G 网络和 3G 网络，这种融合组网的运营方式意味着增加更多的投资成本、管理成本和维护成本。此外，FDD 牌照正式发放后，中国联通只需要在 WCDMA 基站的基础上升级，速度快，投入少，而中国电信需要大量新建 FDD 网站。成本压力对中国电信市场结构的优化和竞争水平的提升有极大的负面作用。

（4）入局时间晚

由于用户换网有一定的周期，提前一步占有市场代表着能在换网周期留存这部分用户。对中国电信来说，牌照的晚发使其失去了抢占用户市场的先机。

那么中国电信发展 4G 败局已定吗？不尽然，中国电信拥有中国移动和中国联通所没有的竞争优势。

（1）转换易行

虽然迟迟没有获得 FDD 牌照，4G 发展起步滞后，但中国电信有其能发挥竞争效能的传统优势：中国电信 Wi-Fi 热点已有百万个，完胜其他两家运营商，由 Wi-Fi 热点、3G 网络、4G 网络、100Mbit/s 光纤家庭无线 Wi-Fi 等组合成的复合网络体系能让客户体验到一个更为舒适的、无缝连接的移动互联环境。

（2）固网覆盖面广

中国电信最大优势在于固网覆盖面广。目前中国电信光纤宽带基本上已经覆盖到国内大中城市，光纤小区已实现 1 000Mbit/s 到楼、100Mbit/s 入户的技术标准。宽带的无缝覆盖，一方面使得中国电信占有家庭公众市场的优势竞争地位，另一方面确保了中国电信在政企 ICT 市场把握政企客户的优势位置。固网覆盖面广，若能进一步加强固网质量技术建设，在即将到来的互联网至上时代电信稳赢不输。

（3）服务器资源多

网速在电信运营商选择中占有重要权重。网络速度受多因素影响，其中有两个因素最为关键，一是连接到用户终端的传输速度即网络接入速度，二是服务器和骨干网出口端的传输速度。在 4G 时代，网络接入速度区分度不高，服务器和骨干网端的速度将成为多数电信运营商提速的瓶颈。中国电信拥有全国最大的骨干网出口带宽，全国90%以上的互联网资源服务器架设在中国电信IDC中心。因而在同样的理论网速下，中国电信4G用户网速体验更接近峰值，用户体验更佳。

（4）经验教训足

虽然中国移动首先拿到了4G的牌照，但从标准提出到产业链形成再到建网提供服务，这个过程周期对比互联网业务来说相对长，耗资巨大。中国移动投入了更多的成本建网，短时间内4G资费不一定能降下来，市场占有可能没有预测的乐观。中国电信是一个很好的学习者，采用“跟随创新战略”，从团队管理、营销策划和渠道运营等方面学习中国移动和中国联通，并在其基础上进行创新，4G入围晚会使中国电信规避一些中国移动发展中出现的问题。

对于中国电信来说，主要是成本重压下对于营收的考量。发展3G和4G均要求重新建网，而3G时期建网的成本还没有收回，整体成本是中国电信吞不下来的，有资金支持的基础上中国电信未来发展一片大好，但心有余而力不足，中国电信将来可能得提出向中国移动租借网络资源或者共同建网，在有资金实力后再完成自己独立融合网络的蓝图。

3.2.2.3　中国联通不甘示弱

2013年在全球LTE大潮下，中国联通管理层曾正式明确了对于LTE的投资策略，中国联通将选择继续深耕3G市场，保守看待LTE。策略说明中国联通4G投资每年维持50亿～100亿元的建设规模，后续将实施两个预选方案，即投资100亿元建设3.1万个4G基站或者投资50亿元建设1.6万个4G基站。中国联通认为自身有两大优势：其一是中国联通运营的WCDMA网络后续升级空间很大，HSPA+在引入MIMO和64QAM之后，甚至可以实现与LTE相媲美的速度；其二是中国移动所运营的TD-LTE可能在短期内不会对中国联通造成实质性冲击。因为TD-LTE产业链需要进一步培育的时间，特别是包括智能手机在内的终端问题有待解决，估计到2015年才能真正成熟。2013年中国移动将TD-LTE纳入上市公司，资本开支达到了1 902亿元，大幅增长49%；中国电信资本开支在750亿元左右；中国联通则从1 000亿元下滑至800亿元。在整体资本开支缩减的情形下，中国联通不再对2G网络进行投资，而将主要资金用在3G的覆盖上。中国联通对3G的大力投资从效果来看是喜人的，2013年3G业务已经成为其业绩增长的主要驱动力，2012年3G业务营收为617.1亿元，同比增长82.6%；对移动业务收入的贡献率从2011年的30%左右增长到47.5%；3G用户对移动用户渗透率达到31.9%，同比提高11.9%。

2014年末中国联通表现出了策略转型趋势，2014年11月6日中国联通董事长常小兵在“中国联通双4G领先计划产业链高端峰会”上表示，中国联通将全面加快TDD/FDD混合组网建设，预计2015年实现移动网络覆盖到村，并将拿出50亿元补贴双4G终端，计划2015年双4G终端销量达到1亿台。结合他们在2013年做出的4G市场成熟将在2015年的预测，这应该是中国联通在4G发力的先兆。有计划地提高自身制式升级处境，大力推广竞争激烈程度相对不热的3G市场，润物细无声地占领市场，整个中国联通布局从避开中国移动锋芒，到注重量力而行、脚踏实地地进行基础设施建设，顺势而动，无不体现中国联通的谋定而后动。

3G全网覆盖的硬实力，加上谋定而后动的决策，中国联通4G发展极有可能造成4G市场的重新洗牌。

3.3 追寻用户的脚步

这是一个移动互联网的时代，在电信行业流量经营体制下移动互联网的特征体现尤为明显。简单来说，就是要求运营商以互联网思维去思考问题。这为运营商提出了五个要求。第一，便捷。信息传递和获取要比传统方式快而丰富，在网络基础设备覆盖率满足要求的前提下，4G的传递速度显然要比3G快很多。第二，参与。人们希望通过互联网表达、表现自己，满足表现付出的意愿会比给予更有参与感。比如套餐模式自定义，用户自己选择短信、语音、流量的比例及费用得出的套餐资费可能会比运营商直接提供性价比相对更高的套餐资费更易于被接受。第三，免费。互联网使得电信行业的免费成为可能，比如2014年11月推出的微信电话本使用流量承载语音通话，语音通话上的费用可以看做免费（以流量计费）。第四，数据思维。互联网让数据的搜集、获取和分析更加便捷，基于大数据分析的预测干预对于提升用户体验有非常重要的意义。第五，用户体验。任何商业模式的根本都是用户，都是让用户满意。从电信运营商角度来看，网速的提高、资费的下降、服务的丰富度提高、市场细分更为精准都能有效改善用户体验。

典型案例分析如下。

中国电信逢场合必讲互联网思维，一场青奥会就被中国电信讲成了用互联网思维服务。这个词已经成了中国电信内部的转型方向，可是走在互联网化运营商路上的中国电信，是一场蝶变还是只是百足之虫的幻想呢？

笔者将系统地梳理中国电信已经向外界展露出来的互联网化运营的战略架构，拼接碎片化的信息，给读者一个完整的景象。

（1）“两个中国电信”的路线图

在2014年中期财报中，中国电信首次且完整地对成为“互联网化运营商”的路线图给出了完整的描述：在基础业务领域，用互联网思维、方法进行改造升级，快速形成互联网化运营的差异化优势；在新兴业务领域，借助自身作为电信运营商的优势，按照互联网规律，推进市场化进程，通过集约快速提升新兴业务的行业市场地位。

这个路线图其实是为未来“两个中国电信”的形成创造了法理层面的依据。所谓“两个中国电信”是指专注“基础业务”互联网化运营的“一个”中国电信和以专业公司或者控股、参股公司形式存在的新型业务群形态存在的“多个”中国电信。基础业务与新兴业务互为表里。

这个路线图是中国电信的改革者们自从2012年提出“一去二化”二次转型后，在不断的试错和妥协中，得出的现实和无奈的结论与当年清朝洋务运动的改革路线图是极其相似的，即所谓洋为中用，西学中用，中学为体。

把互联网视为改造传统业务的工具，即在“用”的层面，从实用主义的角度出发，用来提高运营效率，提高生产力。关于这一点，王晓初先生曾经公开表示，要以互联网的核心思维为指引，在研发、制造、营销、服务等传统的产业链环节进行改进和提升。也就是说，在基础业务领域，去电信化并不现实，且阻力重重。根深蒂固的原因在于，电信运营商赖以生存的基本业务结构并没有发生颠覆性的变化，如果真的去了电信化，恐怕新业务就会变成无源之水。所谓皮之不存毛将焉附？

在新业务领域，所谓按照互联网规律推进市场化进程和集约化运营，其核心的关键词是市场化和集约化。在改革的哲学层面，所谓市场化，应该至少包括两个层面的含义：对内，以划小承包单位和设置员工持股、放开人工成本总量为主，使内部机制市场化，激活内部发展和创新的活力；对外，则是积极以控股、参股、兼并收购等多种模式开展对外合作，取长补短，比较大胆的思路是中国电信可以考虑把控股公司的经营权交给第二股东。所谓集约化，则是集中化的另外一个名词，即权限和职能向总部和省公司集中，尤其是向总部集中。这一点，中国电信的竞争伙伴们早已经开始多年。但是究竟集权体制和分权体制孰优孰劣，恐怕只有中国电信甘苦自知。

这个路线图，是中国电信“客观分析自身优势与不足，反复深入研究探讨”才最终确立的。所以说，这是基于现实的考量，更是基于可行性的考量。比起让人热血沸腾的理想主义改革路线图更值得尊敬。

（2）中国电信互联网化运营的基础设施

综合平台是中国电信落地互联网思维的核心。这一平台被中国电信定位为资源、数据、能力三位一体的汇聚平台。众所周知，中国电信的战略中有一条即是综合平台的提供者，所以中国电信专门部署了这样一个平台。这个平台的本质，是让互联网企业和传统企业与中国电信的 2 亿用户直接建立连接，进行服务和交易采用一个统一入口。

云计算和大数据是另外两个重要的基础设施。中国电信成立云计算专业运营公司，公开的信息显示，中国电信有意把云计算业务集约化到专业公司，尽管遭到了地方省公司的或明或暗的不配合。大数据也被中国电信视为互联网化运营的重要基础设施。天翼创投一位管理者曾经透露中国电信在大数据上的思路：第一个完善自己的共享体系，深化数据应用。用互联网方式把数据利用起来是中国电信未来转型成功非常关键的一个步骤；中国电信还希望跟政府和相关的平台机构，把大数据基础设施建立起来，推动行业的运营，进而服务流量经营、网络优化和对外数据服务。对此，中国电信在 2014 年中期财报中也明确把云计算和大数据的互联网化改造列为近期的重点工作目标。

支付业务在互联网公司看来，一般都是基础设施的一部分。不过翼支付在中国电信的业务版图中，被列入了互联网应用业务群。从业务体系的完整性和重要性的角度，笔者认为翼支付应该被列为基础设施的一部分，而不应该被看做是一个单纯的业务。这一点，运营商显然不应该放弃。即使互联网公司做得再好，用户体验再佳，作为资金流的核心通道，如果不作为基础设施来培养和重视，显然会任人摆布。当然，对于中国电信来说，翼支付的交易对象，或者说用户买卖的是什么，还需要解决，否则将会成为基础设施的最短一板。

（3）互联网思维的机制保障和创新

没有机制，再美好的愿望也只是愿望，或者只是高官们在各种论坛高谈阔论的口号。在这一点上，中国电信也是走过了务虚的阶段，直到 2014 年开始，才在落地的机制上，找到了一点感觉。

当然，这要得益于政策的东风：混合所有制。这个政策在一定程度上解放了中国电信市场化对外和对内合作的活力。2011 年中国电信成立创新事业部，负责业务的创新。2012 年成立天翼创投公司。天翼创投主张返利于员工，在注资的同时让创业团队持多数股权，激发员工创业热情。中国电信自称这是中国电信创新发展的特区平台。进入 2014 年，天翼创投的孵化进一步向社会开放，比如其与英飞尼迪、亚马逊、创业邦、复旦科技园、清科集团等签署了战略合作协议，进行业务孵化。有数据显示天翼创投征集了 1 000 多个创业项目，包括近百个社会项目，有 68 家企业入驻孵化器。

与此同时，中国电信全部去基地化，八大基地全部成为了专业公司，谋求与母公司的“断奶”。在“断奶”的同时，中国电信借助混合所有制的东风，积极地为这些专业公司“找奶”。这其中包括天翼视讯、天翼游戏、天翼协同通信都已经完成了外部民间资本的引入。根据中国电信的规划，凡是进不了行业前三的基地均将被淘汰。

中国电信在机制上，最为核心的还是激励制度的变革。

按照中国电信的规划，它将以混合经济为方向，放开投融资政策，放开人工成本总量，放开资源配置与考核权，并允许员工持股。可以说，这是改革的核心所在。新业务的创新，必然同时存在机遇与风险。建立起与风险相匹配的收益分配机制，是在新业务领域能够建立起与互联网公司相比肩的基础。

有媒体曾经声称中国电信正在着手建立新兴业务体制机制隔离体系，提供互联网化高效运营环境和有效激励机制支撑；发挥市场和资本导向作用，促进资源动态弹性配置，有效增强内生动力。能否隔离，为整个行业蹚出一条新路，笔者乐观其成，这也是决定改革成败的关键。

（4）中国电信在业务层面的互联网化改造

在学习和借鉴互联网思维尤其是把互联网嫁接到自己的业务和服务上，为我所用，中国电信事实上拥有更开放的心态。

最值得欣赏的是中国电信的易信。易信在一定程度上被中国电信视为引入移动互联网基因，且取得不俗成绩的浓重一笔，与翼支付一起，被中国电信视为两个入口之一。尽管很多人对宣称用户过亿的易信嗤之以鼻，不过考虑到易信推出后所面临的复杂环境，却也实属不易。

在互联网金融方面，中国电信推出了添益宝理财。与竞争对手相比，在时间上领先了很多。

而在营销宣传上，中国电信的互联网思维则远超其竞争伙伴。以最近中国电信推出的天翼 4G 个人定制卡为例，其口号就是：不带套、不浪费、不后悔。还有一些营销案例，比如与京东联合推出“万人免费试用 FDD 制式天翼 4G 手机”活动；在 2014 年世界杯足球赛期间，与搜狐视频推出免流量看世界杯活动。

在渠道方面，线上线下全渠道战略紧锣密鼓地推行，积极参与互联网电商的节庆促销。

（5）城邦制的中国电信能否互联网化？

互联网化的终极目标是什么？中国的运营商都提出了要向互联网或者移动互联网转型，但是是否运营商变得要在业务形态、产业生态和组织结构上与互联网一样就意味着转型成功？

抑或是寻找到新的业务增长源泉，摆脱了依靠语音养家糊口的局面就意味着更有未来？移动互联网是工具还是改革哲学，抑或是改革的终极目的地？

这一切恐怕都没有答案。

对运营商最大困境恐怕还在于，发源于属地化运营的组织和人才机制，并且还在继续发挥着支柱作用和价值的城邦制体制，在被革命的同时，还能够给运营商的互联网化提供足够的养分，支撑到互联网化黎明的到来吗？

3.4　竞争：永不过时的话题

3G 尚未普及，4G 又汹涌而来，为了扶持 TD，FDD 试商用牌照发放整整晚了半年，预计发放 FDD 正式商用牌照将比 TDD 晚接近一年。移动 4G 来势汹汹，三大运营公司怎样应对？三巨头会战现状如何？

3.4.1　业内大比拼

从网络体验看，中国移动和中国电信都在积极建设 4G 网络，中国移动一马当先，2014 年底完成 50 万个 4G 基站，将会极大改善用户体验。中国移动 3G 时代的日子十分难过，4G 时代积极争取了高通和苹果的支持，如 TD 版苹果 5S 的上市。中国电信同时积极进行 4G 终端的铺货，包括电信合约机 iPhone、定制 LTE 终端——华为等。此外，中国电信的特点是混合组网，其本身拥有 40 万个基站，加上 2014 年底将建成的 30 万 4G 基站，可以预测将来网络体验也不会太差，目前万事俱备，有网有终端，只差牌照。中国联通网络建设重心主要还是放在 3G 升级 42Mbit/s 上，其目标是实现全中国 3G 网无缝覆盖，在 4G 网络建设方面不太积极，从网络体验角度看，短期可以凭借网络覆盖率与中国电信、中国移动一争长短，长期就会逐渐落后。但中国移动、中国电信 4G 建设并不是一步到位的，联通 3G 全网覆盖完成后的网络建设策略尚不明确，我们拭目以待。简言之，以速度快慢和网络覆盖率来看，三家排名分别是中国移动、中国电信、中国联通；但以终端选择范围来看，排名分别是中国移动、中国联通、中国电信。

从用户类型看，电信业用户主要分为稳定类、可控类、极不稳定类三类。稳定类用户一般不会轻易放弃使用多年的号码，从国内三大电信运营商来说，中国移动的语音收入比重最大，语音收入大概占了中国移动收入的七成。从中国移动 2013 年年报来看，即使语音收入同比下降，也仍占到了中国移动通信服务收入的 60.2%。中国移动在 3G 前占有极大的市场是一个很好的基点，在 2G、3G 到 4G 的更迭中，中国移动换网“不换号、不登记、快速换卡”的策略也使得中国移动不会轻易流失这类用户。但这种稳定是在一定程度内的，当资费相差达到一个阈值时，这类客户也就会变成其他运营商的稳定型客户。可控类用户选择运营商基于用户体验和资费水平，对 4G 用户来说，目前的流量资费模式下，月账单是相当可观的，中国联通和中国电信均是 3G/4G 一体化套餐，目前主要用的是 3G 网络，对于没有体验过 4G 速度的手机用户来说，上网速度对其选择的影响权重没有那么大。所以就目前来看，资费是影响可控型用户择号的主要因素。对于极不稳定客户来说，他们永远跟随时代潮流步伐，手机终端、App、网络体验等方面均乐于尝试新的选择，他们会考虑虚拟运营商的各种业务服务，安装 OTT 提供的各种业务。对于这类用户来说，4G 是当前最新鲜的通信技术，他们会坚决支持新生事物的更新换代，成为 4G 铁杆粉。中国移动走在国内 4G 业务发展最前端，极不稳定型客户将会是中国移动发展攻占 4G 市场的客户大本营。

对于资费来说，中国移动资费相对较高，但会降低。4G 速度的提升带来的是流量的骤升。在 2G 时代，消费者月流量还停留在以 10MB 为单位的水平；3G 商用后，流量以百兆计；而 4G 流量的单位则是 GB。从成本上来看，对于中国移动，4G 建网的成本是巨大的，这笔支出最终要从用户身上拿回来，如果当前的相对低资费是中国移动 4G 和中国电信、中国联通 3G 的价格战的话，占据稳定市场后，适应了低资费的 4G 套餐的消费者，是不能接受直接提高资费的规定的，套餐资费升高概率不大，所以中国移动很可能开发其他相关业务收钱。中国电信在 3G 时代通过业务融合、宽带加手机等方式，取代了中国联通资费最低的地位，4G 正式牌照发放后，中国电信 4G 套餐将全面推出，其最低资费的地位不会发生太大变化。三大电信运营商是互相制衡的，资费在用户择网中占很大权重，如果一家运营商在资费方面与其他运营商的差距带来的抵制程度大于换网时间精力成本带来的抵制的话，用户会很容易就转网的，三大运营商价格战已经成了传统，杀红了眼，短时间内达成合作，尤其是另外两家和中国移动合作提高服务价格是不可能的，4G 资费只会越来越便宜，但其价格不可能大幅度跳水，需要循序渐进。用户将成为最终受益者。

从发展挑战来看，3G 时代中国电信遥遥领先，中国移动局面被动，目前来看，3G 角逐在将来的局面发展中起的作用远不如 4G。4G 中国移动已经赢在了起跑线上，但综合其他因素，很明显 OTT 对中国电信和中国联通的冲击相对中国移动要小很多，在与 OTT 的合作上，中国联通和中国电信也相对积极，在三大运营商中，中国移动面临的业务结构的调整是最大的。

3.4.2　合纵连横

4G时代将带来电信行业互联网化，市场已经不仅仅是局限在中国移动、中国电信、中国联通三家大型电信运营商之间的博弈战了。虚拟运营商发挥鲶鱼效应，OTT业务以其独有吸金力在市场争夺战中横扫千军，互联网公司、IT公司、手机终端生产商都看好更加自由化的电信市场，纷纷进入电信市场，竞争复杂度上升到了一个新的阶段。能不能实现公司自身的盈利已经不仅仅是通过自我基础设施建设打造特有风格能完成的了，合纵连横，联合不同背景的企业已经成为包括三大运营商在内的电信行业企业竞争的有效手段。

运营商和手机终端制造商合作的案例不胜枚举。最经典的莫过于合约机，合约机是指通信运营商与手机生产商合伙定制的手机类型，手机用户使用该手机必须和指定运营商签约，而且要一次性付清购机款（多以预存话费的形式实现）。合约机开始出现时，其本质是通过手机的品牌效应吸引粉丝购机扩大运营商市场占有率，购机形式近似于分期付款。合约机消费水平跨度极大，品牌包括中兴、HTC、诺基亚、索尼、华为、三星、苹果等。4G时代下运营商和手机生产商合作出现了一点变动，其主要原因是基于融合网络模式下对新技术的要求。如2014年11月中国电信和中兴联手推出“小鲜”4G互联网手机，配置上，“小鲜”4G互联网手机采用了高通发布的全新64位处理器——骁龙410 8 916，四核1.2GHz主频，搭配来自三星的1GB内存和8GB闪存，拥有四模七频的网络支持能力，完美适配中国电信的天翼（2G/3G/4G）网络，同时保有中国电信手机的优秀基因——双卡双待；外观上，“小鲜”搭配多彩可更换外壳；应用上，配有自主开发的自拍优化软件，系统搭载无缝互联网分享功能；配有网上营业厅随意选号、个人定制号卡服务；随意组合流量、语音、短信套餐的设计方式对青少年“小鲜”粉丝极具吸引力。

与非电信直接相关产业的合作也屡见不鲜。

2014年11月北京国际广告传媒集团和中国电信北京公司签署战略合作协议，表示将在4G网络资源建设、百度在场直播、新型社区网、智慧家庭融合产品“悦me”等领域进行资源整合与深度合作。京广传媒集团在传统媒体和新兴媒体的融合方面有其丰富经验。中国电信在技术支持、信息服务水平、客户渠道推广等方面具有很大的优势。此次战略合作的签署，是双方优势互补、资源共享、互利共赢的开始。

同一时间，北京发行集团与北京移动战略合作发布会在西单图书大厦举行，发布会上称在北京图书大厦购书可以使用NFC手机支付。使用NFC手机直接购买图书，省去使用现金或信用卡支付的繁琐流程，为用户创造了更加方便快捷的购买和支付体验。目前华为MATE7、iPhone6、移动M812等系列热门机型都可支持NFC功能，只要去营业厅更换有NFC功能的SIM卡，即可实现手机支付。我们似乎看到了中国移动进军NFC业务的倾向（近场通信技术缩写为NFC，是一种短距高频无线电技术，手机具备NFC功能可以实现机场登机验证、大厦的门禁钥匙、交通一卡通、信用卡、支付卡等功能）。

中国联通也不甘落后，几乎同时传来了广东联通和QQ空间跨界合作的消息。随着移动互联网兴起，花样繁多的OTT服务层出不穷，它们迅速侵占了传统语音、短信市场。用户的兴趣焦点向OTT服务转移，运营商坚决抵制自然是行不通的，合作发展业务是一个更好的选择。广东联通是中国运营商流量经营的先行者，日前与QQ空间——国内用户最多的OTT应用之一，展开了深度合作。在广东联通与QQ空间合作期间，QQ用户登录空间后点击“马上有流量”的签到印章即可开启活动，同时获赠免费流量。开启活动之后，用户持续登录QQ空间手机版也可以获得成长流量，完成签到后，进入广东联通“一起沃”平台即可领取流量。用户在流量领取页面还可获得其他持续的优惠服务，如下载送流量、音乐视频定向流量首月免费使用、沃4G优惠等。此次合作最大的特点是非定向流量、参与零门槛，惠及QQ空间全网用户。值得提出的是非广东联通用户同样可以通过签到获取流量，将流量转赠予广东联通用户，这种流量转赠的方式打破了运营商之间的藩篱，让全体手机用户都有条件参与，体现了活动的开放性特征。此前，广东联通曾和高德地图合作WO+高德公众服务平台，和腾讯公司合作推出“微信沃卡”等，围绕移动互联网不断进行有特色的业务开发，广东联通正致力于构筑一条以流量运营为纽带的生态链。2014年10月上海联通开始为搞趣网旗下iOS壁纸用户提供免费手机流量，解决用户流量消耗问题。仅仅一个多月，搞趣网壁纸用户活跃度上升非常明显，上海联通完成了其品牌宣传，在搞趣网优质用户中获得了良好口碑。搞趣网有关负责人表示，本次合作双方都非常满意。双方均表示会加强深入合作，这可以看作中国联通方面提高自己App服务竞争力进程中的第一步。

整体来看，这种跨界合作将整合产业链资源，促进双方业务互联互通，开启合作双方平台用户共同成长的新模式，推进上下游之间的合作，为双方和用户带来更大的价值。表面上有些合作似乎并没有与电信运营商发展市场直接联系，但互联网时代未来运营商之战已经不局限于语音业务和简单的流量累计，业务之争的战役已经层层推进，各运营商正积极备战。

3.5 救命稻草还是锦上添花

3.5.1 4G时代产业链全局飞跃

4G牌照的发放，标志着国内电信市场加速进入4G时代，将对进一步优化国内电信业格局，推进国内企业参与国际性竞争进程，实现从“中国制造”到“中国智造”的转变发挥重要意义。在当前重要的发展机遇期，加快推动4G商用发展，对促进信息消费、拉动内需、实现国家创新战略具有重要意义。此次4G牌照的发放，对于包括电信业在内的各方面发展具有划时代的意义。

从横向上看4G划时代的意义体现在三个方面：第一，三大电信运营商共同发力，可以集各方力量共同助推中国4G产业，加强中国4G市场基础建设，推动中国的4G标准和世界标准融合，保证电信产业进一步发展使之不落于世界之后；第二，4G牌照的发放激发了用户用网需求，推进宽带中国建设的步伐；第三，4G在时间和空间上扩展了中国网络覆盖率，网络使用成本降低，利用效率提高，普通大众容易享受方便快捷的诸如电商、信息交互等服务，促进我国信息消费、文化消费的快速发展。

从纵向上看，4G的部署将快速有效地带动产业链发展。产业链进一步拉长、细分和开放，增加了围绕整个产业链新的“节点”，新的市场主体和价值创造者百花齐放。基于对通信行业的理解，可以将网建分为三个主要时期：规划期、主建设期和应用期。笔者认为，最先受益于4G规模建设的是网络规划设计行业；在4G的主建设期，射频器件、主设备、传输及配套设备、网络覆盖优化、管理运行维护等相关行业将依次受益；在网络建设初具规模、网络覆盖率符合预期后，进入4G应用期，手机终端及运营商将是最后受益者。笔者将以目前已经拿到TDD牌照的中国移动为例，简要分析产业链上各节点的受益现状。

3.5.1.1　规划期

网络规划设计行业是第一批受益者。网络规划设计内容包括咨询规划、可行性研究及勘察设计等，一般包括地形勘察、可行性研究、图纸初步设计、初步设计评审、施工图纸设计及设计验收等阶段，整个过程一般耗时6～12个月，占工程总投资的4%左右。

3.5.1.2　主建设期

主设备是4G投资重点。4G时代，主设备包括RRU、BBU等。4G全球电信设备投资回暖，主设备厂商减少价格战，提高竞标价格，行业整体盈利能力有望提升，营收规模将有望增长。中国移动基站的建设方式主要有以下三种：3G基站直接升级，更换一块基板，升级一套软件，增加一对光纤；旧址新建，利用原有2G/3G的机房、配套设备，仅添加4G主设备；新址新建，建一个新的基站，包括主设备、基站机房和配套设备。目前新建新址比例低，配套设备将与2G/3G复用，大部分投资额将流向主设备商。但长远来看，中国移动基站需要新址新建的比例将增大，尤其是FDD牌照发放后，主设备商和相关上下游厂商都将成为获益方。

4G建网过程中，除无线设备外，传输及配套设备也是投资重点。无线网络容量大幅增加，承载传输数据需要升级的承载网及骨干网。在整体网络建设中，有线网络投资占比为20%～30%。

LTE时代，运营商的网络架构从传统的宏蜂窝向分布式基站转变，极大地促进了小型基站市场发展。2014年LTE小型基站的销量超过LTE宏蜂窝。小基站组网方式灵活多变，在住宅楼，可以安装家庭基站，通过家庭宽带与互联网连接；在写字楼，小基站可以通过企业宽带和互联网连接，最终实现互联网与移动网络的对接。设备制造商纷纷开始建立相应的产品线。

LTE 大规模建网面临着用户对电信网络可用性和有效性的双重要求。性能不稳定等问题将严重影响用户对于电信业务的用户体验。电信网络的运行维护是电信运营商一项主要的基础支持工作。网络规模的增长，2G/3G/4G 多制式网络并存的现状，提高了运营商对网优运维服务的要求。为了控制运营成本，降低投资及网络运营风险，提升网络质量和总体服务水平，运营商将加大网络运维业务的外包比例。从另一个角度看，由于分布式基站大比例替代传统直放站，网优设备厂商来自网优覆盖设备的收入将下降，而服务收入会有所提升。

3.5.1.3 应用期

终端及相关配套行业将在 4G 市场规模升级后开始受益。4G 时代手机需要同时支持 TD-LTE、LTE-FDD、GSM 等制式，多模趋势明显，无线需求显著增加。设备商们一致认为，4G 建设将会给电信业带来新机遇，电信业“寒冬”将会因为 4G 的大规模建设而回归暖春。与之相反的是，专业分析师认为从现有电信设备市场来看，运营商对 4G 的投入不能满足电信设备商，电信设备市场的整合和洗牌不可避免。从整个电信设备市场来看，运营商对 4G 网络建设的投入大部分还属于结构性调整，即将一部分投资从 2G、3G 向 4G 转移，基本注入并非净增量，电信设备市场的整体空间并未明显扩张。此外，运营商也有可能将投资转向 IT 领域，这对传统电信设备商来说并不是好事。但就电信设备市场投入并非净增量的说法，有观点认为运营商对 4G 的投资将会衍生出大量新的业务应用、新的网络和设备需求，有可能帮助整个产业恢复活力。

总而言之，4G 牌照发放将带来整个社会的巨大变革。4G 发展初期，设备厂商、手机终端厂商等成为首批受益者；随着 4G 网络的完善与成熟，内容厂商、服务厂商等将会成为第二阶段受益者，芯片商、测量测试产品商、网络优化、网络建设的行业将会成为次要受益者；最终，互联网与现实生活融合带来的信息爆炸将会引起全社会一系列剧变，最终会使用户成为最终受益者。

3.5.2 电信运营商甜涩齐品

对三大运营商来说，4G 的滋味真是甜涩俱全。总体而言 4G 带给运营商变革的本质是基于高移动宽带的各种业务应用创新和流量经营成为业务主体，这将是整个中国电信行业重新洗牌的重要机会，三家运营商在新局面下发展各有利弊，这点笔者在前文中已经做了详细的分析（参见 3.3.2 节）。

以中国移动为例，2014 年 8 月中国移动发布了 2014 年上半年业绩报告。报告显示，2014 年上半年中国移动运营收入总额为 3 247 亿元，同比增长 7.1%；其中，股东应占利润 577 亿元，同比下降 8.5%。该报告公布时，中国移动的 4G 业务已经开展半年。从报告中我们可以看出，半年的 4G 商用给中国移动带来了业绩上不同角度的变化。

从营收来看，中国移动依旧是增长状态，但增速下滑的现实却未改变（见图 3-1）。从盈利方面来看，中国移动依旧是负增长状态，但随着 4G 商用化不断深入，下滑速度已经放缓（见图 3-2）。

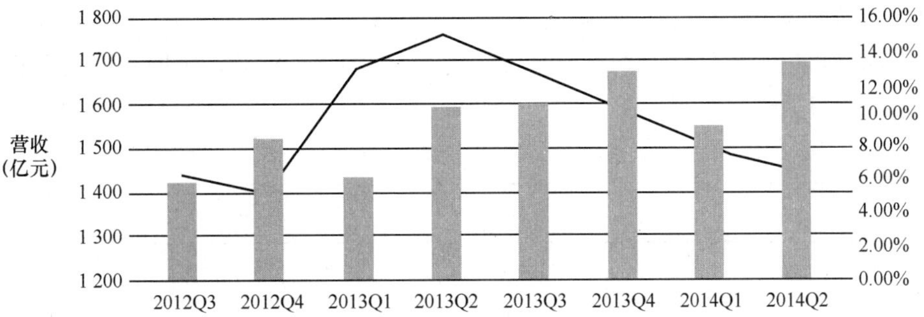

图 3-1　中国移动在营收方面的增长状态

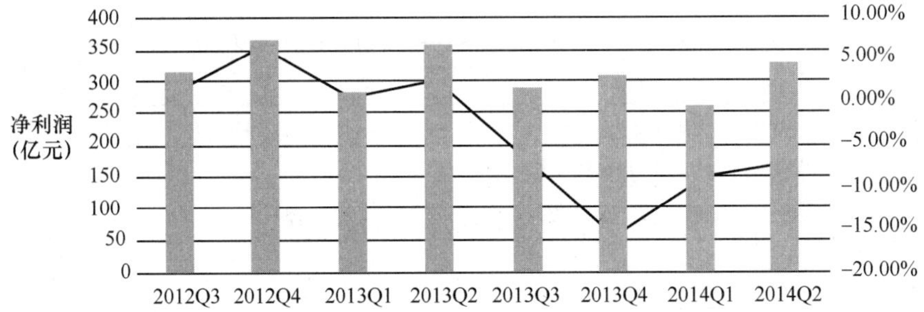

图 3-2　中国移动在盈利方面的增长状态

中国移动来自语音的收入正在放缓甚至下滑，但来自无线上网业务的收入逐渐上升（见图 3-3）。无线上网业务在中国移动整体的地位也正在提高（见图 3-4）。

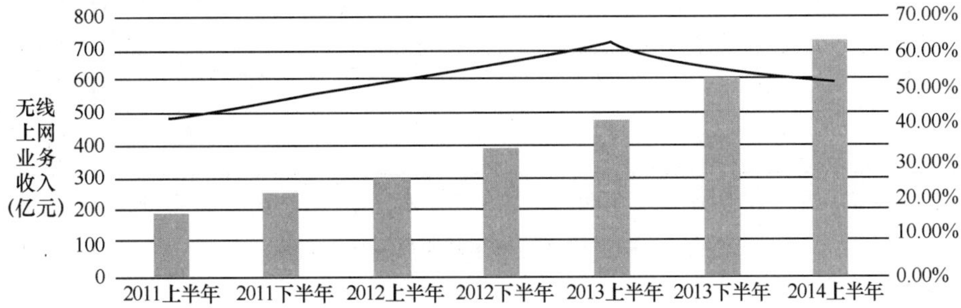

图 3.3　中国移动无线上网业务收入状态

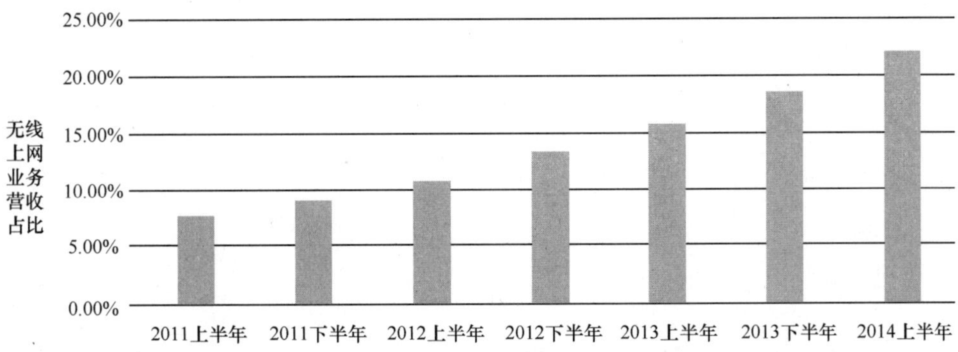

图 3-4　中国移动无线上网业务的营收占比

中国移动的 4G 业务，在刚刚问世之初，就呈现出爆发之时，远非当年 3G 可比（见图 3-5）。我们可以很清晰地看到，相对中国移动 4G 的快速增长，中国联通用户的增长速度在同期明显放缓（见图 3-6）。

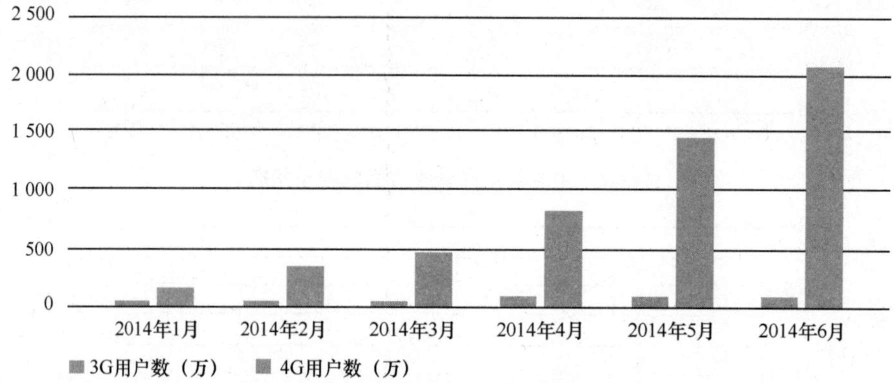

图 3-5　中国移动 3G、4G 用户数发展

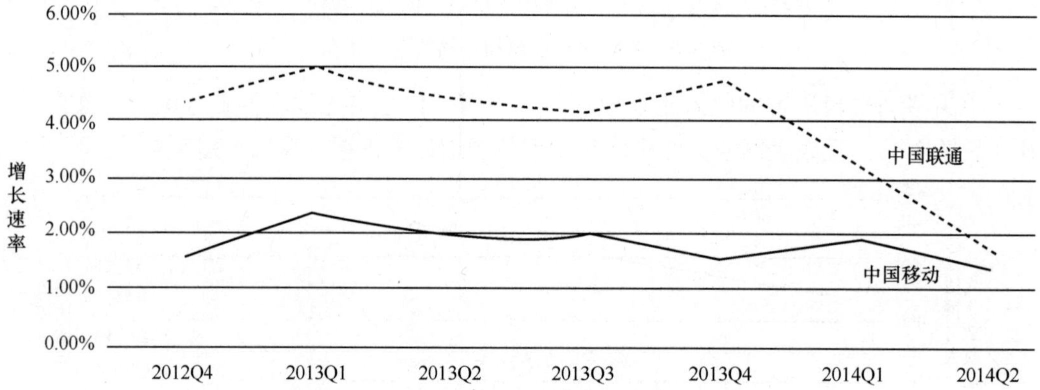

图 3-6　中国移动、中国联通用户增速对比

第四章 流量：流的是未来

手机流量的“G 时代”来临了吗？在某网站推出的“您认为中国移动的 4G 流量套餐是否适用”的调查中，6 700 多名网友参与投票，有约 55.5% 的网友表示“不适用，我不需要那么多流量”，有约 35% 的网友表示“适用，我需要那么多流量”，另有 9.5% 的网友认为“不清楚”。看看全球趋势，大流量时代的确就要来了。最新分析报告显示，随着智能手机的不断普及，2017 年全球移动数据流量将比现在增长三倍多。值得一提的是，铺天盖地的应用程序和游戏并不是流量大户。

那么在 4G 时代，突破了无线网络带宽瓶颈的运营商，又将如何真正做好流量运营呢？笔者建议是：千万不要做 4G 时代的流量“土豪”。

3G 时代以来，数据业务替代语音业务成为电信运营商营收增长的新动力，由此提出了流量经营的概念，但是运营商对 ARPU 值的更高追求与广大用户对高资费的痛恨矛盾日渐突出，以流量清零的矛盾最为典型。在这种情况下，以 BAT 为代表的互联网企业开始向运营商采购流量，用户无需为使用它们应用产生的流量买单，这就是所谓的流量后向经营模式。

这种模式在 2013 年开始流行，随着竞争的加剧，互联网企业通过向用户补贴流量的方式发展应用成为一种常态化的新营销手法。2014 年 1 月 23 日中国电信首先对外发布成立综合平台开发运营中心，明确以流量后向经营为主，并尝试三家运营商流量经营的合作，但是在收入主要靠流量前向经营的情况下，新的后向模式遇到的困难和阻力很多。从竞争形势来看，笔者认为，流量经营，过去和现在是前向的，未来是后向的；而且这个未来的时间不会太久，因此运营商需要为这种未来积极做准备。

形势正在倒逼后向模式成为主流。

形势一，虚拟运营商将加速和催生流量后向经营模式的丰富和多样化。蜗牛移动已经结合自己的游戏业务推出了流量全免费的服务；迪信通明确表示将以流量免费为主要突破口。可以断言，后续有更多的虚拟运营商在条件成熟时采用这种方式来抢夺用户，这仍然是在中国市场快速获取用户的不二法则。

形势二，铁塔公司成立，三大运营商所掌握的管道资源优势将逐步减弱。管道资源如果不直接掌握在三大运营商手中，意味着三大运营商与虚拟运营商在网络上竞争水平被拉齐，则现有前向模式的维系基础将丧失。

形势三，互联网企业加大了整合运营商能力的步伐，并以后向为主的方式吸引用户。典型的例子有两个：一个是腾讯公司的免费 Wi-Fi+ 健康中心业务上线，另一个是 360 手机新增免费 Wi-Fi 功能。对于有些已经是虚拟运营商的互联网企业而言，同样在虎视眈眈。

形势四，4G 牌照发放后，流量资费大幅度下降，政府监管部门放开了电信资费管制，更加市场化的资费让运营商之间的价格战打得更加灵活，但也打得更加头破血流，即便是运营商这样不断地进行价格战，广大用户对于流量消费的担心仍然很大。因此，现有的前向流量资费再怎么调整都不得用户心，需要有更大改变。

形势五，市场的需求旺盛。用户对流量的消费还是高度敏感，这也直接影响到用户对不同互联网应用的时间分配。如同打车软件补贴之争那样，互联网企业为了留住用户或者推广新的产品，加大了对上网流量的补贴力度。

如今，运营商越来越重视以 to B 为主的后向模式。我们也许花费不少的时间研究各种成功企业的不同业务形式，但就商业模式而言，主要可以归结为 to B 模式或者 to C 模式。无论是哪种模式，用户规模都是第一位的，但是 to C 模式将用户转化为直接付费的难度很大，而 to B 的模式主要依赖众多企业的创造性来实现价值的转移，效果往往惊人。

对于运营商而言，用户对于垄断、服务水平的种种抱怨从来没有间断过。已经习惯 to C 模式在价格一坑更比一坑低的情况下，以流量后向经营模式作为未来主要方向，已经开始受到更多高层关注，并希望有所创新和突破。比如，移动互联网时代从经营个人客户为主转向经营企业客户，个人用户无需再前向流量付费，这里面的形式多种多样。当然，这是一次巨大的冒险，需要足够的勇气，如果不冒险，不付出勇气，未来只能留下更多的叹息。这是后向的意义，需要破除目前对后向的担忧和质疑。

电信业务从传统的话音时代通信服务商到移动互联网时代的信息服务提供商，本质上是作为管道商的一个技术升级，这个升级的过程伴随的是管道价值的快速下降。互联网时代 OTT 的冲击表现为跨界的冲击和替代，且威力巨大。因此对于电信运营商而言，流量后向经营不是业务模式的改良，不是对前向业务的补充，而是一种模式取代另一种模式，必将带来组织方式、生产流程、管理体制机制、资源配置方式等方面的大变革。运营商已经提出了电信业务互联网化的命题，流量经营模式能否从以前向模式为主走到以后向模式为主，是老牌国企运营商互联网化的标志。

在流量前向经营收入占比还很高的情况下，出于对现有利益的维系考虑，要实现这种前向向后向的转变，谈何容易，必然引发一场运营商与代表国有资产保值增值利益的监管部门以及各种利益关系的大争斗。首先要确立后向模式的战略地位，这个地位的确立会很困难。其次需要做好前向模式向后向模式的关系过渡，后向模式的营收表现要强劲才可能过渡得顺利。第三，后向模式的确立需要运营商作为一把手工程持续进行下去，甚至需要不止一两任一把手才能完成，这种战略的连贯性是个巨大的考验。当然，最好的结果是一任就把这个大的战略做完，如此对于运营商性质的企业而言，是可以载入电信业和互联网业史册的。

总之，对于电信运营商而言，谁有勇气完成这样一个变革，让我们拭目以待。虽然中国电信已经开了一个头，但结果难料，也许真的取决于一个决心，或者说一个梦想。

4.1　三个时期，三种诉求

流量经营是以提升流量规模为基础，通过技术、资费政策、产品与商业模式创新等一系列手段，实现用户流量智能控制、内涵丰富、收入拓展，从而提高流量价值。

不同于语音经营和宽带经营，流量经营是通信运营商向信息运营商转型在全业务和移动互联网新形势下的全新命题，是顺应移动互联网发展规律，把握移动互联网发展机遇，改变互联网时代“管道工”角色的关键。流量经营的提出与通信需求向信息需求的转型有莫大的关系。这种转型根本性地重塑电信运营商的价值创造方式，必然要求电信运营商的基础设施和商业模式随之做出转变，而智能管道和聚合平台是实现这一转变的抓手或者基石。为了避免“被管道化”，目前三大运营商正积极构建移动互联网的生态体系，在服务内容上不断丰富。例如，中国电信推出了跨平台的聊天工具“翼聊”，集团旗下的云计算公司在提供商务云的同时，亦在构建面向普通消费者的云服务，生态体系在不断完善的同时，营销渠道也不断丰富。渠道和内容的整合是流量经营的核心，培育流量文化是流量经营大势所趋。

这对运营商的意义在于：帮助运营商从个性化需求中寻求价值。虽然用户需求的个性化已经是不争的事实，但运营商并不善于从个性化中寻求价值。以中国移动为例，虽然 2013 年其非语音收入占比超过 30%，但 50% 的非语音收入来自短信和流量，另外不足 50% 的非语音收入中，约 70% 来自彩铃和语音增值服务（来电显示、呼叫转移等），被业内津津乐道的飞信、无线音乐俱乐部、12580、手机报、手机游戏等重点规模性业务累计占非语音收入的比例仅 5.3%，占整体收入的比例不足 2%。另外，短信、彩铃这两大业务收入出现负增长的势头，而语音增值和重点规模性业务的增幅大大放缓，唯有流量收入呈加速增长局面。事实上，流量收入占非语音收入的份额从 2006 年的 3% 上升到 2010 年的 20%。由此可见，运营商的价值创造方式仍集中体现在满足同质化需求方面。

流量的价值经营其本质是商业与技术双重驱动下的流量价值二次挖掘。商业层面，流量产品化并加载丰富应用，实现流量产品及定价的差异化及商业模式创新，满足用户多层次流量需求，提升用户体验及价值。技术层面，通过网络的智能分析、管理、控制等能力识别和生产用户所需的差异化产品，实现网络资源效益最大化。流量经营的核心是以客户体验、网络效益、用户价值提升为目标的差异化流量产品生产、定价、营销。扫描全球运营商在产品、定价、营销等方面的特点，可以将其发展状态分为三个不同阶段：用户流量吸引期、流量规模经营期、流量价值提升期。

在用户流量吸引期，目标是以高端客户为突破点，逐步培育各消费层次客户的流量使用习惯。产品上，通道类产品，尤其是基础流量套餐构成产品体系主要部分。在定价上，利用语音、数据双中心定价模式，以包月、无限等手段吸引用户。另外，运营商主要基于自有实体渠道开展产品营销，并以基础网络能力为支撑。在这一时期，流量产品单一、定价模式简单。

但流量经营不等于扩大流量规模。在相当长的时间内，指导运营商的是话务量经营，以规模为指挥棒的经营思路其实是延续了话务量经营的思维。某种程度上，以规模为指挥棒是合理的，就运营商创造的核心价值而言，语音可以折算为分钟数，短信可以折算为条数，隐含的假设是，所有通信需求都是同质的、可切割的、可累加的颗粒，扩大规模是唯一的价值提升手段。

在流量规模经营期，运营商以全体用户为对象，主要以提升户均流量规模为目标。该时期经营特点一是以通道类产品为主，向高带宽应用类流量产品延伸；二是简洁统一的资费定价体系，以数据流量为中心的定价模式；三是多元化外部营销合作渠道快速发展，电商平台成长为营销重要力量，互联网营销模式兴起；四是以基础网络能力、用户数据的整合营销为支撑。在这个时期，流量经营的产品内涵逐渐丰富，定价模式以流量元素为中心，营销渠道多元化拓展。

随着电信业的重塑及电信运营商的转型，业务重心几经变迁，“流量”在不同语境下含义不同，但也有脉络可循。大致说来，从语音通信业务、宽带接入业务到移动互联网业务，流量内涵的演进脉络一是从同质流量到异质流量，即所谓流量内涵的丰富；二是从底层流量到表层流量，即所谓流量层次的提升。与显而易见的扩大流量规模相比，丰富流量内涵和提升流量层次是流量经营更为重要却易被忽视的两大方向。

在流量价值提升期，目标是对客户进行精确细分，对流量价值实施二次挖掘，以提高流量整体价值。产品上，深挖细分群体需求，丰富流量产品体系，创新前后向商业模式，其中后向商业模式更为多元及成熟。所谓后向付费，就是指用户通过移动网络访问互联网时，产生的数据流量对个人用户全部或部分减免，由相关企业后向为其统一付费的业务。这是移动互联网时代衍生的新思路，也是流量经营和集客经营的新模式。2014 年初美国第二大移动运营商 AT&T 宣称，将推出让保险公司等网站支付访问者流量费的 Sponsored Data 计划，这相当于将“800 免费电话”延伸到了手机上网领域。Facebook 正在 45 个国家实行“文字免流量正常”，即文字版向用户免流量，图片版流量还是个人用户自己买单。Google 在东南亚地区与相关运营商开展合作，基于简单的搜索、邮件、文字、信息相应地免费，图片和一些搜索外链接产生的流量则由用户自己付费。索尼正在跟运营商合作，客户可以选择先看广告，后期产生的流量免费，广告分成的模式是流量付费业务相应的分支。定价上，基于细分群体的个性化定价模式成熟，极大挖掘细分群体价值。营销上，实行内外部渠道协同、互联网与实体渠道协同、客户体验为导向的 O2O 营销，主要以智能管道能力、基于用户数据的精准营销为支撑。这个时期注重用户细分精细、商业模式多元、个性化定价成熟、营销渠道协同。

流量经营的手段包括计费创新和营销创新。计费创新包括差异化 QoS 计费、分时计费、分终端计费、分业务计费、分用户优先级等。计费创新应用丰富，如高清语音 HD Voice、在线高清视频类、富媒体通信 RCS 类、OTT 及入口型业务等。营销创新包括创新产品形态，借力新型互联网渠道，实现流量产品在研发设计、传播推广、服务互动等方面的创新。流量经营的外延包括盈利模式创新与用户价值挖掘。盈利模式创新包括面向 OTT 及行业用户推出具有 QoS 保障的流量产品，实现后向定价模式，向流量经营平台转变。用户价值挖掘能够对客户的使用行为、发展趋势等信息进行有效分析利用，用来指导运营商的价值拓展。用户价值挖掘包括利用大数据和用户分析模型，针对用户群和用户个体展开非实时和实时营销，提升营销的精准性，以有偿形式提供有价值的数据知识。

当今时代，移动互联网浪潮风起云涌，移动上网客户的规模大大膨胀，基于移动互联网的应用呈井喷式增长，运营商的“领地”正在发生变化，从原来的只提供语音通信到现在的数据通信，从原来的固网服务到现在的移动网络服务。“以客户为中心”是所有运营商都在努力的方向，也是客服价值体现所在，因此需对客户关系进行更好的管理和挖掘，提升品牌能力，更好地实现产业拓展。

首先，运营商要对客户服务进行针对性的资源和服务倾斜。据权威统计，移动互联网客户较全网客户个人价值要高出 25% 以上，而且这个趋势有更进一步扩展之势，其中新客户和发烧友客户具有较大弹性空间。新客户作为业务拓展使用的潜力人群，发展势头强劲；发烧友客户具备强大的“品牌意志力”，能够推广运营商的业务体验，从而带来更好的业务“利润”增值。

其次，运营商对于针对性的分级进行服务支撑，目前新浪微博、Facebook 社区等的广泛使用已经成为用户进行互联网交流的重点平台。因此可以加强对这些业务的监控分析，并将这些业务优先迁入 IDC，提供给客户更快捷的入口以及更优质的网络服务，在降低公司运营结算成本的同时提升客户满意度。

再次，针对客户集中使用业务时间和客户业务等级进行有效的推广服务，采用多元化营销扩充针对性的业务群体。比如在用户集中上网的时间段 21:00 之后，采用多维度营销，增大营销成本和业务体验机会；对于每周手机上网 20 次以上的客户进行重点业务推荐。未来更精准的分析用户行为的软件能够更准确地提供更多的应用服务，类似于推荐类业务分成将成为未来的主流盈利途径之一。

最后，运营商还需要在一些细节方面入手，在研究用户使用行为的同时对于关注度急剧上升的业务进行重点“掘金”，加大对于新兴业务的投入，以求在每轮业务高峰到来前进行优势布局，提升品牌忠诚度和战略价值。例如可以在 MM 平台增加相关热门书籍和热门连续剧片段的下载，把这些热门剧集带来更多的客户价值提升到运营商品牌战略中。

业务推广方面，考虑到市面上还有未可识别的终端类型，给用户带来不好的用户感知，建议运营商行使职责，对市面上新上市的手机终端设备进行资料整理，以便后期对终端进行更深入的分析。

运营商作为提供移动互联网服务的管道，只有能够对管道数据进行分析，把握客户的使用趋势、习惯和规律，才能让管道更“智能化”，让管道“人性化”，让服务“利润化”。

对不同阶段状态的运营商，从业务量、收入结构、收入增长三个方面分析发现，户均流量、数据 ARPU 占比、应用 ARPU 占比在三个阶段逐步上升，数据收入增长率呈现先高后低最后回升的特点。

在用户流量吸引期，月人均流量消费较低，小于 300MB。收入结构上，数据 ARPU 开始增长但占比较低，数据 ARPU/ 总 ARPU 为 0% ～ 15%，应用 ARPU/ 数据 ARPU 为 23% ～ 28%，除短信、彩信及网页浏览，其他应用处于发展初期，收入增长上，数据收入增长率为 35% ～ 100%，数据业务收入高速增长。

在流量规模经营期，月人均流量消费快速增长，达 GB 级别，为 500MB ～ 1.8GB。数据业务继续增长，占比进一步提升，为 20% ～ 50%。应用大大丰富，应用 ARPU 占比进一步上升，为 28% ～ 37%。受价格等因素影响，数据业务收入虽然上升但增长率下降，为 10% ～ 20%。

在流量价值提升期，月人均流量消费大幅提升，在 2GB 以上。数据业务 ARPU 占比达到高峰，为 50% ～ 70%。应用 ARPU 占 ARPU 比值达到高峰，为 38% ～ 51%。细分客户价值挖掘，数据收入增长率再次上升，为 15% ～ 30%。ARPU 注重的是一个时间段内运营商从每个用户所得到的收入。很明显，高端的用户越多，ARPU 越高。在某一时间段，从运营商的运营情况来看，ARPU 值高未必说明利润高，因为利润还需要考虑成本，如果每个用户的成本很高，那么即使 ARPU 值很高，利润未必高。

全球典型运营商目前主要处于流量规模经营期，仅北美、日韩少数运营商处于由流量规模经营期向流量价值提升期演进的阶段（见图 4-1）。

其中，流量规模经营期的产品形态以流量通道类产品为主，业务应用产品逐步丰富，但缺乏高附加值业务；商业模式以前向模式为主；用户细分颗粒度较粗。流量价值提升期的产品形态方面，流量产品丰富，包括通道类产品、定向业务和应用等；商业模式多元化，后向模式逐渐成熟；用户细分深入。

电信运营商应该加快转型智能管道，重视分析不同流量背后的数据信息，真正把握流量背后的用户需求，从而为 4G 流量经营奠定基础。只有对流量背后的客户行为做出更为准确的跟踪，电信运营商才有望加强智能管道的经营，做大平台，让软件开发商深入分析，不断探索出丰富的商业模式。

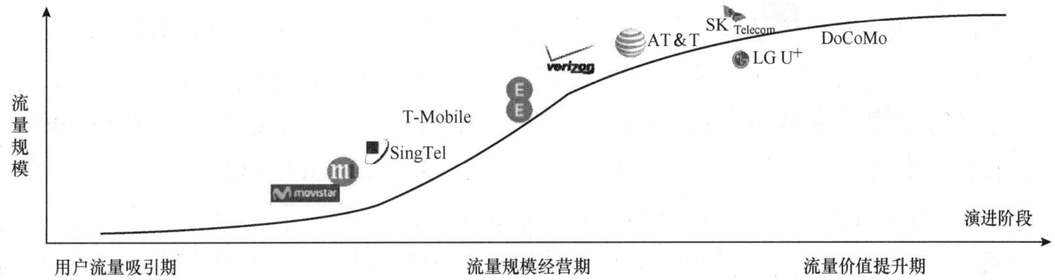

	Movistar	SingTel	M1	Verizon	AT&T	T-Mobile	EE	SK	LG U+	DoCoMo
户均流量	1.18GB	1.87GB	1.54GB	1.26GB	1.15GB	1.09GB	0.87GB	2.77GB	2.26GB	2.6GB
数据ARPU占比	33.9%	41%	26%	47.5%	46.6%	41.0%	43.0%	41.4%	35.5%	68.1%
应用 ARPU占比	31.95%	43.5%	28.2%	28.7%	29.39%	25.9%	27.6%	48.7%	43.6%	51.95%
数据收入增长率	−1.3%	−4.3%	16.4%	10.2%	8.5%	7.8%	14.1%	23.5%	41.5%	3.6%

图 4-1　全球标杆运营商流量经营发展阶段

流量经营的含义随着时间推移不断变化，但是流量经营的本质不变，电信运营商可以立足管道传输能力，向用户提供应用开发、系统集成等综合服务解决方案，改变当前挖掘浅层流量的低层次做法，满足用户对于流量的深层次需求。再者，流量经营的商业模式不断丰富，能够树立起竞争壁垒，最大限度拴牢用户。否则只能坐视竞争对手蚕食自身业务，自身疲于奔命最终却收获甚微。

4.2　产品：骨架与驱动

OTT 业务和目前运营商所提供的通信业务不同，它仅利用运营商的网络，而服务由运营商之外的第三方提供。目前，典型的 OTT 业务有互联网电视业务、应用商店等。OTT 服务商包括国外的谷歌、苹果、Skype、Netflix，国内的腾讯等。不少 OTT 服务商直接面向用户提供服务和计费，使运营商沦为单纯的“传输管道”，根本无法触及管道中传输的巨大价值。

2013 年对于整个 TMT 产业而言是不平静的。首先是韩国两大电信运营商 SK Telecom 和 KTF 联合针对国民应用“Kakao Talk”（VoIP/IM）收费未遂；尔后却有法国电信成功向谷歌收取了一笔数目不详的流量费，使得电信运营商欢欣鼓舞的同时互联网业界却一片哗然。中国市场同样不甘寂寞。2013 年春节前中国香港电信运营商 PCCW 与微信合作推出定向流量套餐；春节后则是国内三大电信运营商联合向微信收费的传言引发中国移动与腾讯之间空前的公关战。尘嚣未散，中国联通又适时推出针对搜狐视频的定向流量套餐，但掀起舆论纷争的焦点却是中国联通从每笔套餐费中向搜狐支付比例不详的分成。这些现象背后所带来的问题是：OTT 对于电信运营商究竟是竞争对手还是合作伙伴？电信运营商彼此之间的行业竞争和与 OTT 的产业合作哪个更重要？实际上在全世界范围内，当大部分电信运营商开始意识到完全复制 OTT 业务难以获得成功后，电信运营商就进入新一轮与 OTT 纷繁复杂的博弈之中。智能管道则逐渐成为电信运营商与 OTT 竞争或合作的新能力基础。在电信运营商对于智能管道的建设以及如何应对 OTT 的策略选择问题上，概括起来取决于电信运营商自身的市场势力和 IT 成熟度，以及 OTT 业务的属性。

对于电信运营商而言，市场势力和 IT 成熟度决定了电信运营商是将有限的资金更多地投入到打造智能管道能力，还是更多地投入到对现有 IT 能力的革新上。目前观察到的正被使用的智能管道能力包括：基于对流量识别的差异化流量计费；基于 QoS 控制的差异化保障；对电信能力的开放，如短信和计费能力等。这些网络能力可以通过建设 DPI、PCC、特定网关、API 等功能实现。

对于 IT 能力，其本身是 OTT 既有的核心优势，但若电信运营商与 OTT 进行同质化业务竞争，IT 能力则是需要补充的关键能力，包括：业务与需求间实时及精准地匹配；海量用户数据的存储和分析；对第三方应用开发的支撑；灵活的计费和支付等。这些 IT 能力需要对现有 BSS、OSS、CRM 进行改造，或新建 SDP、云计算、BI 等实现。这进一步决定了电信运营商在常规情况下，根据自身用户规模、现金流状况，以及 IT 管理和建设水平来决定应对 OTT 的策略基调。

小众电信运营商一般不具备投资打造智能管道或新 IT 能力的资金实力，扩大市场份额的行业竞争诉求决定了价格竞争可能比投资打造完备的智能管道能力更为低成本和有效。即使与 OTT 合作也不过是为了借助 OTT 的资源来提升行业竞争力，甚至为此可以向 OTT 出让部分利益。

规模较大的电信运营商更倾向于投资打造相对完备的智能管道能力，并更愿意将智能管道能力作为与 OTT 进行资源置换的合作筹码，借助 OTT 的业务提升自身向用户提供差异化服务的能力。比如将基于流量识别的定向流量套餐作为 OTT 业务分销的渠道，通过 QoS 保障提升用户对 OTT 的体验，给 OTT 开放计费能力，提升用户在线支付的便捷性等。

对于市场领先且拥有足够现金流支撑智能管道和 IT 能力革新的全方位转型的电信运营商而言，更倾向于通过打造自有 OTT 业务来锁定用户，并从用户身上直接获取流量的附加值。此时的智能管道能力建设一方面用于对第三方 OTT 业务的限制，比如无线网络限制接入，提高用户使用的资费门槛，降低 QoS 保障级别等；另一方面则和新的 IT 能力一起支撑自有 OTT 类业务的运营，比如建设 OTT 业务发送平台并给予计费和 QoS 优先保障等，以此提升相对于 OTT 的差异化能力。

另一种决定电信运营商应对 OTT 策略的维度是 OTT 的业务属性。从 OTT 所产生的流量属性来看，VoIP/IM 和社交媒体类 OTT 所产生的流量包小且间断，不仅流量费贡献低，同时还产生大量信令；而下载类或流媒体类 OTT 所产生的流量包大且连续，比较有利于无线网络利用率提升，能产生较大流量费贡献。

再考虑流量的附加值：

（1）VoIP/IM 类 OTT 无疑会对电信运营商的语音和短信产生替代，因此对此类 OTT 采取 3G 网络接入限制、QoS 管控、分流 Wi-Fi 等应用场景为主；

（2）社交媒体类 OTT 所掌控的用户关系、行为数据及其信息高效传播的属性，对电信运营商而言是非常重要的客户服务和业务推广的新型渠道，其最直接的潜在价值在于可以帮助电信运营商节省客户维系和营销推广的成本，对此类 OTT 采取以定向流量、用户数据或计费能力开放等场景为主；

（3）流媒体类 OTT 的价值在于所掌控的高质量内容资源对用户的高吸引力，对此类 OTT 往往以定向流量、QoS 差异化保障等场景为主；

（4）拥有较为完整生态系统的 OTT 巨头则往往涵盖用户信息、内容资源，甚至通过终端和 OS 把控用户上网入口，对电信运营商而言既有全方位替代的一面，也有全方位互补的一面。

在实际的市场决策中，电信运营商通常会将市场势力和 IT 成熟度以及 OTT 业务属性结合起来，因此电信运营商对于 OTT 的应对策略往往是打多元化的“组合拳”，既有竞争的一面，也有合作的一面，这也是电信运营商与 OTT 的竞争合作看起来纷繁复杂的原因。

纵观电信运营商与 OTT 纷繁复杂的竞争合作模式，其实不难发现一些共同的特征，即行业或产业竞争依然还是电信运营商的根本诉求。具体而言，这些竞争合作模式大体可以分为 4 类：

（1）电信运营商打造自有业务对抗 OTT，特别在 VoIP/IM 这种对于语音 / 短信替代强的业务方面，以及对电信运营商网络资源优势依赖较强的云存储、地图服务等方面，一些区域内强势运营商甚至仍致力于建立比较完整的自有业务体系，如日韩主导电信运营商、阿拉伯地区电信运营商、西班牙电信等；

（2）电信运营商联合对抗 OTT，比较典型的就是富媒体通信（RCS），欧洲五大运营商以及韩国三大电信运营商联合推广 GSMA 主导的 RCS 品牌 Joyn，共同应对 VoIP/IM 类 OTT 的竞争；

（3）电信运营商与特定 OTT 合作对抗其他电信运营商，比如美国两大巨头电信运营商 AT&T 和 Verizon 各自选择合作伙伴来提升相对于对方的差异化竞争力；

（4）电信运营商联合起来并与特定 OTT 合作对抗主流 OTT，比如美国三家电信运营商联合发起与部分上游企业合作推广移动支付 ISIS，以此对抗谷歌、苹果等移动支付业务；又如欧美电信运营商共同选择与市场上排名二、三位的流媒体类 OTT 合作，对抗排名第一的流媒体 OTT 等。

这里暂不对电信运营商的具体案例和策略选择过程进行讨论，因为目前这样类型的分析其实很多。需要思考的问题是：无论 OTT 是敌人还是伙伴，时下电信运营商对智能管道能力的使用以及应对 OTT 的策略是否能够解决目前流量的量收不匹配问题？

是否能够阻止语音和短信被替代导致的收入下滑？进一步讲，是否能够支持电信运营商数据流量业务收入的可持续增长？

根据工信部和中国移动公开数据，移动语音、短信和流量收入增长对主营业务收入的拉动率（见表 4-1）可以看出，流量对收入的拉动作用无法抵消语音和短信收入的下降，移动数据流量的快速增长并未带来电信业保持可持续增长的前景，况且国外的情况表明，保持 80% 以上数据流量的高速增长期基本不会超过三年时间。

表 4-1　各项移动业务对收入增长的拉动率

收入增长拉动率	电信行业		中国移动	
	2011年	2012年	2011年	2012年
语音	1.9%	1.5%	4.18%	0.72%
短信	0.2%	−0.1%	-0.08%	−0.42%
流量	3.4%	4.6%	2.84%	4.48%
收入增长率	10.0%	9.0%	8.80%	6.10%

对此我们需要再次审视当前的流量策略。不封顶的数据流量包等直接的流量价格战手段自不多言，即使对于时下风行的定向流量套餐，基本未能摆脱降价促销的套路，而针对前端需求越来越细致的定向流量技术支撑需求，不断深入的流量检测能力和网关扩容成本也难以预见有效的收入弥补。对于上面提到的不同类型 OTT 所产生的流量费以外的附加值，电信运营商普遍未实施有效的挖掘。

电信运营商能够获得数据流量的“流量费 + 附加值”的直接方法有两种：一是自营 OTT 业务，二是向 OTT 直接收费。第一种方法从实践来看电信运营商鲜有获得成功的，目前几大电信运营商通过建立联盟、互联互通等途径推广自营 OTT 业务，例如 RCS，也是步履维艰。第二种方法主流电信运营商针对 OTT 收取网络资源占用费成功的案例几乎不存在，即使不考虑“网络中立”的限制，基于网络累计流量和信令的收费在技术上很难实现，OTT 很容易绕开 DPI 的检测。

那么，电信运营商还有没有可能获得流量的附加值？这可能还需要电信运营商从市场化运作途径中寻找出路，即基于价值服务来换取流量附加值。这里，电信运营商需要考虑转变对 OTT 角色的定位，即 OTT 可以不仅是敌人或合作伙伴，还可以是一种介于公众用户和政企客户之间的客户类型。将 OTT 视为一种依托电信运营商网络获取价值的客户，电信运营商可以通过利用自身资源为其提供价值服务，从而帮助 OTT 提升其服务价值，并最终作用到用户使用无线网络体验的提升上。整个数据流量传输过程中的价值会随着用户体验的提升而提高，电信运营商则可以通过提供的价值服务获取这部分提升的数据流量价值。这里不妨将 OTT 命名为一种“微企业”客户。

电信运营商可以向 OTT 提供的价值服务仍然是智能管道所赋予的通信能力，比如基于 DPI 的定向流量，基于 PCC 的 QoS 管控以及对电信能力开放的 API 等。与前述应对 OTT 策略不同的是，这些能力被作为面向 OTT 的分销渠道或体验提升服务的功能。此外，电信运营商还需要凭借网络资源的有限性制定合理的收费体系。比如，为实现定向流量电信运营商能够写入 GGSN 网关的规则条数是有限的，差异化的 QoS 保障所利用的无线带宽资源同样有限，API 更是直观可定量统计的对有限网络资源的使用，因此电信运营商完全可以针对定向流量、QoS 保障、API 功能制定标准化套餐、定制化套餐、竞标拍卖等收费体系，通过“功能”和“收费体系”的组合，形成真正意义上基于智能管道能力的面向 OTT 的服务体系。

下面结合实际案例进一步说明这种商业模式。著名的音乐流媒体服务商 Spotify 为打开德国市场选择与德国电信 T-Mobile 合作，T-Mobile 为 Spotify 的基本功能客户端制定了 30 欧元的定向流量套餐，用户可以不限流量收听和下载 Spotify 中的正版音乐；此外，如果 Spotify 通过 T-Mobile 的该款定向流量套餐销售出 Spotify 价值 10 欧元的高级功能插件，T-Mobile 从中获取 3 欧元的分成。此案例中，T-Mobile 实际将定向流量视为一种 OTT 业务的分销渠道，在帮助 OTT 实现产品销售价值时获取相应的流量附加值。实际上，如果结合面向 OTT 提供价值服务的理念，电信运营商可以进一步对定向流量功能根据不同流量额度、价格梯度或时间长度形成标准化定价，面向所有 OTT 公开销售。如果 OTT 市场存在一定程度的竞争，电信运营商甚至可以根据 OTT 市场供求关系对价格进行调整。

还需要指出的是，这种商业模式需要将智能管道能力嵌入一种面向 OTT 的“批售业务（Wholesales）”服务架构中，将 OTT 视为客户，意味着智能管道的网络能力需要实时满足 OTT 提升用户体验的市场需求。网络层的能力是否能够实时满足市场端的需求，则需要对 IT 能力进行强化和革新，以此确保 IT 能力能够成为网络能力和市场需求的桥梁。为实现这一目的，还需要电信运营商在技术架构和组织架构上进行深入的探索。

Verizon 与 OTT 合作的大流量应用为以流量计价的辅助性产品，这种模式适用于流量规模经营期的运营商，依靠流量的大幅持续增长实现用户的价值增长。在产品协同上，综合套餐以客户价值主要体现为导向，OTT 应用类产品以拉升流量为导向。

AT&T 利用家庭功能类低流量应用定向包部分分离收入与流量，提升附加价值；同时以单一类型、渗透率高的第三方精品应用定向包吸引客户。在产品协同上，综合套餐体现用户主要价值，以高粘性、替代性低的应用提升附加价值，增强用户粘性。

EE 以综合套餐为主价值流量产品，同时利用重点业务应用增强主套餐价值，并帮助提升流量，适用于处于流量规模拉升期的运营商。在产品协同上，综合套餐体现用户主要价值，以 EE Film 等为差异化手段扩展流量内涵，提升流量规模，进一步提升主套餐价值。

SingTel 以自有大流量应用提升流量，少量、单一种类社交应用定向流量包部分分离收入与流量，并提升客户粘性，适用于流量吸引期及流量规模经营初期的运营商。在产品协同上，综合套餐体现用户主要价值，第三方应用增强用户粘性，灵活的流量包满足不规律需求。

SK Telecom 的主套餐通过分享及网内无限重点维系客户，种类丰富的定向包、可控性强的混合定价产品大幅拉升价值，适用于流量价值提升期高饱和、高流量市场中处于主导地位的运营商。在产品协同上，主套餐兼具客户维系及价值提升；多样化的应用及计费模式进一步挖掘客户价值，构成用户价值的重要部分。

总体上看，国际运营商在流量产品体系协同上主要有三种模式：流量增长型协同产品体系、粘性增强型协同产品体系、应用拉动型协同产品体系。

流量增长型协同产品体系的产品架构为“综合套餐 + 大流量应用产品 + 少量定向包产品”。导向上，主套餐是用户直接收入的主要来源；大流量应用拉动流量增长，促进流量消费，以量带收；定向包少而精，且多为难以替代的自有功能型业务。定价上，大流量应用按量计费，不侵蚀套餐价值，反而加速套餐流量的使用，提升用户的流量溢价；定向包低定价，避免侵蚀套餐。这一模式的适用对象为处于流量规模经营期，以流量提升带动收入提升的运营商。

粘性增强型协同产品体系的产品架构为“综合套餐 + 高粘性单一类型定向包产品”。导向上，主套餐是用户直接收入的主要来源；高渗透应用定向包实现差异化竞争，增强客户粘性。定价上，定向包低定价，种类单一，避免侵蚀主套餐价值。这一模式的适用对象为处于流量吸引期、规模经营初期，尤其是市场份额落后的运营商。

应用拉动型协同产品体系的产品架构为“细分综合套餐 + 少量定向包 + 种类丰富的应用产品”。主套餐以维系客户为主要导向，兼顾提升用户直接收入；流量应用以深挖客户需求，提升客户价值贡献为导向，类型丰富，定价模式多样。定价协同上，综合套餐价格覆盖面收窄，定价适中但种类数量多的定向包构成用户价值重要部分。这一模式的适用对象为处于流量价值提升期，尤其是市场领导者地位的运营商。

处于流量规模经营期的运营商多为流量增长型和粘性增强型协同产品体系，而处于流量价值提升期的运营商多为应用拉动型协同产品体系。Movistar、SingTel、M1 为粘性增强型，Verizon、AT&T、T-Mobile 为流量增长型。

从流量产品种类、数量上看，流量规模经营期运营商的定向流量包种类有 1 ～ 3 类，且以自有功能型为主，一小部分亚太运营商以社交型为主，而价值提升期运营商大量发展定向产品（有 7 ～ 11 类），同时具有丰富的前后向计费产品。

从定价上看，流量规模经营期运营商以主套餐作为客户价值的主要来源，通过标准单价计费发展前向应用产品，定向包低定价；流量价值提升期主套餐价值的重要性相对降低，定价多样的前向产品及高定价的定向包构成客户价值的重要部分。

流量增长型协同产品体系与粘性增强型协同产品体系的主套餐均价格区间覆盖大，低、中、高端全覆盖。前向应用产品均为单一的标准单价，不侵蚀主套餐带来的价值。粘性增强型协同产品体系的前向定向包采用低定价，平均价格为主套餐的 2% ～ 5%，小流量定向包分离收入与流量。

应用拉动型协同产品体系的主套餐价格区间相对收窄。前向应用产品的定价模式多样，有流量计费、流量计费 + 资源计费、有限流量包月计费等。前向定向包采用高定价，平均价格为主套餐的10%左右，构成用户价值的重要部分；后向计费产品采用批发定价。

4.3 定价：用户感知第一线

移动互联网时代带给通信行业最大的变化就是流量成为核心关键词，语音通信市场已经趋向饱和，同时移动互联网的发展，给电信运营商带来移动数据流量的巨大提升。从话务量经营转向流量经营，几乎是运营商唯一的选择，只是这个选择充满坎坷。一方面移动互联网的发展带动信息通信、IT服务、商务金融、文化娱乐等各方面的业务创新和技术创新，为运营商网络带来巨大的流量；另一方面是移动数据流量的高速增长对电信网络承载能力造成巨大冲击，驱使运营商不断扩大基础设施建设，但未能带来相应的收入和盈利，经营效益面临严峻挑战。

流量之于语音，在客户的头脑感知中更虚无、更难以诠释和理解，但流量消费就是在这样难以被理解的状态下不断地提升。不管客户是主动还是被动地接受流量业务，作为运营商都需要提前一步换位思考，为客户提供更加切实可行的服务，才能确保流量业务从一开始就能够得到客户的认知和接受。

首先，流量使用信息的统计反馈能提升客户感知满意度。当客户使用流量的费用比例不断攀升的时候，客户希望能够对这项业务的使用情况有更加详细清晰的了解。也就是说，客户感知上要对流量消费有更加具体、及时、准确的信息，这是所有运营商都需要面对的一个难题。在以语音消费为主的时候，客户尚且对通话详单的记录要求不断提升，那么当流量消费占比达到一定程度后，客户对消费的感知势必会转移到流量使用的详细情况上。

目前针对客户流量消费的信息提供，是通过消费流量额度的延后反馈，主要解决方式是通过短信进行流量消费情况的告知，并不断丰富短信通知的时间维度，如每天、每周，或针对流量套餐包消费设定额度进行告警式通知。虽然按时间维度及流量额度维度进行延后告知，能够在一定程度上满足客户对消费信息的掌握，但无法掌握客户具体消费行为所对应的流量消费情况。目前一些终端应用软件能够对各项应用所消耗的流量进行统计，但是偏差很大。如果运营商能够从应用软件使用流量方面进行统计反馈，能够让客户更加具体、更加直观地了解到自己的消费行为对流量的影响，从而让其有选择地使用不同的应用，这样就能达到满足客户消费感知的效果。

其次，计费方式的优化能够让客户放心使用流量。目前客户使用流量基本上都会选择套餐，但是却存在这样一个矛盾：客户难以在实际的消费过程中有效控制流量的额度，使用流量不像使用语音产品能够通过对时间的把握而让消费开始或停止。所以很多时候客户或者由于担心超出套餐额度而不敢放心使用，或者因为流量额度超出套餐标准而支付高额的费用。虽然目前运营商在标准流量套餐之外还推出了闲时套餐包和叠加套餐包，但从客户支出成本角度出发，很难让客户在感知上达成共识，因为客户根据自身消费情况已经选择了流量套餐，如果仅仅是为了担心超出套餐标准而需要额外支付其他套餐费用，客户并不买账，这样也就会降低客户使用流量的积极性。

在技术手段尚不能确保客户可以自主控制流量使用的现状下，运营商可以针对流量套餐超额使用的情况大度地进行让步。这种让步并不是代表运营商要将自己放在弱势位置，而是为了达到培育客户使用流量信心，建立流量市场氛围，营造流量消费口碑等战略目标。具体的让步方式可以针对不同流量套餐设定一定的超额比例，当用户使用完流量包后在进行短信提醒告知的同时为其提供一定额度的免费超额流量，让其可以根据自身的消费需求决定是否继续使用流量，运营商承诺超额部分可以通过减免方式让客户无后顾之忧。为客户提供流量包超额减免的原因是应目前流量消费所存在的特性而使然，这种做法能极大程度地提升客户对运营商及流量产品的认知感受。

流量原本一直都已经存在于市场中，客户也一直都在使用，正因为随着移动互联网业务不断渗透到客户的通信行为当中，流量业务变得益发的重要。所以运营商才需要更加主动、更加迫切地考虑如何让客户对流量业务的感知能够更加具体，更加深入。而一旦在这方面的工作取得成效，不但能够让那些已经使用流量的客户大量提升使用量，还能促进原先没有使用过流量的客户主动尝试。所以，提升客户感知度应能有效提升流量业务的经营业绩。

这个全新的时代，数据业务流量增长的速度之快超乎业内想象，尤其随着智能手机的不断普及，移动数据流量在未来几年还将成倍增长。然而数据业务的大增并未给运营商带来实质性的收益，甚至成为沉重的包袱。移动互联网业务的发展对流量需求很大，但大量的流量实际上是被互联网公司无偿占用，给运营商带来的收益远远小于投入成本，而且这个问题将随着移动互联网的发展愈演愈烈。随着社交网站与社交媒体飞速发展，例如 Facebook、Twitter、Pash 等通过社会化关系来传播的社会化网络更贴近信息传播的末端，一旦迅速发展，就会是爆炸式的。同样移动互联网的图片、视频分享等业务对流量需求的增长也会是爆炸式的。

一定阶段内流量的爆炸式增长，意味着运营商不得不通过巨额网络投资加以应对，否则业务质量就会降低。除非未来的技术能够实现流量成本的极低化，否则不断增长的流量需求与待扩容的网络环境始终是一个矛盾。面对流量倍数级的增长，通过单纯的网络扩容已经很难应对，精细化流量经营是唯一的出路。

移动互联网时代用户在网络上的消费行为和驻留特征越发具有突变性和不稳定性的特点，这就使得在目前的网络状况下，很容易出现网络拥塞，业务质量快速下降甚至影响用户的语音业务正常使用，如何保障客户端的体验感知至关重要。如何做到对用户体验感知的保障，实际上是基于对用户的了解，也就是用户行为的数据挖掘，更多地了解客户的行为，从而确定他们到底需要些什么，就能在最合适的时间和地点为他们提供最合适的产品和服务。同时建设智能业务管控体系、精细准确的流量分析服务体系，在提升用户感知的同时提高流量的边际价值。

精细化流量经营并不容易，最重要的就是要提高流量的价值，特别是流量的边际价值，也就是最大化单位流量的价值。这一点上可以借鉴互联网的流量经营。

互联网领域所说流量一般指的是 PV（PageView），即页面浏览量或点击量，通常是衡量一个网站甚至一条网络新闻的主要指标；当然，有时还会同时考察另外一个指标 UV（Unique Visitor），它是指访问某个站点或点击某条新闻的不同 IP 地址的人数。PV 和 UV 价值的评估指标就是 CPM（每千次点击成本），PV 之所以有价值，在于把合适的人带到合适的产品和服务，其价值的基础是流量的相关性、商业性以及恶意点击程度。互联网流量交易已经是一个成熟的市场，有流量的卖流量，没流量的买流量，并且业界对于每千次 PV 的价格有一个大体的共识，也就是流量本身是可以实现价值量化的。互联网对流量价值的认可来自于互联网公司、代理公司、广告商多方共识，一旦建立流量价值标准，流量就不再被浪费，多余的流量总会被整合并出售给需要的对象。虽然运营商所谈到的流量是 bit，这个指标与 PV 或 UV 有很大的不同，但同样是可考量、核算的指标，只要运营商、互联网公司、代理公司同样认可数据流量的价值并通过市场取得价值准则，数据流量就不会被浪费。

同时互联网不同的流量都有与之对应的价值系数，假设某搜索引擎的日访问量大概 5 000 万 IP，其日收入大概 800 万，于是其单位 IP 的每日价值是 0.16 元。这个数字 0.16 就是我们所说的流量价值系数。新闻类网站的流量价值系数会稍低一点，而电子商务网站的流量价值系数更高，可能会达到 0.5；如果是一个个人网站的流量价值系数，就可能非常低。互联网流量价值系数的不同是因为用户的行为目标不同，电子商务网站的用户在访问其网站前已经基本确定目的，具备特定的行为价值就是有购买意愿所以价值系数较高；而资讯类网站的用户一般没有特定访问目的，行为价值就会低一点，价值系数也会低一些。同样运营商流量也因为用户行为的不同而有不同的价值。

判断用户的不同行为就能判断不同行为下所使用流量所对应的价值。这一点很好理解，一个通过手机炒股的用户一定愿意比浏览网页的用户支付更高的流量费用来确保稳定和高速。用户自身的行为可能很难监控，但却有一种可行的分类及流量价值判断方式，就是以流量的内容和来源的分类。

阅读流量：这部分流量产生于用户网络浏览行为，可能来自新闻网站、小说网站、博客等静态页面。通常这部分流量的消耗比较稳定，不论产生的时间和使用的大小都相对稳定。与此对应的是流量价值的稳定，这部分流量对于绝大多数用户来说是非必需流量，这部分流量的价值稍低。

视频流量：这部分流量非常大，占用的带宽很高，主要产生于视频网站、视频内容分享，未来还会伴生社交分享，可能会是指数级的增长。这部分流量的价值实际上与价格是不对等的。占有大量的带宽却无需为此支付更高的成本，同时对于用户而言，视频流量消耗也并非一种急切、必须的消耗，实际上在流量管理上对这部分流量是可以进行合理限流、提价的。

社交流量：这部分流量指的是在社交网络应用中产生的流量，以及因为社交互动所产生内容流量，对应的是用户日常最频繁的行为。社交网络逐步会成为用户网络行为的入口，对应的社交流量也具有爆炸性增长的特征，同时流量会随着社交网络内的热点起伏。

娱乐流量：指除了视频流量之外的游戏、阅读等应用的流量。这部分流量有的同时具有大数据量和高突发性的流量特征，有的仅具有其中之一的特征。但是在用户的支付边际价格上，这部分流量的价值却远高于其他流量内容。

搜索流量：搜索本身有特定的行为目标，这部分流量来自用户使用搜索引擎以及由于搜索引擎的导航产生的内容流量。这部分流量也越来越具有社交爆发式的变化趋势。热点事件的出现是搜索引擎流量激增的主要原因，但未来更多的搜索流量可能会来自于社交网络和电子商务内的搜索。

电子商务流量：这未来可能会是最具价值的流量之一，电子商务流量来自于用户在线购买，主要产生在电子商务网站。现阶段看这部分流量规模可能还不是很大，但用户对速度、安全性、可靠性要求很高。单一流量所对应的价值也非常高，用户愿意支付更高的价格来确保整个购买行为的稳定。

行业应用流量：这部分流量一般都是通过行业客户定制化的行业应用所产生，例如保险公司所定制的移动展业、查勘应用，这部分流量是为了保障外勤人员办公需求。在实际操作中可能不是单纯的流量消耗，同时还对应定制化开发和终端赠送。这部分的流量价值往往被高估，其实行业用户对于即时性的要求并不是非常高，因为很多应用中的离线系统可以确保完整的信息记录，在网络环境良好的情况下再完成信息交互。

对流量科学地分类是运营商做好流量经营的前提。只有清楚地了解不同流量的来源及这些流量对用户的不同价值，才能真正了解移动互联网的流量特点，建立与之适配的柔性智能管道，提供给用户更为贴切的服务，减少浪费的同时获取更高商业利益。

数据挖掘及用户服务并非完全依赖运营商，运营商可以用更加开放的心态、创新的产品开发模式、营销推广模式及客户管理模式，与产业链之间密切合作，构建自己的移动互联网核心产品体系，并降低入户门槛，保证业务内容聚合和创新，才能在移动互联网博弈中取胜。

流量价值变化的衡量有两个视角——客户与运营商。从客户角度，在不同时点上使用近似流量产品的支出变化可以用来衡量对运营商流量价值贡献的变化。在客户一定流量使用场景假设条件下，以用户对流量套餐的最小支出变化来衡量流量的价值变化。相关假设包括消费者可获得关于流量套餐的所有价格信息，并且是理性人；在某种使用条件下（如每月消费 1GB 流量），消费者选择使用成本最小的套餐；不仅区分流量大小，还区分流量速率，并对流量价格标准化。这个视角用最小成本标准，从客户支出贡献角度研判流量价值变化。

从运营商角度，以流量带来的收入作为价值衡量标准，通过同等流量在不同时点所带来收入的变化衡量流量价值的变化。用运营商纯流量产品的流量单价或综合流量产品的综合定价变化衡量流量的价值变化（受运营商流量规模、收入数据获取、无法观测促销活动等因素的影响）。相关假设包括综合流量产品忽略套餐内语音和短信影响；仅区分流量大小，不区分流量速率影响。该视角运用绝对定价标准，从运营商产品定价角度研判流量价值变化。

选取 7 个国家的 19 家运营商，以截至 2014 年第二季度末，数据 ARPU/ 总 ARPU、应用 ARPU/ 数据 ARPU、月人均流量、数据收入增长率 4 项定量指标研判各运营商所处的流量经营发展阶段（见表 4-2）。

表 4-2　19 家运营商 4 项定量指标

国家	运营商	数据ARPU/总ARPU	应用ARPU/数据ARPU	月人均流量	数据收入增长率
USA	AT&T	46.6%	29.39%	1.15GB	8.5%
	Verizon	47.5%	28.70%	1.26GB	10.2%
	T-Mobile	41.0%	25.90%	1.09GB	7.8%
UK	O2	52.8%	29.54%	0.98GB	-4.8%
	Orange（EE）	43.0%	27.60%	0.87GB	14.1%
	Vodafone	46.5%	30.80%	1.03GB	-8.8%
Spain	Telefónica Movistar	33.9%	61.95%	1.18GB	-1.3%
	Orange	30.0%	55.90%	1.03GB	10.1%
	Vodafone	29.3%	53.80%	0.99GB	14.8%
Germany	Telekom	45.0%	32.05%	0.95GB	2.9%
	Vodafone	45.5%	33.70%	0.92GB	3.1%
Sweden	Telia	39.0%	50.55%	0.84GB	11.2%
	Tele2	41%	46%	0.81GB	2.90%
	Telenor	41.0%	40.10%	0.81GB	20.0%
France	Orange	43.7%	23.97%	0.93GB	-2.4%
	SFR	42.4%	25.30%	1.05GB	-10.7%
	Bouygues	43.0%	21.80%	0.96GB	-5.60%
Japan	NTT DoCoMo	68.1%	51.95%	2.60GB	3.6%
	SoftBank	64.5%	44.20%	2.37GB	3.9%

结合流量经营三个阶段的划分，以四个定量指标为研判依据，对 19 家运营商所处阶段进行分析，多数运营商处于流量规模经营期，DoCoMo 与 SoftBank 处于流量价值提升期。

处于流量经营规模期的 17 家运营商，客户的流量价值贡献几乎均出现不同幅度下降，仅英国 O2、西班牙 Movistar 两家市场领导者的流量定价出现上升。总体上看，市场领导者掌握流量单价定价权，当市场领导运营商流量定价下降时，跟随者和挑战者运营商都采取跟随策略，流量定价都下降；市场领导者定价上升时，跟随者和挑战者可能采取跟随或者低价策略，流量定价可能上升或者下降。

处于流量经营价值提升期的运营商，客户的流量价值贡献仍然出现下降，但是相比流量规模经营期运营商下降幅度较小。其中，DoCoMo 和 SoftBank 处于流量价值提升期，客户的流量价值贡献仍出现下降，但下降幅度远小于流量规模经营期运营商的客户。

下面对 Verizon 主套餐定价的演进进行分析。Verizon 主套餐产品的定价主要体现为定价模式创新、小范围内定价水平小幅下降的特点。首先，门槛降低——1GB 变为 250MB；其次，低档套餐流量单价降低——1GB、2GB 流量套餐的价格降低，4GB 及以上的套餐保持不变；第三，套餐外流量价格升高——2GB 以上由 $10/2GB 变到 $15/1GB。产品定价模式的创新使 Verizon 在降低客户感知价格的同时，并未实际降价即取得客户 ARPU 的提升。定价变化产生的影响有二，首先语音和短、彩信不限量，客户感知价格下降；其次，用户最低消费提升，尽管 Verizon 并未降价。从总体上看，资费竞争不仅是流量价格的下降，也可以是资费结构的优化调整；合理的资费结构调整可以优化用户价格感知，提高用户 ARPU 及运营商流量收入。

AT&T 手机终端套餐定价的演进呈现两个特点：首先，增设低流量档位；其次，中高流量档流量单价小幅下调，下降幅度为 11% ～ 25%，1 年内同等流量套餐定价下降幅度为 11% ～ 25%。AT&T 数据终端流量套餐定价呈现先取消高档流量套餐、中低流量套餐价格不变，后取消共享、套餐内流量下降、单价上涨（33% ～ 50%）、餐外单价下调（降低 33%）的特点。TeliaSonera 主套餐定价以流量额度和速率两个要素灵活搭配，适应了不同时期用户需求；在用户规模扩大的基础上，实现流量价值大幅提升，增加运营商收入。

SK Telecom 主套餐产品的演进呈现套餐内语音短信不变、流量额度增大的特点，尤其是低档位套餐流量增幅更大，体现通过套餐内流量增长、可比单价下调刺激用户使用流量但同时不降低 ARPU 的思路。

从客户视角看，流量价值贡献普遍下降。具体来说，客户在相同的流量使用场景下，随着时间的演进，最小支出均呈下降趋势；在考虑流量大小、速率因素下，使用相同的流量，用户支出的最小成本几乎均呈下降趋势；单位客户使用相同流量产品对运营商带来的价值贡献逐步下降，但流量价值提升期运营商的客户价值贡献明显下降较缓。

从运营商视角上看，处在流量规模经营期的运营商，流量产品的定价水平不一定呈下降趋势，部分运营商通过改变定价结构，更新资费，提升质量实现流量产品定价提升；处于价值提升期的运营商，其流量可比单价也可能出现大幅下降，以支撑用户使用丰富应用所需的流量，最终用户 ARPU 表现为提升。

受流量价值变化规律驱动，流量规模经营期的价值管理在保护流量价格的同时注重以定价刺激规模带动收入增长为导向，一定程度的价格下调及适应需求的定价创新是提升流量规模及收入的重要手段；进入流量价值提升期，以流量总体价值提升为导向，以流量规模及流量内涵带动收入提升，总体特点是流量内涵的丰富需要大流量支撑，因此可能伴随流量单价的大幅下降。

流量规模经营期的运营商价值管理思路主要体现在对定价结构、定价水平的严格管理上；流量价值提升期则更注重对用户ARPU变化的管理。例如，在流量规模经营期，Verizon通过创新流量产品定价结构，而非直接下调流量价格水平实现用户感知价格下降，但ARPU提升；AT&T小幅下调手机终端流量产品综合定价，严格控制甚至提高数据终端流量产品的单价；TeliaSonera通过提高流量速率实现流量产品定价水平的提升，提高用户ARPU。在流量价值提升期，SK Telecom延续定价模式，通过餐内流量增长、可比单价大幅下调刺激用户流量提升但同时不降低ARPU。

对于流量价值变化规律驱动的价值管理，可以在流量规模经营期，以“保价”、“提量”、“增质”为重要管理手段，监控定价水平、规模增幅、量收增幅比相关指标；在流量价值提升期“重收入”，强化对数据ARPU的监控管理。具体来说，流量规模经营期，实施流量的定价、规模、量收增幅比三重管理。在定价管理上，采用“保价”策略，以单价变动幅度为监控指标，优化定价结构、模式、水平，保护流量价格。流量规模管理采用“提量”的管理手段，通过流量定价管理实现流量规模增长，以流量总体规模增幅和户均流量增幅为主要指标。量收增幅比管理采用“增质”的管理手段，监控流量定价变化带来的收入及规模变动的均衡性，以户均流量收入增幅与户均流量增幅的比重以及流量总收入增幅与流量总规模增幅的比重为主要指标。流量价值提升期可以实施用户数据ARPU管理，采用“重收入”的管理手段，弱化过程性管理，强化收入结果管理，重点对用户的数据ARPU进行管理，并以数据ARPU增幅、数据ARPU占比、流量ARPU占比为监控指标进行管理。

第五章　从业务创新到开放平台

5.1　百货超市式的体系

当前国际标杆运营商的业务产品按照内容可以分为娱乐类、生活类和行业类三类，其中娱乐类业务主要包括音乐、视频点播、电视和游戏等，生活类业务主要包括云存储、定位导航、购物等，行业类业务主要包括智能教育、智能办公、金融服务等。此外，按照提供方类别可以分为由运营商提供业务和由第三方提供业务，当前国际主要运营商当中自营业务占较大的比重。

在业务设置方面，国际标杆运营商推出多种类全方位业务体系，满足细分客户需求。一方面增强自身市场竞争力，主要措施包括在移动支付、电子书、GPS 导航等业务领域实现差异化竞争，在云服务、富媒体 RCS、社交等业务领域实现与 OTT 竞争；另一方面增加收入，主要措施包括通过高清电视、视频、音乐、游戏等业务增加带宽需求，通过安全服务、电子商务等业务提高 ARPU 值。

在业务策略方面，国际标杆运营商均选择将业务发展重点向 4G 转移，以数据流量作为核心业务，开展娱乐、商务、M2M 等服务，丰富和完善应用体系建设，提供 VoLTE、高清电视、游戏、云服务等增强业务，积极推进资源共享，发挥流量产品聚合效应，满足用户的需求。

针对 4G 的发展，大部分国际标杆运营商以高速数据移动接入作为 LTE 初期的核心业务，定向应用方面积极发展高清视频及游戏等增强型业务，同时采用低价策略，利用与 3G 资费水平相同甚至更低的资费策略；提供可观的终端补贴，促进用户由 3G 向 4G 快速迁移。

除此之外，各个国际标杆运营商还根据本国社会经济发展情况、电信行业发展情况以及自身所处的行业地位，形成符合自身发展的业务体系。在国际范围内笔者选取亚太、北美和欧洲这三个电信行业发展较为成熟的地区进行研究，针对不同地区，分别选定 2 ～ 3 家处于领先地位的电信运营商作为行业标杆。在亚太地区选取了当前 4G 业务发展最为成熟的韩国 SK Telecom、LG U+ 以及新加坡的 SingTel，北美地区选取美国电信运营商排名前两位的 Verizon 和 AT&T，欧洲地区选取了英国老牌电信运营商 EE 和世界电信巨头 Vodafone。通过研究他们的 4G 业务体系建设情况总结发展经验。

5.1.1 SK Telecom的4G业务体系

SK Telecom 是韩国第一大运营商，根据其官网 2013 年年底数据显示，SK Telecom 韩国市场4G用户数已超过2 700万，市场份额达到50.3%；运营总收入为1.76万亿韩元，其中数据业务收入 1.1 万亿韩元，占服务总收入的 62.5%。

目前韩国市场上主要有三大运营商，即 SK Telecom（SK Telecom）、KT（Korea Telecom）和 LG U+。为防止垄断，韩国电信主管部门规定，三家电信运营商的用户占有比例必须维持在一个固定比值，大体为 5:3:2。因此，SK Telecom 相当重视建设高品质的网络，并通过每次网络升级带动相关业务的发展，尤其是推动数据业务的创新，以保证在用户规模基本确定的前提下，提升用户的 ARPU 值。

SK Telecom 目前在原有业务的基础上，基于高速 LTE 网络推出高清视频通话、VOD、网络游戏等增强型业务，在速率、画质和反应速度等方面向用户提供更高品质的业务体验。

高清视频通话业务在 3G 时代提供的分辨率为 64kbit/s（176×144），而在 4G 时代则大幅升级至 512kbit/s（640×480）；价格方面，该业务计费方式没有改变，依旧采用按通话时长计费的方式，价格也保持在原先的 3won 每分钟的水平。

VOD（Video on Demand）业务即视频点播技术的简称，也称为交互式电视点播系统，采用多媒体技术，将声音、图像、图形、文字、数据等集成为一体，向特定用户播放其指定的视听节目的业务活动，包括按次付费、轮播、按需实时点播等服务形式。该业务在 3G 时代支持的速率为 14.4Mbit/s，用户在使用该业务的过程中需要较为频繁的停工缓存；而在高速 4G 网络时代，SK Telecom 的用户可以享受到原先 5 倍速度的高清 VOD，不间断的数据流为用户视频体验带来零等待的质的提升。

另外一项重要业务——网络游戏，也因技术的变革获得升级，支持多人在线的角色扮演等大型游戏，用户操作可获得及时反馈的同时，也可以欣赏高清的图像画质。相比之下，原先的 3G 网络只能支撑短暂延时、画质有限的 1:1 网络游戏。

5.1.2 LG U+的4G业务体系

2011 年中开始，韩国三家电信运营商陆续开通 LTE 商用网络。LG U+ 凭借 LTE 的成功运营，一扫以往在 2G/3G 的市场竞争中市场份额、智能终端用户增长率、ARPU 值远远落后于竞争对手的颓势，成为移动市场竞争格局中的一匹黑马。当中的原因除了与其网络战略——全覆盖战略、快速部署及终端战略（及时推出 CDMA/LTE 智能终端（LG U+ 在 2G/3G 时代部署 CDMA 制式网络））——密切相关外，丰富多元的业务也发挥着不可替代的作用。

LG U+ 的业务体系覆盖公众和企业两个群体，针对不同用户提供不同的业务类型，特别针对家庭用户提供基于 Wi-Fi 的融合性业务。

面向公众用户，LG U+ 针对个人用户提供语音、数据业务，包括高清视频通话、游戏等；针对家庭客户，提供基于 Wi-Fi 的互联网业务，该服务网络速率可达 100Mbit/s。借助已搭载完成的 Wi-Fi 互联网，LG U+ 同时为家庭客户提供基于 Wi-Fi 的网络电话（该服务同等质量资费最低）以及高清网络电视，可观看 80 多个频道。针对家庭用户的业务融合了高速互联网、网络电视、网络电话，同时提供多样的产品组合供用户选择，通过大力发展该服务，LG U+ 成为韩国首个提供三网融合性业务的电信运营商。

除了在个人市场和家庭市场上发力布局之外，LG U+ 在企业市场上同样有着出色的业务产品，其专线业务针对企业客户提供基于 DSL 的高安全性通信服务，IDC 业务针对企业客户提供服务器托管、IT 外包、云服务等企业解决方案，E-Biz 业务为企业客户提供电子支付、资产管理、应用服务等解决方案。

其实，LG U+ 在 3G 时代就已经推出较为丰富的业务，例如信息类业务：OZ Web（信息门户）、Mobile Email（电子邮件）；LBS 类业务：U+Navi（导航）、DingDong（购物位置服务）；娱乐类业务：OZ Mnet Music（音乐下载）、Naver Blog（博客）、Daum Movie Ticket Reservation（电影订票）、Waggle 和 Pet Loves Me（SNS）；移动商务类业务：U+Smart Wallet（移动支付）；其他业务：U-Health（智能医疗服务）、Oz Gift（随时随地传递礼物）、U+ Mobile AD（移动广告）、Mom's view（家庭监控）。

LG U+ 在 LTE 商用后，推出 Video Talk、Game Box 等 3G 增强型业务及 4G 独有业务 VoLTE。总的来看，通过 LTE 提供更优越的业务体验是 LG U+ 的主要诉求。

得益于高速 LTE 网络，LG U+ 在 4G 商用后推出多种类的增强型业务：在基础业务方面，提供 VoLTE（高清语音）、Video Talk（网络电话），前者能够在接入高速移动宽带业务和富通信业务的同时进行语音通话，而后者则是高质量无限网络视频电话；在 LBS 类业务方面，推出集合所有服务、汽车导航的 U+Smart car；娱乐类业务新加入的 Game Box 是 LG U+ 独有的国际游戏平台，支持多终端、高端 3D、在线游戏；U+HDTV、mIPTV 则提供高清手机与网络电视。

移动商务类作为一种新型电子商务模式，市场需求巨大，LG U+ 同样进行创新布局，推出 U+BOX Web Office 服务，用户可以畅通无阻地在多种终端之间分享多媒体内容；U+Smart SME 服务是为中小型企业定制的最优解决方案；U+ Square 为用户提供一站式的网上购物商城。此外，LG U+ 也在智能教育领域进行发力，推出 U+Smart learning 服务，该服务支持多终端使用，可实时反馈、原声对话，是一款具有低价高品质教育内容的个性化学习应用。

5.1.3 SingTel的4G业务体系

新加坡电信公司（Singapore Telecommunications Limited，SingTel）是新加坡最大的电信公司，也是亚洲领先的电信公司。新加坡电信公司成立于 1879 年，是一家由新加坡政府全资拥有的公司，拥有跨越无线以及互联网平台的声讯、数字服务，服务面向商用以及家用两个领域，长久以来致力于为客户提供亚太地区最优质的服务，服务客户超过 4 亿人。截至 2014 年 9 月的第二季度净利强劲上升 62%，达 4.61 亿美元；营业收入增长 9.5%，达 18.78 亿美元；税前盈余增长 11%，达 6.92 亿美元；海外业务已占集团收入和税前盈余的 74% 和 66%。

新加坡电信是一家综合电信服务商，为个人客户提供固网、电视、音乐和移动通信服务。在移动通信领域，新加坡电信的业务体系简单明了，但重点也很突出，其资费设计思路值得国内电信运营商借鉴。目前，新加坡电信着重发展定向业务包、云存储和融合类业务。在定向业务方面，新加坡电信正积极拓展与 WhatsApp 和 Facebook 等 OTT 厂商的合作，提供收费更为灵活的产品；在云存储业务方面，为预付费用户提供存储业务包，依据存储空间大小进行定价收费；在融合业务方面，针对大众用户推出 mio TV on the GO，以家庭 TV+ 移动端 App 的形式向用户提供服务。

新加坡电信主要针对视频、音乐、游戏等高流量业务以及微信、Facebook、Line 等高粘性业务推出定向流量资费。与主流的 OTT 应用厂商合作，新加坡电信推出 WhatsApp 定向包，Facebook、WhatsApp、Opera mini 包，采取灵活的计价方式，针对流量进行收费。此外，新加坡电信还推出移动视频监控业务，该业务最短期限为三个月，每月 $6.85 使用费，另需购买定制摄像头可一次性或分月付费，使用者可以通过手机远程控制摄像头。定位服务主要针对家庭用户，提供老人和儿童及时定位信息，每月 $3.21 使用费，后付费用户可用，被监督人同意的情形下才可使用本服务。

融合业务主推 mio TV on the GO，用户在购买家庭 mio TV 套餐（付费电视）后，可使用该套餐账户登录 mio TV GO 应用并观看电视，用户在该应用中只能观看 mio TV 套餐中的电视，应用消耗的流量按使用收费（免费促销活动截至 2014 年 5 月 31 日）。mio TV 具有以下特点：不须固定合约，更多内容选择，更灵活播映时间，更具竞争力的价格及免费赠送高清数码电视解码器（set-top box）。mio TV 一共有 33 个频道（6 个属于高清频道）、600h 的随选视像和超过 50h 的高清内容。mio TV 实现了新加坡本地电视史上的多个世界第一，合作的伙伴包括全球顶尖的内容供应商，如美国的 Sony Pictures Television International。新加坡观众能在该公司在全球推出电影的 DVD 版的同时，比其他地区的电视观众提早收看到。对于高清节目的观众来说，mio TV 的选择丰富，Mega Media 提供本地数量最多的高清内容，包括卖座电影和高水平的频道。VOOM HD Networks 将提供 15 个频道以及第一个本地制作的高清频道——Sling HD。

云存储业务为个人客户提供 2 ～ 50GB 不等的存储空间，依据存储空间的大小进行收费，2GB 存储空间免费使用，4GB 存储空间每月收取 $1，20GB 存储空间每月收取 $4，50GB 存储空间每月收取 $8。针对集团客户，新加坡电信引入一项名为 Trading Board 的虚拟市场功能，托管在 My Business 在线资源终端上，主要针对规模较小的公司，同时也面向公众。这个平台允许中小企业能批量购买服务和产品，制定商业目标或从事相关招标活动。新加坡电信正在转变他们的核心通信服务，已建立云服务的发展策略，朝着一切皆服务（EaaS）的方向发展。

5.1.4 Verizon的4G业务体系

Verizon 是快速发展 LTE，尽快实现从 3G 向 4G 过渡策略的主要代表。Verizon 拥有较好的低频段频谱资源，可以较为经济、快速地实现大范围网络覆盖。Verizon 采取快速向 LTE 过渡的策略，以便提升市场竞争力，并从强大的 LTE 产业链中获益。Verizon 在资费方面不对 3G 和 4G 进行刻意区分，而积极推动 LTE 终端（尤其是智能手机、平板电脑等移动宽带终端）的发展，以新型终端和更好的网络性能带动用户向 LTE 过渡。

Verizon 的业务体系通过应用提升流量需求，通过提供创新增值服务提升收入。Verizon 的业务体系主要包括定向业务包、云存储产品和融合类产品三类。通过完善和丰富应用体系建设，拉动流量使用，提升收入。

Verizon 的定向业务包主要包括 Ustream、Redbox Instant、Games 等产品。

针对流媒体视频类服务，Verizon 提供包括 Ustream、NFL Mobile、IndyCAR13 和 Redbox Instant 等针对电视、电影及体育节目的点播和直播的服务，通过使用过程中应用的下载以及连接网络（包括后台接入）产生的流量计算费用，以提升用户流量使用的同时增加收入。

Verizon 推出的 Ustream 能够与亲友共享高清视频和电视直播，免费赠送 10GB 空间用以存储、观看 Ustream Cloud 视频。Ustream 是一个线上视频平台，目标用户主要针对大众群体，按照流量进行收费，突出支持与亲友分享的特点，通过亲友推荐能够获赠额外福利。流媒体应用 Ustream 与 Verizon 合作开设 Verizon 专属频道，不对一般用户收取订购费，但只有使用特定终端，订购流量套餐的 Verizon 用户才可使用该服务的视频分享功能，同时使用该应用产生的流量计入用户的套餐。Ustream 提供网络和手机流媒体服务，其中的 Verizon Channel 专门为 Verizon Wireless 用户提供高清直播视频共享服务。Ustream 具有内容共享的功能。用户可通过短信、邮件、社交网络将直播链接发送给亲友；可以共享实时的高清视频；最多可邀请 7 位亲友观看用户的无广告视频。Ustream 具有免费存储的功能。用户可免费获得 10GB 空间用于存储、观看 Ustream Cloud 上的视频。目前该业务在 Samsung Galaxy S4、HTC One 和 Droid Razr M by Motorola 三款设备上可分享视频。同时在大多数设备上可以下载 Ustream 应用观看视频，包括智能手机、个人电脑以及平板，但只可用于观看直播视频，而不能享受视频分享功能。当前使用 Ustream 的费用主要包括订购费、流量费和信息费三部分，其中使用 Ustream 应用以及 Verizon Channel 专享服务不收取任何订购费；当播放或传输视频时，基于用户所订的流量计划收取流量使用费；若用户订的计划中包括美国境内的无限文本信息与多媒体信息（例如 The More Everything Plan），无需为发送或接收该服务的相关信息而支付费用；否则就要按 pay as you go 收取文本费信息费用。

Verizon 推出的 NFL Mobile 是 Verizon 用户专享业务，能够在周一、周四和周六晚上观看全美橄榄球联盟（NFL）的现场比赛直播。

Verizon 推出的 INDYCAR 13 是一款观看赛车比赛的手机 App，通过在赛车内安装车载摄像头、汽车实时跟踪系统等，提供更强的现场观看体验。

Verizon 推出的 Redbox Instant 通过线上线下一体化的模式，每月可以获得 4 个积分，一方面可以从 Redbox 售货亭租借 DVD 或蓝光碟，另一方面也可以享受在线视频服务。Redbox Instant 是一个线上线下一体的视频服务 App，目标用户主要针对大众群体，收取用户的订购费和流量费，通过亲友推荐能够获赠额外福利。

Verizon 推出的 Games 是一个线上游戏 App，目标用户主要针对大众群体，按照流量进行收费，通过亲友推荐能够获赠额外福利。

Verizon 的云存储产品主要是其推出的 Verizon Cloud。这是一款存储业务 App，目标用户主要针对大众群体，收取用户订购费和流量费，其特点是支持多终端接入，通过亲友推荐能够获赠额外福利。2013 年 10 月新一代 Verizon Cloud 服务平台正式启用，为个人客户提供云存储服务。Verizon Cloud 服务为用户提供联系人信息、照片、视频、音乐、文件、通话日志和短彩信记录等内容的云端同步与存储。Verizon Cloud 有三种不同的存储空间档位可供选择，每月 25GB 最低 2.99 美元，每月 75GB 5.99 美元，每月 125GB 最高 9.99 美元。

Verizon Cloud 具有以下特征：多终端接入使用，用户可在多终端设备上使用 Verizon Cloud，包括智能手机、平板、PC 机和网页版；音乐 & 视频云端播放，用户可随时随地播放 Verizon Cloud 已存储的音乐和视频，不再需要下载，流量计入套餐；自动同步和恢复，每天自动同步备份用户所选择存储的内容信息，保护每天变化的信息；保护信息安全，Verizon Cloud 提供安全服务器备份用户的存储内容，以防止内容的丢失或损毁。

Verizon 推出的融合类产品主要是 Fios TV Mobile。这是一款将家庭 TV 和移动端相结合的 App，目标用户主要针对大众群体，使用时无需单独收费，其特点是支持多终端接入，通过亲友推荐能够获赠额外福利。移动 Fios 提供多种点播 TV 内容，能够将移动终端作为一个遥控器与用户的 Fios 电视连接，远程管理 DVR 录像，查看电视节目单等。家庭 Fios TV Plan 包括多种不同频道数和月费的套餐。Fios TV Mobile 具有多终端接入功能，iPhone、iPad、Kindle、安卓设备等多种终端都能支持 Fios TV Mobile 应用。Fios TV Mobile 应用可以使用户通过移动终端收看电视，除支付 Fios TV Plan 套餐费用外，无需再额外支付任何服务费。

5.1.5 AT&T的4G业务体系

AT&T 是美国第二大移动运营商，2013 年的营业收入达 1 280 亿美元。2014 年 5 月美国最大卫星电视运营商 DirecTV 宣布作价 485 亿美元出售给 AT&T。事实上，AT&T 一刻也没有放松过通过扩大业务规模或丰富业务种类的方式构建市场垄断地位。

AT&T Smart 是一款 AT&T 为家长推出的基于 Web 的免费服务，可以帮助家长对孩子的手机使用进行控制。家长可以通过这项业务控制孩子手机的使用限量，包括通话、短信、即时消息和下载等。AT&T Smart Limits 包括一系列的限制功能，包括对 AT&T 的有线、宽带和视频服务的限制、无线业务限制等。此项业务满足父母对孩子的安全和健康成长的管控需求。

FamilyMap 是一项家庭成员定位服务，不管孩子使用的是智能手机或功能手机，家长都可用 PC 或手机接收儿童放学时间、活动到达时间等信息监控孩子的一举一动，了解其当前位置。该服务分为两档：最多支持 2 人定位每月收费 $9.99，最多支持 5 人每月收费 $14.99。该服务通过前 30 天试用免费的营销方式进行推广。

Mobile TV 是一项手机视频业务，平台包含来自于 Comedy Central、ABC、Disney Channel、Bravo、Lifetime 等优质的视频内容，客户可以下载、点播、在线实时观看。该服务每月收取 $9.99 的费用，订购该服务的用户可在全国范围内使用。

Famigo 是一个儿童应用指南搜索平台，提供应用指南和搜索平台的服务，帮助家长找到最适合自己孩子的教育应用、游戏应用、视频应用、电子书应用以及一些其他应用。家长可以利用 Famigo 搜索适合不同年龄段的孩子的最好应用。注册用户每周都能收到 Famigo 推荐的适合不同家庭需要的各种应用，还可以利用排除功能提升搜索效果，例如将含有广告、色情和暴力等内容的应用排除在外。目前，该服务使用前 7 天免费，用户每月支付 $4.99 即可使用该服务 1 000h。

除了针对不同群体推出细分群体业务包之外，AT&T 同样推出多款后向业务包产品。针对年轻人、音乐爱好者推出具有共享属性的音乐 App——Beats Music，拥有超过 2 000 万首歌曲的音乐资源；按家庭、个人区隔定价的方式收费，家庭用户可获得免费使用 90 天的优惠，随后每月收取 $14.99，最多可支持 5 位用户、10 个设备共享，而个人用户每月需支付 $9.99，可以免费使用 30 天，最多可支持 1 位用户、3 个设备共享。该业务多样化的营销方式助其获得成功，除为用户提供免费使用天数外，还通过与 Ellen DeGeneres、Claim Your Name 等活动合作，在 Facebook、Youtube、Twitter 进行广告投放、视频传播，借助品牌、名人、社交等媒介营销。

Navigator 是一款面向大众群体导航 App，支持全彩地图、实时交通提示、自动计算行车路线等功能，资费为 $9.99/ 月，同时客户可以享受到前 30 天免费的优惠；而 Sponsored Data 是针对价格敏感用户 &OTT 供应商的 OTT 服务 App，采取后向计费的模式，用户使用特定服务产生的流量由互联网公司买单。

5.1.6 Vodafone的4G业务体系

沃达丰（Vodafone）是一家跨国移动电话运营商，也是全球最大的移动通信运营商之一，其网络直接覆盖 26 个国家，并在另外 31 个国家与其合作伙伴一起提供网络服务。

截止到 2012 年 10 月，Vodafone 的 LTE 业务套餐按终端类型可分为三类：通过无线路由实现的固定宽带及电话的替代，通过数据卡接入的移动宽带及智能手机上网和通话套餐。三类业务均按流量及速率的不同采用不同的定价。

Vodafone 推出的家庭电话及互联网接入套餐分为 DSL 上网、LTE 上网和“LTE 电话 + 上网”三种类型的套餐。其中 DSL 上网套餐不限制上网流量，按照不同的上网速率收取不同的费用，在套餐中设有两个档位，其中低上网速率为 6Mbit/s，每月费用为€ 24.95；最高速率为 16Mbit/s，每月费用€ 29.95。LTE 上网套餐按照上网速率和上网流量进行定价，其中 5GB 流量、3.6Mbit/s 网速套餐每月费用€ 19.99，10GB 流量、7.2Mbit/s 网速套餐每月费用€ 29.99，15GB 流量、21.6Mbit/s 网速套餐每月费用€ 39.99，30GB 流量、50Mbit/s 网速套餐每月费用€ 59.99，添加无限通话业务的套餐相比于单一上网套餐每月多€ 10 费用。通过这样按速率及流量定价的资费设置，提供更高速的接入，鼓励用户使用大流量 LTE 业务。

Vodafone 推出的高速移动宽带接入套餐对 3G/4G 流量不进行区隔，按照上网速率和流量定价，3G 套餐中 300MB 流量、1.8Mbit/s 网速套餐每月费用€ 9.99，1GB 流量、3.6Mbit/s 网速套餐每月费用€ 14.99，4G 套餐中 3GB 流量、21.6Mbit/s 网速套餐每月费用€ 24.99，6GB 流量、42.2Mbit/s 网速套餐每月费用€ 34.99，10GB 流量、50Mbit/s 网速套餐每月费用€ 44.99。4G 套餐的流量更大、速率更高。流量超出后一律限速至 65kbit/s。

Vodafone 推出的智能手机上网及电话套餐的特点是语音及短信无限量，3G/4G 流量不区隔，按照上网速率和流量定价。3G 套餐中 100MB 流量、7.2Mbit/s 网速套餐每月费用€ 19.99，200MB 流量、14.4Mbit/s 网速套餐每月费用€ 24.99，4G 套餐中 500MB 流量、21.6Mbit/s 网速套餐每月费用€ 44.99，3GB 流量、50Mbit/s 网速套餐每月费用€ 74.99，10GB 流量、50Mbit/s 网速套餐每月费用€ 94.99。通过这样按速率及流量定价的资费设置，提供更高速的接入，鼓励用户使用大流量 LTE 业务。此外还将套餐与终端捆绑，用户群体更加稳定。

5.1.7 EE的4G业务体系

EE（Everything Everywhere）是英国最大的移动运营商，由 T-Mobile 与 Orange 合资建立。目前 EE 的 4G 客户数量已达 360 万，超过 3G 客户数量。EE 正在加快部分地区和道路的网络部署，不断推进其网络加速扩张。

快速发展网络的同时，作为重要支撑的业务产品也同样得到发展。Clone Phone 是一款手机安保产品，购买该服务后，手机丢失、失窃、受损可在 24h 内获得响应；此外，手机客户端 Lone App 可以备份手机内容，还可以实现手机远程定位、锁定、清空内容（仅限安卓、黑莓手机）。Clone Phone 的定价采取差异化定价的模式，针对不同的信息备份容量进行收费，提供 500MB 的免费备份空间。此外对于 16GB 的手机信息备份空间附带远程功能的业务每月收取 4 英镑的费用，对附带保险和远程功能的业务每月收取 6 ～ 14 英镑的费用。在手机丢失或被窃之后，可以通过以下几种方式锁死原来的手机，删除手机中的私人信息：首先，可以登录 Clone Phone 的网站，通过用户名与密码登录网站之后，选择“锁定我的手机”，就可以直接发送指令锁定丢失的手机；其次，也可以通过其他手机发送短信的方式，直接编辑“lock+0044+ 本机号码 + 初始设置密码”发送到 778899 就可以锁定手机，编辑“wipe+0044+ 本机号码 + 初始设置密码”发送到 778899 就可以删除手机存储内容。

EE 电影采用线上线下一体的营销策略，为用户提供特定时间线下应用的免费电影票，及线上影片的在线观看。支持手机、平板、笔记本电脑等终端接入，线上主要通过 Film Store App 在线观看、下载影片或租赁特定电影，基本同步最新热门影片；每周四提供一批电影，99 便士观看 30 天。线下主要通过与用户当地电影院合作，用户可选择至多三家电影院获得优惠服务，每周三电影票买一送一（EE 发送密码短信）。

此外，EE 套餐内的附加服务还涉及电视、音乐、游戏等。自 2014 年 3 月 26 日以后新入网的用户，可选娱乐服务（三选一）包含在 EE 4G 套餐中，单独订购其中任意业务需要单独付费。EE 电视目前支持 16 个频道实时观看，节目内容主要覆盖电视剧、体育赛事、新闻、天气、卡通娱乐、政治评论等，电视节目受到广大客户的喜爱。EE 音乐业务提供超过 3 000 万首歌曲的在线试听和下载，每周为用户提供歌曲推荐，用户也可分享自己创建的歌单，音乐类服务主要通过 EE 提供的 Deezer Mobile App 应用获取，终端仅仅支持手机和平板电脑。游戏方面，EE 每月提供两款高清游戏用于下载，每月及时更新游戏库，提供热门手机游戏，游戏终端只对手机开放。上述定向业务主要与 EE 目前主推的 4G 套餐进行捆绑，通过一体化服务拓展流量内涵，提升流量规模。

EE 的业务设计主要特点是线上线下一体化，主推手机安保、电影服务。随着英国智能终端普及率提高，多终端渗透率提高，再加上 EE 的 4G 网络优势，EE 的业务将获得进一步的发展和优化。

5.1.8 4G业务发展趋势

从当前国际标杆运营商的业务体系发展情况可以看出，4G 时代是一个业务创新和业务升级应用不断涌现的时代。4G 的到来真正开启了移动宽带时代，网络的不断完善、智能终端的快速普及，使得客户的流量需求得到极大的释放，户均流量出现井喷式增长。随着语音业务不断成熟饱和，流量业务快速上升，4G 网络中语音将退出核心地位，变为标配性的辅助要素，流量则成为关键要素。4G 时代的流量会逐步取代语音，成为运营商收入的增长点，部分运营商的流量收入甚至已经超出语音收入。在4G高速运转的环境中，其业务体系发展的趋势也发生了变化。信息智能推送、云计算、移动支付、视频应用和车联网等新兴业务的发展成为未来发展的方向。

信息的智能推送是4G网络中的一个重要业务。目前基于2G与3G网络的推送，往往时效性与精准度不够。现有的推广方式主要是短信和彩信，内容相对单调，一般由文字加少数图片组成，不能吸引用户眼球，并且容易被用户当成垃圾信息直接丢弃。而在4G网络中，消息可以随时传递，即使没有启动客户端也一样可以接收消息，极大地提高了推送的时效性。如果通过客户端展现的界面内容绚丽，更能引起用户的兴趣。最为关键的是，通过手机号精准定位用户，准确送达，并且用户只需要通过流量获取内容，而推送方无需通过短信网关群发短信，成本相对低廉。所以在4G时代，移动推送平台会迅速兴起并持续发展。从业务层面来看，移动推送平台是一个24h不间断服务的内容主动发布通道，提供移动智能终端高速连接的、并以移动网络为载体的新型推广渠道。这样一项业务的成功实施，需要有三个参与主体：内容和服务的推送提供商、运营商的平台以及移动终端用户。推送提供商可以分为两大类，一类是有责任向公众发布信息的政府部门，例如气象局、地震局，这类提供商对信息发布及查询等功能要求很高，同时需要满足政府、企业、公众三方面的访问需求，适合采用4G网络的移动推送平台服务；另一类是希望投放广告的企业主，例如特色餐厅和大卖场，他们有明确的目标客户市场，需要将广告准确投递。在这样一个服务系统里，推送方通过移动推送平台可以把新闻、视频、音乐、团购等信息传递出去。运营商则保证全面覆盖、精确传递、实时送达和流量优惠，智能终端用户则可以及时获取感兴趣的各类消息。

在4G时代，云计算有了新的发展模式。目前全球移动设备的网络流量持续高速增长，我国手机网民的数量占比也超过全体网民的70%。这些用户对于4G网络的高速上网需求会直接转化为对于各种移动互联网客户端应用的需求。毋庸置疑，这是运营商云业务发展的一大契机。在面向流量经营的转型期，庞大的手机网民群体通过访问部署在运营商数据中心内的移动应用资源，会带来可观的手机流量。用户对于移动互联网应用的需求十分强烈，为追求更好的感知与体验，会要求拥有内容资源的互联网企业提供高质量服务，直接推动新型云计算需求的产生。因此，一种基于移动互联网应用的云服务模式呼之欲出。不同于传统的以固网硬件资源为主体的云服务，这种业务模式将目标市场聚焦在移动端。一方面，运营商需要借助4G网络为互联网企业提供专属的云服务，满足移动终端用户对互联网访问的实时性需求；另一方面，通过打造移动端个人云服务，使得用户在不同的4G终端之间能够实现无缝共享，快速地浏览与编辑云端存储的资料，真正实现信息的移动化操作。

4G建设的逐步深入同样促进了移动支付应用的不断发展。按照政策规定，在进行移动支付时，无线POS机只能在特定区域内使用。但在2G与3G时代，位置提供方所提供的定位信息往往不够高度准确，并且更新相对缓慢，直接影响银行对移动支付的授权。这些问题将随着 4G 信号的流畅传送而迎刃而解。伴随着个人用户使用客户端支付习惯的养成以及基于移动互联网支付的产品创新和业务拓展，移动支付的规模将进一步扩大。4G 的投入使用，手机购物的不断升温，使移动支付应用成为行业的热点。高达千亿元的 NFC 手机支付市场会吸引更多的银行加入。在运营商和银行等主力机构的推动下，NFC 将进入大规模商用的快速发展轨道。进一步看，4G 时代的移动支付紧密捆绑手机，不但能够在 NFC 中具备小额钱包的功能，还可以绑定银行卡实现远程支付操作。值得注意的是，这项业务的用户粘性强，重复使用率高。运营商作为移动支付的平台方，参与支付入口的设计构建，打开了提供各种增值服务的通道，进而有了广阔的打造商业模式的空间。

4G 超高的上网速度给视频应用带来新机遇。虽然视频业务是一个说了很久的话题，但是这项极度依赖高速网络的业务在 2G 与 3G 时代发展得可谓步履蹒跚。目前较高的传输时延导致信息传递滞后，经常会给视频双方前言不搭后语的感觉。4G 的到来能够有效提高用户对于视频业务的感知，并提供新的应用方式。例如一直致力于减少柜台业务，增加自助业务的银行网点，就能够利用 4G 网络推广一种名为“VTM”的新型 ATM 机。VTM 利用视频传输，除了实现 ATM 机存取、转账等功能外，还具有发卡、销户、挂失等银行传统柜面业务功能。用户可以通过视频系统与银行工作人员面对面交流，获得一对一的可视化服务。通过这样一项应用，用户能够进一步避免在银行柜台前排队浪费时间，而是选择在下班以后再去 VTM 上与银行客服人员视频办理业务。除了银行业对于视频新应用的需求以外，公安系统也可以利用 4G 技术增加视频监控的服务能力，进一步部署包括有线与无线在内的基础资源，加强平安城市的建设。此外，作为教育领域中重要一环的在线教育，也能够借助 4G 网络以及配套的智能终端实现个性化视频教学的需求，播放流畅的视频可以帮助用户随时随地学习。

车联网技术的应用，将随着 4G 网络的推广而持续发展。以往，车联网建设的“智慧交通”更多强调的是服务端与客户端的信息系统。所以，基于这种理解的交通应用很可能只是一个简单的车辆拥堵情况展示、交通线路索引以及车辆指挥调度广播的智能交通系统。但真正意义上的车联网应用是直接面向交通系统的个人用户，包括车辆驾驶员、车辆调度员和交通警察等。通过高速的网络和信息的实时反馈，帮助用户规划使用交通系统的线路和时间，根据交通拥堵情况为用户提供及时的建议，同时根据总体的公共交通使用情况给车辆调度员提供运营指导帮助。例如，基于 2G 与 3G 网络，出租车公司的调度中心依靠网络信号回传很难实现对车辆出现状况时进行实时管理，因为出租车的相关信息包括图像数据、运营线路、故障情况等，不容易获取。但是在 4G 时代，定位服务的质量大幅提高，大量的现场实时数据会传回调度中心，通过对数据进行后续分析，就可以设计出丰富的针对车联网的行业应用场景。举例来说，根据目前的情形，各类打车软件是通过广播方式向所有安装软件的出租车投放需求，进而请求应答；而通过 4G 网络及车联网业务，软件运营方就能够更精确地定位顾客周边的空闲出租车，定向发送请求。这样既能避免打车信息干扰到不相关的出租车，又能降低信息投放的成本与网络通道的拥堵。

对于运营商来说，4G 的到来是一个机遇也是一个挑战。毫无疑问，流量已经成为 4G 业务体系的核心要素，所以运营商在开发业务产品时应当探索一条既符合用户需求又能提升公司效益的道路，做到可持续发展。

5.2 业务成长史

国际标杆运营商针对不同的套餐产品，采用丰富的定价模式，例如按终端、年龄、速率、流量计费等，满足客户多元化的需求。

当前以 Verizon、AT&T、EE 为代表的欧美标杆运营商和以 SingTel、M1 为代表的亚太标杆运营商的套餐产品主要包括后付费主套餐、纯流量包、前向内容产品、前向定向包和后向产品等形式。其中后付费主套餐中所有运营商基本按照终端不同进行计费，此外 SingTel 和 M1 还分年龄进行计费，EE 和 M1 同时按照上网速率进行计费。纯流量包中亚太运营商按照时间、终端类型和上网速率进行计费，通过丰富的纯流量包满足细分需求；欧美运营商相比而言在纯流量包业务上定价形式较为单一，基本按照终端或速率进行计费。前向内容产品的定价模式主要集中在按照流量计费和按照资源计费两种类型，其中 EE 和 SingTel 以流量计费为主，AT&T 以资源计费为主，Verizon 则是两种计费方式均有。前向定向包业务采用包月固定流量，在业务定价方面欧美运营商的定向包种类少而精，且多为难以替代的自有功能型应用，亚太运营商的定向产品总体较少，针对高渗透第三方应用定向包实现差异化竞争。后向产品为免费业务，当前只有 AT&T 提供相关业务服务。

国际标杆运营商还针对不同的应用产品，采用多元化的定价模式，引入用户类别区隔定价、阶梯定价、后向付费等定价模式，丰富收入来源结构。

当前以 Verizon、AT&T、EE 为代表的欧美标杆运营商和以 SingTel、M1 为代表的亚太标杆运营商的应用产品主要包括业务平台、各类 App 以及业务包，其定价模式多元化。例如 Verizon 的线上线下一体视频服务 App 采用“订购费 + 流量费”的定价模式，家庭 TV+ 移动端 App 则无需单独收费；AT&T 的儿童监督 App 收取订购费，成员定位 App 按照定位人数进行定价，音乐平台 App 则按照家庭、个人进行区隔定价；SingTel 的“月 / 天套餐包”和“天 / 周 / 月流量包”均以使用时长定价，存储业务包则以存储量大小定价；M1 的在线电视采用“订购费 + 流量费”的定价模式，在线音乐采用“订购费 + 阶梯定价”的计费模式；EE 的手机安保 App 采用“套餐捆绑 + 按服务内容多少定价”的计费模式，线上线下一体电影 App 采用“套餐捆绑 + 按用户类别定价”的计费模式，而电视、音乐、线上游戏 App 则与 4G 套餐捆绑销售。

5.3 管道化：近在眼前

5.3.1 何为管道化

管道化是指由于即时通信、社交网络和网络电话等 OTT 服务的出现，电信运营商仅需提供网络连接，而其原有的电话、短彩信等基础服务受到威胁而盈利减少的现象。

短信业务已经进入了衰退期，从全球市场上看，仅过去一年，由于 OTT 应用蚕食传统短信业务市场，运营商损失数十亿美元的短信收入。在我国，工信部的统计显示，在移动互联网业务替代作用影响下，我国手机用户月均点对点短信量持续下降，连续 23 个月出现负增长。

短信业务滑落的原因主要有两个，一是产品的新鲜度和接受度下降，二是产品使用的消费额降低。正如电信行业业内人士所说，“由于运营商频繁在品牌中对短信流量进行打包使得短信迅速变成了一项大众业务，客户价值被逐渐摊薄。对于目前追求时尚的 80 后、90 后人群来说，短信似乎已经过时。”如今，微信等 OTT 应用正以其时尚的沟通方式、活跃的用户群体、快速的普及速度、低廉甚至免费的资费一步步蚕食短信业务的“版图”。

运营商处于危机状态的不仅仅是短信业务，国内三大运营商移动语音业务收入降低的情况越发严重，每用户每月贡献的移动语音业务量同比持续下降。2014 年 6 月，国内市场移动本地去话 MOU 为 149.7 分钟 / 月 / 户，移动长途去话 MOU 为 45.5 分钟 / 月 / 户，同比分别下降 6.6%、5%。

仔细分析当前移动互联网数据流量，电信运营商自有业务的比重不高。就目前趋势而言，不管愿意与否，运营商逐渐“被管道化”是互联网发展的趋势。

5.3.2 为什么会管道化

日本移动通信应用 Line 的全球用户数已经接近 5 亿。而根据最新数据显示，国内的腾讯公司的即时通信应用——微信和 WeChat（微信海外版）合并月活跃账户数达 4.38 亿。以 Line 和微信为代表的 OTT 应用，正在逐渐蚕食传统电信运营商的短信、语音等业务的收入，使全球运营商陷入“管道化”危机。

OTT 应用的发展势如破竹，让传统运营商如临大敌，原因何在？

OTT 应用导致传统运营商逐渐失去对用户的管控。互联网公司的大行其道和对用户的强大掌控能力，使得传统运营商很难有效管控用户接入，获得收入的能力也逐渐下降。用户一旦无法获取需要的特殊内容和应用，离网也将成为必然。

OTT 应用致使各种业务收入出现下降。互联网公司有着强大的产品开发能力，其开发的应用，例如 VoIP、网络视频、微信等对传统运营商的核心业务产生的冲击在不断加剧，直接结果就是导致传统运营商的收入下滑。

OTT 应用持续消耗网络资源。随着社交网站、在线游戏、无线网络视频等移动互联网业务的普及，应用提供商通过越来越多的内容在快速吸引用户，而在这背后其实是运营商的网络资源以低廉的价格不断地被大量消耗。电信运营商花巨资建起的网络白白被 OTT 内容提供商占去，反而自己却因网络拥塞备受消费者诟病。

OTT 应用分流了传统运营商的业务。YouTube、Skype、Facebook、WhatsApp Messenger、Viber 和 Netflix 都是国外市场出色的 OTT 业务。数据显示，YouTube 占全球移动流量达 24%；聊天消耗所有即时通信相关带宽的 22%；WhatsApp 占用全球信息流量的 5%；Netflix 的流媒体用户近 3 000 万。

根据 Portio Research 公司数据显示，全球 OTT 短消息量 2011 年达到 3.5 万亿条，2016 年预计达到 20.3 万亿条，复合增长率 42%；全球运营商短信 2011 年发送量为 7.8 万亿条，预计 2016 年达到 9.6 万亿条，复合增长率仅 4%。Ovum 预计，到 2016 年电信运营商因为 WhatsApp、KakaoTalk 等 OTT 短消息服务的原因，将会损失 560 亿美元的收入。

5.3.3　如何应对管道化

面对来自 OTT 应用的挑战，传统电信运营商必须重新定位和思考，选择适当的竞争方式改变现有商业模式，通过寻求合作，提供综合捆绑业务，差异化服务定价，开拓新的业务领域和创新商业模式等方式，力求获取新的发展机遇。

（1）通过寻求合作实现共同发展。传统运营商希望自身能够成为内容供应商，避免被管道化；而从 OTT 内容提供商方面看，可以与传统运营商合作，联合推出创新解决方案，提升全新市场进入策略和获得优质平台。因此，传统运营商与 OTT 内容提供商合作是实现共赢、共同发展的有效途径。

结合国外的案例，合作主要有两种形式。一种是直接合作，例如 Sprint 与 Google Voice 合作，Sprint 用户可直接使用手机号码享受到 Google Voice 服务，而不必换号，朋友拨打 Sprint 手机号码就可接通 Google Voice 号码。第二种是通过收购 OTT 应用从而提供 OTT 业务，例如 Telefónica 收购 OTT 经营者 Jajah 后，推出自有的移动 VoIP 业务。

（2）提供综合捆绑业务。在 VoIP 市场，传统运营商可引入智能资费计划，提供综合的话音和数据捆绑业务。英国电信运营商沃达丰推出这种套餐，有将近 70% 的用户选择这种综合捆绑业务。在信息服务市场，可以采取梯度的 SMS 捆绑资费计划，这样有助于降低 OTT 应用的影响，防止用户流失。例如欧洲的运营商推出不同使用量的 SMS 计划，包括 0 条、100 条和无限条 SMS 的套餐，同时引入价值用户概念。

（3）采取差异化服务定价模式。传统运营商对不同服务质量的服务采取不同的收费方式，有助于增加收入，同时改善互联网接入环境。具体的举措有：为高价值的用户提供差异化的质量服务，例如提供高质量的 VoIP 和高清的话音服务；提供高价的 OTT 业务和解决方案；对移动 VoIP 提供商按照不同的流量和不同的服务质量标准收费。

（4）开拓新的业务领域。OTT 业务处于快速发展的阶段，传统运营商要想彻底改变用户习惯，改变信息交流的方式是不可能的。因此对于传统运营商而言，发展集团客户和 M2M 业务是新的重心。企业信息推送是短信业务发展的重要机会，主要包括移动营销支撑和广告工具。目前，传统运营商因顾及第三方或垃圾短信等因素，低估了这一市场的发展潜力。对于小微企业来说，由传统运营商提供的营销支撑服务更能让他们受益，帮助他们精确锁定用户和实现对垃圾广告的管理。

（5）探索创新的商业模式。OTT 视频和多媒体业务的出现，改变了以往通信市场的游戏规则，OTT 应用不仅催生了流量的爆发性增长，而且在用户中的认知度非常高，将成为未来通信的主流。因此，传统运营必须打破原先固有思维，探索新的商业模式，寻求新的战略制高点。

传统运营商需要结合时代特点探索可操作性强的商业模式，不断创新和实践新的商业模式和方法，推出创新的内容和服务。对于传统运营商来说重要的是，推出与众不同的、端到端体验的服务，特别是无缝的、多屏的服务；实现新的数字生态圈与多方合作管理的结合；实时对用户的行为、需求进行分析和监测。

目前，一部分运营商已经推出相关创新业务：韩国 CJ 公司推出 TVing 应用，用户可以通过电脑、平板电脑、智能手机和智能电视收看电视节目。在新加坡，传统运营商发展多媒体内容和数字业务，确立数字业务提供商的地位。Telefonica 公司则对电子医疗、视频和内容、数字安全和云计算领域进行布局，预计 2015 年收入将能达到 60 亿美元。

5.4 平台：拥抱用户，重回中心

5.4.1 开放平台是运营商实现移动互联网应用创新的核心

中国的移动互联网在经历了“互联网移动化阶段”和“内容增值服务阶段”之后，从 2009 年开始步入“个性化服务阶段”，即以 API 开放为形式，以服务第三方开发者为基础，以丰富应用为目标，以满足最终用户个性化需求为核心的软件服务加硬件平台的产业生态发展阶段。一言以蔽之，就是平台开放模式。

国内平台开放始于 2009 年 9 月阿里巴巴开放淘宝平台。之后，百度、新浪、腾讯、奇虎 360 等互联网巨头先后启动平台开放。2011 年下半年，中国三大电信运营商也不约而同地对外发布能力开放平台，实施开放战略。2011 年 8 月中国电信在举办首届移动互联网应用创新大赛之际推出能力开放平台。2011 年 12 月中国联通发布 WO+ 开放体系，涉及全媒体、智能通信、分享传播和社交生活四大平台能力开放。2011 年 12 月中国移动举办首届全球开发者大会，在大会上首次面向开发者发布了五大开放能力，并与 14 家产业链合作伙伴代表正式启动“开放合作新模式”。

至此，国内移动互联网主流运营商（包括互联网公司和电信运营商）都实现了平台开放，移动互联网行业全面进入“个性化服务阶段”。

其实，业界最早倡导并实现能力开放的平台运营商是电信运营商而非互联网公司。早在 1999 年，国内电信运营商就将自己的通信能力开放给第三方 SP，SP 基于开放的通信能力开发增值业务，并与电信运营商实行收入分成。这次能力开放催生了一大批 SP，形成移动增值业务产业链，电信运营商也由此成为产业链的核心。但随着苹果 App Store、Facebook 开放平台的推出，第三方开发者特别是大量的个人开发者被纳入产业生态链，移动互联网进入“长尾年代”。传统电信运营商也不得不在效仿推出应用商店之后，开始新一轮的面向移动互联网“长尾”需求的通信能力开放。

5.4.2 开放平台的本质

为什么要开放？答案似乎不言而喻。Facebook 在 2007 年 5 月推出开放平台之前，自己研发或合作研发推出的应用不过三四千个，活跃用户数 3 400 万。但仅仅三年后的 2010 年，该平台上一共运行着 55 万个活跃应用，用户数超过 5 亿。如今，Facebook 已经相继超越 MySpace、AOL、雅虎、微软，成为仅次于谷歌的全球第二大互联网公司，市值达 930 亿美元。难以想象，如果不采用开放模式，Facebook 需要多少研发人员才能完成如此规模的应用开发。

因此，开放的首要原因就是运营商已经充分认识到，在移动互联网浪潮中，用户的“长尾”需求与自身开发资源之间有不可逾越的鸿沟。他们希望利用第三方开发平台上的丰富应用，满足用户的“长尾”需求，提高用户对应用和平台的整体体验与粘合度。通俗讲，就是希望通过开放的方式把用户留在平台上，不流失到竞争对手那里。

其次，开放可以降低甚至转嫁公司开发应用的成本。再强大的互联网公司开发某应用也有不讨用户喜欢的可能。通过开放，互联网公司可以将开发风险转嫁给第三方开发者。成功的，自然会留在平台上为用户服务；失败的，则通过市场规则自然淘汰。更有些平台运营商将开放平台作为自己产品开发的试验田，将平台上成长性强的应用直接拿来或者复制作为自己的产品推出。通过平台开放，虽然初期成本较高，但由于第三方开发者分担了研发、试错、运营等高额成本，且平台提供者能更高效地满足用户需求，从而大大减缓了平台成本的增长，创造额外的利润。

为什么要丰富应用？为什么要降低研发风险和成本？答案只有一个：为了保持竞争优势。对行业领先者来说是为了保护自身“垄断”地位，对行业竞争者来说则是为了获取“垄断”地位。开放模式并不代表分享，也不代表共赢，而是为了达到“垄断”所采用的一种方式。

因此，开放的本质是产业规则的垄断。平台运营商正试图通过开放模式从相对低等的用户垄断走向高等的产业链垄断，从而保障自身在产业生态系统中的核心地位。开放模式的这种“垄断”本质体现在以下方面。

（1）具有垄断地位的平台运营商的开放才有意义

开放的潜台词是开放的资源必须对第三方开发者具有吸引力，例如规模用户数、规模流量、用户关系数据等。因此，开放的资源必须是人无我有、人有我优的核心资源。既然是核心资源，那也就带有垄断特性。仍以Facebook为例，在它正式推出开放平台之前，2007年2月活跃用户数已经达到了2 000万，基本上垄断了大学生群体的社交网络市场。也正是因为它有如此庞大的活跃用户数，一经宣布自己这个平台允许第三方来获取他们想要的用户，大量的开发者才进入其中。纵观国内成功的或者有成功远景的开放平台，本身无一不是互联网和通信行业的巨头，例如腾讯、淘宝、百度、中国移动等。因此，想依靠开放模式增强平台实力的前提是，运营商自身已经有足够的实力。

（2）开放平台之间相互竞争和彼此封闭是难以避免的

开放仅是对第三方开发者开放，而不是对竞争对手开放。实际上，运营商之所以开放平台，就是想通过第三方开发资源的丰富应用来获取和保留客户，即通过开放的方式把自己原先的围墙拆掉，再围绕平台产业链建造一个更大的“围墙”。因此，新浪微博与腾讯微博是不能互通的，用户不能通过第三方应用来同步这两个开放平台上的微博。

因此，实施平台开放需要清楚地认识到：第一，开放是手段而不是终极目标；第二，开放要服务于最终用户，虽然开放的对象是第三方应用开发者，但开放并不是为了第三方开发者，而是通过其丰富应用来满足最终用户的个性化需求；第三，开放是为了将用户留在自己的平台上，所以只需要关注现有用户和潜在用户的个性化需求。强调“对异网用户的开放”是一种没有实际效果的天真想法。

5.4.3 开放平台的内容

开放应该有所取舍，并不是所有能力都适合开放，也不是所有能力都必须开放。开放的能力一定要符合两个原则。

核心优势原则：是在所处领域居领先地位或者拥有别人无法替代的垄断性资源。所开放的能力可以是业界排名靠前的关键应用，可以是业务运营所汇聚的大规模的用户与流量，也可以是通道性质的基础网络能力，但必须在领域内具有核心资源优势才能对开发者形成吸引力。

价值提升原则：选择开放该能力后，能丰富其原有应用、优化产品、提升客户感知，从而提升自身的竞争力。也就是说，能力开放不仅要给第三方开发者带来商业利益，也要给平台自身带来价值提升，而不是单纯为了开放而开放。例如淘宝开放其商铺、商品信息等 API，允许开发者开发多种 C2C 管理软件，提升商家运营效率，一方面帮助开发者获得分成收入，另一方面借助开发者的力量优化相关淘宝工具，将开发者变为自己的外包服务商，不断提升自身面向后向商户的服务能力。

虽然理论上电信运营商可开放的能力类型众多，涉及用户信息、用户数据、用户关系、统一认证、支付、位置等能力类型，但实际上除了网络能力外，电信运营商并不具备其他能力类别上的差异化优势，像支付、位置等信息，互联网公司一样能提供；电信运营商一直感觉很好的用户数据能力，淘宝、百度等公司也在逐步超越。因此，寻求能力类别上的差异对电信运营商来说意义不大。电信运营商应该重点从能力平台与平台外资源结合、平台内多能力打包和跨平台能力提供这三个方向予以考虑和加以探索。

开放模式引发的产业升级对通信运营商来说，最大的挑战莫过于企业角色的转换，从通信运营商转变为平台运营商，开发者成为一个新的客户群体。通信运营商对用户需求很了解，但对于开发者这个新群体的需求却不甚了解。能力开放绝不是简单的 API 开放。开发者需要平台运营商围绕应用开发和上线运营提供全方位的支持服务。

在开发阶段，开发者渴望平台能提供应用需求和技术方面的支持服务，包括创新想法、应用开发方向引导、技术文档、开发工具、开发技术、资深开发者经验交流与指导。

在上线运营阶段，开发者渴望平台能提供营销推广、用户反馈（用户体验数据共享）、应用盈利和资金方面的支持服务。

因此，API 开放仅仅是第一步，支持服务将成为平台运营商下一个竞争的新方向，并且是最终决出胜负的关键。

5.4.4 开放平台的盈利模式

开放平台的结果必须是平台运营商和第三方开发者共赢，其中任何一方的亏损或者零收益都无法支撑开放模式的持续经营。

从调研情况来看，第三方开发者实现盈利比平台运营商实现盈利要紧迫得多。根据 DCCI 调研数据，65% 的国内开发者处于亏损状态，22% 的开发者没有收入。基于此，各大平台运营商目前正积极为开发者实现盈利出谋划策，不但提供除 API 开放之外的配套服务，还出巨资扶持有潜力的第三方开发者。

收费是赚钱的第一步。在收费模式方面，互联网平台运营商和通信运营商选择两个截然不同的方向。互联网平台运营商向开发者免费提供能力调用服务，按照应用收入参与分成。通信运营商则在能力调用阶段就进行分类收费：对于体验增强类能力实行免费提供，例如版权保护能力；对于资源掌控类能力，例如短信能力等，按照调用次数进行收费；对于内嵌计费能力的应用则按照分成比例进行收费。

从开放的角度，笔者认为互联网平台运营商按照应用收入进行分成的收费模式更符合中国当前的现状，更有利于开放平台的持续发展。

虽然腾讯在《2012 年中国互联网开发平台白皮书》中称，从 2011 年第二季度开始，国内已经诞生了月均收入超过千万元的开发团队。然而，绝大多数国内开发者仍处于没有收入甚至亏损的困境。所以，只有等第三方开发者实现普遍盈利，开放平台才谈得上盈利。

5.4.5 打造有竞争力的开放平台

为打造具有竞争力的平台，通信运营商应遵循平台经济规律，以客户为中心，持续推进差异化创新，选择适合的方向实现重点突破，以开放的心态打造可持续发展的移动互联网产业生态圈。

第一，深入洞察客户核心价值需求，推进产品差异化创新，打造核心价值应用。通信运营商要实现模仿再创新，不能一味地模仿，要结合自身优势，以满足客户核心价值需求为切入点，打造差异化的应用；通过多种手段，深入洞察客户需求，从传统行业与移动互联网融合趋势以及移动互联网与人们日常工作生活学习的融合中发现机会，推进产品创新。当前应重点打造移动支付、OTT 业务（例如中国电信易信、中国移动飞信等）、移动商务、基于 LBS 的生活信息服务、移动视频等应用。

第二，在能力开放方面，积极适应移动互联网市场环境，遵循“三个有利于”原则：有利于降低合作伙伴或开发者成本，有利于合作伙伴或开发者进行产品优化和创新，有利于第三方应用和服务在平台上进行推广。千万不能把平台能力开放做成销售通信网络和服务能力的渠道，千万不能将能力开放与战略合作、资本经营混为一谈。要学习和借鉴互联网开放平台的经验，提供符合互联网业界标准的开放 API 接口，降低合作伙伴学习、使用门槛，满足其在多种应用场合下的开发需要。通信运营商应重点开放用户数据、产品功能和服务（例如计费能力、定位能力、消息能力和支付能力等）、资源能力、合作引入等，为合作伙伴和第三方开发者提供良好的开发与应用环境。同时，运营商开放平台要提供从 IT、技术、市场推广、收费体系到客户服务等全方位的支持和服务，协助开发者寻找成功路径，例如丰富的运营数据支持、开发者论坛、行业分析报告、分级客服和公开培训等，以获得更多的移动互联网领域开发者、投资商以及终端用户等群体的积极参与，促进开发者成长。同时，成立开放扶持资金，定期举办开发者大会，增强开发者信心，通过强大的平台技术和服务支持能力帮助更多开发者成功，从而建立一个和谐的产业生态圈。

第三，集中资源，聚焦重点，创新突破，从而打造真正有行业影响力的应用平台。目前我国三大通信运营商相继推出视讯、阅读、电子商务、游戏、音乐、即时通信和移动支付等业务。想将每个应用都能打造成为入口型平台有很大难度，通信运营商应该集中资源，实现重点突破，而不能“胡子眉毛一把抓”。笔者认为，移动支付、即时通信、位置导航以及移动视讯等业务最有可能打造成为入口型应用。为此，通信运营商应在资源上重点保障这些业务，而不是平均分配资源。要将这些应用打造成入口型平台应用，最为关键的是提高平台运营能力，包括战略经营能力、开放合作能力、客户洞察能力、数据化运营能力、产品优化和创新能力、商业模式创新能力、资本经营能力、内外部资源整合能力、内部协同能力和科学管理能力。这就要求通信运营商根据市场环境的变化、客户需求以及竞争态势，对当前移动互联网创新业务战略定位进行重新梳理。要以提升客户价值为中心，强化数据化运营能力，实现产品快速开发，提升产品客户体验；围绕平台生态系统建设，打造独特价值网络和开放平台，加强产业链合作，不断丰富平台应用，满足客户多元化需求；有效整合内外部资源，将企业自身能力与价值创造伙伴有机联系起来，形成价值创造的聚合效应；在业务拓展上，要有壮士断腕的决心，实现与传统业务相隔离的独立化运作，要靠商业模式创新、良好的客户体验、品牌效应等来拓展市场，吸引用户，做大规模，从而真正为客户提供有吸引力的综合信息服务平台。

第四，以开放的姿态、积极的让利策略，聚合产业合作伙伴，营造良好的产业生态系统。苹果 App Store 正是通过开放及采取三七的分成策略吸引全球开发者。淘宝为了扶持合作者，调动开发者积极性，形成一个巨大的商业生态圈，将原有的五五分成比例进一步向合作者倾斜，改为三七分成，特别优质的合作伙伴者甚至能拿到收益的80%。运营商要更加重视产业生态系统的建设，采取更加开放的策略，广泛与产业链上下游企业合作，采取积极的让利策略，例如提高分成比例，成立扶持基金等，让合作伙伴共享发展成果，使合作伙伴在合作过程中能看到前景，获得利益，从而提高产业链的聚合效应，形成可持续的、具有竞争力的移动互联网生态系统。

第六章 套餐还能套住用户吗

6.1 语音短信免费势在必行

为了应对 OTT 业务和移动互联网对传统业务的不断冲击，语音短信免费势在必行。

近年来，OTT 业务对传统运营商的冲击一直挑战着传统运营商以“语音短信”为主体的资费模式。OTT 业务与传统运营商的业务冲突由来已久，国外很多电信运营商的利润都被苹果、谷歌、Facebook 等 OTT 企业夺走。这使得电信运营商传统的语音短信业务不增反降，基础服务费用遭到严重吞噬。由于用户被 OTT 业务绑定，运营商的增值服务也正在被 OTT 业务替代。

通过几组数据来看一下 OTT 对于传统运营商的语音短信业务的冲击。

- 2012 年度，Skype 通话时长的增长率比同期付费国际通话时长的增长率高出 39 个百分点，而受此影响，全球传统电信运营商的语音收入下降幅度达到 2.4%。
- 中国移动 2014 年前三季度财报显示，短信使用量同比下降 20.2%。
- 截至 2014 年 11 月，工信部数据显示，每用户月贡献的移动语音业务量持续下降，移动本地通话 MOU 值为 149.5 分钟 / 月 / 户，移动长途通话 MOU 值为 45.6 分钟 / 月 / 户，同比下降 6.1% 和 4.8%。
- 截至 2014 年 11 月，彩信和短信业务更为惨淡。2014 年前三季度全国移动短信业务量为 5 725.6 亿条，同比下降 17.9%；彩信业务量为 479.7 亿条，同比下降 29.8%；移动短信业务收入同比下降 14.1%，收入减少 65 亿元，占电信业务收入的比重由上一年同期的 5.4% 下降到了 4.6%。

通过以上数据不难看出电信运营商传统业务的落魄情况。OTT 业务现阶段却与运营商相反，发展得如火如荼。

腾讯于 2012 年推出微信业务，本身完全免费，使用时产生的上网流量由运营商收取，截至 2014 年 6 月，微信用户已达 6 亿，覆盖了全球 200 多个国家和地区，发布超过 20 种语言版本，国内外月活跃用户数量超过 2.7 亿。其中微信公众账号在最近 15 个月内增长到了 200 多万个，并保持每天 8 000 个的增长速度以及超过亿次的信息交互。

2014 年双“11”，微信电话本悄然上线。被极具冲击力的“高清免费通话”吸引，12 日上午，用户疯狂下载，以至于腾讯服务器严重拥堵。微信电话本通话质量清晰，可以支撑日常基本通话。

除了 OTT 的影响之外，移动互联网也不断催生“语音短信服务”的免费趋势。2014 年 9 月，苹果开始正式发售 iPhone6 以及 iPhone6 Plus，引发美国、日本和中国香港市场的热情。然而，iPhone6 与 iOS8 系统将支持 Wi-Fi 通话功能，很可能将电信运营商陷入尴尬的境地。当前，OTT 应用对于电信运营商传统业务冲击严重，语音业务低值化、微利化甚至免费化的趋势愈加明显。Wi-Fi 通信将进一步降低用户的通信费用开支，激发了市场对于“语音免费”的期盼。面对移动互联网时代的挑战，电信业正从语音经营转向流量经营，业务和服务成为电信服务商永恒的课题。

移动互联网的迅猛发展，智能手机的逐渐普及，催生了一系列新应用，冲击着传统的产业格局和商业模式，尤其是 OTT 类业务对传统语音、短信、彩信等业务的分流和替代日益增强，互联网企业和终端不断向基础电信领域渗透，电信运营商长久以来赖以生存的语音业务发生根本性的动摇，管道化、边缘化、低值化的风险日益集聚。例如苹果的 Imessage 大幅降低了用户通过运营商网络发送的短信数量，对移动运营商短信业务造成一定冲击。

苹果和谷歌为代表的轻型运营商凭借自己的技术、业务和商业模式的创新，大举进入基础电信服务领域。苹果 Facetime 已经实现了视频和音频通话，又在新版 iPhone 中添加 Wi-Fi 通话功能。Google 公司推出新版的 Hangout 能在彼此间拨打免费电话。Hangout 以及类似的应用架构对传统语音服务产生颠覆性的影响。

面对 OTT 业务和移动互联网的急速发展，运营商势必采取措施应对来维护自身的利益。与此同时，中国已经开始发放 4G 牌照，开启 4G 网络商业化进程，语音和短信终将被数据替代，运营商将业务中心从传统的“语音短信”转向“数据业务”势在必行。这也将导致运营商“语音短信”免费的诞生。

下面介绍国内外标杆运营商都进行了哪些“语音短信免费”的转型。

6.1.1 Verizon率先开启语音短信免费服务

2012 年 6 月，Verizon 率先发力，推出数据共享计划。该项数据共享计划包括无限语音通话和文本信息服务，并绑定了一份统一定价的数据套餐，允许同一个服务协议下最多 10 部 Verizon 无线设备同时使用。

Verizon 数据共享套餐推广是成功的，也对用户带来很多益处：用户把原来的每个终端都配备的单独账号都整合起来，大大减少了整体支出。

根据 Verizon 提供的数据，截至 2013 年第一季度，数据套餐推出 9 个月之后，Verizon 有 30% 总计 2 780 万的后付费用户已经转向这个套餐。相比于 2012 年第四季度的 23% 和 2012 第三季度的 13%，该比例呈现明显的上升趋势。

2013 年第一季度，Verizon 每个账户的平均收入（ARPA）增长了 6.9%，达到 150 美元，比 2012 年第四季度的 146 美元略有提升。Verizon 将此归功于越来越多的用户将连接设备放在一个单一的账户下，相比之下，在 2013 年第三季度，单账户下包括的连接设备量平均为 2.3 个，2013 年第一季度是 2.67 个。

Verizon 率先开始语音短信服务免费的转型，并且转型后表现良好。

6.1.2 AT&T紧随开启语音短信免费服务

AT&T 紧追 Verizon 脚步，于 2012 年 8 月推出语音短信免费的数据套餐，新计划使用户享有国内的无限通话时长和短信，同时为用户提供在 10 种智能手机、平板电脑和其他设备中共享数据流量的优惠。与 Verizon 不同的是，AT&T 并没有强制要求用户切换到新套餐，用户可以随时切换套餐，并且所有套餐用户可以免费使用 AT&T 在美国的 3 万多个 Wi-Fi 热点。

6.1.3 日本NTT DoCoMo推出无限通话套餐

2014 年 6 月，NTT DoCoMo 推出“无限通话”套餐，智能手机用户每月缴纳 2 700 日元（约 164 人民币）即可享受每个月不限时长的语音通话。

6.1.4 蜗牛移动不断推行免费模式

2014 年 4 月 10 日，虚拟运营商蜗牛移动推出免费战略，发布手机卡“免卡”和“金卡”，推出的移动 170 号段“999 免卡”涉及 16 个省 34 个城市，而推出的套餐也成为这次放号的看点。“999 免卡”是半年套餐，实现语音通话完全免费，半年内赠予 500MB 全国流量，同时实现零月租和流量两年不清零的优惠。

2014 年 6 月 6 日，蜗牛移动推出“399 免卡”，该 SIM 卡实现以下优惠政策：零元售价，一年期间内每月赠送 100MB 流量、40min 语音、无套餐费、零月租（不含来电显示）、余量两年不清零。“399 免卡”在打破传统资费模式的同时，给予消费者前所未有的实惠。

2014 年 7 月 16 日，蜗牛移动再次推出一款全新的“免费”模式的 170 号段的产品“199 免卡”。一年期内用户每月可以任意选择 199 免卡所含内容、50MB 国内流量或 50min 长市漫一体语音。该卡除了具有免月租、无套餐、余量两年内不清零的资费内容以外，还额外具有自由选择流量与语音转换等优惠。卡内的流量、语音可以互相转换，即每 3MB 流量可以转换成 4min 语音，每 4min 语音同样可以转换成 3MB 流量。“199 免卡”用户还可以根据自身需要自由搭配相关资费包。“免卡”并不会区分运营商网间外的使用，即 170“免卡”用户拨打国内三大基础运营商的手机号码均可免费。

6.1.5　中国电信与网易联合推出易信，实现语音短信免费

2013 年 8 月 19 日，中国电信与网易宣布成立浙江翼信科技有限公司，并发布移动即时通信社交产品“易信”。易信将提供免费给手机发短信以及免费电话留言的优惠。

易信可以给中国电信、中国移动和中国联通用户发送免费短信，即使对方没有使用易信或没有手机网络，消息也能马上送达。首次实现了智能机、功能机、固话基于免费语音消息的互通互联。

易信推出的 10 天内，全国易信用户已经达到千万。这也显示了语音短信免费对用户的吸引力。

不管国内还是国外运营商，语音短信免费已经成为未来的大趋势，这种趋势也非常符合经济学原理。从经济学分析，“语音短信”免费趋势确实也势在必行。

按照经济学经典理论，在一个公平竞争市场中，商品价格会下跌到与边际成本持平。而电信行业未来是否会成为一个公平竞争的行业呢？

国家开始推行深化国有企业和垄断行业改革，电信行业作为之前国有企业垄断行业，首当其冲进行改革。2012 年举行的中国经济体制改革工作会议提出将继续深化国有企业和垄断行业改革，要按照政企分开、政资分开的要求，鼓励民资进入电信等领域，引导民间资本进行重组联合和参与国有企业改革。2012 年 3 月，国家发改委对中国电信和中国联通进行反垄断调查，两家企业同时承诺将进一步降低网上资费。以上的种种举措都预示着电信行业的未来的公平竞争态势。

电信提供的产品并非实物产品，而是一种无形的服务，所以即使存在一定的边际成本，但是在科技的不断进步和创新的大环境下，边际成本有可能被逐渐推向零。此时语音话费就有现实免费的可能。语音短信免费并不会影响运营商的利润，4G 时代下，运营商的业务中心将由“语音短信”转向“数据业务”，推行语音短信免费会使营销效果成倍放大，语音短信服务的收入下降将由数据业务的收入上扬所弥补甚至超越。

6.2　套餐：旧瓶装新酒

根据国际主流运营商 4G 资费体系演进路径分析，3G、4G 资费体系基本保持一致，主要有三种演进路径：

- 以北美为代表的 3G、4G 融合型；
- 以日韩为代表的 4G 替代 3G 型；
- 以欧洲为代表的 3G、4G 区隔型。

其中，Verizon 和 Sprint 为 3G/4G 融合型；NTT DoCoMo，SoftBank，SK Telecom

以及 LG U+ 为 4G 替代 3G 型；Vodafone 和 O2 则属于 3G、4G 区隔型（见图 6-1）。

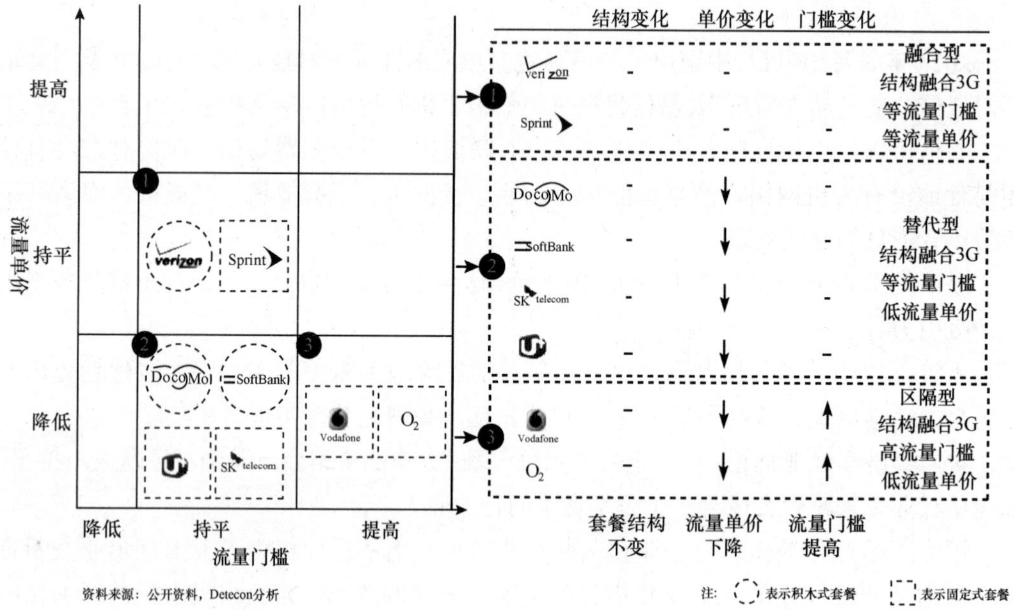

图 6-1 三种演进路径

如图 6-1 所示，融合型 4G 资费模式中，套餐结构、单价以及门槛均没有发生变化。相比之下，替代型 4G 资费模式流量单价较 3G 资费模式下降，结构和门槛保持不变。区隔型 4G 资费模式与 3G 资费模式相比，套餐结构保持不变，但是流量单价有所下降，流量门槛有所提升。

下面笔者对以上几个运营商的 4G 与 3G 套餐资费分别进行简单说明（见表 6-1、表 6-2）。

表 6-1 国际知名运营商 3G/4G 套餐资费

类型	运营商	3G套餐结构	4G套餐结构	主推套餐
融合型	Verizon	语音/短信不限量的固定式	语音/短信不限量的固定式	N/A
	Sprint	语音/短信/流量均不限量的固定式	语音/短信/流量均不限量的固定式	N/A
替代型	NTT DoCoMo	纯流量不限量的固定式	纯流量的固定式	4G
	SoftBank	纯流量不限量的固定式/纯流量不限量的双阶梯式/纯流量双阶梯式	纯流量的固定式	3G
	SK Telecom	固定式	固定式	4G
	LG U+	固定式	固定式	4G

（续表）

类型	运营商	3G套餐结构	4G套餐结构	主推套餐
区隔型	Vodafone	固定式	固定式	N/A
	Telia	固定式	语音/短信不限量的固定式	4G

表 6-2 3G/4G 套餐资费

类型	运营商	语音		短信		流量		Wi-Fi	
		3G	4G	3G	4G	3G	4G	3G	4G
融合型	Verizon	无限		无限		固定式共享		—	
	Sprint	无限		无限		无限可共享		—	
替代型	NTT DoCoMo	固定式	单价式4G网内无限	单价式		固定式无限量		包月/包天	
	SoftBank	同类套餐间固定时段无限		单价式		固定式无限量/双阶梯无限量	固定式/双阶梯式	包月/包天	
	SK Telecom	固定式	固定式：同档时长少于3G	固定式	固定式：同档数量少于3G	固定式：高档无限量	固定式：同档流量高于3G	—	
	LG U+	固定式	固定式：同档时长少于3G	固定式	固定式：同档数量少于3G	固定式：高档无限量	固定式	免费无限	
区隔型	Vodafone	固定式或无限	无限	固定式或无限	无限	固定式	固定式	—	
	Telia	单价式	个人固定式家庭免费无限	单价式	个人固定式家庭免费无限	固定式	个人固定式家庭固定式可共享	—	免费共享

融合型运营商的 4G 与 3G 的资费体系具有以下特点：

- 融合型 4G 资费体系与 3G 资费体系基本一致；
- 语音 / 短信不限量的固定式套餐设计已经成为多家运营商的共同选择。

下面以 Verizon 和 Sprint 为例对融合型运营商的 3G 和 4G 资费体系分别进行介绍。

如图 6-1 所示，Verizon 的 3G 和 4G 套餐体系均采用 Share Everything 这种语音 / 短信不限量的固定式。在套餐中，语音和短信都是无限的，流量采用的均是固定式共享。

Sprint 与 Verizon 一样，4G 与 3G 资费体系并没有区别，均采用 Smartphone Family Plan 这种语音 / 短信 / 流量均不限量的固定式。Sprint 的套餐和 Verizon 相似，都是无限语音和短信，唯一不同的是，Sprint 采用的无限可共享的流量体系。

融合型运营商的资费模式 3G 和 4G 套餐的差别很小，并没有明显改变。

替代型运营商的 4G 与 3G 的资费体系具有以下特点：

- 替代型 4G 资费体系与 3G 资费体系基本一致，日本运营商均采用固定式或双阶梯式的纯流量套餐；
- 4G 流量套餐设有降速门槛，是与 3G 套餐的主要区别。

下面以 NTT DoCoMo、SoftBank、SK Telecom 以及 LG U+ 为例对替代型运营商的 3G 和 4G 的资费体系分别进行介绍。

NTT DoCoMo 的 3G 套餐采用 FOMA Paket-hodai Flat 这种纯流量不限量的固定式，NTT DoCoMo 的 4G 套餐也有一部分采用纯流量的固定式，例如 Xi Paket-hodai Flat。其余部分与 3G 不相同，是纯流量的双阶梯式资费套餐 Double Flat。套餐内的内容也有些许不同，3G 的语音采用的固定式，但是 4G 的语音采用的是单价式 4G 网内无限的模式。流量方面，3G 和 4G 都是采用固定式无限量模式。3G 和 4G 套餐在短信和 Wi-Fi 方面没有区别。

SoftBank 的 3G 和 4G 的资费模式的区别在于流量限量与否。3G 套餐中采用的纯流量不限量的固定式和纯流量不限量的双阶梯式这两种模式，但是在 4G 套餐中采用的是 4G LTE Unlimited（FDD）——纯流量固定式以及 4G Unlimited（TDD）——纯流量双阶梯式这两种不同的资费模式。除了流量方面，3G 套餐和 4G 套餐没有任何区别。套餐均采用同类套餐间固定时段无限的语音模式，单价式的短信模式以及包天 / 包月制的 Wi-Fi 模式。

SK Telecom 的 3G 与 4G 套餐区别依然很小。套餐均是采用固定式的资费模式。但是在套餐内容方面 4G 套餐的语音短信以及流量都在数量上面与 3G 套餐有区别。例如，3G 与 4G 套餐均采用固定式语音模式，但是 4G 套餐的语音少于 3G 套餐。同样，3G 与 4G 套餐在流量上也同时采用固定式，但是短信数量方面，3G 套餐要多于 4G 套餐。在流量方面，3G 采用的固定式高档无限量，4G 同样采用的是固定式，但是同档流量要多于 3G 套餐。

LG U+ 和 SK Telecom 类似，只在语音、短信、流量数量上面有细小区别，3G 套餐和 4G 套餐均采用固定式资费模式。在语音方面，3G 与 4G 均采用固定式，但是 4G 的语音时长少于同档的 3G 套餐。短信方面，3G 和 4G 均采用固定式，4G 的短信也少于同档的 3G 套餐。3G 套餐的流量采用固定式高档无限模式，但是 4G 套餐采用的是固定式。

总体来说，替代型的运营商的 3G 和 4G 套餐的区别比融合型运营商要大，但是实际上，套餐的资费模式依然没有显著变化，只在短信数量以及语音时长等细小方面有区别，改动依然不大。

区隔型运营商的 4G 与 3G 的资费体系基本一致。下面以 Vodafone 和 Telia 为例对区隔型运营商的 3G 和 4G 的资费体系分别进行介绍。

Vodafone 的 3G 套餐与 4G 套餐在资费体系上面没有任何区别，但是在套餐内容方面，4G 套餐在语音和短信方面均采用了无限模式，但是 3G 套餐的语音和短信均为固定式或者无限。3G 和 4G 套餐在流量方面都是一样的固定式。

Telia 在资费体系上面有较大区别，4G 套餐的资费体系为固定式和语音 / 短信不限量的固定式，相比 3G 套餐，增加一种资费体系。

在内容方面，3G 套餐和 4G 套餐也有较大区别。在语音方面，3G 套餐使用单价式，但是 4G 套餐使用个人固定式家庭免费无限；在短信方面，3G 使用的依旧是单价式，4G 套餐使用个人固定式家庭免费无限；在流量方面，3G 套餐使用的是固定式，4G 套餐使用的依然是个人固定式家庭固定式可共享的资费模式；Wi-Fi 方面，3G 套餐没有 Wi-Fi 服务，而 4G 套餐提供免费 Wi-Fi 服务。

区隔型运营商总体上资费体系的区别与其他两种相比很大，但是也并非全新的套餐模式。

除此之外，再看一下中国移动的 3G 和 4G 资费体系（见表 6-3）。

表 6-3　中国移动的 3G 和 4G 资费体系

<table>
<tr><th colspan="5">3G套餐</th><th colspan="5">4G套餐</th></tr>
<tr><th>月费</th><th>国内主叫分钟数（min）</th><th>国内数据流量（MB）</th><th>超出时长（min）</th><th>超出流量</th><th>月费</th><th>国内主叫分钟数（min）</th><th>国内数据流量（MB）</th><th>超出时长（min）</th><th>超出流量</th></tr>
<tr><td>46</td><td>50</td><td>150MB</td><td>0.25元/min</td><td rowspan="11">0.000 3元/kB</td><td>76</td><td>200</td><td>400MB</td><td rowspan="8">0.15元/min</td><td rowspan="8">超出后60元/GB（200MB内0.3元/MB，超出200MB后，60元/GB）</td></tr>
<tr><td>66</td><td>50</td><td>300MB</td><td>0.20元/min</td><td>106</td><td>300</td><td>800MB</td></tr>
<tr><td>96</td><td>240</td><td>300MB</td><td rowspan="9">0.15元/min</td><td>136</td><td>500</td><td>1GB</td></tr>
<tr><td>126</td><td>320</td><td>400MB</td><td>166</td><td>500</td><td>2GB</td></tr>
<tr><td>156</td><td>420</td><td>500MB</td><td>196</td><td>500</td><td>3GB</td></tr>
<tr><td>186</td><td>510</td><td>650MB</td><td>296</td><td>1 000</td><td>4GB</td></tr>
<tr><td>226</td><td>700</td><td>750MB</td><td>396</td><td>2 000</td><td>6GB</td></tr>
<tr><td>286</td><td>900</td><td>950MB</td><td>596</td><td>3 000</td><td>11GB</td></tr>
<tr><td>386</td><td>1 250</td><td>1.3GB</td><td colspan="5" rowspan="3"></td></tr>
<tr><td>586</td><td>1 950</td><td>2GB</td></tr>
<tr><td>886</td><td>3 000</td><td>3GB</td></tr>
</table>

表 6-3 中，3G 分为 11 个档位，而 4G 只有 8 个档位。3G 和 4G 套餐均采用语音和流量的模式，超出部分的计费模式有一定区别，3G 套餐超出部分的话费根据套餐的不同有变化，而 4G 套餐的超出部分均按照统一的价格计费。反之，3G 套餐对超出的流量统一计费，而 4G 套餐对超出的流量采用分段计价的方式。但是实际上，中国移动的 4G 和 3G 套餐体系没有实质区别，均是采用“语音 + 流量”的套餐形式。

总的来说，3G 套餐到 4G 套餐资费体系并没有非常明显的创新，但是流量单价有所下降，流量门槛有所提高。相比 3G 业务，4G 的资费变化体现在高流量和低价格两方面，在体系变化上来说只能算是“旧瓶装新酒”。

6.3 你不知道的套餐玩法

2009 年 TeliaSonera 在挪威与瑞典推出全球首个 4G 网络之后，4G 开始逐渐获得全球各国重视，国际主流的运营商也开始部署 4G 业务。

截至 2013 年 12 月，4G 已经初具规模，全球已经有 93 个国家实现 LTE 网络商用，其中包括 238 个 FDD 网络和 25 个 TDD 网络。目前商用 TD-LTE 运营商包括中国移动、中国电信、中国联通、沙特电信、印度 Bharti、波兰运营商 Aero2 以及日本 SoftBank。商用的 LTE FDD 的运营商包括美国运营商 AT&T、Verizon、日本运营商 NTT DoCoMo 和韩国运营商 SK Telecom，以及最早开始部署的瑞典运营商 TeliaSonera 等。与此同时，全球已经推出 1 240 余款 LTE 终端，其中 36% 为智能手机，274 款支持 TDD 网络。截至 2013 年 9 月，全球已经有 1.58 亿用户开始使用 LTE 网络。除此之外，25 个国家和地区处于 LTE 试商用阶段，9 个国家正在进行 LTE 组网测试。

为了避免被 OTT 业务侵蚀利润，沦为单纯的 OTT 传输管道，各主流运营商纷纷推出了不尽相同的套餐资费模式，并针对不同的用户定制开发了一系列新的应用业务。

4G 套餐有以下创新的资费模式：

- 资费重心从语音 / 短信转向数据，语音短信趋于免费；
- 流量不封顶包月退出市场，逐步以限速或加流量包取代；
- 引入分享资费，多部终端共用套餐；
- 套餐不再固定，用户可以自由组合；
- 时间段不同，流量收费模式也随之改变；
- 定向套餐资费模式；
- AT&T 流量赞助计划。

下面通过标杆运营商介绍这几种新的资费模式。

6.3.1 资费重心从语音短信转向数据，语音短信趋于免费

4G 时代，运营商处于传统业务崩塌的阶段，以前基于语音短信的收费模式正在被基于数据的资费模式取代，数据业务已经成为美国、日本等发达国家的主要收入来源。在 4G 时代，美国、日本的运营商已经开始将数据业务作为主营业务，而语音和短信业务开始在高端套餐中免费提供给客户。

下面通过 Verizon 和 T-Mobile 介绍数据业务为主体的资费模式。

Verizon 推出的 Single Line 计划，只允许用户接入一个手机终端，该计划不再按照语音短信收费，而是按数据流量收费，提供无限语音短信（见表 6-4）。

表 6-4 Single Line 计划

月费	语音	短信	流量	超流量资费
$45	无限	无限	250MB	$15/250MB
$60	无限	无限	1GB	$15/500MB

如表 6-4 可见，该套餐内的资费完全取决于流量，并且两款套餐的语音和短信均为免费。

又例如 T-Mobile 的个人套餐，套餐中语音短信均免费，根据流量收费（见表 6-5）。

表 6-5 T-Mobile 个人套餐

月费	语音	短信	4G流量	本地网络
$50	无限	无限	1GB	超出4G流量后限速
$60	无限	无限	3GB	
$70	无限	无限	4GB	
$80	无限	无限	无限	

这类套餐的特点在于档位精致、门槛低，同时提供免费的语音和短信。

6.3.2 流量不封顶包月退出市场，逐步以限速或加流量包取代

3G 发展初期，运营商由于用户缺乏的原因，均推出 3G 流量不限量的资费措施，来推动数据业务。但是随着智能终端的普及以及移动互联网的流行，流量不限量的资费模式给运营商带来巨大压力。以日本为例，很多使用流量不限量资费模式的用户，即便在有固定宽带和 WLAN 的情况下，依然继续使用 3G 网络，给运营商带来很大压力。4G 业务带给运营商转型的机会，运营商们纷纷改变经营策略，取消流量不限量的资费模式，通过设置流量上限、网络限速以及购买额外流量的资费模式对流量进行控制。

这种做法，一方面运营商可以控制网络流量，另一方面也可以保证用户在超过套餐流量时得到提醒，避免出现天价账单。当然不封顶流量套餐的退出是个逐步的过程，在这个过程中还有一些运营商利用这个概念吸引用户，例如美国的 T-Mobile 仍保留了这种套餐，韩国运营商在进行市场推广时也会推出限时的不封顶流量资费。但整体而言这已经是一个必然趋势。

下面以日本的 NTT DoCoMo 和韩国的 SK Telecom 为例对运营商限制流量的新模式进行研究。

NTT DoCoMo 推出的 Xi Pake-hodai Flat 和 Xi Pake-hodai Double 采用限速和购买额外流量的方式进行流量控制。

Xi Pake-hodai Flat 套餐每月收取用户固定的费用，流量有一个上限。当用户流量

超过这个上限时，NTT DoCoMo 会通过限速和收取额外费用的方式对流量进行控制。超过流量限额时，套餐的最大收发速度将被限制在 128kbit/s 以内，或者用户可以选择 2 625 日元 /2GB 的价格支付多余的流量，以解除流量速度限制。Xi Pake-hodai Double 在流量控制方面也基本相同。

韩国 SK Telecom 的资费虽然继续采用不限量 LTE 数据业务套餐，LTE 用户只需要支付 61 250 韩元（约 366.36 元人民币）即可享受 SK Telecom 提供的所有电信服务。

SK Telecom 分为几档数据流量套餐，流量限额分别为 8GB、12GB 和 16GB，用户月度使用流量超过限额后，每日将有 2GB 的赠送流量。这部分赠送流量用完之后，用户的联网速度将会显著下降，降速的具体幅度将视当时的网络而定。

6.3.3 引入分享资费，多部终端共享套餐

4G 时代引入分享套餐也成为资费创新的趋势之一。LTE 运营商开始允许一个套餐中的数据流量可以多个终端共享，使多移动终端用户可以享受统一账单。这是因为现在一个用户往往拥有多个智能终端需要接入移动互联网，而多终端套餐可以方便这类用户统一账单。

例如 SK Telecom 的 LTE 共享数据计划，使用户能够增加一款仅支持数据传输的终端，免费使用同一个数据套餐。用户也可以通过每部支付 9 000 韩元增加更多数据终端使用 LTE 共享数据计划。

美国 Verizon 不再使用 ARPU 指标，而使用 ARPA 即平均每账户收入指标衡量运营商从每个用户获得收益的能力。ARPA 反映的是一个用户使用多个终端 / 号码通信信息服务总支出，而不是 ARPU 对应的每个终端 / 号码的单项通信服务行为。

以下面几个标杆运营商为例介绍一下当前的 4G 套餐。

美国运营商 T-Mobile 推出名为“Simple Choice”的无合约无限量语音和短信的新数据套餐。该套餐不再以高额手机补贴吸引用户签订长期合约，而且只向数据流量业务收费，免费赠送无限量的语音和短信业务。

T-Mobile 的套餐分为个人计划和家庭计划。个人计划包括以下三种类型。

- 月使用费为 \$50/ 月：无限量的国内语音、短信和彩信 +500MB 数据。
- 月使用费为 \$50/ 月 +\$10/ 月：无限量的国内语音、短信和彩信 +2.5GB 数据。
- 月使用费为 \$20/ 月 +\$20/ 月：无限量的国内语音、短信和彩信 + 无限量数据。

家庭计划的月使用费与号码数量有关，第二个号码 \$30，第 3 ～ 5 个号码每月 \$10，例如 2 人家庭月使用费 \$80，4 人家庭月使用费 \$100。套餐内容为不限量语音、短信和彩信，N×500MB 免费数据流量，N 为家庭成员数；如果号码使用流量超过 500MB 流量，可以支付 \$10/2GB，最多增加到 12GB。

与国际主流的综合套餐比较，“Simple Choice”有以下 4 方面的特点：

- 用户不必签署具有在网时间限制的服务合同；
- 服务和终端分开购买；

- 语音和短信的无限量赠送，套餐档位差别仅体现在数据业务流量的不同；
- 预付费和后付费的标准相同。

数据共享套餐指用户只签一份服务协议，多款无线终端同时享用这个协议内的数据流量，包括手机、平板电脑、笔记本电脑、USB 数据卡以及其他终端设备。全球很多知名运营商都纷纷加入“数据共享”的行列，例如美国 AT&T、中国移动等。

下面以 AT&T 和中国移动为例对数据流量共享模式进行研究。

AT&T 推出数据共享套餐，使用户可以享受多终端共享的数据服务。为用户在多达十多种智能手机、平板和其他设备中共享数据流量，并且同时享有国内的无限通话时长和短信（见表 6-6）。

表 6-6　AT&T 套餐

<table>
<tr><th colspan="10">AT&T“无限语音短信”共享套餐</th></tr>
<tr><td>数据流量</td><td>1GB</td><td>4GB</td><td>6GB</td><td>10GB</td><td>15GB</td><td>20GB</td><td>30GB</td><td>40GB</td><td>50GB</td></tr>
<tr><td>每月费用</td><td>$40</td><td>$70</td><td>$90</td><td>$120</td><td>$160</td><td>$200</td><td>$300</td><td>$400</td><td>$500</td></tr>
<tr><td>加入一部智能手机费用</td><td>+$45</td><td>+$40</td><td>+$35</td><td colspan="6">+$30</td></tr>
<tr><th colspan="10">AT&T数据共享套餐</th></tr>
<tr><td>共享流量</td><td>4GB</td><td>6GB</td><td>10GB</td><td>15GB</td><td>20GB</td><td>30GB</td><td>40GB</td><td colspan="2">50GB</td></tr>
<tr><td>每月收费</td><td>$30</td><td>$40</td><td>$60</td><td>$90</td><td>$110</td><td>$185</td><td>$260</td><td colspan="2">$335</td></tr>
<tr><th colspan="10">更多设备加入流量共享计划</th></tr>
<tr><td>设备类型</td><td colspan="3">基本通信手机</td><td colspan="3">笔记本电脑、移动热点设备以及上网本</td><td colspan="2">平板电脑、游戏设备</td><td>无线家用电话</td></tr>
<tr><td>流量分享计划类型</td><td colspan="3">流量分享外加“无限语音短信”</td><td colspan="3">流量分享</td><td colspan="2">流量分享</td><td>无限语音</td></tr>
<tr><td>每月费用</td><td colspan="3">$30</td><td colspan="3">$20</td><td colspan="2">$10</td><td>$20</td></tr>
</table>

例如一个用户选择 10GB 的流量套餐模式，同时享有免费的语音和短信业务，需要花费 $120；他又准备加入三部智能手机进入此套餐，共享 10GB 套餐，也可以享有免费的语音和短信，那么几部手机每部收费 $35，总计 $105；若再加上一个平板电脑进行流量分享（$10），该用户的本月最终的套餐资费为 $235。

该共享套餐资费模式为 AT&T 的用户发展和用户结构变化带来了显著的成效。在用户发展方面，截至 2012 年第四季度，AT&T 仅仅用了 4 个月就使共享套餐用户人数达到 660 万，有效带动流量分层定价用户增长。在用户结构方面，共享流量套餐更好地吸引高端用户，推动无限流量套餐用户迁移。

Verizon 同样推出数据共享套餐——More Everything 套餐产品。

针对非手机用户，More Everything 套餐根据终端类型进行接入定价，根据流量额度进行套餐定价（见图 6-2）。

More Everything 最多支持 10 个设备，最后的费用取决于设备的数量以及流量套餐的类型。

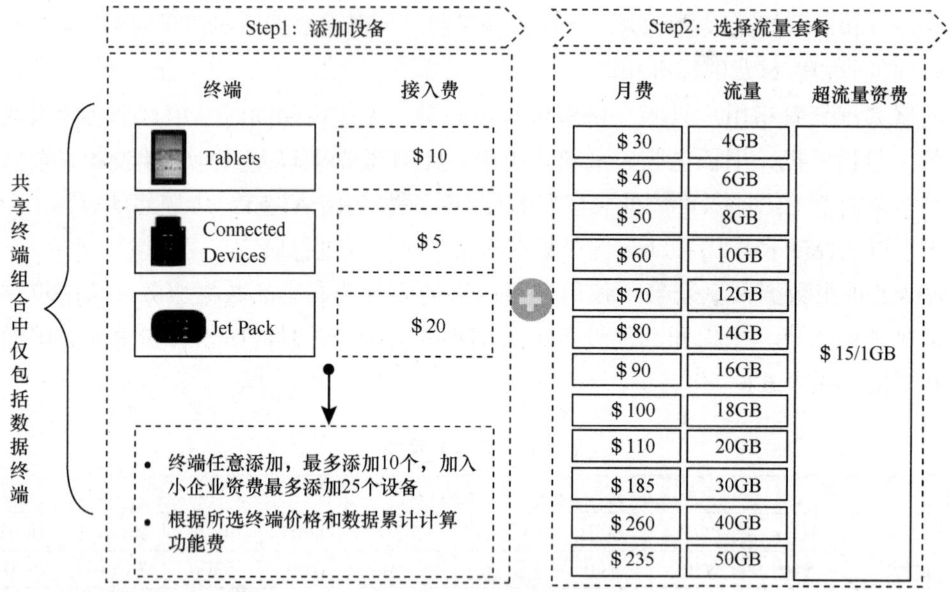

资料来源：Detecon分析

图 6-2 More Everything 套餐产品

中国移动也推出数据共享套餐（见表 6-7）。

表 6-7 中国移动数据共享套餐

国内数据流量	月费（元/月）	多终端共享	套餐外资费
500MB	30	允许增加不超过4个终端，每增加一个，每月收取10元功能费	0.29元/MB，提供10元100MB加油包供选择
700MB	40		
1GB	50		
2GB	70		
3GB	100		
4GB	130		
6GB	180		
11GB	280		

中国移动的数据共享套餐从每月 30 元 /500MB 到每月 280 元 /11GB，共计 8 个档位，例如一位用户选择了 1GB 的套餐，需要额外增加 3 个终端，则本月使用的资费为 80 元。

数据共享套餐给运营商带来颇多好处：

- 用户可以以比较低的成本吸引更多的新用户；
- 增加了用户的粘度，用户进入套餐，一般不会选择离开，因为个人如果离开这个套餐，反而会为更少的流量花费更多的成本。

数据共享套餐同样为用户带来显而易见的益处：用户可以把原来每个终端都配备的单独账号通过数据共享整合在一起，大大减少个人的整体支出。

6.3.4 套餐不再固定，使用自由组合模式

NTT DoCoMo推出自由组合模式，可让用户根据自身的语音、数据的实际使用需求，分别选择对应套餐档次加以组合，这种模式的用户自主性体现更强。

中国联通也推出自由组合套餐，新套餐最大的特点在于语音和流量可以自由组合，其中只有上网流量是必选，其他都是可选，因此月套餐费可从最低的 8 元到最高的 472 元（见表 6-8）。

表 6-8　中国联通自由组合套餐

国内流量包（必选）		国内语音包（可选）	
月费（元）	国内流量	月费（元）	国内语音（min）
8	100MB	32	200
16	300MB	40	300
24	500MB	56	500
48	1GB	112	1 000
72	2GB	160	2 000
96	3GB	240	3 000
120	4GB	流量超出部分资费为0.2元/MB	语音超出部分为0.15元/min
152	6GB		
232	11GB		

中国联通推出的自由组合套餐是“语音＋流量”的模式，流量包从 8 元 /100MB 到 232 元 /11GB，共有 9 个档位。语音包从 32 元 /200min 到 240 元 /3 000min，共计 6 个套餐。除此之外，用户还可以自由选择短信 / 彩信的增值业务。

6.3.5 时间段不同，流量收费模式随之改变

运营商开始根据时间段不同，对服务进行差异化定价。下面通过 SK Telecom 对这种资费模式进行介绍。

SK Telecom 推出两款数据资费模式，根据用户使用流量的时间决定套餐的资费。

第一款是“不限量数据模式”，用户支付 9 000 韩元（约合人民币 53.84 元）就可在 7:00—9:00 以及 18:00—21:00 这两个时段享受数据消费。SK Telecom 通过对上下班高峰期间的用户进行调研，发现上下班高峰期的流量占据全天总流量的 20%。此款套餐也是针对“上班族”推出的优惠数据包。

另外一款套餐名为“24h 数据翻倍计划”，用户支付 3 500 韩元（约合人民币 20.94 元），就会扣除 24h 内实际消耗数据流量的 50%。此款套餐受到短时间大幅度使用流量

的用户（如观看直播类节目用户）的喜爱。

运营商提出按照服务质量的不同进行收费，例如根据不同的速率进行定价，用户可以支付更高的费用以享受更优质的网络。

芬兰 Elisa 公司在 2009 年率先推出基于 QoS 的定价，用户可以通过支付不同的费用以获得运营商的网络速率保障（见表 6-9）。

表 6-9　Elisa 的 QoS 资费模式

最大速率保证	标准月费（欧元）	高级月费（欧元）
384kbit/s	9.90	19.90
512kbit/s	14.90	29.90
1Mbit/s	19.90	34.90
2Mbit/s	29.90	39.90
5Mbit/s	35.00	54.90

Elisa 以速率收费的定价模式要求网络能够有效识别与优先发放特定的内容与业务，并优先为已经额外付费的用户提供网络速度的保障。这项新的资费模式对于运营商的网络要求很高。因此要求运营商必须对网络进行相应的智能改造与部署。

但是这个按速率收费的新资费模式并未达到预想中的效果。刚刚推行新资费套餐时，仅有 1% 的用户接受这种 QoS 资费模式。原因在于 Elisa 在合同条款中列明“当某些应用需要占用更多网络能力时，接入速率可能会有所下降甚至出现中断”，该条款引起用户的质疑，因为这其实是在传递给客户“QoS 并不会一定保证网速质量”。即便后来 Elisa 调整了方案细节与定位，例如只在最贵的资费套餐下增加 QoS 优化选项，并针对网络速度十分在意的深度用户进行推广。但是 Elisa 并没有提供相应的性能跟踪工具，使得用户根本没有体会 QoS 所带来的全新差异化体验。运营商在推行 QoS 资费模式的同时，必须要开发出实时性能跟踪的工具，使得用户可以对服务的性能进行监控，方便用户形成直观的使用意识与差异化体验的感觉。

同时高昂的价格也成为 QoS 资费模式的绊脚石。由于电信市场竞争激烈，价格门槛一降再降，运营商已经很难向用户提供这种需要额外付费的资费方案。例如 Vodafone 高达 7 欧元的额外 QoS 资费包，只能将客户目标定位于对速率和稳定性能非常看重的商务客户和企业客户。

6.3.6　定向套餐服务

LTE 时代，运营商越来越重视将流量经营的理念渗透到增值业务资费策略中来，通过流量的定性优惠，吸引用户使用运营商的移动互联网业务。

SK Telecom 为了迎合 LTE 大众化时代，改变 LTE 资费仅限于语音、数据等单一服务的状态，于 2012 年 3 月做出一项创新，率先推出将用户年龄和使用形态一体化的 LTE 服务“移动 Life Pack”资费。

移动 Life Pack 基于不同客户群的生活特征，将现有业务与 LTE 套餐相结合，使 LTE 能够走进更多人的生活。目标客户分为 10 ～ 18 岁的青少年，年龄高于 60 岁的老年人，以及喜欢音乐、游戏的信息用户。并分别为这些目标客户设计对应的三种套餐：Ting Life Pack，黄金时代 Life Pack 和 Free T Life Pack。

Ting Life Pack 提供“随时随地通过 LTE 进行学习”和“多种安全服务和优惠政策”两方面针对青少年客户的服务。

“随时随地通过 LTE 进行学习”服务包括：

- 将 LTE Ting 34/42 资费与浏览教育信息以及其他合适的信息服务结合；
- 免费提供 T 智能学习中的英语多媒体学习及学习诀窍视频等优秀教育资讯；
- 对 Tstore 上的 8 300 种语言和教育信息提供下载流量优惠。

“多种安全服务和优惠政策”服务包括：

- 为青少年免费提供不良信息屏蔽服务；
- 当“Ting Life Pack” 用户用完规定流量时，服务将自动终止；
- 短信优惠，使青少年可以无忧地享受短信服务。

黄金时代 Life Pack 提供“与家人的免费通话共享”和“1 年的免费电话诈骗保险”两方面针对青少年客户的服务。

“与家人的免费通话共享”包括：

- 提供“LTE 黄金时代 15/34”资费，老年用户与家人朋友通话每月最多可享受 150min 免费通话时长；
- 为“LTE 黄金时代 15/34”用户提供免费视频通话时长。

“1 年的免费电话诈骗保险”包括：

- “黄金时代 Life Pack”免费为新用户提供一年的“电话诈骗保险”；
- 老年用户受到电话诈骗后，最高可获得 300 万韩元（约合人民币 16 930 元）的赔偿金。

Free T Life Pack 提供“用户毫无负担地享受高品质信息服务”针对喜爱音乐、游戏等的信息用户。其内容包括：

- 针对经常使用音乐、电视和电影等资讯的用户，推出“信息＋数据流量费”优惠 70% 的产品；
- “Free T Life Pack”音乐和电视重播等相关产品首先问市，未来将陆续推出网络游戏及电影相关等优质产品。

6.3.7 AT&T赞助流量计划

美国的电信运营商 AT&T 推出一项新的无线数据套餐计划“Sponsored Data”。其特点在于，移动用户不需要缴纳使用特定应用或服务时产生的数据费用，赞助商会代替移动用户支付这部分的费用，而同时 AT&T 还承诺，“赞助流量计划”无线上网的速度和性能将会与付费业务一样。赞助商正是这些应用、服务以及内容的提供商，也可以是对移动用户感兴趣的其他企业。

AT&T 的赞助流量计划对用户、AT&T 以及赞助商三方都带来很多好处。

对用户来说，好处当然是可以免费使用移动数据业务。

对 AT&T 来说，这项计划也是好处多多：

- 通过免费业务来吸引新用户，维系老客户；
- 业务收入由赞助商补贴，并没有损失；
- 通过这项计划细化耕耘流量经营。

对赞助商同样有很多好处：

- 鼓励客户试用一款新的智能手机或平板电脑应用；
- 推销电影预告或游戏；
- 通过无线视频为病人提供医疗支持；
- 鼓励客户浏览移动购物网站；
- 允许实行“BYOD”政策的企业替员工支付与业务相关的应用或服务方面产生的数据流量费用；
- 通过为用户提供对特定产品或服务的赞助数据访问来提高客户忠诚度。

6.4 未来资费何处去：融合、替代或区隔

随着 OTT 业务、虚拟运营商以及移动互联网的兴起，传统运营商的业务受到很大冲击。传统运营商赖以生存的短信已经被 OTT 侵蚀很大一部分，短信业务量不断锐减。2014 年双“11”，微信推出“电话本”，更是已经威胁到传统运营商的语音业务。微信电话本不仅将蚕食运营商的利润，更加危险的是会抢夺运营商的通信入口，这一举动将使运营商陷入险境，稍有不慎，运营商就将沦为管道化的工具。运营商当务之急是通过调整自身资费体系来改变现在运营商的颓势。

虽然国际知名运营商有融合型、替代型和区隔型的区别，但是 4G 整体资费套餐体系正在向“简单化、统一化”的方向发展。

笔者分别以美国运营商和日本标杆运营商对这一发展方向进行阐释。

美国运营商具有 Verizon 和 AT&T 两个领先者和 Sprint 这个唯一的挑战者，而日本只有领先者 NTT DoCoMo 和挑战者 SoftBank。这些领先者和挑战者的 4G 资费套餐具有以下特点。

- 美国运营商

Verizon：终端 + 客户导向；后付费，同款套餐、多档位覆盖；预付费，终端区隔，

类型简单。

AT&T：客户+终端导向；后付费，同款套餐、终端区隔；预付费，终端区隔，与后付费结构一致。

Sprint：客户+业务导向；后付费，语音+短信+流量的业务细分型；预付费，终端区隔，与后付费结构一致。

美国运营商的4G资费体系发展统一化，均呈现“终端+客户”导向，采用后付费的同款套餐，套餐体系结构呈现终端简单区隔以及类型简单的特点。

- 日本运营商

NTT DoCoMo：业务+终端导向；同款语音套餐实现不同需求全面覆盖；同款流量套餐实现不同需求全面覆盖。

SoftBank：业务+终端导向；多款语音套餐针对细分市场；同款流量套餐实现不同需求全面覆盖。

日本运营商的4G资费体系和美国运营商一样呈现统一化，资费套餐均围绕“业务+终端”为中心，同款流量实现对不同用户需求全面覆盖，呈现出简单化的趋势。

通过美国和日本的运营商比较不难发现4G资费体系结构趋于“简单化”，而资费套餐的设计导向趋于“统一”的趋势。

国际主流运营商的套餐资费模式呈现以下几个特点：

- 国际运营商的4G套餐基本延续3G套餐的结构，以固定模式为主要形式；
- 流量将作为套餐区隔的关键因素；
- 套餐内语音、短信不限量已成趋势。

运营商根据4G的不断推进以及用户的需求，设计了很多与3G区别很大的套餐资费体系。如NTT DoCoMo语音单价式4G网内无限和流量固定式双阶梯，SoftBank流量的固定式双阶梯，Vodafone的无线语音短信资费套餐，TeliaSonera语音和短信个人固定式家庭免费无限，以及流量个人固定式家庭固定式可共享等新模式。

除了向“简单化、统一化”转变，运营商主套餐总体定价演进呈现流量门槛持平或降低，流量单价持平或降低的特点（见表6-10）。

表6-10 国际标杆运营商定价演化

	流量单价	流量门槛
Verizon	持平	持平
TeliaSonera	降低	降低
EE	降低	降低
SK Telecom	降低	持平
AT&T	降低	持平

Verizon的流量单价、流量门槛在演化过程中持平，主套餐产品的定价特点为定价模式创新。小范围内定价水平小幅下降，产品定价模式的创新使得Verizon并未实际降

价即取得用户 ARPU 的提升。

从 Verizon 的定价模式演化可以看出，Verizon 的门槛从最开始的 1GB 降低到 250MB。低档套餐的流量单价在逐步下降，而高档套餐的流量单价没有变化。例如 2012—2014 年，1GB 的套餐从 \$50 降低到了 \$40，降幅达到 20%。2G 的套餐从 \$60 降低到 \$50，降幅达到 16.7%。而流量高于 4G 的高档套餐价格并没有变化。除此之外，套餐外的流量价格在逐步升高，2012—2014 年，套餐外流量价格从 \$10/2GB 增加到 \$15/1GB（见表 6-11）。

表 6-11　Verizon 的定价模式演化

<table>
<tr><th colspan="2">2010年12月LTE商用初期</th><th colspan="3">2012年Share Everything推出初期</th><th colspan="4">2014年More Everything推出初期</th></tr>
<tr><th colspan="2">积木式套餐：流量叠加包</th><th colspan="3">共享套餐：主套餐</th><th colspan="4">共享套餐：主套餐</th></tr>
<tr><th>流量档位</th><th>月费</th><th>流量档位</th><th>Share Everything后付费套餐（共享）</th><th>超流资费</th><th>流量</th><th>月费</th><th>超流量资费</th><th>语音</th></tr>
<tr><td>1GB</td><td>$20</td><td>1GB</td><td>50</td><td>$15/1G</td><td>$1.99/MB</td><td>$5</td><td>—</td><td>70min</td></tr>
<tr><td>3GB</td><td>$35</td><td>2GB</td><td>60</td><td rowspan="13">$10/2GB叠加不得超过20GB</td><td>250MB</td><td>$15</td><td>$15/200MB</td><td rowspan="13">无限</td></tr>
<tr><td>5GB</td><td>$50</td><td>4GB</td><td>70</td><td>500MB</td><td>$30</td><td>$15/500MB</td></tr>
<tr><td>10GB</td><td>$80</td><td>6GB</td><td>80</td><td>1GB</td><td>$40</td><td rowspan="11">$15/1GB</td></tr>
<tr><td colspan="2" rowspan="10">—</td><td>8GB</td><td>90</td><td>2GB</td><td>$50</td></tr>
<tr><td>10GB</td><td>100</td><td>3GB</td><td>$60</td></tr>
<tr><td>12GB</td><td>110</td><td>4GB</td><td>$70</td></tr>
<tr><td>14GB</td><td>120</td><td>6GB</td><td>$80</td></tr>
<tr><td>16GB</td><td>130</td><td>8GB</td><td>$90</td></tr>
<tr><td>18GB</td><td>140</td><td>10GB</td><td>$100</td></tr>
<tr><td>20GB</td><td>150</td><td>12GB</td><td>$110</td></tr>
<tr><td>30GB</td><td>225</td><td>14GB</td><td>$120</td></tr>
<tr><td>40GB</td><td>300</td><td>16GB</td><td>$130</td></tr>
<tr><td>50GB</td><td>375</td><td>18GB</td><td>$140</td></tr>
</table>

总体来说，Verizon 主套餐产品的定价主要体现出定价模式创新，小范围定价水平小幅下降的特点。

除此之外，产品定价模式的创新，使 Verizon 在降低用户价格感知的同时，并未实际降价即取得用户 ARPU 的提升。

如表 6-12 所示，Verizon 通过将语音和短信设定为不限量的模式，使得客户价格感知下降，最后的结果是用户的最低消费上升。Verizon 正是通过合理的资费结构调整优化用户价格感知，提高用户 ARPU 即运营商流量收入。

表 6-12　Verizon 语音、短信不限量模式

	2010年12月LTE商用初期		2014年More Everything推出初期	
套餐结构	积木式套餐		固定式套餐	
语音	450min	$40	无限	
短彩信	无限	$20	无限	$40
流量	1GB	$20	1GB	
终端接入费	N/A			$40
1GB场景下费用合计	$80			$80
最低月消费	$40			$80

TeliaSonera 与 EE 的流量单价和流量门槛都在演化过程中下降，主套餐定价结合流量额度及速率两个要素，适应不同时期用户需求；在用户规模扩大的基础上实现流量价值大幅提升。

如图 6-3 所示，从最开始的 2010 年 10 月，TeliaSonera 通过无限流量吸引用户入网。2011 年 4 月到 2012 年 4 月这段时间，进行小幅降价，在同等流量情况下，以更低的价格吸引用户，增加用户粘度，平均价格从 2$/GB 降低到 1.85$/GB。之后在 2012 年 4 月到 2013 年 9 月这段时间，平均单价从 1.85$/GB 骤升至 59.46$/GB，增幅高达 3 114%。通过提升价格，将定价模式转向小额流量收费，单位流量价格因此大幅上升。

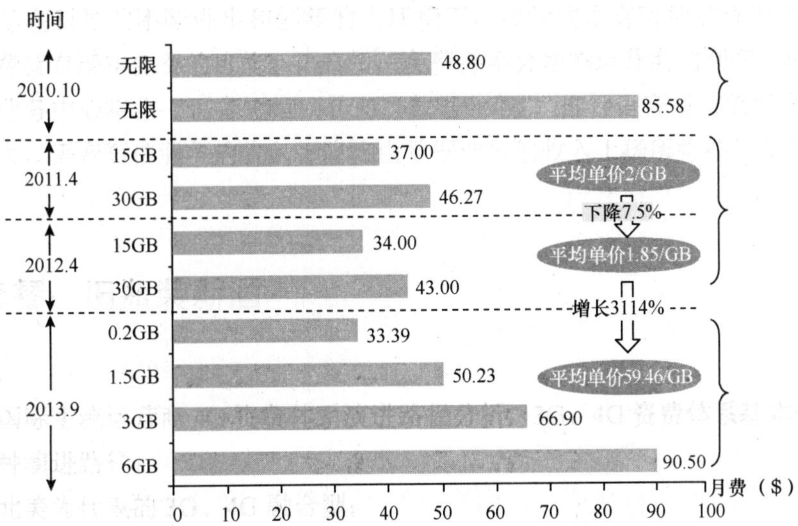

图 6-3　4G 移动宽带套餐流量定价演进

除了定价模式的演化，TeliaSonera 的流量额度也从最开始的无限下降到 30GB、

15GB，最后又下降到 0.2GB、1.5GB、3GB 和 6GB。与此同时，网络的速度也从最开始的慢速提高到 2011 年 4 月到 2012 年 4 月阶段的中速，最后达到高速的程度。

以上所有的过程都为扩大用户规模以及提升流量价值。

EE 采用的方法和 TeliaSonera 略有不同，EE 主套餐流量产品的演进特点是：网速区隔流量用户，购机款与月费搭配多样化，低价高速吸引用户入网，流量单价下降。

EE 的定价演化趋势分为三部分（见图 6-4）。

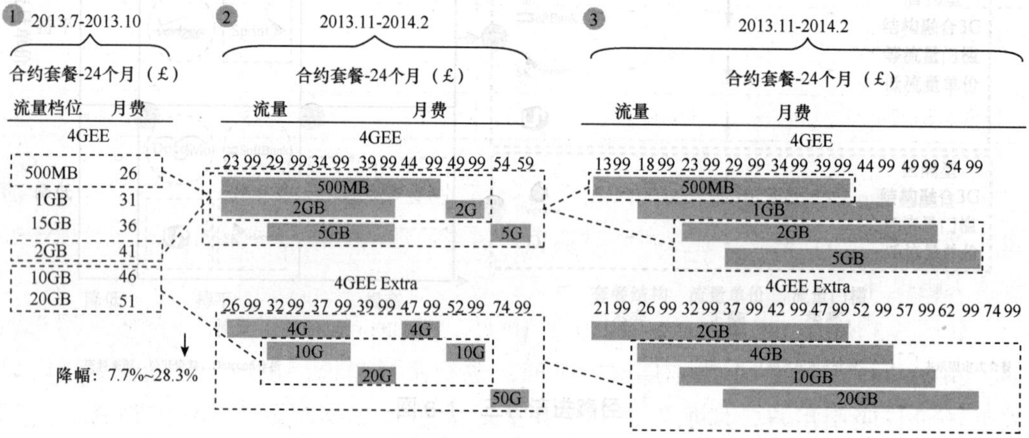

图 6-4 EE 的定价演化趋势

- 网速区隔流量用户：中小流量用户 + 大中流量用户，不断细化两类用户可选流量 & 价格档位。
- 同等流量档位多种月费选择：灵活调整终端价格与月费比例，增加用户选择。
- 低价高速吸引用户入网：同等流量 4G Extra 价格更低。

AT&T 在定价演化过程中，流量门槛持平，流量单价降低。手机终端套餐增设低流量档位，中高流量档位流量单价小幅下调；数据终端套餐先取消高档流量套餐，中低流量套餐价格不变，后取消共享，套餐内流量减少，单价上涨，套餐外单价下调。

从表 6-13 中可以看出，AT&T 在 2014 年 3 月后增设 300MB 的低流量档位数据共享套餐，这在 2013 年 3 月的套餐中没有出现过。同时可以看出，中高档的流量单价呈现小幅下调，如 6GB 的价格从 \$90 下降到 \$80，降幅为 11%。6 ~ 100GB 流量的所有套餐，资费都有小幅下降，下降幅度 11% ~ 25% 不等。而在 2014 年 10 月后，AT&T 在维持低流量套餐门槛的同时，降低了 1 ~ 6GB 流量套餐的价格，实现对低流量用户流量消费行为的进一步培养。AT&T 流量定价模式的演化，体现了 AT&T 的取消共享，按终端、档位精简套餐内小流量高单价、套餐外差异化定价的特点。

SK Telecom 主套餐产品的演进呈现套餐内语音短信不变、流量额度增大的趋势，尤其是低档位套餐流量增幅更大，体现通过餐内流量增长、可比单价下调刺激用户使用流量但同时不降低 ARPU 的思路。

表 6-13 AT&T 定价模式演化

2013年3月			2014年3月			2014年10月		
固定式：共享套餐（流量共享）			共享数据流量选择			共享数据流量选择		
资费	流量	餐外计费	资费	流量	餐外计费	资费	流量	餐外计费
			$20	300MB	$20/300MB	$20	300MB	$20/300MB
$40	1GB		$45	1GB		$25	1GB	$20/500MB
$70	4GB		$55	2GB		$40	3GB	
			$70	4GB		$70	6GB	
$90	6GB	$15/GB	$80	6GB				
			$90	8GB				
$120	10GB		$100	10GB	$15/GB	$100	10GB	$15/GB
$160	15GB		$130	15GB		$130	15GB	
$200	20GB		$150	20GB		$150	20GB	
$300	30GB		$225	30GB		$225	30GB	
$400	40GB		$300	40GB		$300	40GB	
$500	50GB		$375	50GB		$375	50GB	

表 6-14 中，同档位的月费套餐下，语音、短信服务不变。随着 2011 年 7 月到 2014 年的定价模式演化，同档套餐的流量持续增高，低档流量套餐的跌幅在 100% 以上，同时流量价格也不断下降，下降幅度为 40% ～ 60%。

表 6-14 SK Telecom 定价模式演化

LTE主套餐月费（韩元）	2011年7月LTE商用初期流量档位	2013年7月流量档位	2014年流量档位	流量增长幅度（商用初期至今）	流量价格增长幅度（商用初期至今）
34 000	350MB	550MB	800MB	128.57%	−56.25%
42 000	700MB	1.1GB	1.6GB	134.06%	−56.25%
52 000	1.2GB	2GB	2.6GB	116.67%	−53.85%
60 000	3GB	5GB	5GB	66.67%	−40.00%
72 000	5GB	9GB	9GB	80.00%	−44.44%
85 000	7GB	13GB	13GB	85.71%	−46.15%
100 000	10GB	18GB	18GB	80.00%	−44.44%

SK Telecom 针对 1.2GB 流量以下套餐，在同档资费上的 LTE 套餐价格略低，流量更高；而 1.2GB 流量以上套餐，在同档资费上，3G 套餐包含更多语音、短信及流量。

从表 6-15 中可以看出，通过 3G 与 4G 的区隔定价，可以促使用户迁移。根据 SK Telecom 研究，其 3G 无限量套餐用户的月均流量为 1.1GB。SK Telecom 的 LTE 资费与 3G 交替上升，取消不限流量套餐，在近似月费档水平上，4G 月费更低，且流量更高，促进用户迁移。例如，同为第一档套餐，LTE 的流量为 0.35GB，高于 3G 套餐的 0.1GB；第二档 LTE 流量为 0.7GB，依然高于 3G 的第二档的 0.5GB。通过这种区隔定价，使得用户更多地倾向于选择 LTE 套餐，从而成功达到用户迁移的目的。

表 6-15　SK Telecom 的 3G、4G 套餐对比

<table>
<tr><th colspan="4">LTE套餐</th><th colspan="4">3G套餐</th></tr>
<tr><th>月费
（韩元）</th><th>语音
（min）</th><th>短信
（条）</th><th>流量
（GB）</th><th>月费
（韩元）</th><th>语音
（min）</th><th>短信
（条）</th><th>流量
（GB）</th></tr>
<tr><td>34 000</td><td>120</td><td>200</td><td>0.35</td><td>34 000</td><td>150</td><td>150</td><td>0.1</td></tr>
<tr><td>42 000</td><td>180</td><td>200</td><td>0.7</td><td>44 000</td><td>250</td><td>250</td><td>0.5</td></tr>
<tr><td>52 000</td><td>250</td><td>250</td><td>1.2</td><td>54 000</td><td>300</td><td>250</td><td rowspan="4">无限</td></tr>
<tr><td>62 000</td><td>350</td><td>350</td><td>3</td><td>64 000</td><td>400</td><td>450</td></tr>
<tr><td>72 000</td><td>450</td><td>500</td><td>5</td><td>79 000</td><td>600</td><td>650</td></tr>
<tr><td>85 000</td><td>650</td><td>650</td><td>7</td><td>94 000</td><td>1 000</td><td>1 050</td></tr>
<tr><td>100 000</td><td>1 050</td><td>1 050</td><td>10</td><td colspan="4"></td></tr>
</table>

套餐的组合元素将会根据用户的需求不断改变，现在的 4G 阶段，定向包的需求很高。很多运营商也推出定向包，为用户提供便利。定向包在将来会加入运营商的资费套餐。

下面以 SK Telecom 为例介绍定向包如何为用户带来便利。

SK Telecom 的定向包包括游戏类和音乐类，并且有定向包和流量的组合套餐。

其中游戏类包括 LTE Kart rider Rush+ 定额制和 LTE Genesis 定额制。例如 LTE Kart rider Rush+ 定额制即为跑跑卡丁车游戏的流量包 +game items 包月服务。用户通过支付 3 000 韩元即可享受 Genesis 无限畅玩免流量费的服务，并且每月额外获得价值 4 000 韩元游戏点数（相当于 8 000 点）。同样，LTE Genesis 定额制是针对 Genesis 游戏的“流量包 + 游戏点数”包月服务。用户支付月费 3 000 韩元，即可享受 Genesis 无限畅玩免流量费的服务，并且每月额外获得价值 4 000 韩元游戏点数（相当于 8 000 点），玩游戏时不扣去点数。

音乐类的定向包包括 Melon Streaming，作为一个音乐 App，使用 Melon Streaming 或者 Melon Streaming Club 时的流量不计入套餐内流量。App 可以免费下载，但是需要支付 7 000 韩元月费，之后可以享有音乐内容全部免费、免收流量费用，但是有 3GB 的限额。主要是针对 LTE 手机用户。

“定向包 + 流量”组合包括视频类大流量应用，提供流量计价、包月有限流量、资源费及“流量费 + 资源费”等多种计费方式，避免不限流量定向包的定价模式给网络带来的负担。SK Telecom 的“定向包 + 流量”组合包括体育直播节目、TV/ 电影等直 / 点 / 转播以及教育类内容服务。

体育直播节目包括 T-baseball 和 T-basketball 两部分，T-baseball 是棒球视频应用，转播棒球联赛的 App，提供实况转播、棒球相关新闻等内容，并支持重复点播赛事片段。T-basketball 是篮球视频应用，篮球赛实况转播 App，提供影像 / 文字、赛事记录等信息。

对于体育节目可以使用按量计价、月费有限量使用和购买 T-Sports Pack 使用券。按量计费，是按照流量收费，下载 App 免费。月费有限量使用是用户支付 9 900 韩元月费，获得每天 2GB 免费流量观看，观看直播免收资源费，另收 VOD 点播费。T -Sports Pack 使用券是观看资源免受收流量费，例如一个月使用券就是用户一个月内观看资源不消耗流量。

TV/ 电影等直 / 点 / 转播和教育类内容服务也都是采用按量计费和购买使用券的方法进行购买。

再例如 SK Telecom 的购物平台 App T-Shopping，作为一款提供实时 TV Home Shopping 和 Video Shopping 的购物平台 App，该应用与各大 Home Shopping 提供商合作，用户通过 T-Shopping 购物能够获得一定折扣。该应用通过零售商向 SK Telecom 支付流量费，SK Telecom 提供零售商入驻的购物平台，公会借此可以免费使用且获得购物折扣。通过这种方式，SK Telecom 将提高自身对用户的粘性，后付费模式也使运营商的收入波动减小。

同时 SK Telecom 还有类似于营销的工作岗位，通过完成任务获得点数，利用点数换取流量或商品，通过该应用，SK Telecom 可以达到培养客户流量使用习惯，提高客户粘性的目的。

未来的资费套餐将进入按需收费的阶段，自由组合的积木式套餐是大趋势。用户可按照自己的需求选择语音、短信、流量、App 等产品的套餐。

笔者将通过 EE 的积木式套餐简单介绍自由组合套餐（见图 6-5）。

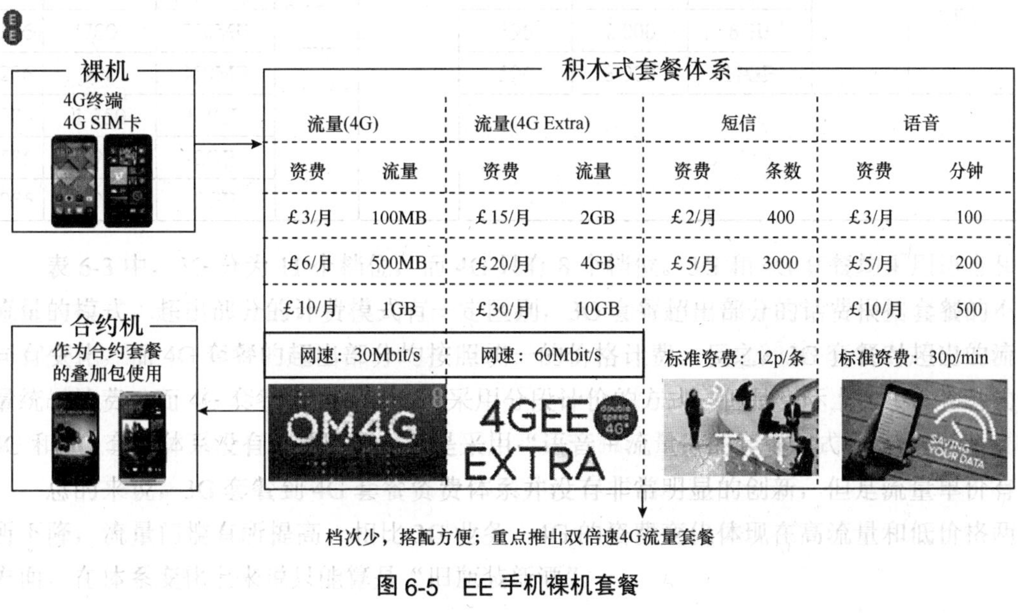

图 6-5　EE 手机裸机套餐

EE 的积木式套餐体系包括流量、短信和语音。用户可自行选择所需套餐，例如，用户选择了 100MB 的 4G 流量，又搭配选择了 500min 的语音时长，则本月费用为 6 英磅。

未来运营商将向定制化服务发展，套餐将细分到各个客户群。运营商的资费体系是围绕着“用户导向”的，面对不同需求的客户群，运营商将会逐步开发出更符合客户的套餐。下面以 LG U+ 为例来介绍客户导向的套餐。

LG U+ 按照客户的不同需求，推出很多定制化的套餐，如青少年套餐、老年套餐以及专为社长人士（即企业领导）准备的套餐。

LG U+ 推出的针对青少年的套餐（见表 6-16）具有以下特点：

表 6-16　LG U+ 套餐

套餐名称	月费（韩元）	数据流量/语音通话/视频通话	SMS（条）	流量
LTE青少年19	19 000	20 000RING*	1 000	350MB
LTE青少年24	24 000	28 000RING	1 000	500MB
LTE青少年34	34 000	34 000RING	1 000	750MB
LTE青少年42	42 000	52 000RING	无限	1.5GB
LTE青少年50	50 000	60 000RING	无限	2.2GB

* RING计算方法：数据流量1MB/20.48RING，语音1s/2.5RING，视频通话1s/2.5RING

- 套餐资费门槛低，青少年能够以更低的价格获取套餐；
- 语音流量等元素能自由转换，数据流量、语音通话、视频通话可以自由转化，达到按需分配的目的；
- 具有更多的附加优惠，如 U + Zone、U + Box、U + Navi LTE。

LG U+ 的老年人套餐只有 LTE Senior 15 一种，月费为 1 000 韩元，套餐包括网内网外 70min 语音以及视频通话、网内 30min 视频通话、80 条短信、20MB 流量以及白银保镖等附加优惠。除此之外，老年人套餐还提供网内网外通话 20% 折扣。

老年人套餐与年轻人套餐相去甚远，主要是以视频通话以及语音折扣为主，同时附加个性化服务。

LG U+ 针对社长人士的套餐，主要以积分以及优惠券为差异点。

社长人士套餐包括语音视频、短信、流量以及积分和优惠券，同时社长套餐全系列附加优惠包括 Mannercall、U+Zone、U+Box、U+Navi LTE、mVolP。附加服务中包括一项移动主页 Dingdong，是由 LG U+ 开发的生活类 App，用户可通过 App 查找附近美食和娱乐商铺。加入社长套餐的社长，可在 Dingdong 上免费获得店铺主页用于宣传等。除此之外，一定额度积分及优惠券供应给店铺，由社长发放给顾客，顾客使用积分和优惠券给店铺带来的收入差额由 LG U+ 支付。

第七章 品牌与服务

7.1 品牌故事：自立门户vs子承父业

品牌作为宝贵的无形资产，浓缩了企业文化，在现代商业社会中演变为竞争主体。纵观全球运营商的品牌策略，其规划基本按照企业层、网络层、目标市场层、服务与业务层等维度进行设计，品牌制定或突出品牌的目标市场特征，或强调网络制式，或展现业务功能属性。

在 4G 牌照发放以后，如何运营 4G 业务就成为运营商目前关注的重点。在品牌方面，国际运营商的主流选择往往有两大类：一类是独立的 4G 业务品牌，例如 NTT DoCoMo 的“Xi”；另外一类是直接将 4G 或者 LTE 的字样冠在企业品牌或者全业务品牌下，作为 4G 业务品牌，如 Verizon 4G LTE。选择哪类品牌模式，往往与电信运营商的整体品牌架构和策略相关。

7.1.1 自立门户：塑造全新品牌

NTT DoCoMo 是日本最大的运营商，在日本占有近一半的市场份额，在 4G 时代自然不会落下前进的脚步。DoCoMo 一直秉承按技术演进建立细分品牌的策略，因此不像其他大多数运营商那样仅建立独立的 LTE 业务标识，而是针对 LTE 建立独立的 4G 业务品牌。2010 年 12 月 DoCoMo 启动 LTE 的商用服务，该品牌名称为“×i”，读音为“crossy”。“×”代表“人、物、信息的互联”和“无穷的通信潜力”，“i”则代表“identity（个体用户）”和“innovation（创新、改革）”。这个 Logo 意在表达各色各样的人、物和信息有机地互联，通过在通信方面的创新，不断引起改革的潮流。而“×i”Logo 的图形设计除了让人直观地感受到“互联”，传达 DoCoMo 视用户为伙伴的宗旨，同时还表达了一种无限（∞）可能性的含义。

NTT DoCoMo 在业务运营中，一直将数据业务的发展放在首位。从最初的 i-mode 业务，到全球抢先推出 3G 商用服务 FOMA，无不是以数据业务发展为指向。在从话音时代向数据时代的转变中，“内容为王”是 DoCoMo 所推崇的。2014 年，DoCoMo 的 LTE 网络覆盖率已达到 80%，预计到 2015 年将提升到 98%。“×i”品牌下的手机、平板电脑、上网卡等终端设备除了已经深入日本民众人心外，还赢得了手机厂商的认可。尽管到了 4G 时代，DoCoMo 倾力打造的 i-mode、FOMA 等品牌将会随着技术的发展而逐渐消失，但凭借着自身在日本以及全球树立的品牌优势及良好的信誉，还有在前两代业务运营中积累的丰富经验，再加上目前已经建立起来的广泛的异行业联盟、对 4G 业务等的先期研究，DoCoMo 不难通过对自身业务重点的调整，从容面对未来通信发展的冲击。

Everything Everywhere 是法国电信（France Telecom）与德国电信（Deutsche Telekom）于 2010 年在英国成立的一个合资公司。起初，法国电信旗下的品牌 Orange 和德国电信旗下的品牌 T-Mobile 还在独立运作；但 Everything Everywhere 一直在加快对 Orange 和 T-Mobile 在英国原有网络的整合及对现有网络进行技术升级的步伐。2012 年 5 月，Everything Everywhere 宣布已完成 Orange 和 T-Mobile 两个网络的 3G 数据服务整合工作，这一为期两年的整合工作包括开通跨语音呼叫和无缝 3G 共享，意味着 2 700 万的 Orange 和 T-Mobile 用户可以共享网络。2012 年 10 月，Everything Everywhere 推出英国首个 4G 网络服务，为家庭和企业客户同时提供 4G 移动连接和光纤，并启用统一的全新品牌“EE”。新商标的形象由著名公司 Wolff Olins 设计，EE 的首席执行官 Olaf Swantee 对它的评价是：“为我们的客户提供一个简单的新名称，取代笨重的 Everything Everywhere 标志。”他还表示，EE 对于消费者来说，将会是一个全新的简单而又具有可视化的信号品牌。EE 的品牌重塑计划还包括：接手 Orange 和 T-Mobile 这两个品牌在英国的网站。2014 年 4 月开始，登录 T-Mobile 网站的用户会被直接跳转 EE 网站，Orange 网站虽然仍提供一些综合新闻内容，但也已开始引导移动用户前往 EE 网站。

EE 认为 4G 是它的一种拳头产品和优势资源，故在运营 LTE 的初期，从统筹运营、IPO 上市等角度考虑，推出全新的客户品牌 4G EE；并且，从公司利益最大化的角度出发，其资费单价水平比 Orange 的 3G 资费单价水平高 10%，比其竞争对手的 3G 资费高 20% ～ 40%。但另一方面，推出新品牌的做法增加了营销的难度，增加了用户的学习和选择成本；而较高的定价也增加了用户选择 4G 的心理障碍，一定程度上影响了用户的发展速度。对此，EE 通过不断调整其 4G 资费策略进行改善，从满足用户多方面需求（分享套餐、预付费、多终端）出发，大幅下调套餐内单价水平，降低套餐门槛并提供灵活多样的超套餐叠加包选择方案，使得其 4G 资费越来越具有市场竞争力，激励更多的 3G 用户升级到 4G 网络。

7.1.2 “子承父业”：延续辉煌传统

Verizon是美国最大的电信运营商之一，也是目前4G网络覆盖最好的运营商。在品牌架构上，Verizon秉承统一品牌策略，仅建立LTE业务标识，提升原有业务品牌的内涵。Verizon直接将技术标准简称定为4G服务品牌的名字（4G LTE），将4G品牌置于运营商企业品牌之下，面向所有细分市场提供一站式的服务。在2010年正式商用LTE网络时，Verizon已经是一个知名度非常高的品牌，在2010年度“BrandZ最具价值全球品牌100强”中排名第20位，击败排名第22位的AT&T，在北美移动运营商中排名第一。因此，Verizon希望能借助原有品牌的影响力，给新业务的展开铺平道路。

Verizon的LTE网络定位是“全美最快的4G网络”。2014年5月，Verizon进一步推出4G网络品牌“XLTE”，被称作全美规模最大、最可靠的LTE网络，能够提供两倍于现有宽带网速的体验，覆盖超过97%的美国境内用户。XLTE网络的推出，能够优化城市用户的上网体验，更重要的是在与AT&T、T-Mobile等运营商竞争时取得优势。

基于类似的理由，AT&T、LG U+、KDDI等在市场中占优的运营商，也是将运营商名称或3G时代的全业务品牌置于4G服务名称之前，作为自己的4G品牌。

SK Telecom是韩国三大电信运营商中规模最大的运营商。除了相当于DoCoMo的i-mode和FOMA的全业务品牌Nate和June，SK Telecom还采取多品牌策略，对年轻用户群完全按照消费特征而非消费水平进一步进行了细分，基本上每隔5岁就形成一个细分用户群，并分别推出相应品牌和一整套业务。例如，针对13～18岁的学生群体的Ting品牌，目标客户群的特征是娱乐时间长、创新意识高，因此提供的应用以下载、游戏、娱乐、社区、高考等为主。针对19～24岁大学生或白领群体的TTL品牌，目标客户群的特征是将步入社会或初入职场，因此提供的应用以时尚休闲、国外人文、工作相关为主；此外SK Telecom还在首尔的5个地点和其他9个城市都开设了TTL Zones休息厅，用户可在休息厅试用新款移动设备和新型应用，该休息厅还有手工艺品展、扮靓秘诀、特别音乐会宣传、中心最上镜顾客比赛等活动。而针对25～35岁职业人士的UTO品牌，目标客户群的特征是职场工作压力较大，工作和个人事务较多，因此提供的应用以移动支付、金融服务和企业办公等移动商务服务为主。SK Telecom还针对各客户品牌，设计相应的产品政策，包括资费政策、会员服务和活动等。

在推出LTE业务时，SK Telecom秉持一贯的针对不同年龄用户群推出差异化服务的策略。例如面向18岁以下用户，SK Telecom提供LTE远程教育服务，使用户免费使用T-Smart英语学习多媒体内容和其他教育视频；面向65岁以上的用户，SK Telecom则免费提供一年的“电话诈骗保险”；面向中青年用户，SK Telecom则捆绑提供网游、电影等内容。

7.1.3 自立门户vs子承父业：对中国运营商的启示

从全球范围来看，中国打响4G发令枪的时间并不算早，尤其是与欧美、日韩相比，我们的脚步慢了三四年。在国内，由于目前只颁发了一种制式（TD-LTE）的牌照，所以三家运营商投入4G的热情也不尽相同，对4G商用最为积极的是中国移动——这家运营商在3G时代品牌受损，大批高端用户流失到中国联通和中国电信，其传统业务也受到来自OTT的严重侵蚀，网络压力巨大，所以急需尽快启动4G网络服务来扭转不利局面。

在从2G向3G的发展过程中，三大运营商均创立了全新的3G品牌，包括中国移动“G3”、中国联通“沃”和中国电信“天翼”。中国移动“G3”以“引领3G生活”为口号，但并没有进行大规模的宣传，隐藏了不成熟的TD技术形象，更多是在强调网络覆盖、计费以及服务。中国移动3G时代的保守，除了TD业务层面不理想，或许还有高层团队不稳定的因素。中国联通拿到了网络最为稳定的WCDMA，被寄予期望也最高，被誉为中国联通的逆袭机会，3G时代中国联通实现了数据收入以及个人客户数的双重增长，整体营业收入大大提高，同时积淀了大量的品牌口碑。中国电信是经过重组后获得了移动业务，亟需一个全新的移动业务形象和标识，带着翅膀的LOGO体现了中国电信在3G时代巨大的野心，所以中国电信将“天翼”的品牌从LOGO到内涵定义为所有移动业务的品牌形象。从无到有，中国电信轻装上阵，在3G时代取得了意想不到的效果。

在4G时代，中国移动率先整合品牌元素，于2013年12月推出“和”（英文名AND，代表a new dream）这一品牌，持续着品牌符号的东方式表达，完成了从“G3太极风”到“国学范”的递进。其实回顾中国移动的品牌扩张路径，在十几年的发展历程中诞生了以网络制式、目标客户、业务为维度的各类子品牌，品牌诉求已显凌乱。此次的整合覆盖了中国移动3G时代推出的定位不同用户群体的“全球通”、“神州行”和“动感地带”三个子品牌，统一了商务品牌，将品牌意义聚焦在“和”这个具备普世意义的符号下，定格了品牌诉求的稳定性和延续性，将品牌文化沉淀在具备东方文化特征，体现“中国梦”的品牌符号上，间接获取了品牌传播的“最大公约数”。至此，中国移动的整体品牌规划可谓一“和”永逸。同时，受惠于国家电信管制政策，中国移动的TD-LTE网络可以“快人一步”地实现商用，因此通过文化属性和物理网络的功能诉求，中国移动实现了成功的4G品牌传播。

中国联通凭借“沃”在3G时代占据巨大市场份额，为保持优势采用了简单的品牌延伸策略，继续推出“沃4G”，旨在强调4G网络将延续3G网络的优质表现，持续为用户带来优质无线宽带体验。“选4G，就选沃”、“一路领先，沃就是快”这些广告标语暗示中国联通将持续提供优质的网络，强调其“3G+4G”高速网络的优势。同时，中国联通还针对不同目标市场和应用需求推出新品牌，“沃云”就是针对云存储、备份需求推出的。

中国电信4G移动业务品牌也延续3G时代的品牌“天翼”，命名为“天翼4G”。“天翼”英文名称“e surfing”，中文名称和飞翔、翅膀、天空直观相关，体现了自由自在的移动体验和广阔的覆盖；又与“添翼”谐音，寓意用户使用中国电信的移动业务后如虎添翼。“天翼”品牌自2009年推出后，3G渗透率超过50%，因此继续这个称谓相当有必要。同时，“天翼4G”强调“更快更好”，即4G网速更快、用户体验更好，中国电信希望用户在4G时代可以更畅快地体验移动信息服务，享受更高品质、更自由的信息新生活。

在4G发展初期，品牌宣传可以影响用户心理，一定程度上避免用户转投其他运营商。中国电信“天翼”、中国联通“沃”作为全业务品牌，在3G时代已获得较高知名度，4G沿用原有的品牌可使用户的认知具有延续性和亲切感；相比之下，中国移动推出全新品牌“和”，既是为了改变其在3G时代的弱势形象，又传递出加快发展全业务的信号。

7.2　品牌故事：创新者的足迹

1G时代，用户需求较低，只要能通话，无所谓品牌，价格也是运营商趋同制定的。人们手里攥着“大哥大”，那是有钱和时髦的象征。通信业务的办理是通过营业厅完成。

2G时代，用户对通话的质量有了一定的要求，品牌与价格差异化也逐渐形成。人们不再满足握着“大哥大”上街，轻巧易携带的功能机产生了。同时，“全球通”被定位于商务人士的选择，品牌差异化、服务差异化、价值差异化凸显。用户除了从营业厅办理业务外，也可以从街面上的通信专营店中获取常规服务。

3G时代，对大多数中国人来说是一个“美丽的神话”，短暂而美好。它除了传承1G、2G时代的用户规模发展、语音需求的满足之外，品牌差异化、服务差异化、价值差异化更加明显。用户获取服务的节点从营业厅和通信专营店，扩展到小超市、报刊亭。

4G的到来，不仅可以让用户享受到更高速的无线连接，也将进一步推动移动互联网产业的发展，催生更多的业务形态和服务模式。因此，运营商必须进行商业模式、业务模式和运营管理体制创新，与互联网企业、虚拟运营商实现合作共赢，通过创新维护自己的品牌，促进持续发展。

品牌不只是名称和口号，它还包括用户心中对产品与服务的认知程度。做品牌不仅要靠广告，也要靠本身的业务、服务、网络、营销等综合素质给周围有关系的人，例如用户、设备供应商、投资人、媒体等的感知。品牌定位的核心是展示公司的竞争优势，并通过市场推广将品牌所包含的核心价值传达给用户。

7.2.1 AT&T：汰弱留强，统一品牌

AT&T 目前运营着全球最大、最选进的通信网络，是世界领先的端到端宽带数据和信息服务商。长久以来，AT&T 的品牌代表着可靠和优质的服务，因而成为众多客户信赖的合作伙伴。在由世界高端品牌传播服务集团 WPP 旗下权威调研公司 Millward Brown Optimor 发布的 2014 年度“BrandZ 最具价值全球品牌 100 强”报告中，AT&T 凭借 779 亿美元的品牌价值位列第八，为唯一进入榜单前十的电信企业品牌。

2005 年，原先从 AT&T 分拆出去的西南贝尔（SBC）以 160 亿的价格收购了 AT&T，但令人意外的是，西南贝尔放弃了耗费多年精力和高达 15 亿美元打造的“SBC”品牌，保留了 AT&T 的品牌，理由是 AT&T 已经成为美国企业史上历史最为悠久、知名度最高的品牌之一。据相关研究显示，可以追溯至 1885 年的 AT&T 品牌在美国认知度极高，98% 的美国消费者认识该品牌，商界的认知度更高达 100%，其全球知名度也接近 100% 的水平。显然，保留 AT&T 的品牌，将有助于新公司各项业务的开展。西南贝尔的收购使 AT&T 获得新生，新公司的目标是成为美国境内的全面通信服务供应商，其中包含本地电话、长途电话、移动通信、互联网接入甚至电视服务。而这些服务都将统一使用 AT&T 品牌，以求使公司更容易得到客户的认同。

作为美国第二大移动运营商，AT&T 曾经有 AT&TWireless 品牌，却在 2004 年以 410 亿美元的价格卖给移动运营商 Cingular，自那以后 AT&T 就没有自己的移动网络品牌了。2005 年，Cingular 放弃 AT&TWireless 并将用户转移，AT&TWireless 就此销声匿迹。然而 2007 年 1 月 AT&T 又斥资 860 亿美元收购 Cingular 的第一大投资方南方贝尔（Bell South），获取了移动运营商 Cingular 的完全控股权，为其未来无线业务的开展创造便利。紧接着，为更好发挥集团的优势，AT&T 对 Cingular 的各项业务统一冠之以集团品牌“AT&T”。

粗略看来，扼杀 Cingular 是个代价高昂的决定。这个品牌只有六年历史，却已经拥有耗资 60 多亿美元打造出来的品牌溢价。在 2006 年的前 9 个月，仅在媒体广告方面的投入就超过了 10 亿美元。除此之外，Cingular 以现代时尚、活力四射的品牌形象获得年轻消费群体的认同。

但是，对于 AT&T 来说，将 Cingular 整合到自己的企业品牌整体架构中，要比维持其独立而带来的好处更为重要。AT&T 董事长兼首席执行官 Edward E. Whitacre Jr 宣称，“AT&T、南方贝尔和 Cingular 现在是一家公司了，在统一品牌下推广我们的服务才是正确的举措”。首先，统一品牌可以降低营销成本。移动通信的品牌成本是一年十亿美元量级的，主推一个品牌当然要比经营两个截然不同的牌子省了好多钱。其次，将所有的资源、人力和注意力放在一个品牌上，也可带来额外的战略优势。多数的大公司为了打造一个强有力的全球品牌而竭尽全力，对于这个领域来说，多品牌经营的难度之大简直无法想象。此外，AT&T 还深信，通过将 AT&T 与 Cingular 在较长的过渡期内进行联合推广，可以保留 Cingular 的所有优秀内涵，使 AT&T 这个笨重、保守、

与用户渐行渐远的品牌焕发新生。AT&T 认为，通过单一品牌的方式可以向用户传达一个信息：AT&T 是一家包括无线、电视、固网等诸多服务的一站式电信服务巨头。

两次大规模的收购完成后，原先西南贝尔、南方贝尔的固话业务以及 Cingular 的移动业务，都被统一到“AT&T”的新品牌之下。同时，AT&T 选择“AT&T+ 业务名称”作为业务品牌，例如针对住宅用户提供 AT&TDoublePack、AT&TTriplePack、AT&TQuadPack 等多重打包业务。此外，各种套餐的设计也都冠以“AT&T ＋套餐名称”的方式，例如 AT&TU-verse 电视套餐、AT&TUnity 社区无线套餐等。尽管放弃老品牌付出了高昂的代价，但由于全球扩展，并购以及品牌打造成本的螺旋式上涨，大型公司首当其冲，只保留一个品牌为 AT&T 节省了大量的广告开支，使得公司能够将更多的资源用于业务的拓展，最终推动了公司整体业绩的增长。

7.2.2 沃达丰：统一品牌，融合文化

“沃达丰”这个名字的灵感来自于单词“声音（Voice）”、“数据（Data）”和“手机（Phone）”，在 2014 年度“BrandZ 最具价值全球品牌 100 强”中排名第二十，是英国最有价值的品牌。

沃达丰认为，品牌对于该公司是除人员资本外最重要的资产。为此，沃达丰在积极实行全球并购策略的同时也在努力打造本土化和全球统一的品牌。形成全球统一品牌也是沃达丰最重要的策略之一。从 2001 年开始，沃达丰陆续将其分布在世界各地的控股子公司统一更名为“Vodafone+ 国家”，以提高集团在全球的知名度，增加品牌的无形资产，促进全球性业务的推广，提高用户忠诚度。例如，将意大利的 Omnitel 更名为 Vodafone Italy，德国的 D2 更名为 Vodafone Germany，日本的 J-Phone 更名为 Vodafone K.K. 等。同时，集团在以上更换了品牌名称的市场中统一开展名为“How are you”的广告战役，宣传集团的全球化产品，例如“Vodafone Live！”“Mobile Office”“BlackBerry”“Mobile Connect Datacard”等，重点强调全球漫游、统一资费和无缝接入等优势，使沃达丰的全球化形象深入人心。此外，沃达丰在企业管理中对内实现“一个 Vodafone”，通过培育“一个 Vodafone”来激励员工对企业的归属感和荣誉感，融合各种文化。尽管沃达丰在世界各地许多国家开展业务，但通过简化流程的扁平化管理，集团做到“形散而神不散”。

沃达丰集团品牌和客户体验负责人 David Wheldon 认为，公司向新兴市场的扩张是品牌得以进一步强大的一大原因。沃达丰一直在寻找新兴市场的机会，因为成熟的欧美电信市场已经因为过度饱和而开始出现增长衰退。为了进入印度市场，2007 年沃达丰以 111 亿美元的现金外加 20 亿美元的债务收购了中国香港和记黄埔集团的印度资产，获得了印度第四大运营商 Hutchison Essar 67% 的股权，并将其品牌更名为沃达丰印度。

沃达丰一直通过强势的营销行为推广品牌。沃达丰认为，赞助要比单纯的广告更能达到提升全球知名度的宣传效果。例如，沃达丰赞助了迈凯伦 F1 车队，这项冠名

赞助包括车队的名字成为“沃达丰 - 迈凯伦 - 梅赛德斯”（Vodafone McLaren Mercedes）以及作为车队的“官方移动通信伙伴”，沃达丰在 2007 年新赛车、车手及维修站人员的工作服和头盔上印上了自己的 Logo，成为最有势力的冠名赞助品牌。随着 F1 运动继续发展，其广大的全球电视覆盖率，使沃达丰的品牌知名度通过车队的名字和商标将继续得到提高。沃达丰与车队的合作关系，通过广告、客户款待、移动通信内容、手机展示销售和促销，形成强大的一体化的市场营销平台，创新的活动将激发顾客对沃达丰品牌的偏好和忠诚。沃达丰与迈凯伦车队之间产生明显的协同增效作用，这将把二者的伙伴关系引向成功。

沃达丰还通过与社交类网站的合作进一步加强品牌建设。随着高速互联网的日益普及，诸如 Facebook 等社交网络已经成为全球数千万年轻人的主要交流平台。另外，移动运营商的核心业务语音通信收入增长逐步放缓，沃达丰的某些移动市场的用户饱和率已经趋近 100%，增长动力日趋匮乏，因此迫切需要新兴无线应用来推动收入增长。2008 年秋天，全球最著名的社交网站之一 Facebook 专门面向移动运营商推出移动平台，允许他们的用户在移动装备上用一种简单的方式与社交网络建立链接，而沃达丰则成为第一个同 Facebook 合作的电信运营商。

7.2.3 SoftBank：营销高手，重塑品牌

SoftBank 集团最初是一家主要致力于 IT、电信产业的风险投资公司。2006 年 SoftBank 以 155 亿美元收购了经营不佳的日本第三大运营商——沃达丰日本。当时日本马上就要启动“携号转网”制度，然而沃达丰日本和其他两大运营商 NTT DoCoMo 和 KDDI 相比，用户体验不佳，各种问题很多。首先，电话很难接通；其次，产品界面设计不符合用户的喜好；在信息服务的种类上，不如 NTT DoCoMo 那么丰富；在内部管理上，也存在不少问题。因此沃达丰日本的品牌号召力有限，舆论普遍认为携号转网后其用户将快速流向其他两大运营商，资本市场很不看好这次收购，SoftBank 的股价一度在半年内暴跌 60%。然而，SoftBank 总裁孙正义不惜向各大银行大举举债，也要收购沃达丰日本。

随后，孙正义的第一步行动便是给沃达丰日本更名，抛弃这个伤痕累累的品牌。一开始孙正义并不想用 SoftBank 的名字代替沃达丰，一方面这是 SoftBank 集团的核心招牌，一旦运营失败，以后 SoftBank 的其他业务就很难开展；另一方面，作为一个 B2B 品牌，此前 SoftBank 在普通消费者中的知名度并不高。不过，抱着破釜沉舟的决心，孙正义还是用 SoftBank 的招牌代替沃达丰日本，将其业务全面改成 SoftBank。

更惊人的是，2006 年 10 月 23 日，日本开始实施“携号转网”制度的前一天，SoftBank 移动宣布了大幅调低手机通话资费的“金计划（Gold Plan）”：所有加入该套餐的用户，在 SoftBank 网内互打电话、互发短信实行免费。为配合这一计划的推出，电视及户外到处可见 SoftBank 铺天盖地的宣传广告，上面用大大的字体写着“0 元”，

一时间有无数用户转投 SoftBank 的网络。不过，细心的人会发现，广告下方往往有一行小字，写着仅限于网内、仅限于非黄金时段等多种限制条件。但是 SoftBank 是一个小运营商，用户数很少，网内互打的用户数并不多，大部分人需要打电话给其他运营商的网络，也不能总在非黄金时段打电话，所以加入计划的用户会发现，他们实际上并不能省多少钱。价格战虽然让 SoftBank 在经济上承受一定压力，但远比看起来的要小。后来，日本另外两大运营商 NTT DoCoMo 和 KDDI 站出来投诉 SoftBank，指出 SoftBank 宣传的“0 元资费”有欺骗消费者的嫌疑，SoftBank 被迫撤下这组广告，但其资费便宜的形象已经在日本深入人心。另外，虽然这让许多愿意图便宜的人加入 SoftBank 的网络，但也让 SoftBank 留下廉价的形象。为了扭转这种形象，2007 年 SoftBank 启用好莱坞明星卡梅隆 - 迪亚兹和布拉德皮特做广告，希望向人们传达它不仅便宜、也很时尚的企业形象，意图扭转人们对过去 SoftBank 的不佳印象。

2006—2008 年，SoftBank 以整体 ARPU 减少 13 美元的代价换取移动业务新增用户市场上的领先地位，SoftBank 移动的用户从 2006 年末的 1 500 多万猛增到 2008 年末的 2 000 万，2013 财年（2013.04.01-2014.03.31）结束时用户总数已达到 3 592.5 万。在日本这个竞争异常激烈的饱和市场，SoftBank 连续 21 个月保持新增用户规模第一，以较小的 ARPU 下降代价换来市场份额的大幅提升，带动 SoftBank 移动的收入大幅提升。

此外，SoftBank 还很注重利用 Facebook、Twitter 这样的社交网站平台宣传自己的品牌，发起促销活动或者发布新产品。孙正义本人就在 Twitter 上有大批粉丝，他很喜欢和用户互动。例如，在 SoftBank 刚开始销售 iPhone5 时，有许多 iPhone 的老用户在 Twitter 上留言说“多给老用户一些优惠吧”，孙正义马上在 Twitter 上回应，然后推出针对老用户的优惠。SoftBank 虽然起步晚，但更具鲜活的生命力，善于借助网络营销，和日本其他运营商老派的形象形成了鲜明对比，深受日本年轻人追捧。

7.2.4　SK Telecom：准确定位，助力转型

SK Telecom 集团是韩国第三大跨国企业，主要以能源化工、信息通信为两大支柱产业。作为与韩国信息通信事业同步发展的企业，SK Telecom 已成为韩国三大电信运营商中规模最大的运营商。韩国的电信企业是行业公认的技术创新者，同时韩国也是移动通信应用最广泛和深入的国家之一。近年来，面对近乎饱和的韩国通信市场以及系列出台的电信管制政策，SK Telecom 及时调整经营策略，将主攻方向由提高市场占有率转向提高用户 ARPU 值。与此同时，面临经济的发展和技术的进步所带来的全球化风潮，SK Telecom 敏锐地觉察到电信企业的全球化会是一股不可阻挡的趋势，因此不断地进行技术更新，寻求海外市场的拓展，积极迎接来自国际市场的挑战。

在世界电子信息产业中，所谓的红蓝色调代表两种经营理念：蓝色象征着科技和理性，红色象征着应用与活力。2005 年 11 月，为了配合企业理念的更新以及进军海外市场目标的确立，SK Telecom 正式更新企业品牌标识，用给人热情、灵活之感的红色

标识代替原来略显严肃的蓝色标识，以体现 SK Telecom“创建幸福社会”的企业使命，由传统的通信企业逐步向重视内容的娱乐型多功能运营商转变的步伐以及开拓海外市场的信念。新版的企业标识由两部分组成：一部分是沿袭旧版 Logo 中的大写字母缩写，红色的两个字母 SK Telecom 位于整个 Logo 的左下方，庄重、热情，又充满了活力，突出 SK Telecom 缔造幸福和温暖世界的企业形象；另一部分是新添加的部分“幸福之翼”——一双美丽的翅膀，看上去既像是一个乘风直上的风筝，又像一只振翅欲飞的蝴蝶，更像是一个融合了现代科技的人造卫星，带给人无限美好的遐想。新标识中的两片翅膀充分体现了 SK Telecom 集团“幸福经营”的理念，向全球市场展翅飞翔的宏大理想和以客户为中心的核心价值。对于 SK Telecom 来说，一双翅膀还象征着企业为客户创造幸福的两大基础：技术创新和海外开拓，前者是 SK Telecom 不断为客户提供更高质量的服务的保证；而后者则是 SK Telecom 在全球范围内为越来越多的客户创造幸福数字生活的有效途径。

从 2000 年 10 月启动世界首例基于第三代技术的 cdma2000 1x 服务，到 2002 年 1 月在全球率先推出 cdma2000 1x EV-DO 商用服务，再到 2003 年成为世界上首家同时采用 WCDMA 和 cdma2000 两种第三代网络标准的运营商，SK Telecom 技术创新的步伐从来都没有停止过，技术的革新不断推动着 SK Telecom 实现其“创建幸福社会”的理念。在 3G 业务推广初期，和其他几乎所有的移动运营商一样，SK Telecom 也认为，3G 时代的首批尝鲜者会是 2G 时代的高端商务用户。然而很快 SK Telecom 就发现，真正对 3G 感兴趣的反而是年轻人，他们有更为充足的时间和热情去尝试新事物，而忙于工作的高端商务人群一开始对 3G 并不感兴趣。SK Telecom 没有墨守最初的定位，秉持开放的心态，很快便调整了主攻方向，推出 3G 业务的客户品牌“June”，头一个字母“j”上面的红色小圆点预示着“June”的主打目标客户群是年轻人。推出的初期，“June”提供了音乐、电影、游戏等娱乐为主的内容，迎合年轻人的心态，让用户感觉到有很多内容可供使用，随后还增加了基于位置的服务、新闻、交通、广播等具有实用性的信息。当“June”已经进入了用户逐渐熟知并经常使用的阶段后，SK Telecom 又在金融交易等方面进行了业务的补充和完善，改变用户的购买方式并逐渐引导了消费新形式，提高了业务价值，逐渐将“June”的用户群从年轻人引导到所有的消费者。

面临传统电信领域逐渐丧失原有优势的时刻，作为产业链龙头的 SK Telecom 积极探寻电信与互联网、广电网的融合服务。继在金融、交通等领域的跨行业应用尝试后，2004 年 3 月 SK Telecom 联合日本东芝成功发射全球第一颗能够向移动终端传输数字电视信号的数字多媒体广播卫星；2005 年 5 月 SK Telecom 启动 DMB（卫星数字多媒体广播）的商用服务，它的出现标志着 SK Telecom 的卫星数字多媒体服务进入了一个新的阶段；次年 9 月，SK Telecom 又宣布 BcN（宽带融合网络）服务试开通运营，它包括语音 / 数据整合服务、有线 / 无线融合服务和通信 / 广播融合服务在内的 32 项 Ubiquitous（无所不在）的应用服务，这些都直接促进了有线与无线融合互动时代的到来。此外，SK Telecom 还积极涉足新一代的高速数据通信服务。在获得韩国信息通信部颁发的移动互联网牌照后，SK Telecom 在 2006 年 6 月启动 WiBro（无线宽带）无线高速接入服务，向用户提供短信、视频、音频、游戏和位置服务以及 B2B、M2M 商业服务等。

为了能为客户提供更丰富的服务，SK Telecom 还主动出击包括影视和游戏等在内的各娱乐行业，努力开创“电信娱乐信息”的新时代。2004 年 11 月，SK Telecom 推出了整合传统互联网与移动互联网平台的音乐服务 Melon，并采用包月制收费方式，即用户支付月租费后，便可以在不同的终端上下载、欣赏音乐，此时只需支付流量费，无需再支付内容费用。用户不仅可以通过 Melon 网站、Melon 播放机获取音乐服务，还可以通过 June 等服务链接 Melon。此外，SK Telecom 还首次提出音乐租赁的理念，用户在定制期内可以自由地下载音乐，但是一旦超出定制期，内置在手机、MP3 或 PC 中的 DRM 管理软件就会自动将音乐内容删除；如果用户想长时间保留该音乐，就需要正式付费购买。这种创新的租赁模式使用户可以根据自己对该音乐的喜好程度决定是否购买，打破了以往买断音乐的经营模式，开创了无线音乐新的盈利模式。短短 3 年时间 Melon 用户数已近 1 000 万。2005 年 6 月 SK Telecom 收购韩国最大的唱片公司——YBM 首尔唱片，并设立 750 亿韩元的音乐基金，专门用于投资制作新节目，与唱片公司合作以及向国际市场进军等。这些举措不仅为 Melon 提供稳定可靠的音乐内容来源，使得用户可以随时轻松地下载最时尚的音乐，还极大地增强 SK Telecom 掌控音乐市场流通渠道的力度。

7.2.5 中国移动：直达用户内心

中国移动注重从单纯建立业务品牌转变为充实品牌内涵。2003 年推出的针对 15 ～ 25 岁青少年用户群的品牌“动感地带”，从名字上就让人感到古灵精怪、充满霸气，其业务、价格和服务策略也是根据目标客户群的心理需求、消费特征进行有针对性的设计，能对客户产生直接影响的品牌宣传更是力求在各方面贴近年轻客户。“动感地带”这一品牌在问世时就确定系统的、成熟的产品理念和宣传策略。一年多的宣传推广过程中，包含时尚、探索、特立独行等元素的“动感地带”全面出击年轻时尚族群，在电视、报刊、网络等各种媒体上的频频露面创造了高知名度。从“我的地盘，听我的”这一主打口号，到符合年轻人品位的风格有些另类的广告，启用年轻人中拥有强大号召力的明星周杰伦作为形象代言人，以及发起各种多样的与年轻人喜好兴趣相结合的推广活动，“动感地带”从始至终保持着有针对性的、立体化的攻势，各个层面各种手段的目标都是直达客户内心。这一品牌策略不但吸引大批年轻客户加入“我的地盘”，包括很多 25 岁以上，但仍然追求时尚，对新业务有浓厚兴趣的人群，更使其影响力由单一的移动通信领域向生活、文化甚至思想上渗透，成为受到普遍关注的“动感现象”。相比中国移动早期推出的没有任何情感色彩和用户体验感受的单纯业务品牌“神州行”和“全球通”，“动感地带”问世时间最短，但是达到了意想不到的传播效果。而且，虽然其定位 ARPU 值低，但数据业务比重高，面向的消费者群体将是未来的活跃力量。

紧随“我的地盘，听我的”之后，作为中国移动通信最重要品牌的“全球通”被赋予“我能”的品牌理念，与过去的“专家品质”相比，体现了企业在制订品牌传播策略方面将产品诉求点从自身转移到客户身上，将产品定位提升到更高的精神层面。与“动感地带”的一夜成名不同，此时“全球通”已有多年历史，是国内最早的移动通信品牌，见证了中国的移动电话从无到有，中国移动通信发展为全球网络与客户规模最大运营商的历程。在此过程中，“全球通”的品牌内涵也在不断积累、丰富、提升、完善。最初，作为 GSM 意译的“全球通”只是单纯的产品名称，之后注重网络质量和漫游功能的宣传，再到被注入“专家品质，值得依赖”的内涵。“全球通”随着中国移动通信市场的变化而变化，由一个没有目标群体，缺少准确定位、内涵的产品名称，发展成为象征“成功、卓越、尊贵”身份的高端客户品牌。作为电信服务行业的客户，全球通客户不但参与电信业的生产过程，更创造了产品的核心价值。随着品牌开始在客户决策中占有主导地位，市场重心由产品转向客户，“我能”的提出意在全面改变全球通以产品为导向的品牌形象，而转为以客户体验为导向设计品牌，从客户角度思维，以求同客户产生共鸣。

“全球通”麾下聚集的是相对稳定、忠诚度较高的社会精英群体，作为老客户，他们中的大多数见证了全球通的发展历程。“能”是能行，能成，也是能力、能干、能人的意思。现在的社会变化多端，能人辈出，“全球通”的客户群体多是中产阶级、成功人士，可谓精英汇集，也正是各个行业的“能人”。他们拥有已步入正轨的事业和高品质的生活，但又同每一个人一样面临不确定的明天。他们自信、积极、成熟，同时又需要保持我能、明天会更好的心态。“我能”从客户角度出发，以一种平等的、有共鸣的语气表现客户的自信心态、行为，包含进取、自信等含义，暗合这些“能人”现今的想法。含义丰富的“我能”两个字紧贴这部分人群的特征和心理需求，虽然只有两个字的肯定词，在意义上却有极大的外延。对中国移动通信的品牌战略来说，“全球通”推出“我能”品牌理念的意义不亚于“动感地带”的问世。毕竟，对现有品牌进行再包装，需要企业明确整体品牌战略并在较长一段时间内都具有可执行性。“全球通”作为中国移动通信旗舰品牌和绝对主力，推出“我能”的品牌理念，不仅是“全球通”品牌提升的重要一步，使其品牌形象丰满、个性鲜明；更表明中国移动通信的品牌战略进入全面深入、精雕细琢的重要阶段，由不断新设品牌转为充实品牌内涵以求实至名归。

7.2.6 中国联通：新形象，新感受

2004 年中国联通用户全国市场占有率为 35.6%，而其收入却只占 27%，这说明联通手机用户中，低端用户占较大比例。从最初的“130”起步，中国联通一直给人一种价格低廉的感觉。在市场竞争日趋激烈，用户通信费用日趋降低的大背景下，中国联通试图冲击移动高端市场也是势在必行。而跨越转网壁垒，则是中国联通在高端市场的主要任务。中国联通首先寄希望于自身的技术和产品优势，强势推出 CDMA，并以

此向移动 GPRS 发起进攻。为成功入市，中国联通前期做了很多市场工作，将 CDMA 的市场定位为中高端用户，与自己的 GSM130 网形成错位经营，并给 CDMA 起了一个全新的名称“联通新时空”。2003 年 CDMA 收入仅占所有业务收入的 28.7%，但到了 2004 年则上升到 33.2%。然而直至 2004 年，CDMA 业务依旧处于亏损的境地，亏损额达到了 5.88 亿元。

在 CDMA 缓慢而令人压抑的征程中，中国联通意识到仅靠产品优势的市场进攻战略是难以很快奏效的。于是，各种更加直接针对换号转网的策略便随之而出。2004 年 8 月，联通强势推出“世界风”双模手机，直接剑指移动高端用户群。“世界风”双模业务紧贴“移动为主、两网协调”的发展思路，弥补两网覆盖不足，让 GSM 网用户享受 cdma2000 1x 的数据业务，同时还实现了全球漫游，以此来争夺中国移动手上的高端用户资源。它的出现实现了让目标用户既可以转网又不必换号，从而有效地解决了用户转网带来的附加成本问题。截至 2005 年 1 月，“世界风”用户已经逼近 40 万。市场的反应似乎在告诉中国联通，高端用户的转网条件开始成熟。但是，移动通信市场高端用户具有收入高、工作忙、社会关系多等方面的共性，这些共性再叠加先入为主（一般是先入中国移动网）的因素，促使用户的忠诚度形成和转网成本的增加，从而增加运营商争夺高端用户转网的难度。因此，中国联通的“世界风”在实际操作层面遇到的阻力也不小，中国移动高端用户不仅会顾虑转网换号带来的附加成本，而且对于商业用户来说，转网换号就意味着可能丧失一部分生意资源。通过细分高端用户市场的行业结构不难发现，商业用户群体在整个高端用户市场中占有很大比重。可以说，直接转网方式很难在高端用户市场争夺方面发挥规模效应。因此，中国联通急于求成的市场策略很难奏效。

中国联通一直都争取扮演“引领通信未来”的角色，努力做到“网络今非昔比，精彩无处不在”。2006 年 3 月，为了迎接 3G 的到来，联通发布了中国红的全新标识，从蓝到红，不仅是表面颜色的改变，也意味着中国联通从“以技术为导向”真正向“以应用为导向，以满足消费者需求为核心”的全面转变。同时，中国联通“让一切自由连通”的新品牌口号也正式面世，它以一种更人性化、更亲近消费者的方式传达出新的品牌精神，充分表达了中国联通在新通信时代对满足消费者需求的承诺，也是中国联通基于自身发展确立的全新品牌目标。

中国联通在业务品牌的细分上下了很多工夫。例如针对青少年用户群的细分品牌“UP 新势力——就要你最红”。这一细分品牌是以数据业务作为卖点的，其最大的特点就是通过菜单 DIY 操作，包括定制聊天、图铃、游戏等数据业务。该品牌喊出“新势力由我连通”的个性宣言，并请林俊杰和张韶涵两位明星为品牌代言，这样的组合不仅符合年轻群体的榜样潜质，同时又与新势力的阳光、新锐、创新的品牌内涵非常契合。这样，新势力的品牌内涵就与“动感地带”倡导的自主、张扬个性的品牌理念区别开来。中国联通还通过举办“新势力收集网游大赛”，赞助大学生篮球超级联赛，让年轻人成为“体育新势力”；通过赞助音乐会，引导出青年群体中的“音乐新势力”等活动传播“新势力”品牌。

2009 年 4 月，中国联通发布全新 3G 品牌及标识，定名为“沃”，英文为“WO”。“WO”源于“惊喜”的口语“wow”，与“我”谐音，意在表达对创新改变世界的一种惊叹。整个品牌标识图形设计取自中国联通标识“中国结”的一部分，突破了对称设计风格，寄寓了传承和突破的双重含义，明亮、跳跃的橘红色传递时尚、活力、开放、进取的品牌体验，表现想象力被释放带来的无限惊喜和对未来科技时代的惊叹。而新品牌口号“精彩在沃”，更是将中国联通在 3G 时代以全新的服务理念和创新的品牌精神为客户提供精彩的信息化服务的信心演绎得淋漓尽致。“沃”作为中国联通旗下所有业务的单一主品牌正式发布，标志着中国联通全业务经营战略的启动。

品牌口号是品牌形象的重要组成部分，但只有响亮的名称和口号是无法支撑一个品牌战略获得成功的。运营商的品牌战略早已从“简单地为业务起个名字，然后打出广告，推给用户”变为有系统规划的品牌塑造、品牌营销、品牌推广。以客户体验为导向的品牌战略进一步推动运营商创新业务模式，以技术为基础的产品设计转变为以客户定位为根本的业务整体解决方案，贯穿在整个业务的设计、研发、渠道与运营等流程中。

7.3 品牌故事：用户服务——最后的评分员

无论在哪一个行业领域，顾客都是企业生产创造的产品和服务的最终消费者，对于企业的发展起着非常重要的作用。广告就像是蛋糕上的装饰，用户体验才是蛋糕本身。自 20 世纪 90 年代以来，企业的竞争逐渐从产品和价格的竞争转化为提升顾客满意度、获取更多顾客市场的竞争，不断创造顾客满意的产品与服务是现代企业取得长期竞争优势的关键，这使得诸多企业开始重视对于顾客满意的研究。随着客户对电信服务的要求越来越高，而运营商的各种业务越来越趋于同质化，运营商的网络性能和可靠性等技术指标的差异也越来越小，网络技术性能作为竞争优势来吸引用户的能力将越来越弱，运营商的竞争点将更多地转移到用户服务。运营商必须提升自身的服务能力，通过向细分客户群提供定制的、差异化的服务，确定自身的客户服务竞争优势。

电信业是服务业，运营商之间的竞争最终是服务的竞争，服务决定成败。作为电信产品，用户消费的过程就是电信运营商生产的过程。这就要求电信运营商不仅要提供可靠、优质的网络，并且要在业务、服务上加以满足，例如提供个性化的产品、宽敞整洁的营业厅、服务优良的营业人员、专业细致的解释沟通、方便简单的查询手段、随处可以购买的网点等。以客户为导向的服务战略，其根本是向不同细分客户群提供针对性的服务内容，以提高客户对企业服务价值的感知，提高客户忠诚度，最终形成自身的差异化的服务竞争优势。因此运营商要提高整体服务能力，必须相应提高其客户管理能力。由于电信服务“全程全网”的特点，致使电信服务的范围不再仅仅局限于营业厅、客户服务热线、客户经理等服务界面，而是扩展到企业内部网络建设、网络优化、计费系统等被称之为“后台”的部门和职能。总体而言，客户关系管理的内容主要包含三项内容：客户细分（事前）、客户关系维护（事中）、客户满意度的评估（事后）。

7.3.1 建立以客户为导向的服务理念

作为服务能力提升的开展前提，服务理念的确定能够统一运营商内部各层级各部门对服务的认识，为服务能力提升打造思想上的基础，可以减少服务理念提升过程中存在的潜在摩擦。服务理念是企业价值观的重要体现。运营商以客户为导向的服务理念的确立，为企业的服务战略提出制定方向。而当运营商制定适合自身特点的、差异化的服务战略后，横亘在战略推行之前的问题就是如何得到员工的理解与执行，而服务理念在员工思想中的树立是解决这一问题的前提。此时，服务理念是一种约束行为准则，它清晰地向员工表述了企业对服务工作的要求标准，并且对员工服务工作开展具有原则性指导作用。因此可以说，统一的服务理念的建立与宣贯是服务能力提升策略执行的首要因素。

真正有效力的服务理念宣贯，应该在企业内部所有部门、所有员工中全面展开。除服务一线执行部门和人员之外，还应使内部各支撑部门的相关人员都能够对服务理念认知、认同，以确保前后台人员的相互协作，为客户提供满意的服务。要让员工从机械执行服务工作，到真正建立以客户为导向的服务理念；当企业服务文化得到渗透时，服务驱动力加强，服务效果便能大大改善。

7.3.2 整合管理服务资源

资源规划与保障实现的是从策略高度上，对运营商的内外部服务资源的规划与整合，以便通过出色的资源配置保证与需求匹配的资源提供，促进服务能力提升的实现。经过服务理念的确立，运营商的服务能力提升的战略方向得以明确，接下来运营商应根据市场及客户需求，结合自身的核心能力，对其所拥有的内外部资源进行规划、整合。其中内部资源包括所有自有服务渠道（营业厅、客户服务热线、客户经理）的相关人力资源、硬件资源，以及所有服务协作部门与服务支撑部门的相关资源如网络资源、系统资源、设备资源、财务资源、信息资源和人力资源等。而外部资源是指价值链上所有服务相关的合作伙伴。例如，对于行业大客户服务而言，需要整合的外部资源包括网络设备提供商、终端设备提供商、系统集成商、软件提供商等；而运营商提供公众客户服务需要规划管理的外部资源则涵盖了终端设备提供商、渠道伙伴、内容提供商、服务提供商、合作营业厅等。

无论是对外部资源还是内部资源的规划，都需要运营商建立相应的管理模式，并以相应的激励和奖惩制度进行巩固配合。通过管理模式和制度的建立与应用，对内、外部资源整合的质量、数量、运行效率进行控制，从而确保服务资源配置的合理性、有效性，并保证资源配置与服务战略的高度契合。当然，仅仅靠资源规划与保障并不能完成这个高复杂度的工作，需要与其他因素相结合，全面考虑。运营商应从企业整体服务战略出发，合理配置和使用服务资源，提高资源使用效率，实现服务资源从零散分布到整合管理。

7.3.3 有效的内部部门管理

在运营商的服务能力提升过程中，如何理顺服务执行中的协作关系以提高协作效率，减少造成服务延宕的内耗，是最为关键也是最难以控制的问题，而有效的内部管理正是解决这些相关问题的利器。一方面，它实现了对服务业务流程和管理流程、流程管理能力、流程执行所需资源、流程效率评估等内容的全面管理；另一方面，它又体现了从客户需求判别，到内部具体任务执行跟踪，到客户服务满意度评估，对服务过程进行全过程的管理与监控。各部门应从割裂地各自开展服务转变为实现协同服务，理顺服务流程，减少服务重叠，从而提高服务效率。

首先，通过服务组织优化和岗位设置，运营商得以对服务提供相关分工进行细化与完善，责任划分得到明确，促使服务管理实现有的放矢。而基于“服务理念”并根据客户满意度评估结果对细分客户群定制的服务标准，使得服务管理者可以从质量、数量、效率、态度等方面对服务人员提出具体要求，帮助其进行服务执行改进。其次，由于电信服务的“全程全网”特性，后台服务协作与支撑部门的有效配合，才是前台服务渠道部门提供高质量服务内容的有力保障。因此，需要在内部管理部分理顺前后台服务关系，明确内部客户的概念，并设立同样基于“服务理念”的内部服务承诺，以高于服务标准要求的内部承诺确保服务标准的实现，从而提高客户满意度。另外，各服务渠道的服务能力评估标准的制定，使客户导向服务策略与企业实际服务提供能力得到了有机整合，保证了各个服务渠道的资源配备的合理性；辅之以人员认证体系的搭建，使运营商能够获得高质量服务所需的高素质人力资源，并及时淘汰不符合要求的人员，保持高效人力资源配置。

7.3.3.1 沃达丰：用户至上

沃达丰十分注意保持与用户的联系，重视用户反馈，广泛听取用户意见，预测用户需求，对用户的意见和需求反应迅速。沃达丰承诺在它的网络范围内，保证 24 小时的无缝连接，保证为用户提供高质量的产品和服务。沃达丰还充分考虑到不同客户的需求，针对特定需求提供有针对性的业务。例如，2004 年 3 月沃达丰在德国首家推出免费的手机防盗业务，如果手机被盗，被盗的手机将无法在沃达丰的网络内使用。2010 年，为提升客户体验，沃达丰在欧洲地区建立了 5 000 个零售店，立足服务和支持中心，更加注重客户关怀和相关支持功能，并为数据业务用户提供专门的服务支持，加强客户在线服务体验。

沃达丰经常开展用户调查，并根据调查结果来调整自己的经营策略。为了发现电子渠道销售中出现的问题和挖掘新的市场机会，沃达丰 Au（澳大利亚）使用了世界领先的网站分析工具 Adobe Site Catalyst 实时采集、细分、报告用户的访问行为数据，帮助沃达丰 Au 了解从不同的细分群体到每个访客的访问行为，从而能够深入分析用户的行为模式。例如，他们发现 60% 的把商品加入购物车的人会进入结算流程，但是进入结算流程的这部分人中有 80% 会放弃这个订单！于是，沃达丰 Au 着力于通过优化购买流程提高订单转化率。为了了解用户放弃订单的原因，除了通过网站分析工具进行数据分析，沃达丰 Au 还在网站上做了一个在线调查。调查结果显示 32% 的客户表示放弃订单是因为想到线下商店购买，以了解更多产品或套餐的信息；12% 的客户表示他们放弃订单的原因是对套餐仍有顾虑。接下来，沃达丰 Au 一方面从网站内容优化做起，提供更加完善、详细的内容，旨在从开始就激励用户完成订单，打消用户线下购买的念头。例如，在产品页面加入用户评分和评论；展示一些购买的激励措施；展示丰富的联系信息（在线聊天、邮件和电话），方便用户一有疑虑就可以联系上产品专员，了解更多的产品或套餐信息，而不是放弃订单；以表格的方式展示套餐，方便用户更好地对比。另一方面，通过网站分析、在线调查、用户反馈和过去邮件营销数据的综合分析，沃达丰 Au 创建一个客户行为模型，根据这个模型，通过预先定义的业务规则自动发送邮件给放弃订单的用户进行二次营销。在用户购买过程中，如果网站分析工具监测到用户放弃订单，就会自动发送邮件，旨在通过已有的分析数据，有针对性地打消用户的购买顾虑，让用户重新回到购买流程，完成订单。通过优化在线购买流程、提高用户体验，提高客户的参与度，沃达丰 Au 成功地挽回 15% 已经丢失的订单，提高了 7% 的线上渠道收入，营销优化项目投入获得 17 倍的回报。

2013 年沃达丰出售了所持 Verizon 无线公司的部分股权，获得丰厚的资本收益，沃达丰拿出其中的 60 亿～ 70 亿英镑用于投资“春天计划”，旨在改善 3G 和 4G 移动网络，在公司业务覆盖的市场中完善企业客户服务和用户体验，以满足全球日益增长的高速数据处理需求。该项目的一部分包括在英国新开设 150 家门店，同时对门店的设计进行调整，弱化手机销售，突出帮助消费者解决手机问题的功能，将门店转型为用户体验中心，使门店“以体验为主导”，而不是简单地作为一个展示手机的空间。沃达丰的首席执行官 Vittorio Colao 表示，希望这些门店能够更像是一个个服务中心，为消费者提供“一致和完美的体验”。他还希望将来有更多的客户可以通过互联网购买产品，然后到门店内提货。

7.3.3.2 AT&T：用微博解决客户抱怨

越来越多的公司都在求助于 Twitter 以搜寻客户们的反馈信息，但在一般情况下，他们这样做是为了了解人们如何感知公司品牌，或对特定消费者所遭遇的难题进行回应。但 AT&T 公司则更进一步地对那些不满客户进行监测。AT&T 通过挖掘 Twitter 上人们的抱怨信息，自动精确定位那些无线连接出现问题的用户，获知他们的位置和问题出现的时间，并且直接在地图上标记，从而构建起一幅显示服务较差地点的合成图。

2007 年 AT&T 一举拿下 iPhone 独家销售权，但结果证明这笔买卖对 AT&T 来说是福亦是祸。这款令人极其向往的手机带来巨大的客户增长和品牌声望。但随着对无线数据的需求猛增，尤其是在人口稠密的纽约和旧金山等地，iPhone 非常普及，AT&T 的网络已经无法招架，信号塔经常过载，掉线和连接不畅的情况时有发生。2010 年 12 月《消费者报告》发表针对 5.8 万名读者的调查，调查显示无线运营商方面 AT&T 的客户满意度是最差的，甚至比也是排名靠后的 2009 年还要差劲。AT&T 的通话质量、上网速度和客户服务方面都排在最后。

尽管 AT&T 已经有了一个可以监测连通情况的自动网络监视系统，而且用户也可以通过电话报告网络问题。但该公司互联网和系统网络研究中心的研究员 Jia Wang 表示，通过挖掘那些在 Twitter 发布的消息，AT&T 不但可以获得实时信息，而且还能权衡问题的轻重缓急。AT&T 通过接入 Twitter 免费开放的编程接口来完成搜寻工作，与 AT&T 移动服务相关的每条 Twitter 消息首先会被大致查询一遍，然后，那些关系到服务质量的信息——例如文字中包含“掉线”或“3G”这样字眼的信息——会被实施更加严格的规格审查。研究者们发现，这种自动化方式能成功辨别 90% 左右的真实抱怨。某些问题在还没有被上报前就能被该技术发现，通常在顾客服务电话打进来之前的 20min 左右就能提前发现问题。

AT&T 实验室的执行理事、负责研究管理公司网络新方式的 Jennifer Yates 说，“它会告诉我们用户碰到了什么麻烦，这种情况使用户对我们的网络产生了怎样的看法。”Twitter 上的很多抱怨都是关于掉线的，其次是网速变慢或服务工作做得不够。一般在遇到更为棘手的问题时，用户才会去打电话。“我们现在正在研究如何将这项技术实际运作起来，一旦成功，网络管理者们可以将它和现有的监视工具配合起来使用。”AT&T 公司还在开发更为灵活的文本分析技术，目标是能够理解 Twitter 消息中较短的语句，去处理 Twitter 消息中那些含混不清的语言。因为利用关键字清单是远远不够的，为了找到所有问题，需要使用语义技术，进行深层次的句法分析。同时这些 Twitter 消息也会与 AT&T 的其他数据源如客户服务报告进行匹配。

另外，iPhone 上的一个应用程序“Mark the Spot”也能对上述数据进行补充。AT&T 鼓励用户们使用该程序报告问题，这些收集的数据可以用来安排公司的网络升级活动，例如建新的手机信号塔等。

7.3.3.3 Verizon：高科技，人性化

Verizon 非常重视用户服务质量，尤其是用户申诉的解决，公司在总部设有一个用户服务中心，负责有效和快速解决所有用户申诉问题，该中心具有全面解决问题的权力，争取在问题发生初期加以解决。

Verizon Business 新的平面、广播及在线广告活动专为商业和政府市场受众而打造，并突出 Verizon Business 所采用的交付商业服务的“高科技，人性化”途径。凭借本地销售与服务分支系统，Verizon Business 专业的全球销售服务力量致力于让客户利用通

信与信息技术的威力，并与他们合作提供响应型、个性化的服务和支持。此外，在线的 Verizon Business 客户中心门户网站使客户可以灵活地决定希望自行处置的账户和服务管理的级别——包括网络监控与配置、服务排序、故障标签以及在线编制账单与支付。

Verizon 独特的分支销售部门结构使 Verizon Business 团队更贴近于客户。同样，Verizon Business 客户中心门户网站使客户在弹指间便可利用在线服务和账目管理工具。从在身边支持到在线自助服务以及其间所有举措，Verizon 旨在提供一种根据客户个人喜好而打造的、无与伦比的客户体验。这将成为 Verizon Business 实施差异化的一个要素。

7.3.3.4　中国移动：贴心便捷服务体系

为了提升公司的服务质量，本着“沟通从心开始”的理念，强化服务创新、服务改进，培育服务文化氛围，中国移动凭借对外服务窗口优势，不断拓展服务项目，围绕“电子渠道、IVR（Interactive Voice Response，交互式语音应答）运营、信息支撑”三条主线，将客户需求、客户价值和服务渠道进行有机结合，全力打造面向客户的交互式智能服务管理体系。从客户需求征集、业务类型优化、平台模板梳理、员工意见搜集 4 个维度出发，构建交互知识维护平台模型。

中国移动从客户使用便捷的角度出发，逐一实现“知识库维护专业化”“语音节点维护口语化”“短信节点维护平民化”“官方微博维护草根化”“网站信息维护通俗化”的智能信息体系，搭建信息原则统一、信息内容全面、表现形式新颖的智能信息网络。在此基础上，中国移动还全面打造电子渠道智能交互界面。客户智能服务管理体系的建立，既实现关键生产指标的跨越，又节约成本，创造经济效益，提升客户感知度。

第八章 网络部署何去何从

8.1 网络演进：激进、稳健还是保守

本章从4G网络的角度引入，着重为读者介绍运营商在4G时代网络建设、维护优化方面的策略，同时也会剖析4G技术的一些细节。

什么是4G呢？4G就是第四代移动通信技术。该项技术包括TD-LTE和FDD-LTE两种制式，需要指出的是，从严格意义上来讲LTE并不是真正意义上的4G，它只是3.9G，在严格意义上还未达到4G的标准。升级版的LTE——LTE Advanced才满足国际电信联盟对4G的要求。4G集3G与WLAN于一体，能够快速传输高质量的音频、视频和图像等数据。4G能够以100Mbit/s以上的速度下载，比目前的家用宽带ADSL（4Mbit/s）快25倍，并能够满足几乎所有用户对于无线服务的要求。此外，4G可以在DSL和有线电视调制解调器没有覆盖的地方部署，然后再扩展到整个地区。很明显，4G有着不可比拟的优越性。

那么4G系统网络结构是怎么样的呢？它和3G网络架构又有什么区别呢？在讨论3G和4G网络架构之前，先要理解以下几个专业名词。

Node B：由控制子系统、传输子系统、射频子系统、中频/基带子系统、天馈子系统等部分组成，即3G无线通信基站。

RNC：Radio Network Controller（无线网络控制器），用于提供Node B移动性管理、呼叫处理、链接管理和切换机制，即3G基站控制器。

Iub：Iub接口是RNC和Node B之间的逻辑接口，完成RNC和Node B之间的用户数据传送、用户数据及信令的处理。

CS：Circuit Switch（电路交换），属于电路域，用于TDM语音业务。

PS：Packet Switch（分组交换），属于分组域，用于IP数据业务。

MGW：Media GateWay（媒体网关），主要功能是提供承载控制和传输资源。

MSC：Mobile Switching Center（移动交换中心），MSC 是 2G 通信系统的核心网元之一，是在电话和数据系统之间提供呼叫转换服务和呼叫控制的地方。MSC 转换所有的在移动电话、PSTN 和其他移动电话之间的呼叫。

SGSN：Serving GPRS Support Node GPRS（服务支持节点），SGSN 作为 GPRS/TD-SCDMA/WCDMA 核心网分组域设备重要组成部分，主要完成分组数据包的路由转发、移动性管理、会话管理、逻辑链路管理、鉴权和加密、话单产生和输出等功能。

GGSN：Gateway GPRS Support Node（网关 GPRS 支持节点），起网关作用，它可以和多种不同的数据网络连接，可以把 GSM 网中的 GPRS 分组数据包进行协议转换，从而可以把这些分组数据包传送到远端的 TCP/IP 或 X.25 网络。

eNodeB：演进型 Node B，LTE 中基站，相比现有 3G 中的 Node B，集成了部分 RNC 的功能，减少了通信时协议的层次。

MME：Mobility Management Entity（移动性管理设备），负责移动性管理、信令处理等功能。

S-GW：Signal Gateway（信令网关），连接 No.7 信令网与 IP 网的设备，主要完成传输层信令转换，负责媒体流处理及转发等功能。

PDN GW：是连接外部数据网的网关，UE（用户设备，如手机）可以通过连接到不同的 PDN Gateway 访问不同的外部数据网。

先回顾一下 3G 技术。3G 技术主要标准包括 WCDMA、cdma2000、TD-SCDMA，其频带范围为 1.8 ～ 2.5GHz，带宽为 2 ～ 5Mbit/s，采用 CDMA 的多址技术。3G 技术的核心网络是电信网和部分 IP 网，业务类型以语音为主，辅以部分多媒体。相比于 3G，4G 在网络架构上有了哪些变化呢？笔者归纳了以下五点。

（1）实现了控制与承载的分离，MME 负责移动性管理、信令处理等功能，S-GW 负责媒体流处理及转发等功能。

（2）核心网取消了 CS（电路域），全 IP 的 EPC（Evolved Packet Core，移动核心网演进）支持各类技术统一接入，实现固网和移动融合（FMC），灵活支持 VoIP 及基于 IMS 多媒体业务，实现了网络全 IP 化。

（3）取消了 RNC，原有 RNC 功能被分散到了 eNodeB 和网关（GW）中，eNodeB 直接接入 EPC，LTE 网络结构更加扁平化，降低了用户可感知的时延，大幅提升用户的移动通信体验。

（4）接口连接方面，引入 S1-Flex 和 X2 接口。移动承载需实现多点到多点的连接，X2 是相邻 eNodeB 间的分布式接口，主要用于用户移动性管理；S1-Flex 是从 eNode B 到 EPC 的动态接口，主要用于提高网络冗余性以及实现负载均衡。

（5）传输带宽方面，较 3G 基站的传输带宽需求增加 10 倍，初期 200 ～ 300Mbit/s，后期将达到 1Gbit/s。

具体来说，4G 移动系统网络结构可分为三层：物理网络层、中间环境层、应用网络层。物理网络层提供接入和路由选择功能，它们由无线和核心网的结合完成。中间环境层的功能有 QoS 映射、地址变换和完全性管理等。物理网络层与中间环境层及其应用环境之间的接口是开放的，它使发展和提供新的应用及服务变得更为容易，提供无缝高数据率的无线服务，并运行于多个频带。这一服务能自适应多个无线标准及多模终端能力，跨越多个运营商和服务，提供大范围服务。

从国内外电信业的发展历程看，政府监管政策的调整始终对运营商的发展具有重要影响，国家两个政策的出台将影响电信业未来的发展格局：一是 2013 年 12 月 4 日工信部正式向国内三大传统通信运营商发放 4G 牌照，国内三家运营商均获得“LTE/第四代数字蜂窝移动通信业务（TD-LTE）”经营许可，随后中国移动、中国电信和中国联通先后宣布在多个城市开展 4G 商用服务，至此国内移动通信行业正式步入 4G 商用时代；二是 2013 年 12 月 26 日工信部向 11 家民营企业发放第一批移动通信转售业务试点批文，标志着移动通信运营行业向民间资本开放进入了实质性阶段，国内虚拟运营商进入了传统移动通信竞争领域。政府监管政策的调整必然促使产业发展环境发生变化，带来新的机遇与挑战，传统通信运营商如何继续保持在产业中的主导地位，如何继续保持业已形成的传统竞争优势，将是新的产业生态环境下运营商需要研究的重要课题。

那么在这样的环境下，运营商又应采取什么战略应对的呢？我们先看看国外的经验。首先我们需要意识到运营商在发展战略、网络现状、用户规模、所处的竞争环境等方面都存在不小的差异性，因此在部署、发展 4G 网络会根据这些因素采取不同的发展策略。就目前的情形而言，运营商 4G 的发展策略可以分为以下三种。

（1）借助 4G 扭转不利地位，淡化原有 3G 网络。Verizon 是这种类型的典型代表。在运营 LTE 网络之前，Verizon 的 CDMA EV-DO 面临巨大的网络扩容压力，在 3G 市场处于不利地位，迫切需要将现有用户尽快转移至 LTE 网络。在此背景下，Verizon 衡量企业资源后制定了激进的运营策略，快速实现 LTE 覆盖，并通过各种政策牵引 CDMA 业务逐步向 LTE 网络迁移。经过三年的运营，Verizon 已成为全球 4G 发展的引领者，成功扭转了 3G 市场的竞争劣势。

（2）借助 4G 保持领先地位，与 3G 网络协同发展。这种模式的运营商可以分为竞争驱动型和技术驱动型两种。竞争驱动型的运营商一般实力雄厚，处于领先地位，典型代表包括 NTT DoCoMo、SK Telecom 等。他们发展 4G 的目的不是争夺新增客户，而是通过技术提升巩固市场地位。技术驱动型的运营商以瑞典的 TeliaSonera 等北欧运营商为代表。这些运营商 3G 业务发展已进入成熟期，各种应用渗透广泛，发展 4G 属于技术发展的自然演进。

（3）采取跟随策略，避免网络演进缓慢造成竞争劣势。这种模式的运营商包括 AT&T、Metro PCS 等，美国的大部分运营商都属于第三类。2010 年 Verizon 规模部署 LTE 后，引发了美国市场的鲶鱼效应，促使美国的其他运营商纷纷采取跟随策略。截至 2012 年年底，美国 19 家运营商中有 13 家进行了 LTE 网络部署。

网络部署方面，虽然运营商采取的策略各不相同，但主要目标都是为了获取或保持有利的竞争地位。这些策略可以总结为三种类型。

（1）快速部署，集中运营 4G。这类运营商以 Verizon 为代表，这种策略最为激进：整网尽快演进到 LTE 网络，通过终端更新将现有用户尽快转移至 LTE 网络以缓解 3G 扩容压力，同时停止 3G 网络投资。Verizon 制定了 LTE 网络三年覆盖方案，以地区 / 城市为单位，快速实现 LTE 覆盖：在 2010 年年底覆盖全美 30 多个城市的 1 亿人口，2012 年覆盖全美 2 亿人口，2013 年年底覆盖 2.85 亿人口，LTE 网络完全实现与 3G 网络同覆盖。

（2）稳健部署，与原有网络协同发展，保持有利竞争地位。这类运营商以 AT&T、NTT DoCoMo 为代表，采用 3G、4G 甚至包含固网的混合模式运营，协同发展。如 AT&T 采用 3G/4G 混合网络模式，既充分利用了 3G 网络的能力，又为客户平滑地过渡到真正的 LTE 网络争取了时间。AT&T 的投资计划综合考虑了有线和无线网络的发展和协同，促进了创新业务转型和新业务领域的拓展，包括“数字生活”家庭安全和自动化服务、家庭市场室内移动解决方案以及联网汽车等行业应用。资源投入方面，AT&T 按照业务发展结构进行了合理规划，根据收入比例给予资源倾斜和保障。

（3）跟随部署，集中建设覆盖人口密集区域。例如日本 SoftBank 采取城市建设高密度网络，同时充分利用传统网络资源的策略，建立了三层网络架构：WCDMA 现网广覆盖，承载语音业务和少量数据业务；TD-LTE 广覆盖，分流 80% WCDMA 数据业务压力；WLAN 和 Femto 应用于室内场景，承载室内数据业务。

4G 环境下的业务典型特征是容量大、速度快、实时性视频传输稳定。为了带给客户超越以往的感知体验，运营商推出的特色业务产品也主要是基于这些特征提供的视频类业务及各种高容量、实时性强的延伸性应用。例如 SK Telecom 的“T-freemium”服务每月给 LTE 用户免费提供最新的电影、游戏、电子书等高品质内容，同时联手专业手机游戏公司单独上市网络游戏“创世纪”，并推出专属的网络游戏套餐。NTT DoCoMo 推出了打电话自动翻译服务，提出了以云服务为重点的智慧生活愿景。Verizon 基于 LTE 的视频传输能力和高实时特性推出了基础医疗服务相关的行业应用，包括远程医疗诊断及监护、移动过程中的医疗救助远程指导、病情监视和分析等。

在产品运营策略上，运营商主要采取沿用定价模式、改变套餐设计模式的方法，运用价格杠杆提升网络效率，促进流量经营。欧美运营商沿用阶梯型分档流量包模式，日本运营商沿用“二阶段定价”模式，但都在套餐设计模式上有所改变——以流量作为依据划分套餐内档次，更改 3G 时期不限量套餐为 LTE 封顶流量套餐，超出部分降速或收取额外费用；同时起步流量显著提高，套餐外流量单价有所提升。例如 T-Mobile 的 4G 套餐超出套餐内流量后使用流量免费，但网速降为 2G 网速。日本 SoftBank 的数据套餐 4 935 日元包 3GB 流量，超出后可选择限速或叠加流量包。新加坡电信 4G 无线上网卡的资费门槛为 69.6 元，而 3G 最低档套餐门槛仅为 23.9 元。AT&T 的 LTE 共享套餐超出流量价格为 15 美元 /GB，高出个人计划 5 美元。

除套餐设计模式外，部分运营商也对业务的盈利模式和计费模式进行了创新。例如日本第二大运营商 KDDI 舍弃长尾，推出了名为 AU Smart Pass 的 App 套餐计划——

由公司统一购买用户最常用的 500 个应用打包放入套餐，供用户自由选择下载。在这种经营模式下，KDDI 与开发商合作，给予比谷歌和苹果更加优厚的分成条件，为 AU Smart Pass 吸纳各种应用，同时要求开发人员提供高级功能或独家解锁内容。该计划目前每年为 KDDI 创收约 2.5 亿美元，突破了运营商经营 App 难以盈利的困境。Telifonica 从流量和速率两个维度进行分层定价，并根据带宽需求差异对用户进行区隔，流量使用较少的用户下行最高速率也限制在相对较低水平，Orange 根据网络资源的闲忙时间进行区别定价，降低了空闲时段的资费单价。Vodafone 对短期大流量需求进行了区别定价，推出了限定短时间内使用的套餐，满足用户视频、下载等需求。这些做法都成功地提升了 4G 网络的使用效率和企业的流量收入。

国内的情况和国外是不尽相同的。与国外由运营商主动选择技术不一样，中国运营商只能在工信部发放的牌照下面运营 4G 技术。工信部首先向三家运营商发放了 TD-LTE 的牌照，并表示会在“合适”的时机发放 LTE-FDD 的牌照。这一形势与 3G 时期的一家一牌照有着很大的不同，三个运营商都允许同时拥有 TD-LTE。

中国移动率先运营 TD-LTE，在基站架设上有着极大的领先优势。根据内部人士透露，中国移动将在 2014 年年底前架设 70 万座 TD-LTE 基站，而另外两家运营商的基站数量也就各在 5 万～ 6 万。TD-LTE 的运营维护成本要远高于 LTE-FDD 的成本，国外大部分运营商（例如 Verizon、AT&T、日本的 KDDI 和 DoCoMo）都在使用 LTE-FDD 作为 4G 技术。一旦工信部发放 LTE-FDD 牌照，中国联通与中国电信必将全力发展 LTE-FDD 的基站设备，在此之前，中国移动的 4G 信号覆盖和实际使用速度一定会大幅领先另外两家。另外，与 TD-SCDMA 和 WCDMA 在速度上的差异相比，TD-LTE 和 LTE-FDD 并不存在速度上的绝对差异，真正到用户体验上只取决于基站的数量、同发时的承载能力和信号强度。中国移动作为先行者，必然会在基站数量上占有优势。加上财力的因素，中国联通和中国电信要在维持 WCDMA/cdma2000 的基础上架设 LTE-FDD 的基站，压力也是可想而知的。

当然，4G 技术最终要落实在终端上。3G 时代，中国移动的 TD-SCDMA、中国联通的 WCDMA、中国电信的 cdma2000 各不兼容，用户必须抉择其中一家。但在 4G 时代，手机终端会开始融合，而融合的结果就是五模十三频。所谓五模十三频，五模是指 2G 的 GSM，3G 的 TD-SCDMA、WCDMA，4G 的 TD-LTE、LTE-FDD 五个模式，而十三频则是 TD-LTE Band38/39/40、LTE-FDD Band7/3、TD-SCDMA Band34/39、WCDMA Band1/2/5、GSM Band2/3/8 共 13 个频段。中国移动已经率先表示，为了照顾国际漫游的功能，未来所有的移动终端将采取这样的配置，也就是说，以前用户购买的中国移动定制机型不支持中国联通 3G 的情况将不复存在。而这其中除了 TD-SCDMA 以外，均是国际通用标准，包括 iPhone 5S/5C、HTC One M8 等手机均采用了这一配置。但这也是存在一定问题的，主要的问题有两个：其一是终端价格，对于五模十三频这样的“全覆盖”机型来说，高通持有现在唯一相对较完美的解决方案，也就意味着在中低端机型上无法采用这样的方案，例如 Nexus5、Moto X 都只采用了 LTE-FDD 的解决方案，所以用户在选择机型的时候一定要仔细查看机型的支持频段；其二是使用体验，由于VoLTE（通话与数据传输均在4G网络下）技术还不完善，现在用户使用4G时只有数据传输，而在语音通话的情况下会切换回2G网络，这样造成的最直观的结果就是通话质量差。虽然各个运营商以及技术服务商都在努力解决这一问题，但是目前来看还是存在问题的。

综合所述，对于国内运营商我们有以下几点启示。

（1）国内的网络发展并不同步。3G网络还处于上升时期，2G网络关闭也没有时间表。运营商制定合理的4G发展目标和发展路径还需要根据公司的战略、资源和竞争环境以及现有网络的发展状况。只有这样，运营商才能真正意义上提升自己的企业竞争力。

（2）前瞻性布局部署4G网络，资源共享合理投入。多网运营情况下，运营商要以严谨的方案设计和前瞻性规划为基础，合理利用频谱资源和现有网络资源进行4G网络的部署建设。资源投入也要根据公司的战略布局、自身的业务构成和收入结构制定整体规划和阶段计划，分步实施。

（3）关注产品和运营模式创新，推动流量经营和企业综合竞争力提升。4G运营后，运营商可以借鉴先行运营商的经验做法，在基本业务的基础上进行特色的和突出企业综合竞争力的产品研发和延伸性应用创新，同时在套餐与资费设计、细分市场的特色服务区隔等方面进行运营模式和盈利模式的创新，减少产品同质化和价格战造成的负面影响，促进流量经营和企业综合竞争力的提升。

8.2　维护、优化与协同发展

截至2014年10月底，中国移动4G用户数已突破5 000万，提前60余天完成年度用户发展计划，TD-LTE发展已驶入快车道。自2013年12月4日工信部发放4G牌照以来，在其后10个多月时间里，中国移动就建成4G基站57万个，超过其3G网络近6年的建设总量，覆盖超过300个城市，基本实现了县级以上城市和发达乡镇覆盖，全国人口覆盖率达到75%。

随着移动互联网的发展以及智能终端的普及，数据业务流量呈现爆炸性增长。为了应对用户对于无线网络的带宽需求，电信运营商通常会通过多种接入方式，实现用户便捷的接入、更流畅的用户体验。多接入手段的部署，会因为网络制式的特点、覆盖范围不同等多方面因素，造成网络多种制式的局面。如何在复杂的多接入的情况下，协同好各种网络资源，提供良好的业务体验，保证业务的发展，成为运营商网络维护面临的主要问题。

针对运营商面临的问题，在2G、3G时代，业界主要通过对高负荷的2G网络进行数据业务分流的方式加以解决。通过数据业务分流可以降低2G网络负荷，增加3G

和 WLAN 的网络流量，同时提升用户使用数据业务的感知。2G 到 3G 的业务分流主要通过 2G/3G 网络互操作，对切换、重选等参数的调整优化以及 3G 网络的新功能应用来达到。WLAN 对 2G/3G 的数据业务分流主要从无感知认证、精确选点以及无线转 WLAN 等方式来实现。在对 2G 进行分流的同时，也需要对 2G 网络持续进行优化，主要从无线利用率的提升、覆盖的改善以及室分的深入优化等方面入手，从而保证 2G 业务的体验。为了保证分流后的使用效果，也需要对 3G 和 WLAN 从覆盖、参数等方面进行优化和建设。上述手段分流了 2G 的数据业务，增加了 3G 和 WLAN 的业务，起到了网络协同发展的作用，但也存在一定的局限。上述解决方法多是针对单独的网络进行，并没有多张网络统一考虑和协同维护优化，只是通过单一网络的改善被动提升多张网络的性能。

对于 4G 技术的推广，三大运营商似乎遇到了类似的问题。在中国移动率先将试点城市从 6 个扩大到 14 个后，中国联通便高调宣布了将采用 TD-LTE 和 FDD-LTE 混合组网方式进军 4G，随后中国电信也明确表态了将采用和中国联通相同的混合组网方式进军 4G。可是我们真的需要在全国建设三张 4G 网络吗？

站在运营商的角度看，自建网络自经营是电信行业固有的发展模式，在电信发展史上一直就是这样。若站在全国的角度来看，4G 网络是否有必要建 3 张全国网络才能满足国内用户的需求？只建一张网从而省下另两张网的建设费用是否可行呢？

先从我国 2G、3G 的现状反思目前我国 4G 的建设。中国移动、中国联通现各有一张覆盖全国的 2G 网络。经过十几年的发展，截至 2013 年 6 月，中国移动 GSM 基站总数超过 84 万个，用户总数超过 6 亿；中国联通 GSM 基站总数约 43 万个，用户总数超过 1.62 亿。两家基站数相差约 2 倍，但用户数却相差约 4 倍，显然，中国联通的用户相对较少，设备使用率不高。然而即使用户再少，中国联通 2G 网的运维也是一刻都不能停止的。由此笔者产生一个想法：如果当时中国联通和中国移动两家只建一张 GSM 网，两家合计约 7.62 亿的 GSM 用户合并在一张 GSM 网上；或者在全国两家分区域各自建网互不重叠，各自的用户可进入对方区域漫游，互相使用对方的基站，这样即可省下相当于其中一家的 GSM 网十几年的建设、维护等费用，这是一笔非常可观的资金。再看 3G 的现状，截至 2013 年 6 月，中国移动的 3G 网络只覆盖国内部分地区，基站数约 36.1 万个，用户数超过 1.37 亿户；而中国联通基站约 36.4 万个，用户数约 1 亿户；中国电信 3G 基站数约 25 万个，用户数约 0.87 亿。自 2009 年国内发放 3G 牌照至今，并没有看到相关盈利的报道，也就是说，3G 的巨额投入现在还没有进入回报期。假设三家运营商的 3G 用户都集中于中国联通（1.37+1+0.87=3.24 亿），则中国联通的 3G 网络极有可能已经开始盈利了。各自建网各自经营，分散了有限的用户，使得各家运营商在运营多年之后（中国联通 3G 已运营 4 年多）仍不能盈利，各家都成不了赢家。尽管如此，国内 4G 已经开始了试商用建设，3 家运营商齐上阵，各干各的，步伐在不断加快，似乎并没有从全局角度来考虑重复建设的问题。这就引起人们的深刻担忧，担心 4G 未来的建设和经营会重蹈 2G、3G 的覆辙。

研究这个问题需要从运营商对于网络的部署和建设规划谈起。

基于运营商的 LTE 网络商用进程和网络覆盖范围发展两个维度，全球运营商对 LTE 网络部署的态度有三类：保守型、稳健性和激进型。激进型是指网络技术演进激进，从技术实验到正式商用进程较快，且商用后迅速扩展网络覆盖范围，实现高比例人口覆盖，具体到运营商如 Verizon 等。稳健型是指稳步开展技术实验和商用部署，重视与产业链共同发展；商用后，首先覆盖主要城市，逐步向其他地区扩展，包括 TeliaSonera 等。保守型是指商用进程较慢，网络覆盖范围有限，包括 Sprint 等。基于国际标杆的实践，LTE 网络扩展方式主要有三种：北美运营商主要受竞争驱动，在农村及城市同步部署 LTE；亚太标杆运营商则基于需求驱动主要从热点中心城市开始覆盖；欧洲运营商受政策管制，网络部署从缺乏固定宽带资源的地区开始。其中第一种市场竞争激烈，且多种技术并存；第二种竞争驱动主要是面临 HSPA+ 技术竞争，需求驱动是国土面积小、人口密度大并且 3G 用户渗透率高；最后一种主要是受到政策的驱动，因为其频率资源限制，数值红利频段有限覆盖缺乏宽带资源的地区。

国际经验表明，全球运营商 LTE 网络从建设到商用大约需要一年时间，不同运营商网络建设速度存在差异，激进运营商 Verzion 商用时已覆盖 38 个城市 1 亿人口，保守运营商 Vodafone 商用时仅覆盖柏林。Verizon 在 LTE 网络部署上采取了非常激进的策略，FDD-LTE 网络商用时已覆盖 38 个城市 1 亿人口；目前成为全美覆盖最广的 4G 网络，在 2013 年年底实现与 3G 同等的覆盖。在主导运营商率先商用 4G 的压力下，SoftBank 采取 PHS 基站复用的方式实现低成本、快速的 TDD LTE 覆盖，加速进入 4G 时代；目前基于对 TDD 产业链的预期，选择同时部署 FDD LTE。这种复用 PHS 基站，能快速降低成本建设 TDD LTE 网络，并且能使现网 3G 设备平滑升级至 FDD LTE。

SK Telecom 在 LTE 商用初期采取保守部署的策略首先覆盖热点城市，随后加快部署步伐，2011 年 12 月为改善室内覆盖推出“Wi-Fi 一体化 LTE 微型基站”，半年后覆盖全国 84 个城市的关键地区及热点区域，不到一年实现全国 99% 人口覆盖。下一步利用多载波技术开始对重点城市实现 LTE 网络升级。网络部署初期，LTE 定位于热点覆盖，无缝运营成为 SK Telecom 关注的重点议题，通过终端支持和现有网络的协同来实现。在多网络环境中，无缝运营是布设 LTE 时最重要的议题。

下面再举一个激进部署的例子。LG U+ 在 LTE 商用初期以热点覆盖为主激进部署 LTE 网络，2012 年 3 月就实现了全域覆盖，比 SK Telecom 早 3 个月，随后紧跟竞争对手推出多载波技术进行网络升级。商用初期就实现了数个大都市的连续覆盖，半年时间内就实现了全国 99.9% 的覆盖。其后，它在 800MHz 频率上进行广域 LTE 网络覆盖和语音服务，在 2.1GHz 频率上利用多载波技术进行容量扩充。

AT&T 则是一家稳健部署的运营商。AT&T 是全美唯一一家同时致力于 HSPA+ 和 LTE 技术提供 4G 服务的运营商，采用稳健部署策略，稳步开展技术实验和商用部署，重视终端产业链支持；商用后，首先覆盖主要城市，再逐步向其他地区扩展。

在日本，NTT DoCoMo 也是一家稳健部署的运营商。在 LTE 部署方面，NTT

DoCoMo较为稳健，总体战略定位是做创新引领者，在商用时机选择上比3G更加谨慎，同时更注重标准的开放性和全球化。自2007年开始研发自有LTE实验网络，系统测试开始于2007年7月，次年进行户外场试验证，2010年LTE正式商用。NTT DoCoMo对于LTE的总体战略定位是“创新引领者”，强调在全球“首批”推出，相较之前的3G战略有较大差异。相比于3G，LTE政策更加开放。NTT DoCoMo采用国际标准，而不是自有标准，更基于全球化视野，积极参与3GPP技术标准化。同时也着重强调LTE业务推出后一定要能够全球漫游。在首轮LTE设备商选择中，NTT DoCoMo也首次选择了非本国的供应商。不过NTT DoCoMo相比于3G，更加慎重地选择了LTE业务的推出时机。这表现在以下三点：其一是不同于3G战略的提前两年，这一次NTT DoCoMo并不盲目追求首家运营，更加着眼于产业链共同成熟；其二是与其他移动运营商、设备商、终端商一起反复进行测试；其三是如果其他运营商决定延迟推出LTE，NTT DoCoMo将会采取跟随调整策略。NTT DoCoMo于2010年10月在世界4G大会上发布其LTE部署方案，设想在2010年代开始提供LTE服务，2015年开始向4G演进，2020年3G退网，网络演进为简单核心网。在日本，核心网络始终保持与RAN的升级同步演进，遵循网络流量发展的特性，并契合成本-效益的原则。此处需要说明的是，日本的核心网已经与RAN并行演进，分阶段平行发展，遵循流量特性，并一直坚持成本-效益的建网原则。2001年，CS流量主导，网络特征：集成CS/PS ATM网络。2004-2005年，PS流量增加，网络特征：区分CS/PS网络。现在，PS进一步增加，网络特征：集成的CS/PS IP网络。DoCoMo在推出LTE业务初期将3G频段2.1GHz的部分带宽重新分配给LTE，伴随着2.1GHz频段的重新划分，3G将逐渐退网；随着LTE用户终端的普及，1.5GHz也将用于部署4G。为了共用WCDMA基站设备，NTT DoCoMo从2007年就开始LTE实验，到2011年年底，NTT DoCoMo的LTE网络覆盖日本20%的人口；至2012年年末，覆盖主要城市，约40%人口。

TeliaSonera也是一家稳健部署的运营商。它是北欧和波罗的海地区跨国运营商，目前在多国开展LTE商用，主要部署频率为2.6GHz。其未来频率规划显示，2G/3G/4G将长期并存，将利用低、中、高频段组合部署LTE。它的初期网络主要覆盖城市热点，以2.6GHz获取高网络容量。获得800MHz频率资源后，开始在农村及偏远地区部署，加快LTE网络覆盖范围的扩大。

那么保守部署的运营商又是怎样的呢？Sprint的FDD LTE网络采取保守策略，主要覆盖其用户密集的热点区域，覆盖范围远远落后于竞争对手；以LTE作为覆盖重点，在2013年年底完成全国覆盖，同时共享Clearwire的TD-LTE网络。在欧洲，德国的Vodafone也是一家保守部署的运营商。其初期的LTE网络部署在800MHz频率上，能低成本地为农村地区提供覆盖同时改善城市室内覆盖。未来将同时在2.6GHz频率部署LTE，以满足人口密集地区网络容量需求。它的LTE网络定位是替代固定宽带，是目前唯一一家通过LTE提供类似DSL业务进行固移替代的运营商，它的替代分为直接替代和简介替代两种。直接替代包括了它直接在农村或缺乏互联网接入服务的地区部署

LTE，和通过 LTE 提供移动宽带接入服务替代固定宽带。间接替代包括了传统运营商核心出租服务（用户线路批售出租和用户回路细分）和通过出租 LTE 线路来实现固移替代。Vodafone 商用进程较慢，2010 年 12 月发布商用 LTE 网络，计划在 1 年内覆盖全部网络空白地区；2011 年年底开始在城市地区利用 2.6GHz 频率部署 LTE，同期发布 LTE 智能手机；到 2016 年，Vodafone 将建成一个全 IP 网络。

出于管制要求，德国电信的 LTE 部署有两个基本战略诉求，即“无线 DSL”和“移动互联网 2.0”，以达到频率资源最优化利用。T-Mobile 有效地进行流程管理，充分发挥了系统厂商的能力以及实现了集团和分公司两个层面分工合作；T-Mobile 对现有的整体网络结构有非常全面和深入的了解，实现了与现有网络的互操作。从目前的 LTE 部署经验来看，其成功有赖于与供应商建立紧密的战略合作伙伴关系，制定完整的无线宽带接入战略。它的建设大概分为五个方面，一是制定长期宽带接入战略，这里面包括了实现 2G、3G、4G 固网协同部署，制定合理的用户迁移策略，确保总成本最低。二是与设备供应商建立了全面战略合作伙伴关系。为了实现成本效益的最优化，网络需要实现灵活的网络演进并与现有网络无缝集成。在当前 LTE 技术成熟度不足的情况下，与供应商紧密的合作尤为重要。三是调整移动回程网络以适应未来的容量需求与业务需求。基于全 IP 传输，合理优化容量，对承载进行区隔化控制，确保以最低成本来实现较高的用户峰值性能。四是制定一个与现有网络集成的全面策略。无缝的网络集成保证实现业务切换性能，并可以快速引入创新型业务，保护现有资产。五是部署初期便考虑网络安全因素，以网络安全性构筑差异化的竞争优势。

美日韩运营商通过多网协同、区隔流量、技术更新的方式扩容加速，优化 LTE 网络，提升用户体验。都是优化 LTE 网络，提升用户体验，但是各自的手段却不同。以 AT&T 为例，它主要是依靠多网协同，平滑过渡。其借力 3G 保证用户体验，并以业务、终端促进网络价值提升，最终达到无线、有线全面发展，拓展用户规模。而 SoftBank 则是区隔流量，针对改进。其将网络数据流量按访问数量和内容多样性两个维度进行划分，提出不同的优化方案，对瓶颈部分通过 Broadcast+Cache 控制，并且针对 MBMS（HSPA）网络不够高效的问题，分配和使用独立的 DL-only 频谱。SK Telecom 主要是通过技术更新和扩容加速来达到这个目的的，它部署了 3 000 多个 LTE Femtocell，扩大网络容量，并且通过多载波技术、下行链路协同、自组织网络等技术使得 LTE/LTE-A 网络更加智能和快速。

从国际运营商的网络协同发展看，在 LTE 商用初期，都具有技术或网络升级、叠加建网、多模终端等协同发展特点。如 Verizon，它的协同方式是体现在频谱、建网、语音方面 LTE 与 3G 网络协同发展，并且 LTE 建网积极，以迅速向 4G 过渡。这样的协同特点是双频并存、叠加建网和双模双待。而 SK Telecom 的协同方式是体现在 CDMA、WCDMA 和 LTE 三种网络制式协同，CDMA 主要支持语音业务，LTE 主要支持数据业务。这样的协同特点是叠加建网、阶段引入和多模终端。KDDI 在协同方面主要是并行发展了 LTE 和 CDMA，使 LTE 与 CDMA 结合形成立体化的服务网络，并且布局 LTE 的同时投资 WiMAX，扩展新营收来源。这样的协同特点是保留频段、叠加建网、网络升级、多模终端和投资 WiMAX。最后对于 SoftBank 来说，它主要是在 HSPA 和 LTE 长期共存的情况下，使 3G、4G 网络协同发展，以进一步提升新的、更宽的频谱峰值速率。其协同特点是叠加建网、技术升级和双模终端。

关于运营商的网络协同发展，笔者以 Verizon 为例详细说明。如前文所说，Verizon 协同发展的特点主要是双频并存、叠加建网和双模双待。首先 Verizon 对于双频并存主要采取了三个具体举措：

- 保留现有 800MHz 和 PCS 频段支持 CDMA，2013 年中才宣称停止 3G 网络扩容建设；
- 在新的 700MHz 上部署 LTE；
- 收购 AWS 频段并结合 SmallCell 进行 LTE 域扩容。

这些举措的直接实施效果是在 2013 年 6 月 Verizon 就覆盖了全国近 98% 的人口，LTE 网络的容量扩大一倍。

其次在叠加建网过程中，主要是核心网新建 EPC（演进分组核心网）和 HSGW（HRPD 服务网关），全网部署 eHRPD（演进的高速分组数据），这样做节约了接入网络成本，实现了平滑过渡。

另外其在语音业务实行的双模双待，即商用初期推出 SGLTE 以及之后采用 VoLTE，数据业务采用非优化切换，成功地通过 3G 解决了语音通信问题，快速推出 LTE 优质数据服务。

8.3 IT支撑，运营商与互联网公司的往事与今朝

基于笔者发现很多读者并不能很好地区分运营商和互联网公司，本节将分别从这两者谈起。

运营商是指提供网络服务的供应商，如诺基亚、三星等这些通信设备的生产厂商叫生产商，而中国电信、中国移动这些公司才叫运营商。国家在电信管理方面相当严格，只有拥有工信部颁发的运营执照的公司才能架设网络。从通信行业来说，设备生产商和运营商是相互依存的，但运营商一般更有优势。国内三大运营商指的是中国移动、中国联通、中国电信，不管是从通信或者地面网络角度去看这三家都是规模最大实力最雄厚的，当然他们彼此的侧重点不同。例如中国移动主要运营 GSM、TD-SCDMA 和 TD-LTE 网络；中国联通是唯一的全业务运营商，同时运营 GSM、WCDMA、FDD-LTE、固网；中国电信主要运营 CDMA、cdma2000、FDD-LTE、TD-LTE 网络和固网。

而互联网企业是由网络为基础的经营，一般包括 IT 行业、电子商务、软件开发等。互联网企业大致可分为几类：搜索引擎、综合门户、即时通信、电子商务。典型的搜索引擎企业有 Google 和百度。前者为世界流量第一的网站，市值第一的互联网企业；

而后者是中国流量第一的网站，是全球最大的中文搜索引擎。综合门户包括雅虎、新浪、搜狐、网易等，这些门户网站都有各自的特点和优势。如新浪的优势主要是新闻、博客和微博，搜狐的优势是搜索、游戏和输入法，网易的优势是邮箱和游戏。即时通信包括了腾讯和飞信等，前者是全球第一大即时通信服务提供商，其产品覆盖了即时通信、门户、搜索、社区服务等；而飞信是中国移动的下属品牌，优势为短信发送功能。电子商务包括 B2B、B2C 和 C2C，B2B 的代表是阿里巴巴，B2C 的代表是亚马逊，它是世界上最大的电子商务公司，从最开始只经营网络图书到现在经营范围扩大到 DVD、电脑、软件、衣服等，C2C 的代表是 ebay。

那么互联网公司和运营商的具体关系是什么呢？首先是互联网公司需要使用运营商的网络传输系统，所以互联网公司需要向运营商支付一定的费用。运营商的利润一大部分也是来自于此，即从各个使用网络传输系统的用户收费，其中包括了各大互联网公司。用户每天上传下载，就产生上传下载的流量，这个过程就使用了运营商的网络系统，用户所支付的网费便归运营商所有。而互联网公司的收入又是来源于哪儿呢？以腾讯为例，虽然用户可以免费使用 QQ，但是 QQ 有很多服务，如 QQ 会员等，这些服务的收入都是属于腾讯公司所有，另外其更大的利润来源于广告宣传。

移动互联网时代的到来，打破了这样的一个平衡，一个新的运作模式正在形成。随着互联网的快速发展，互联网企业的触手已经伸向通信行业，正在一步步瓜分运营商的领地，对运营商的固有业务造成了极大的冲击，使得运营商被迫转型。移动互联网时代是资源整合的时代，是设备和服务融合的时代，是产业间相互联系、相互进入的时代。随着移动互联网的发展，产业间以及产业链各环节之间的技术和资金门槛已经大大降低。互联网企业相继将互联网相关业务进行升级，以此加速移动互联网产业的布局。传统通信行业在此推动下，也积极向电信、互联网、媒体、娱乐等产业融合的 ICT 产业演进，而原有的产业运作模式和竞争结构在新形势下显得不合时宜。在产业融合和演进的过程中。不同产业原有的运作机制和资源配置方式都在改变，风险与机遇并存。而此次过程中所遇到的困难险阻，与这个时代所孕育的机遇前景相比之下不值一提。目前，相关领域的企业都在积极转型，最明显的当属通信行业。在移动互联网时代，传统的信息产业运作模式正在被打破，新的运作模式正在形成。对于手机厂商、互联网公司、消费电子公司和网络运营商来说，这既是机遇，也是挑战，他们正积极参与到移动互联网的市场竞争中。

3G 时代以来，运营商在这样的背景下积极转型，凭借着资源整合的能力和资金、技术的实力，向上延伸涉足手机操作系统，向下延伸深度定制终端，增强用户的粘性。然而随着移动互联网的逐步发展，如谷歌推出的移动支付服务谷歌的钱包，或者腾讯公司推出的微信，都以移动通信网通信业务为基础，兼并终端公司，从而达到获取产业主导权的目的。对运营商而言，这样的挑战主要体现在以下四点：一是数据流量的爆炸性增长，对网络承载能力提出更高的要求；二是业务收入增长与流量增长不匹配，对运营商的精细化管理带来更大的考验；三是移动互联网生态环境和商业模式的变化，对运营商传统运营模式造成巨大冲击：四是移动互联网正形成云端立体化竞争局面，原有产业链格局受到挑战。

对于运营商来说，以互联网思维改造传统通信行业关键在于以下五个方面。一是凭借通信网络和平台优势，增强传统通信功能，优化用户体验，打造运营商特有的互联网通信产品。这样的产品是融合互联网和传统通信双方优势的产品，必须兼顾通信业务和互联网体验。因此，运营商要以互联网软件开发标准来优化通信业务，通过对软件的快速迭代开发，对通信产品进行持续优化。二是充分发挥通信网络平台优势。运营商拥有通信网络平台的优势，目前包括短信平台、软交换平台、会议平台、终端状态信息、位置信息、网络 QoS 保障等。运营商需要充分发挥这些优势，从网络适配、用户覆盖、产品稳定性等实现与互联网公司差异化的互联网通信业务。三是有效管理和充分挖掘用户关系链。为保障通信业务的准确性和减少垃圾信息的传递，运营商要加强用户关系链的管理，并且要充分挖掘用户关系链。在社区平台达到一定规模后，可以通过开展病毒式营销推广运营商自有业务或合作业务。四是推动手机终端通信模块升级，调整重内容、轻服务的重大终端定制策略。运营商在保持原有终端系统功能的同时，提供标准的应用模块，并支持动态升级。这样一来，既可形成统一的用户的通信体验，又可降低研发成本，使其更专注于硬件开发。五是集成互联网应用，打造“社区 + 应用 + 终端”的移动互联网通信开放平台，构建新的通信产业链。通信作为运营商的主营业务和优势能力，也是平台拓展其他能力的基础，如认证、位置、支付等。

随着运营商业务的不断发展和 4G 业务的不断临近，以及从全面服务客户的角度出发，充分实现应用系统共享的需求越发明显，面向服务的架构（SOA）已成为使企业实现 IT 与业务紧密结合，提高业务流程灵活性，从而真正帮助企业快速响应外部变化，是企业发展、创新的重要 IT 工具。发展主要分为两个阶段，首先是应用集成阶段，其次是应用整合的工具和技术阶段。前者又可分为三个阶段：第一阶段，应用集成技术是在中间件基础之上，发展丰富的连接与转换技术及全面的元数据（META DATA）管理与应用能力，解决信息共享与信息交换的问题；第二阶段，应用集成技术是在业务流程管理 / 集成（BPM/BPI）基础上，对企业业务流程进行自动处理、管理和监控；第三阶段应用集成技术是在第二代集成技术的基础上，采用最新的技术规范对集成技术本身进行规范，其主要目标在于实现企业业务的“可复用性”“可扩展性”和“灵活性”。IT 支撑系统目前主要有 BSS、OSS、MSS。BSS 主要包含了计费系统、客服系统、账务系统、结算系统以及经营分析系统等。OSS 是一个综合的业务运营和管理平台，同时也是真正融合了传统 IP 数据业务与移动增值业务的综合管理平台。MSS 系统是面向管理的支撑系统。狭义的 MSS 包括财务系统、人力资源系统、工程管理系统、OA 系统、电子邮件系统及企业信息门户等。广义的 MSS 除包含上述系统外，还包括基于 BSS、OSS、狭义 MSS 基础上面向管理需求的数据综合挖掘及分析，如企业级的运营决策支撑系统、企业工单流系统，以及包含网络资源和码号资源在内的企业资源管理系统（ERP）等。

第九章 终端竞合，谁主沉浮

9.1 决胜移动终端

移动终端（Mobile Terminal，MT）广义上包括手机、笔记本、平板电脑、POS机甚至车载电脑。现在的移动终端已经拥有极为强大的处理能力（CPU主频已经接近2GHz）、内存、固化存储介质以及像电脑一样的操作系统，是一个完整的超小型计算机系统，可以完成复杂的处理任务。移动终端也拥有非常丰富的通信方式，既可以通过GSM、CDMA、WCDMA、EDGE、3G等无线公众网通信，也可以通过无线局域网、蓝牙和红外进行通信。移动终端发展到今天不仅可以通话、拍照、听音乐、玩游戏，而且可以实现包括定位、信息处理、指纹扫描、身份证扫描、条码扫描、RFID扫描、IC卡扫描以及酒精含量检测等丰富的功能，有的移动终端还将对讲机功能也集成了。移动终端已经深深地融入我们的经济和社会生活中，为提高人民的生活水平，提高执法效率，提高生产管理效率，减少资源消耗和环境污染以及突发事件应急处理增添了新的手段。

随着移动互联网的快速发展，移动终端的发展呈现出许多明显的趋势。移动终端越发地围绕用户需求，为用户提供全方位的服务和体验，趋向终端与服务一体化。移动终端厂商也在不断实现终端多样化。苹果推出的iPhone使用户体验达到了新的水准，赢得了全球手机用户的青睐，而基于Android的应用体验也达到了极佳水平。那么对于手机这样一个具有代表性的移动终端，它的发展趋势有三点非常值得关注：第一，能够支撑网络浏览器手机的普及预示着未来的手机就是电脑，这是未来的一个趋势。用户的所有基于PC的习惯都会衍生到手机上。第二，手机越来越有能力满足用户各类娱乐需求。以韩国和日本为例，其手机基本上都具有特定的特征，如面向游戏、动漫、阅读、视频和影视等，其移动终端厂商通过针对不同人群提供不同产品来满足用户的差异化需求。可以想象，未来国内的手机也会向着满足阅读需求、游戏需求以及视频和影视需求等方向发展。第三，位置服务功能会成为手机的标准配置。

移动终端正在取代PC端，其原因在于全功能手机浏览器的发展已经打破了技术壁垒。后3G时代使得桌面互联网和WAP内容很大程度地整合，并且4G的兴起使得移动终端在中国的发展不断超越PC。这种超越主要体现在三个层面：搜索内容、用户体验和应用软件。在搜索内容方面，移动互联网的发展使得互联网内容和手机上网内容很大程度地融合，手机上网不仅可以访问到原有的WAP内容，还可以访问互联网内容。在用户体验方面，手机终端拥有较PC更为全面的用户体验，它可以同时具备通话、视频、照相、随身携带以及PC所不具有的手机定位等功能。在应用软件方面，智能手机上能安装各种搜索软件，提供语音搜索等服务。例如，谷歌曾推出了一款应用程序是在手机上安装一个条形码识别和产品搜索软件，用户使用手机可以识别有条形码的任何一款商品，并可以对条形码进行搜索，从而得知该产品在其他商场的价格等详细信息。

移动终端的多样化在互联网发展中也是一个重要的趋势。固定互联网的终端仅局限于计算机，而移动互联网的终端除手机之外，还正在向MID、上网本等满足用户差异化需求的便携式终端扩展。

（1）移动终端的重要性

移动互联网作为一个极具前景的产业，吸引了不同类型厂商为争夺产业链主导权大量涌入并展开跨界竞争，而在这一过程中，移动终端越来越重要。移动互联网在市场发展初期就呈现了全面的产业链竞争的特点，由于移动互联网是一个新兴的产业，没有既定的市场格局可以参考，导致各类移动互联网产业相关的厂商，包括硬件制造商、系统开发商、应用提供商、内容提供商、服务提供商、技术提供商、解决方案提供商等各类厂商都争相进入市场竞争中来，使用应用商店聚拢应用资源、定制终端打造用户界面、跨产业链环节合作等成为各方较常采用的竞争策略。整体来看，移动互联网的市场竞争格局显得十分繁杂，跨界竞争成为产业链发展最为显著的特征。出现这种情况主要有以下几点原因：第一，移动互联网产业没有既定市场规则，产业巨头开始依据自身优势扩展产业链优势，塑造系统优势；第二，移动互联网各个产业链环节利益环环相扣，互相间的可跃迁性使全产业链竞争成为必然；第三，在移动互联网发展过程中，多产业链环节运营模式的重要价值逐渐被以终端厂商和运营商为代表的产业参与者所认知，并逐渐被其采用。

在移动互联网全产业链竞争的趋势逐渐明朗的过程中，移动终端的重要性越发凸显。终端需要来聚合和承载应用，而应用的开发又是以移动终端为平台。移动终端的这种链接性，促使移动互联网产业链各方都渐渐将其视为必争之地。从运营商的角度来看，基于一款移动终端操作系统，他可以对移动终端进行定制，可以发展自己的应用商店，凭借上游影响力的优势从各个环节把控移动互联网产业链；他甚至可以通过开发自己的移动终端，更加快速地把自己的业务推向用户，获得强大的移动互联网全产业链竞争力。对于终端厂商，通过定制自己的移动终端，则可以借助应用商店的跳板，打开从单纯的终端生产向移动应用领域进军的大门；同时，他们也有机会基于定制化的移动终端发展诸如平板电脑、电子阅读器等不同形态的移动终端，通过“多终端＋

特色应用”和移动终端操作系统迅速构架自有的移动生态圈，为实现自身各类业务的共赢提供机会。而对于移动互联网产业链的其他参与者，移动终端操作系统同样具有重要的意义。例如上游的芯片厂商和硬件提供商，能否选择主流的移动终端操作系统并在硬件层进行支持，决定了他们产品和服务的市场规模，如果他们的产品被终端厂商广泛地所采用，那么就具备打造自己的移动终端操作系统和向移动互联网产业链各个环节渗透的能力。对于应用开发商来讲，道理也是相同的。就如大家都在基于主流的 Android 发布应用，你却只有能力为 Windows Mobile 做开发，那么不论你的产品有多么的优秀创新，也不能够获得大规模的用户群体。而像腾讯这类行业巨头，借助其庞大的用户规模和横跨多个移动终端操作系统平台的产品，也有能力去影响移动互联网的其他产业链环节，比如运营商和华为这样的终端厂商。

综上所述，对于移动互联网产业链各方来讲，移动终端是产业链各方参与者展开跨界竞争和多产业链环节运营的一个最佳切入点，并且移动终端本身因为各方的进入，形成了一个以其为中心的移动互联网生态圈。

（2）移动终端市场的发展

根据全球技术研究和咨询公司 Gartner 最新预测，2014 年全球 IT 终端设备（个人电脑、平板电脑、Ultramobile 和手机）出货量预计将达到 25 亿台，与 2013 年相比增长 7.6%。在操作系统市场上，2014 年 Android 设备用户将超过 10 亿。到 2017 年，75% 以上的 Android 设备将主要来自于新兴市场。2014 年，手机预计将引领整体设备出货量，将达 19 亿部，比 2013 年增长 5%（见表 9-1）。

表 9-1 2012—2015 年各种类型设备拥有的用户数（万）

设备类型	2012年	2013年	2014年	2015年
个人电脑（桌上型和笔记本）	34 127.3	29 934.2	27 793.9	26 849.1
平板电脑（Ultramobile）	11 952.9	17 953.1	26 345	32 456.5
手机	174 617.7	180 433.4	189 342.5	196 478.8
其他Ultramobile（混合式与翻盖式）	934.4	1 719.5	3 963.6	6 383.5
总计	221 632.2	230 040.2	247 445.1	262 167.8

资料来源：Gartner

2014 年全球平板电脑市场预计将大幅增长 47%，并以较低的平均售价吸引新用户。消费者仍将购买平板电脑作为额外的随身设备。根据 Gartner 于 2013 年第三季度针对巴西、中国、法国、德国、意大利、英国、美国及日本的一项调查，超过三分之二的平板电脑皆用于家庭之外的活动，如度假或听演唱会。这样的使用习惯与智能型手机相仿，因其尺寸较小，方便出门携带。2014 年全球传统个人电脑总出货量预计将达 2.78 亿台，比 2013 年下滑 7%。在历经 2013 年 9.9% 的衰退之后，随着 Windows Ultramobile 的崛起，2014 年的个人电脑市场预计持平，带来微幅成长。Gartner 消费者调查显示，低于 8% 的使用者会将笔记本电脑换成平板电脑，然而转换至 Ultrabook 的情况却是该数字的两倍。在操作系统市场方面，Android 仍是所有设备中最多人选择的操作系统（见表 9-2）。Gartner 预测，2014 年 Android 使用者将突破 11 亿，比 2013 年高 26%。Gartner 首席分析师 Annette Zimmerman 表示："毫无疑问地，数量与价值是相对的。相对于苹果使用者，Android 用户购买的设备价格也较低。Android 系统拥有最广大的设备用户数，其用户数于 2014 年为 19 亿台，而 iOS/Mac OS 系统的设备用户数为 6.82 亿台。"

表 9-2　2012—2015 年各种操作系统拥有的用户数（万）

操作系统	2012年	2013年	2014年	2015年
Android	50 369	87 788.5	110 257.2	125 436.7
Windows	34 627.2	32 795.6	35 985.5	42 272.6
iOS/Mac OS	21 369	26 676.9	34 420.6	39 723.4
RIM	3 458.1	2 401.9	1 541.6	1 059.7
Chrome	18.5	184.1	479.3	800
其他	111 790.5	80 193.2	64 757.2	52 875.5
总计	221 632.2	230 040.2	247 441.4	262 167.8

资料来源：Gartner

随着 4G 的兴起，移动终端厂商加紧了多模多频的开发，使之更适应 4G 制式。2014 年是 4G 元年，4G 牌照落地正推动着通信业"改朝换代"，4G 将成为消费者的标配。据《2013—2017 年全球智能手机行业市场前瞻与投资机会分析报告》预计，2014 年第四季度到 2015 年会是中国 4G 手机的爆发年，高端市场将掀起新一轮换机潮。市场调研机构 IHS 也做出预估：2014 年中国内地 4G 智能手机市场将大幅增长，预计其出货量与 2013 年相比增长 15 倍；并且在未来几年时间里，中国 4G 智能手机市场将会出现不可阻挡的增长趋势，2015 年出货量预计比 2014 年增长一倍，达到 1.441 亿部；预计 2016 年还将进一步增长 53%，达到 2.198 亿部；到 2017 年年底预计达 2.985 亿部。

全球 4G 建设的热度在不断升温，中国作为最大的 4G 市场，在 4G 手机终端断杀激烈的背后，芯片厂商的一场生死之战也正在上演。据报道，智能手机解决方案供应商包括高通、联发科和 Marvell 在 2014 年第三季度以牺牲利润为代价增加 4G 芯片出货量。高通已宣布将降价促销 4G 手机芯片，业界甚至传出报价恐跌破 20 美元大关的猜测。面对高通降价冲量动作，联发科及 Marvell 亦跟进，使得 4G 手机芯片报价在第二季底、第三季初骤降约两成。业内人士表示，现阶段上游晶圆代工产能仍吃紧，但 4G 手机芯片报价竟然持续下滑，显示 4G 手机芯片市场竞争压力相当大，这便出现了为抢占市场而不断杀价取量的一幕。

当前支持 LTE/3G 多模多频是 LTE 终端的明确发展方向，也是国内运营商的发展思路。目前国内某些运营商已经公开表示将建设 TDD/FDD 融合网，这对多模多频提出了很高要求。中国移动也多次强调，TDD/FDD 混合组网、支持 5 模 10 频、5 模 12 频及 Band 41 是中国移动发展 LTE 智能终端的重点。就目前我国通信行业的现状来看，将出现 4G 网络加上三家运营商三种不同的 3G 制式，甚至还要兼容 2G 的 GSM 和 CDMA 网络的市场格局，未来的“多模多频”将成为 4G 手机不可避免的标配。频段不统一是当今全球 LTE 终端设计的最大障碍，全球 2G、3G 和 LTE 网络频段的多样性对移动终端开发构成了挑战，多模多频、低功耗和高集成度成为开发 LTE 芯片的难点。当前，全球 2G 和 3G 技术各采用 4 到 5 个不同的频段，加上 LTE，网络频段的总量将近 40 个。要支持多模多频，首先就需要终端集成能同时支持多种制式和频段的芯片。无疑，这对于 LTE 通信处理器芯片提出了前所未有的挑战。因此，对于国产手机芯片商而言，4G 芯片市场既是机遇也是挑战，只有加强技术创新，加快对多模多频的研制速度，国产厂商才能在 4G 市场的激烈竞争中占据有利位置。毕竟，只有能自行设计芯片的厂商，才不至于处处受制于人，才是真正的强大手机厂商。同时，为了降低用户入网门槛，大部分移动运营商对终端，尤其是智能终端提供补贴，包括话费补贴与现金补贴。伴随着智能终端的普及，终端补贴成为有效吸引用户入网、提升 ARPU 的重要手段之一。比如美国运营商在打价格战的同时，普遍对智能终端进行高额补贴，以降低入网门槛，争夺高数据使用量的客户。Verizon 的平均补贴是 77%，而 AT&T 的平均补贴更是高达 84%。

随着智能手机的普及，用户对于手机中预置应用的投诉情况也越来越多。工信部从 2014 年 11 月起执行新发布的《关于加强移动智能终端管理的通知》，多种应用软件被禁止预置进智能终端中。《通知》要求，生产企业不得在移动智能终端中预置具有以下性质的应用软件：一是未向用户明示并经用户同意，擅自收集、修改用户个人信息的；二是未向用户明示并经用户同意，擅自调用终端通信功能，造成流量消耗、费用损失、信息泄露等不良后果的；三是影响移动智能终端正常功能或通信网络安全运行的；四是含有《中华人民共和国电信条例》禁止发布、传播的信息内容的；五是其他侵害用户个人信息安全和合法权益以及危害网络与信息安全的。

9.2　SoftBank与NTT DoCoMo的实践

日本国土面积虽小，但却是一个电子产品大国。与美国消费者相比，日本消费者用手机来看电视、使用 GPS 导航服务、下载音乐、制作电影、支付账单和收发电子邮件的时间要早了几年。早在苹果 iPhone 面世的八年以前，日本就已经拥有了触摸屏手机。此外日本拥有众多类似索尼、松下、东芝、卡西欧、三洋、日立、NEC 等这样的全球知名电子厂商，而日本国内的手机市场也正是被这些本土品牌垄断了。不管是在功能机时代还是在非智能手机时代，从未有一款国外产品真正地敲开过日本手机市场的大门。但在 2012 年 iPhone 成为了日本市场上最畅销的手机，日本国内智能手机的市场也被这个外来的竞争者所侵吞了。

在日本移动终端的市场上，竞争是十分激烈的。历经连续两年亏损后，日本 NEC 在 2013 年 7 月 31 日正式宣布退出智能手机市场，说明日本智能市场逐渐被外来竞争者打开并且侵吞的情况日益严重。继 NEC 宣布退出智能手机市场后，松下也放弃其手机业务。松下已经在 2013 年冬季通知日本最大移动运营商 NTT DoCoMo，停止向其供应新款智能手机产品。由于松下近来只通过 NTT DoCoMo 出售新款智能手机，因此停止供应新款智能手机的决定意味着松下完全退出消费性智能手机领域。

本文先就日本为何在移动终端市场失去竞争力进行简要分析。

（1）市场高度封闭

在智能手机成为主流之前，日本市场的手机一直被认为是高级电子商品，早在智能手机出现之前，日本手机业者就能让消费者使用手机付费、看电视等多项功能。然而这些日本手机商一向只专注于国内市场，不急于进攻海外市场，且日本消费者对于国内品牌的忠诚度也相当高，因此日本手机市场高度封闭。

由于对自己的手机技术过于自信，日本手机从业者太晚进入智能手机市场，完全失去先机，之后所推出产品也比不上 iPhone 和三星的 Galaxy S 系列，连过去一向忠诚度很高的日本消费者也纷纷变心，现在仅剩 Sony 这个日本品牌还在全球智能手机市场占有一席之地。

（2）错误的行业运作方式

移动运营商会修改在日本市场上出售的几乎每一种手机，就连诺基亚或三星等厂商所生产的手机也会被修改，以便满足运营商的特殊要求，将运营商认为重要的功能加入其中，例如电子钱包、One-Seg 电视接收器以及由运营商提供的一系列特别服务等。而日本运营商在海外厂商生产的手机中所加入的软件只适合本土手机，与苹果或纯粹的三星手机则并不匹配。

正如乔布斯所说“日本厂商最大的错误就是它们没有认识到软件技术已经变得多么重要。在日本消费电子厂商中，大多数高管都是硬件工程师，他们不了解软件的重要性，或是不了解软件业务是如何运作的”。而正是因为这样的手机行业的运作方式导致了次等产品的产生，使日本终端厂商在智能终端的竞争中逐渐丧失了竞争力，在多数日本智能手机厂商挣扎求生之际，全球手机单季出货量却还增长了 52%，凸显苹果和三星双寡头垄断的稳固。

接下来本文将就日本市场具体两大运营商 SoftBank 和 NTT DoCoMo 进行详细介绍。

9.2.1 SoftBank

SoftBank 集团是一家综合性的风险投资公司，主要致力 IT 产业的投资，包括网络和电信。SoftBank 在全球投资过的公司已超过 600 家，在全球主要的 300 多家 IT 公司拥有多数股份，其业务包括宽带网络、固网电话、电子商务、互联网服务、网络电话、科技服务、控股、金融、媒体与市场销售等。它在1981年由孙正义在日本创立并于1994年在日本上市。

说起SoftBank，国人普遍认为它是一家互联网投资公司。的确，SoftBank对中国互联网公司进行了大量投资，如阿里巴巴、盛大、人人网、PPTV等。但从收入和业务结构上看，SoftBank不折不扣是一家电信企业。当SoftBank在2006年通过Yahoo! BB进入移动通信行业时，它的收益一大半来自于移动通信业务。即便发展到今天，SoftBank只有不到10%的营收来自互联网，而其大部分营收都来自于移动通信业务。

SoftBank的成功最开始是因为对沃达丰的改造。SoftBank对沃达丰日本的改造经历了多个阶段。首先要说明的是，SoftBank是并不是通过依靠“低价格”或者“价格战”来赢得客户的，在沃达丰被收购之前，其作为市场份额最小的运营商，一直采取低价策略。改造沃达丰日本真正成功的原因来自于以下几个方面。

（1）网络方面

SoftBank在收购后为了弥补网络建设和覆盖的不足，开始大力建设基站。2006年到2007年不到一年的时间内，SoftBank所建设的基站数量翻了一倍多，从2万个增长到4.6万个，这一举措极大地改善了用户对SoftBank的网络满意度。SoftBank的大幅度投资对填补网络短板方面起到了积极的作用，在一定程度上弥补了沃达丰早期投资不足带来的问题。基站的建设直接导致了SoftBank投资的剧增，并且在当时，SoftBank还面临收购的巨额债务，这对SoftBank整体的财务压力很大。

（2）终端方面

SoftBank大力调整了沃达丰日本的终端策略。原来沃达丰集团的策略是全球采购，然后在全球推出相同的款式。沃达丰这样全球化的策略在其他国家获得了成功，但在日本市场却受到严峻的挑战。这是因为日本用户对手机的喜好并不同于其他国家，日本市场上的手机无论是外观还是功能都在一定程度上领先其他国家。所以像沃达丰这样全球采购的厂商在日本并不是受到普遍的欢迎。另外，日本市场上的手机都是运营商深度定制，运营商通过参与手机的设计和开发来自己决定手机的款式。SoftBank收购沃达丰后面临KDDI和NTT DoCoMo的竞争，为了应对同行的竞争，SoftBank一方面加强与日本本土手机厂商的联系，重新引入松下、东芝和NEC等本土厂商，另一方面也不断调整手机终端产品类型。与NTT DoCoMo在手机定义上主打高速3G、游戏和音乐不同的是，SoftBank着眼于手机的轻薄和外观色彩等方面。比如在2006年，SoftBank推出的可翻转的夏普905SH手机、厚度17mm的“超薄”705SH。由于SoftBank推出的手机都是为日本用户专门设计的，其本地化和差异化的竞争策略取得了成功。

（3）丰富应用

SoftBank把自己的互联网网站Yahoo！ Japan（雅虎日本）作为手机门户。这一举措不仅发挥了雅虎日本作为日本领先的门户网站的优势，也为SoftBank带来了大量新的移动用户和流量。SoftBank将互联网内容与移动通信结合，取得了很好的效果。此外，SoftBank在手机上内置雅虎日本主页的一键启动按钮，这极大地发挥了前文所提到两方面的比较优势。推出一个月后，雅虎日本手机门户上的每日搜索量就增长了三倍，新手机门户每日页面浏览量增长到了过去的八倍，首页增长了三十多倍。

（4）营销、品牌与渠道

SoftBank 重新建立品牌形象，举措包括优化渠道和销售以及调整资费。日本整个电信市场在品牌形象方面竞争激烈，营销水平也相对比较高。与当时营销的手段大多还是依靠电视等传统媒体不同，SoftBank 很大胆地借助了互联网媒体的力量。SoftBank 连续推出的几个新的互联网广告都排在用户喜好的前列，提升了其品牌形象。在渠道方面，SoftBank 开了不少自营门店，还进一步整合了代理渠道。同时，除了将移动业务与现有的固网、宽带业务进行产品融合之外，SoftBank 还将移动通信业务的 B2B 销售团队和原来固网、宽带的销售团队整合，加强了对企业客户的销售能力。SoftBank 在资费套餐方面并非只是低价，它更看重的是简化资费结构。比如最开始 SoftBank 新推出的三个套餐体系（金色套餐、橙色套餐和蓝色套餐）都以简单为主的。这些举措都在一定程度上扩大了客户量。

在强调本土化和融入全球化中，SoftBank 的成功很大阐明了这两者的不同。在前半段，SoftBank 依靠本地化，战胜了失败的全球化并获得成功。那时的日本市场，无论是手机还是业务模式都领先全球，手机无论是外观、功能还是业务上都让其他国家望尘莫及。而随着日本手机市场的萎缩以及 iPhone 登陆日本，SoftBank 又用全球化挑战本地化。而日本作为一种模式已经融入全球电信和移动互联网行业的大趋势之中，这是“日本例外主义”的消亡，也是日本经验融入全球经验的过程。

最后谈谈 SoftBank 的移动终端分布情况。目前，SoftBank 在其官方网站上出售的终端共有 31 款，其中智能手机有 24 款，占比 77%。面向市场的终端品牌主要是夏普、京瓷以及松下等，夏普的品牌占据整个 SoftBank 所有品牌的 55%，本土品牌占据绝大部分（见图 9-1）。

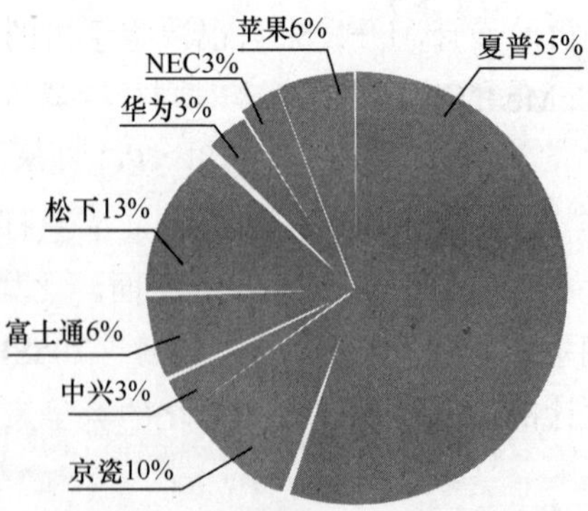

图 9-1　SoftBank 销售的手机终端品牌分布

从定制机的月费来看，SoftBank 目前销售的手机绝大部分依旧采取全额补贴的政策。没有全额补贴的三款终端每月的月费也在 10 000 日元以下（见图 9-2）。可以看出，定制机的补贴始终是 SoftBank 的主要政策。

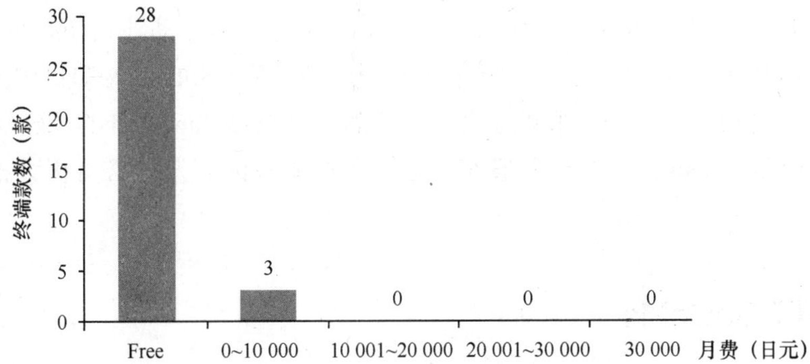

图 9-2　SoftBank 定制机月费分布情况

从定制机的首付价格来看，绝大部分的终端首付价格都低于 10 000 日元。有两款终端的首付价格是免费的（见图 9-3）。

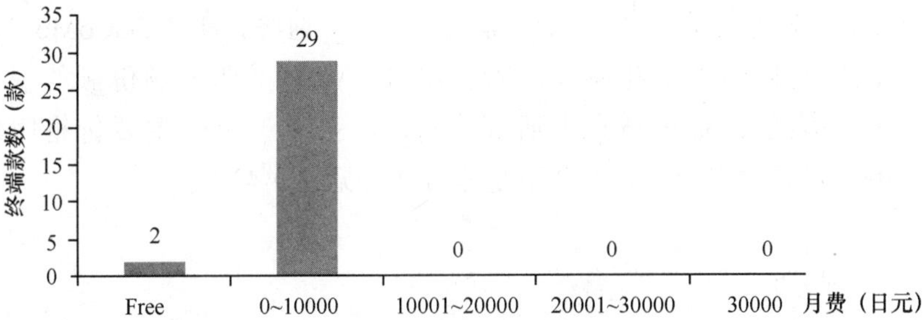

图 9-3　SoftBank 定制机首付价格分布情况

那么 SoftBank 是如何和终端厂商合作的呢？总结起来大致有以下两点。

（1）高配置 LTE 手机抢占市场

2013 年 10 月 9 日，SoftBank 发布六款智能新机，这六款手机的下行速度最高达 76Mbit/s，支持 SoftBankTD-LTE/WCDMA/GSM 多模网络。更让人震惊的是，六部智能新机均采用目前广受业界赞誉的高通骁龙 S4 双核或四核处理器。其中夏普 AQUOS PHONE Xx 203SH 和富士通 ARROWS A 201F 采用高通骁龙 S4 Pro APQ8064 1.5GHz 四核处理器；而华为 STREAM 201HW、摩托罗拉 RAZR M 201M、京瓷 HONEY BEE 201K 及夏普 PANTONE 6 200SH 则内置骁龙 S4 MSM8960 1.5GHz 双核处理器。骁龙 S4 MSM8960 和骁龙 S4 APQ8064 集成双核 / 四核 Krait CPU，采用 28nm 工艺，前者集成 Adreno 225 GPU，后者集成 Adreno 320 GPU。SoftBank 发布的上述六款新机都体现了目前 SoftBank 的终端策略——高配置与支持 LTE。在 LTE 全球商用大潮来临的今天，支持 LTE 的手机无疑是今后手机流行的趋势，SoftBank 也很好地践行了这一点。

（2）手机游戏推动终端销售

日本 SoftBank 目前收购了北美的 Sprint 以及北欧的游戏商 Supercell，孙正义曾经指出，要做全球手机游戏的老大。在智能手机的数字内容消费上，游戏一项就超过了所有内容的总和，因此蕴藏着很大的市场。美国市场研究公司 IDC 预测，到 2017 年，全球手游市场的容量将达到约 300 亿美元。在完成对美国移动通信市场的布局之后，SoftBank 集团开始通过并购在手机游戏领域扩张。10 月，SoftBank 和日本游戏开发商 GungHo 联手斥资 15.3 亿美元，收购了芬兰手机游戏开发商 Supercell 的控股权。实际上，SoftBank 同时也是 GungHo 的控股股东。通过手机游戏的开发，必将极大推动手机终端的销售。

9.2.2 NTT DoCoMo

NTT DoCoMo 是 1991 年由日本电信电话公司（NTT）所分出来的日本最大的移动运营商，用户达到 5 140 多万。它提供一系列领先的移动多媒体业务。NTT DoCoMo 在东京、伦敦及纽约股票交易所上市。

目前，NTT DoCoMo 发布的手机终端共有 28 款，其中智能手机有 24 款，占比 86%。面向市场的终端品牌主要是三星、夏普、索尼以及富士通等。NTT DoCoMo 目前出售的手机依然有比较明显的本土化倾向，除三星外，占据主要市场份额的手机品牌依旧是日本国产的索尼、夏普与富士通等。同时，日本手机的主要价格区间集中在 10 001 ～ 20 000 日元，终端补贴率并不是非常高（见图 9-4）。

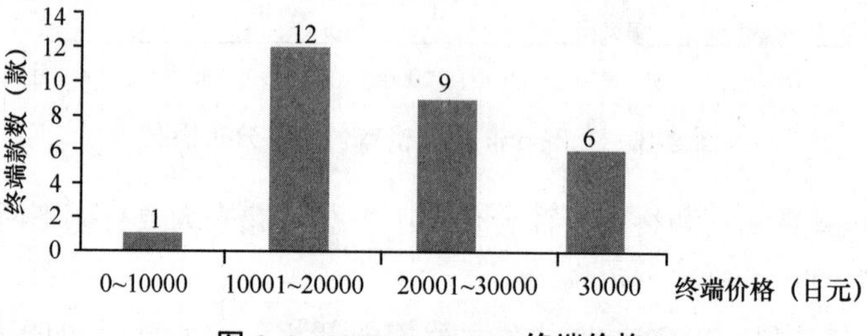

图 9-4 NTT DoCoMo 终端价格

日本 NTT DoCoMo 目前推出的手机中，三防手机依旧占据大半部分，达到了 64% 的比例。而日本国产品牌款式众多，价格也不尽相同，因此存在部分非三防手机，但是总体来看，日本 DoCoMo 目前主打的手机依旧以三防为主（见图 9-5）。

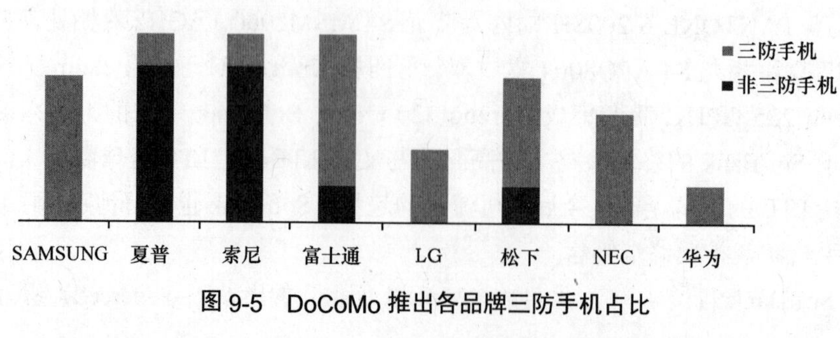

图 9-5 DoCoMo 推出各品牌三防手机占比

从销售情况来看，目前日本 NTT DoCoMo 发布的全部手机中，销售情况较好的依旧是智能手机。这与当今全球的智能手机普及形势也非常吻合（如图 9-6 所示）。

从品牌分布来看，占据 NTT DoCoMo 高端机型的品牌主要是三星、索尼、富士通与 LG。而占据中低端市场的机型则是三星、夏普与富士通。本土手机依旧占据大部分市场（见图 9-7、图 9-8、图 9-9）。

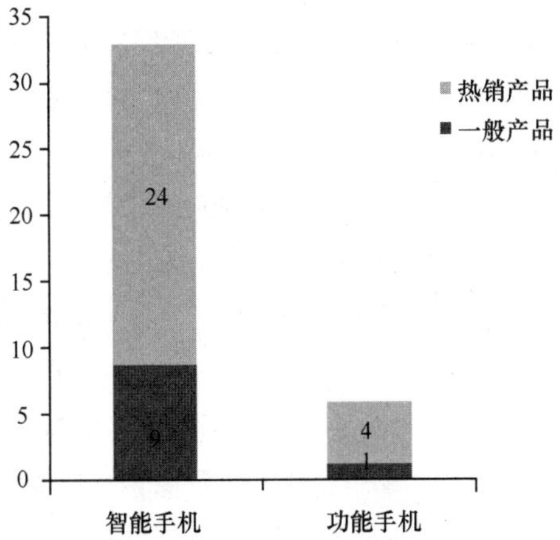

图 9-6　NTT DoCoMo 智能手机与功能手机销售情况

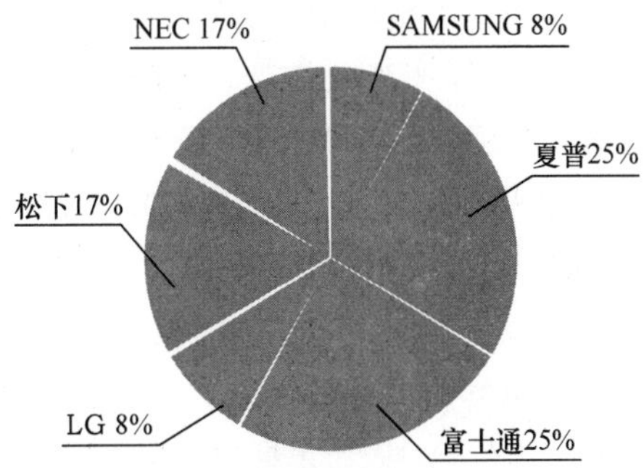

图 9-7　NTT DoCoMo 10 000 ～ 20 000 日元价格区间各品牌占比

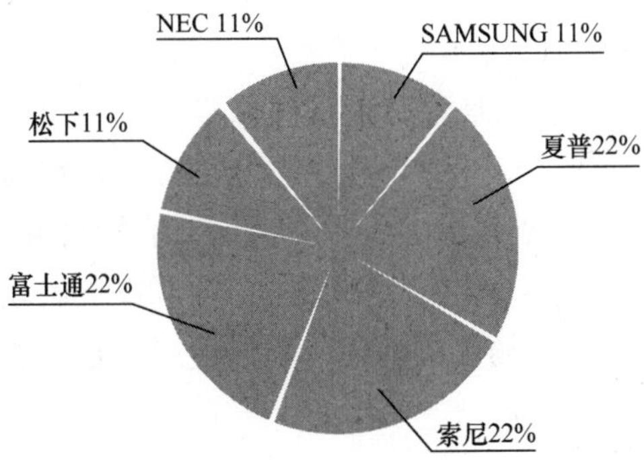

图 9-8　NTT DoCoMo 20 000 ～ 30 000 日元价格区间各品牌占比

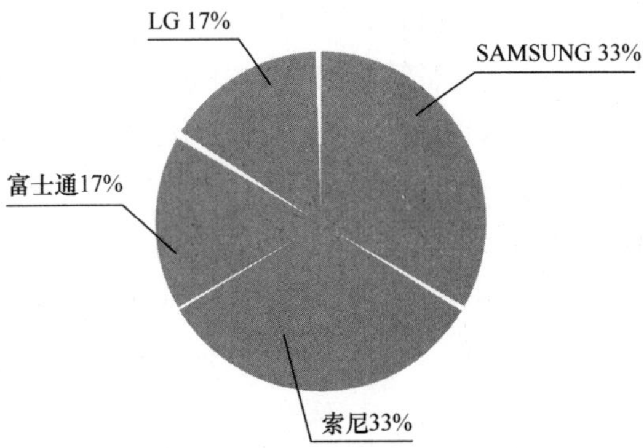

图 9-9　NTT DoCoMo 30 000 日元以上价格区间各品牌占比

在 2008 年 iPhone 登陆日本的最后时刻，NTT DoCoMo 仍然在和 SoftBank 争夺 iPhone 在日本的销售权。但最终 NTT DoCoMo 退出了谈判，这是因为 NTT DoCoMo 自己的发展战略。根据日本经济新闻引述 NTT 集团的前管理人员所说：“作为答应 NTT DoCoMo 销售 iPhone 的条件，苹果甚至要求 NTT DoCoMo 开放 NTT 实验室的所有专利。我们不可能做到这一点。”NTT 研究所是日本最大的研究机构，足可以影响整个国家的竞争力，所以即使 iPhone 在全球市场受到如此大关注的情况下，也不可能公开所有专利。但是敌不过手机终端的吸引力，最近几年 NTT DoCoMo 因为苹果对用户的吸引力而不断损失用户。但 NTT DoCoMo 在移动通信市场中仍然占有很大的比例，所以两家已经开始进行了合作。这也使得两者在整个日本市场中更进一步地提升了自己的竞争力。

那么对于 NTT DoCoMo 来说，它是如何和终端厂商合作的呢？总结起来大致有以下两点。

- 高配置成为 NTT DoCoMo 终端主流，色彩亮丽也是主要卖点

2013 年 10 月 NTT DoCoMo 发布 2013—2014 年冬春 10 款最新智能终端，包括 9 款智能手机和 1 款平板电脑，全部内置骁龙 800 处理器，10 款新机型中的 9 款支持 150/50Mbit/s 传输速度。9 款智能手机为 LG G2 L-01F、三星 Galaxy Note 3 SC-01F、三星 Galaxy J SC-02F、索尼 Xperia Z1 SO-01F、索尼 Xperia Z1 f SO-02F、夏普 AQUOS PHONE ZETA SH-01F/SH-01F DRAGON QUEST、夏普 AQUOS PHONE EX SH-02F、富士通 ARROWS NX F-01F、Disney Mobile F-03F；1 款平板电脑为富士通 ARROWS Tab F-02F。而全球首次亮相的三星 Galaxy J 和索尼 Xperia Z1 f 让人眼前一亮。前者被称为“Note3/S4 混血版”，提供了白色、蓝色和粉色三种色彩款式供选择，拥有 3GB RAM；后者更像是索尼 Xperia Z1 的迷你版本，配备 4.3 寸屏幕及 2 070 万像素主摄像头，拥有黑、白、粉、黄共 4 种机型。此次发布的新机完全由骁龙 800 系列处理器提供支持，这款处理器集成顶级“体验引擎”——Krait 400 CPU、Adreno 330 GPU、Hexagon V5 DSP 及 Qualcomm 第三代 4G LTE Cat 4 调制解调器，支持载波聚合，Category 4 传输速率最高达 150Mbit/s。

- 数据套餐策略推动终端销售

日本 NTT DoCoMo 推出了无限量的国际移动数据服务。该服务每日最低费用为 980 日元。据悉，该国际移动数据服务的收费标准因地而异，比如韩国的日平均费用为 980 日元，而如果是英国的话则为 1 280 日元，美国则需要 1 580 日元。作为首个推出无限量国际移动数据服务的运营商，DoCoMo 此举也是为了吸引更多的客户。这项政策面向的客户群体十分明确，主要是针对那些需要频繁出国同时数据使用量较大的客户。

9.3 运营商的终端策略抉择

移动互联网正在导致移动通信业的运营模式发生深刻变化，终端成为电信运营商触达用户的最重要渠道，成为用户体验质量的关键，以终端 + 应用为核心的营销模式成为主要运用模式。过去移动通信的运营模式和现在以及未来的互联网运营方式有很大的不同。传统的语音业务主要是通过话务量来激发更大的利润。它的服务是基于 QoS 的管理模式。这样的管理模式的大多数方法是从测量网络的质量出发，从承载介

质的质量推导业务的质量，比如网络的故障水平等。过去的运营模式主要是以网络+套餐为核心的移动通信营销模式。运营商会尽可能使终端社会化，网络和套餐直观化。而随着互联网、3G甚至4G的普及，移动互联网的运营商呈现出不同的运营模式。和过去运营以语音业务为主不同的是，它更聚焦于流量业务。它不仅仅需要流量激发，还需要流量控制以及相应的数据应用需求管理。它的服务变成了QoE管理模式，更关注用户在使用业务和运营商交互过程中整体的体验质量。网络仍然很重要，但是终端、业务和客户均成为体验质量的关键。这种新型的运营模式是以终端+应用为核心的营销模式。其产业链出现复杂竞合趋势，运营商在营销过程中深度参与终端的销售甚至定制过程。

那么运营商如何选择自己的终端策略呢？

第一是"终端与业务"一体化模式。手机终端发展的一个重要趋势就是智能化，从原来只能承载语音业务变成既能承载语音又能传送数据、图片、视频等多媒体业务，还能连接互联网，具有收发邮件、移动办公、网上交易等互联网终端的业务特性，成为多媒体信息收发的智能化信息终端。"终端+业务"一体化模式是现在和未来移动互联网领域的重要盈利模式之一。该模式有以下特点：第一，能够为手机终端厂商带来新的利益增长点；第二，在很大程度上削弱了移动运营商渠道垄断，手机用户在使用移动互联网时，可以不使用移动运营商的门户网站，从而在价值链上取得主动权；第三，手机厂商在移动互联网方面经验不足，使得其必须加强与价值链其他成员的合作。

第二是"软件+服务"模式。移动互联网业务在用户中的广泛使用，很多都取决于软件以及其提供的服务，软件平台与应用服务的竞争与合作是该产业新的趋势。Google的Deskop和Amazon的AWS就是"软件+服务"盈利模式的典型代表，以手机软件平台为核心的应用服务在产业中将起到越来越重要的作用。

第三是运营商主导的共生盈利模式。在移动互联网产业价值链中，与运营商利益相关的有用户、SP/CP、终端制造商、设备/软件提供商。其中，SP/CP与运营商之间的竞合博弈关系将是移动互联网产业链中最重要的环节。在4G时代，移动运营商与其他利益相关者的竞争和合作的成败将关系到移动互联网能否繁荣，因此运营商和其他利益相关者的共生盈利模式在未来很长一段时间将会存在。这包括运营商和终端厂商的合作盈利模式，如中国电信、中国联通和iPhone的合作盈利模式；运营商和广电集团的合作盈利模式，如手机电视，电信运营商负责提供设备、技术等方面的支持以及计费、客服、收费等工作，而广电则负责提供内容；运营商和移动门户网站的合作盈利模式，运营商向用户收取流量费，按照流量或是包月形式收费，再向门户网站或内容提供商支付信息服务费。随着移动互联网业务的发展，这种合作共生盈利模式还将有更多的表现形式。

第四是运营商与互联网厂商的终端销售渠道合作。互联网和电子商务的飞速发展推动电信用户的渠道接触偏好发生改变。与互联网厂商合作的线上渠道因具有低成本、高地理覆盖、无时空限制和信息传播快速等优势而广受青睐。海外运营商的发展经历表明线上渠道在降低服务成本、改善用户体验、提升整体渠道销售能力等方面存有巨大潜力，是强化渠道协同的重要手段。

运营商与互联网厂商合作具备三个显著的特点：一是开放性，包括网络的开放性、应用开发接口的开放性、内容和服务的开放性等方面，随着移动互联网的不断深入发展，开放性已成为移动互联网业务、应用和服务的基本标准，更多新颖的业务将出现在移动终端上而无需依靠移动运营商；二是分享和协作性，在开放的网络环境中，用户可以通过多种方式与他人共享各类资源，实现互动参与、协同工作，用户将具有更大的自主性和更多选择，将由被动的信息接受者转变成为主动的内容创造者；三是创新性，移动互联网为不同的用户提供了无限可能，从而使各种各样的新型业务不断涌现出来，满足不同用户的需要。移动运营商拓展、加强与互联网厂商的合作是互联网时代大势所趋。

9.4 一个惊人的事实：补贴走向消失

近年来，全球运营商普遍采用手机补贴的机制来促进销售，人们在生活中常常见到这种机制，如“每月消费 X 元赠送 Y 手机”。具体说来，手机是由运营商完全补贴，用户可以完全免费使用，用户所需要做的只是签下每月特定消费额度的 1 ～ 2 年的合约。运营商对用户的这种补贴实际上是一种营销手段。不管运营商采用什么形式的补贴，本质上都是一种“月费补贴”。在运营商业务模型中，每个用户对应着一个用户价值，所有用户价值之和构成运营商的“税息折旧前利润”。若不考虑离网率和时间贴现因素，一个用户的用户价值等于运营商从该用户获取的收入（月费）减去获取该用户的成本（补贴）和服务于该用户的费用（成本）的总和。运营商的经营目标是锁定用户价值，在用户价值和相应成本之上，运营商可承受的“月费补贴”就是所有补贴的来源。譬如，如果运营商对某类合约用户的目标利润率为 40%，运营商估算对该类用户的服务成本为 30%，则运营商可把合约总价的 30%（由 1-40%-30% 得出）作为补贴，返还用户。

在智能机渗透率较低和价格较高的流量经营初期，手机补贴具有积极作用。对运营商来说，“每月消费 X 元赠送 Y 手机”具有非常直接有效的营销效果，可快速提高渗透率；对用户来说，购机是集中性的高支出，手机补贴可以缓解用户的集中支付压力，吸引用户升级手机。

在移动市场成长期，终端补贴大大降低了用户入网门槛，有效拉动了用户规模的快速增长，提高了运营商的竞争力。同时终端补贴促进了智能手机的快速普及，相对较高的使用率带来了用户 ARPU 的提升。具体来说，一是拉动用户规模增长，比如在日本的 3G 业务发展初期，批量采购定制终端和高额购机补贴模式有效地扶持了日系终端厂商，提高了其市场竞争力，同时也带来了用户规模的高速增长；二是新增用户也会带来大量的利润，比如美国运营商在提供较高的 iPhone 补贴后，每月 60 ～ 170 美元不等的月使用费仍然为运营商在 2 年的合约期内带来了 1 000 ～ 3 640 美元不等的收入，这还不考虑额外的服务费（超额的语音、短信、数据费等）；三是智能终端能拉动 ARPU，这是因为补贴促进了智能手机的快速普及，推动 2G 用户转为 3G 用户，运营商通过后付费用户获得的收入也在稳定增长。比如自从美国智能手机革命两年前启动以来，运营商之所以愿意承担高额的补贴，是因为后付费套餐用户数量的持续增长带来了用户 ARPU 的上升。美国运营商在打价格战的同时，普遍对智能终端进行高额补贴，以降低入网门槛，争夺高数据使用量的客户。Verizon 的平均补贴率为 77%，AT&T 的平均补贴率更是高达 84%。

但是高额补贴给运营商带来了严重的成本压力，利润遭受了严重的侵蚀。据瑞士信贷的研究报告，智能手机补贴一直是移动运营商最大的压力，从 2010 年到 2011 年，移动运营商的成本上升 34%，这其中大部分就是来自于终端补贴。Wireless Intelligence 报告显示，2010 年 40% 的发达国家运营商收益都出现下滑；同时，智能手机需求量增长，导致了更高的手机补贴成本，造成发达国家运营商利润率在 2009 年下降 1.4%，2010 年流失 0.3%。另外，自从 iPhone 面市以来，其面对运营商的强势使得手机补贴成了行业标准，导致在电信市场上出现了所有运营商都需要补贴手机，否则就无法竞争的局面。苹果从移动运营商获得相对竞争对手更高额度的补贴，使得苹果在智能手机利润池中占据了主导地位，2013 年占据了 70% 的智能手机市场盈利。以 iPhone 4S 为例，制造成本为 170 ～ 220 美元，而每部补贴额为 450 美元，为此，其制造利润率高达 71% ～ 73%。这些都使得各国的运营商开始反思高额终端补贴政策。补贴一方面扭曲了终端的价值，另一方面使用户更重视简单的套餐。

智能手机普及后，补贴越来越不能带来更多的利润。随着合约用户比例上升，终端补贴对用户吸引力在下降。GFK 零售监测数据显示 2009 年开始累计手机零售量已经突破 13 亿，其中合约机累计零售量占比达 40%。由此测算出的平均换机周期要高于平均合约周期，也就是说新增合约用户越来越少而替换机用户比例越来越高。现有合约机用户在换机时由于已经被现有合约套牢，无法再次购买新合约机，而只能选择“优惠换机计划”或购买非绑定机，相对以前而言手机补贴对于用户的吸引力大大下降了。对于用户来说“好产品”比“便宜产品”更有吸引力。新的市场环境下厂商需要努力提高综合实力，包括渠道覆盖、品牌经营、用户体验及服务等。

以日本为例，日本是全球最早启动 3G 的电信市场，也是最先开始取消终端补贴的国家。高昂的手机补贴和 2007 年的金融危机严重影响了日本运营商的利润。2007 年，NTT DoCoMo 和 KDDI 净利润增长率大幅下滑至 -25.1%、-29.2%。在 2007 年，日本运营商开始从单纯的终端补贴转变为终端补贴与资费补贴的双轨制资费，如 NTT DoCoMo 率先推出 Value Course，而 KDDI 和 SoftBank 也紧随其后。日本的运营商具体是怎么做的呢？他们是通过较高的资费折扣鼓励用户放弃终端补贴。为了鼓励用户放弃手机补贴，运营商一方面大幅降低购机补贴，另一方面向原价购机用户提供较高的资费折扣。同时日本的三大运营商都推出了 1 年期或 2 年期的零首付、无息手机分期付款政策。

在美国，Sprint 通过虚拟运营商维京移动推出无补贴的智能终端。Sprint 的自营渠道仍然以智能终端为引领设计套餐资费，维持正常终端补贴力度，终端合约期普遍为两年。维京移动出售的无补贴智能终端全部为预付费，终端款数少，相对低端，无合约计划，iPhone 系列仅有 4S 和 4。综合比较，维京移动的资费套餐相对便宜 20% ～ 30%，但用户消费数据量如果超过 2.5GB，数据传输速率将会降速，然而加入 Sprint 合约计划的用户数据速率不受限。

在欧洲大陆，西班牙电信也对新用户取消了终端补贴，并与银行合作提供分期付款。作为西班牙第一大运营商，西班牙电信在 2012 年停止了为新用户提供智能手机补贴，但继续补贴老用户，虽然补贴率较低。另外它与金融服务提供商 Finconsum 合作提供分期付款，将风险转嫁给银行。同时，西班牙电信还提供旧机回购服务。

从上述运营商终端补贴调整的方式不难看出，为缓解经营绩效压力，在推出 LTE 后，由于发展定位及市场地位的不同，国外运营商主要采取了四种终端补贴策略，包括维持较高补贴、降低补贴比例或范围、引入资费补贴（话费优惠）、引入终端分期付款计划。且终端补贴力度与竞争环境密切相关，在市场没有统一行动的情况下，非主导运营商一般不会率先降低或取消终端补贴，折中的较低终端补贴及资费补贴并存的双轨模式成为新的选择。由于运营商在地区市场的地位不同，终端补贴调整对运营商的影响也有明显差别。通过分析上述运营商终端补贴调整后的运营效果发现，主导运营商在降低终端补贴并实施资费补贴后，短期财务绩效普遍明显改善，但同时会对收入增长及用户份额带来一定负面影响。非主导运营商率先改变终端补贴政策将可能带来经营绩效与市场发展的双重挑战。那我们应该怎么看待目前的取消终端补贴的热潮呢？笔者归纳了以下三点：第一是终端补贴在业务成长期能有效拉动规模。在移动市场的成长期，终端补贴政策降低了用户入网的门槛，有效拉动了用户规模的快速增长；其次终端补贴也能够很好地促进智能手机的快速普及，相对较高的使用费带来了用户 ARPU 的提升。其二是取消终端补贴仅能在短期改善盈利。取消终端补贴确实能在短期改善运营商利润，美化报表，解决现金流的问题。但是这样的政策不能带来长期的利润增长，由于资费补贴通常高于终端补贴，长期来看对运营商并不利。最后一点是运营商并未真正取消终端补贴。目前运营商基本是“终端补贴＋资费补贴”的双轨制，同时提供无息分期付款，包括与银行合作。实施这样的政策，会使得运营商面临流失用户的巨大风险，在本国市场没有统一行动之前，没有哪家运营商敢于冒险彻底取消。我们需要更加理性去看待目前取消终端补贴的热潮，终端补贴政策符合移动业务发展初期的需求；但随着用户量的增长，这样的模式很明显不再符合运营商的盈利模式。不过运营商也不会真正放弃终端补贴。不管是终端补贴还是资费补贴，最终还是要补贴用户，只要找到平衡点，两者并不一定非此即彼。那么运营商可以用什么其他方法来补贴用户并且达到既不损害盈利又能让用户用得起智能手机的目的呢？方案一是无息分期付款，比如前文所提到的西班牙电信，与金融机构合作提供无息分期付款，共同承担风险。方案二是资费补贴，即用户购机时不补贴，而是提供一段时间的优惠服务吸引用户购买或换新。常见的做法有先给用户每月提供大量免费的通话或者短信，从而吸引用户购机。方案三是手机回购计划。运营商通过旧机回购或者以旧换新计划，降低用户使用新智能手机的门槛，同时，翻新的旧机还可以低价售给收入较低的用户。

终端补贴对运营商获取用户、快速形成规模有着重要作用，但同时，持续的终端补贴会给运营商带来经营效益压力。由于不同运营商的市场地位及业务发展定位不同，在终端补贴策略也将有明显差异。国内目前正处于 3G 发展的高峰期，同时也将面临部署 LTE 网络、拓展 LTE 用户的市场压力，盲目取消或持续开展大规模终端补贴对三家运营商都会带来一定影响。特别是处于市场弱势地位的中国联通及中国电信，终端补贴策略的选取将对 3G 及未来的 LTE 发展产生巨大影响，应该根据自身的市场地位及业务发展定位合理制定终端补贴策略。通常运营商都面临兼顾效益与规模的艰难选择，因此在终端补贴策略上，还需要结合市场实际，着眼长远，谨慎选择合适的终端补贴策略。

国内资费变革内在动力也是相对较强的。运营商之所以愿意长期把补贴投向“手机补贴”，其根本原因是运营商认为：降低手机价格比降低资费具有更大的需求弹性，会更大地刺激用户需求。这个判断在以前的市场情况下是对的，但随着市场的发展，在当前环境下，这个判断的基础正在发生重大变化。首先，终端市场在变化。随着终端平均价格的大幅度降低，用户支付压力得到缓解，同时，终端渠道的多样化使得运营商渠道地位降低，而终端种类的丰富又使得 BYOD 普遍化。这些变化使得消费者虽然仍旧需要向运营商购买流量，但却越来越不需或不愿意通过运营商渠道购买终端，运营商绑定提供终端和套餐的必要性正在逐步瓦解。其次，电信消费环境在变化。以前“资费弹性不如手机大”的一个重要原因就是手机价格高低显而易见，需求定律明显，而资费由“语音 + 短信 + 流量 + 其他服务”混搭，使得用户根本无法分项比较资费价格高低。但是在进入 4G 时代后，流量的主导地位建立，用户观察资费转为“两分法”，对“语音 + 短信 + 其他服务”等非流量业务存在一个心理价格上限，即不管怎么用不能超过这个价格；同时，用户开始仔细估算每月流量消费总量和流量单价，这样资费的弹性（主要由流量的弹性构成）开始显现，资费越来越“可竞争”。最后，消费者在变化。原来运营商提供的是一个“网络体验 + 手机 + 语音 + 短信 + 流量 + 其他”的产品包，用户很难比较两个运营商提供的两个产品包优劣，但经过一段时间学习摸索后，消费者很快就能分辨最优性价比的手机、最低总价的非流量业务和最佳体验的流量业务。基于此，消费者开始强烈需要运营商提供透明、简化、分离的资费体系，便于分部最优化。因此，环境和竞争使得资费变革被提上日程，竞争的逻辑使得“取消手机补贴，大幅降低资费”的扩大只是时间问题，而且这种变化一旦扩大，就会形成新的标准化，整个补贴体系正面临着根本性改变。中国市场由于具有更开放的终端市场、更价格敏感的消费者以及更无底线的运营商间竞争，从而资费变革的内在动力更强。

因此，对于中国运营商来说，应该考虑研究率先变革以取得先手，或者做好准备在对手先动时快速跟进以免措手不及；对过于依靠运营商渠道的手机厂商来说，则需要开始注意经营风险，早做转型准备。

与此同时，终端的微利时代也在催生多元化的盈利模式。产品生命周期短、硬件更新快、市场反应迅速是中国手机市场的三大特点。单一的依靠销售终端盈利已经不足以承受日益增长的竞争压力，越来越多的厂商开始积极寻找替代型盈利模式。小米在这方面起步最早，最有借鉴意义，即是以牺牲部分终端销售利润为代价大力发展用户，通过良好使用体验及培养用户忠诚度，通过口碑营销吸引更多高 ARPU 用户，建立以手机为核心的产品生态圈，最后以销售配件、预置收费、代理应用产品等方式实现盈利。据业内人士估计，光手机软件预置一项就能给小米带来每台 50 ～ 70 元的收入。

第十章 电商来袭渠道新变局

10.1 新挑战，新探索

10.1.1 渠道分类

电信运营商渠道分为自有渠道、社会渠道、电子渠道。

（1）自有渠道包括自建自营和自建他营，所谓自建自营即公司自己建立营业场所同时公司自己经营；而自建他营是公司建立营业场所，但经营权外包给第三方。自有渠道可以在自身发展的基础上创新求索，依托自身优势结合当地资源人力，可以充分调动积极性，实现自给分销的模式化销售。

自有渠道主要包括自营营业厅与品牌店、体验店。自营营业厅的客户定位在所有客户，其中重点锁定高端客户，其渠道功能定位在形象、体验、销售、服务四位一体，强调价值提升。而品牌店主要注重品牌客户，体验店注重复杂业务客户，两者的渠道功能主要定位在体验、培训、销售。自营实体渠道是形象传播、客户培训、业务体验、产品销售、客户服务的主渠道，其专业化运营方向一要体现标准化，包括 VI、硬件、产品陈列、流程、人员等的标准化；二要体现统一化，店面形象、陈列界面、硬件布置等统一化；三要体现信息化，店面运营支撑信息化与营销推广的信息化；四要体现价值化，以效益为中心，实施效益评估的目标化、日常化、应用化、案例化。自有渠道成本较高，业务覆盖面较广，渠道定位于重点服务高端客户，它的特点是标准化、统一化、信息化、价值化。自有渠道是运营商最重要也是最普遍的渠道，其不仅服务于个人客户，还服务于中小型企业客户。自有渠道较其他渠道的优势之处是更便于通信运营商掌控，能够及时执行为了顺应市场而经常变更的营销策略，全面了解用户的需求，并及时反馈。

（2）社会渠道是指企业或个人与运营公司签订合作协议，代理经营运营公司的各项业务。业务代理权限随着合作协议终止而终止，是企业与客户之间的第三方实体渠道，目的在于协助企业宣传企业形象、业务品牌、产品特点等，并向客户提供相关电信服务。社会渠道的成本比自有实体渠道与电子渠道要低，业务覆盖面也比两者要有限。它定位于重点服务标准化客户，在专业化运营上更注重建立渠道忠诚度体系，深化推进渠道的分层分级。

社会渠道主要包括特许经营店、特约代理商、合作品牌店。其中，特许经营店主要面向广大的消费者和普通客户，渠道功能主要是基本业务销售、复杂业务拓展、客户服务；特约代理商面向的是广大的消费者和普通客户，主要提供简单销售业务与便利性服务；合作品牌店主要服务品牌客户，其渠道功能锁定在服务、体验、销售。社会渠道与电信运营商之间的“佣金合作”关系，决定其专业化运营方向是建立渠道忠诚度体系，深化推进渠道的分层分级与酬金池策略，提升制定专营店的标准信息化产品的销售能力，推进特约代理点的深度覆盖使其成为便利、低成本的渠道。

（3）电子渠道伴随着技术的发展而产生，是对传统实体渠道的一种补充，电子渠道具有方便快捷、覆盖广泛等实体渠道不具备的优势。目前电子渠道有网上营业厅、短信营业厅、WAP 营业厅、10086 人工台、自助终端 5 种类型。

电子渠道的成本较高，业务覆盖面也比较广，重点服务网民，其专业化运营方面的目标是建设全业务运营的电子渠道。电子渠道包括自有网上商店与合作商网店。两者都是针对以年轻群体为主的所有用户。其中自有网上商店是体验、终端销售的核心渠道，而合作商网店则是体验、终端销售的辅助渠道。电子渠道作为体验与销售的平台，低成本、用户数据收集共享的优势日益明显。电子渠道具有低成本的特点，其专业化运营方向以加强业务分流为中心，以电话营业厅、短信营业厅、网上营业厅为主体，建设全业务运营的电子渠道，通过触点信息的收集、分析、共享，开展多渠道协同营销。

渠道一体化运营还要注重渠道的协同化运营。渠道协同的第一个要求是渠道适配设计，渠道适配指用合适的渠道将合适的业务提供给合适的客户，渠道与业务适配和渠道与客户适配是渠道协同需要解决的问题。

首先，渠道要与业务匹配。进行渠道与业务的匹配，一是要根据业务拓展要求对业务进行细分，二是渠道与业务匹配需要结合渠道特征，进行渠道特征和业务拓展需求的归纳，最后得出渠道与业务的匹配关系。业务拓展的目的是获得收益，同时要考虑业务拓展的风险，从业务拓展的价值和风险两个维度，可将渠道承载的业务划分为六类，针对六大类业务的渠道拓展要求，可以得出以下渠道业务的承载方式：

- 销售型业务是面对大众客户的标准化业务，需向社会渠道和电子渠道进行主动分流；
- 战略型业务发展重要客户，对企业发展具有重要意义，需在自营实体渠道以及客户经理直销渠道进行控制；
- 激励型业务是对客户使用新业务，保持高价值具有激励作用的业务，部分在自营实体渠道进行控制，部分向电子渠道分流；

- 挽留型业务针对重要客户进行挽留和特殊优惠，须在自营实体渠道和客户经理直销渠道进行控制；
- 服务型业务是不涉及敏感信息的基础性简单业务，同时具有低风险和低价值特点，须向社会渠道和电子渠道分流；
- 敏感型业务涉及客户资料和敏感信息，需要面对面客户沟通，须在自营实体渠道进行控制。

渠道本身在客户服务能力、渠道运营成本、业务承载能力和客户界面友好四个维度上具有各自的特征，结合这些特征，即可构建渠道与业务的匹配关系。

其次，渠道要与客户匹配。渠道与客户匹配有两个原则，即考虑客户渠道偏好的同时还需要考虑服务成本。客户渠道使用习惯和客户价值等相关历史数据都可以通过BOSS得到，通过数据挖掘、聚类分析的方法，可以得到客户的渠道使用偏好，结合客户价值，得出渠道与客户匹配的关系，总体结果是对高价值客户尽量使用其偏好的渠道向其提供服务，对低价值客户向社会渠道和电子渠道进行分流。

这个问题的解决思路是得出客户分群的渠道使用偏好，通过对客户个人信息数据、消费信息数据和渠道接触数据等进行聚类分析，构建客户与渠道的匹配关系模型，通过群体特征找出客户的渠道使用偏好共性，再根据该模型将客户归类到相应的客户群中，这种思路克服了一对一客户渠道匹配上的统计缺陷，具有较强的实践指导意义。由于数据的获取难度大，本文对渠道与客户的匹配仅给出研究思路。

最后，要运用渠道的矩阵式运营模式。综合渠道与业务，渠道与客户匹配的结果，可构建渠道的矩阵式运营模式，渠道的矩阵式运营模式同时体现出渠道与业务匹配关系和渠道与客户的匹配关系，可以帮助电信运营商进行渠道适配设计，其总体思路是以客户和业务两个维度为基础，结合渠道的特点，将渠道纳入客户和业务矩阵中。客户维度主要考虑客户价值高低，业务维度考虑业务复杂程度。通过渠道的矩阵式运营，实现渠道特点与客户价值和业务复杂度的匹配，低价值客户、低复杂业务尽量通过低成本渠道进行销售和服务，提供高价值客户的服务感知和高复杂业务的体验感知，实现混合渠道系统的效率和效益优化。

10.1.2 渠道信息共享

渠道协同的第二个要求是渠道信息共享，渠道信息共享可分为以下三步来实现：第一步是信息采集，包括个人基本信息、消费信息、业务信息、客户接触历史信息等，信息采集的信息源包括BOSS、BI系统、CRM系统、计费账务系统等，也可以通过市场调研的方式获取，采集的信息需要能够进行客户甄别、客户价值判断、客户消费行为分析、客户需求分析以及客户渠道偏好分析；第二步是信息分析，信息分析的目的包括预测客户通过特定渠道对特定营销活动的响应情况、客户流失预警、交叉销售预测等方面，可通过数据挖掘、聚类分析等方法得到，信息分析的结果是业务推荐信息、渠道历史接触信息、渠道偏好信息和客户业务状态信息四类；第三步是信息在渠道和接触点的共享，即信息分析得出的有关客户的四类信息在渠道中实现共享，客户在不同的渠道能够获得相应的服务，增强渠道的精确营销能力和客户挽留能力。

10.1.3 渠道协同联动

渠道协同的第三个要求是渠道的协同联动，即混合渠道体系作为一个整体，为了共同的销售和服务目标的实现，互相配合，以达到客户的满意和混合渠道系统效率和效益的提高。

渠道之间存在互补、增强和替代的三大逻辑关系：互补关系指不同渠道间对完成业务和服务的相互补充作用，如渠道 A 由于承载能力、渠道功能的限制无法独立完成全部的客户服务时，可由其他一个或多个渠道对其进行补充；增强关系指通过渠道的相互支持来获取更好的服务客户效果，提高客户满意度，如 A 渠道进行服务业务受理和办理，B 渠道在客户提交和办理业务之前和之后进行相关的配套服务，能使业务得到更好地推广，客户得到更好的服务；替代关系指不同渠道可以承载同一业务，可以基于成本和客户，有目标地进行渠道的替代，如渠道 A 由于运营成本过高，由具有相同业务承载功能的 B 渠道替代。

由渠道间的这三种逻辑关系出发，可以得出渠道协同的三种模式，即分流、配合和交叉销售与服务。

渠道分流是用于具有互补和替代关系的渠道之间，为了降低渠道成本或者渠道由于承载能力限制无法为客户提供及时的服务时，由有互补和替代关系的渠道承担部分业务。渠道分流需要遵循价值原则和效率原则，即高价值客户渠道偏好优先，低价值客户渠道成本优先，低风险、低客户接触业务分流到电子渠道，低价值业务分流到电子渠道和社会代理渠道，标准化产品向社会渠道分流。根据渠道分流的原则，电信运营商渠道分流的主要模式有自有渠道向社会渠道分流，实体渠道向电子渠道分流，人工渠道向自助渠道分流，以实现降低人工渠道压力，提升电子渠道效率，培养客户使用习惯，提升资源的使用效率的目标。

渠道配合是指具有互补和增强关系的渠道之间，互相配合，以实现销售和服务目标，如网上营业厅和实体营业厅配合，一方面可提升营业厅客户服务水平，另一方面可释放人员销售精力。渠道配合的基础是渠道信息共享，包括共享客户接触史信息、共享异常信息和共享客户偏好信息，以完善的服务提升客户感知，让客户感受到不同渠道的服务是一个连贯的整体。

渠道的交叉销售与服务是指单个渠道不仅提供其定位下的产品和服务，同时还帮助销售定位于其他渠道的产品，提供渠道定位服务。渠道的交叉销售与服务本质上是一个渠道复用问题，在渠道信息共享的基础上，客户一揽子的销售和服务由单个渠道来完成，在提升营销效益的同时也有助于提升客户感知。

渠道的专业化运营和协同化运营共同构成渠道一体化运营体系。

（1）T-Mobile（德国）案例

T-Mobile 是一家跨国移动电话运营商。它是德国电信的子公司，属于 Freemove 联盟。T-Mobile 在西欧和美国运营 GSM 网络，并通过金融手段参与东欧和东南亚的网络运营。该公司拥有 1.09 亿用户，是世界上最大的移动电话公司之一。德国是 T-Mobile 的老家，作为次大的移动电话运营商，它拥有 2 670 万用户（2004 年 3 月），紧追竞争对手 Vodafone。为了把德国 GSM 网络升级到 UMTS 第三代移动通信标准，满足手机上网的需求，T-Mobile 花费 160 亿德国马克，以获得 3G 授权。

T-Mobile USA 前身是 VoiceStream（已收购无线运营商 PowerTel、Aerial 和 Omnipoint）。VoiceStream 在 2001 年 5 月被德国电信以 240 亿美元收购。T-Mobile USA 是美国市场上第三大运营商，也是继 Verizon Wireless 之后的超过 160 万用户的第二大成长最快的公司，平均每季度增长 100 万用户，它也是唯一一家在欧洲和美国使用统一品牌的移动电话公司，通过国际漫游协定连接到德国电信并与其他 GSM 网络兼容。

T-Mobile 对三种渠道进行差异化定位，应对客户群细分需求。T-Mobile 的自有渠道包括自有营业厅与流动营业点。自有营业厅又可分为旗舰厅与概念厅。旗舰厅定位于体验、服务与营销的核心渠道，目标客户是重点客户。概念厅定位在低成本的渠道盲点覆盖，主要服务普通客户。社会渠道分为特许经营店和连锁商业店，社会渠道主要致力于终端销售的进一步强化。特许经营店的目标客户是标准化客户，而连锁店以及其下分的终端卖场店主要服务普通客户。

电子渠道分为自有网上商店和合作网络渠道。自有网上商店是体验、终端销售的核心渠道，合作网络渠道是终端销售的补充渠道。总体上看，T-Mobile 依目标客户群体对三种渠道进行差异化定位，以实体电子厅店对用户实现全面覆盖。

针对自有渠道与社会渠道，T-Mobile（德国）建立了专业的子销售公司 TSG，对自有和社会渠道，如自营专卖店及合作经销店，进行管理运营。

TSG 的运营体系结构主要可以分为两个部分：管理组织与运营组织。其中管理组织方面，总部市场部对渠道与服务进行管理，下达规划与指标给区域公司市场部，再由其下达给子区域即销售中心，最后由销售中心下达任务给自有营业厅与特许经营店，并对这些实体渠道进行质量控制、绩效考核与培训支撑。运营组织方面，TSG 总部下达任务给 TSG 的区域分公司，区域分公司对区域的资源池进行管理，并将资源分配给子区域的执行小组，执行小组对自有营业厅与特许经营店进行人员管理物料配送、门店建设、店面维护。由此，T-Mobile（德国）的渠道体系实现差异化定位与对用户全覆盖。

（2）SK Telecom 案例

韩国主要有三大运营商，即 SK Telecom、KTF 和 LGT。为防止垄断，韩国电信主管部门规定，三家电信运营商的用户占有比例必须维持在一个固定比值，大体为 5:3:2。因此，在用户规模基本确定的前提下，努力提升用户的 ARPU（Average Revenue Per

User，每个用户平均贡献的电信业务收入）值就成为必然之选。SK Telecom 很重视建设高品质的网络，并通过每次网络升级，带动业务发展，尤其是推动数据业务的创新。SK Telecom 在每一次网络升级进程中，都先于对手占据了技术领先地位。1996 年 1 月，SK Telecom 在全球首次实现 CDMA 技术的商用化，完成了第二代移动通信的开创工作；2002 年 1 月，第三代多媒体移动通信 cdma2000 1x EV-DO 投入使用；2002 年 11 月，推出第三代移动多媒体业务；2003 年 6 月，在世界上首次实现同步方式可视电话服务商用化，实现了真正的 3G 服务，为其在世界上树立 3G 服务的领导地位奠定了基础。

SK Telecom 的渠道体系根据建设模式、功能定位、针对群体的不同来进行划分并进行不同渠道的专业化运营，实现自有渠道的标准化、统一化、信息化，实现社会渠道的深度覆盖，实现电子渠道的全业务运营。

SK Telecom 的渠道体系主要包括四个部分：体验店、连锁经营店、代理零售店、网上商店。体验店包括 TTL Zone 与 TTL Camp，二者均属于自己运营的自有渠道，功能定位于用户体验与宣传及推广，主要服务客户是 TTL 品牌年轻用户。连锁经营店包括专卖店、直营店、TTL Shop、Speedshop、Rent Shop。其中专卖店、直营店属于自有渠道，经营模式是自营 + 特许经营。功能定位于销售和客户服务，针对所有用户。TTL Shop 与 Speedshop 由代理商拥有与运营，属于特许经营。其中 TTL Shop 针对 TTL 品牌年轻用户，Speedshop 针对高端客户。Rent Shop 由 SK Telecom 投资，代理商运营，针对所有用户。代理零售店包括普通代理店和特殊代理店，代理商拥有并运营，属于渠道体系的补充销售渠道，针对所有用户。网上商店主要指的是自营网上商店，属于自有渠道，自己运营，是重要的销售渠道，针对年轻用户及网民群体。

（3）Sprint 公司案例

美国 Sprint 公司成立于 1938 年，前身是 1899 年创办的 Brown 电话公司，当时是堪萨斯州的一家小型地方电话公司。目前，Sprint 公司已成为全球性的通信公司，并且在美国诸多运营商中名列三甲，主要提供长途通信、本地业务和移动通信业务，Sprint 公司在全球约有 7 万名员工，是一家在美国、波多黎各、美属维尔京群岛运营有线通信与无线通信的控股公司。该公司与所属子公司提供的服务品牌有 Sprint、Boost Mobile、Virgin Mobile 与 Assurance Wireless 等。公司提供全面多层次的有线和无线通信服务，带给消费者、商户、政府充分的移动性能。

Sprint 根据目标客户和渠道之间存在的互补和替代关系，按照价值原则进行渠道分流，实现渠道的协同联动，提升资源使用效率。首先，Sprint 直接运营及管理 1 050 家 Sprint 品牌店与 1 900 家 Boost Mobile（虚拟运营商品牌店）。Sprint 品牌店针对高价值的后付费用户及预付费用户，Boost Mobile（虚拟运营商品牌店）针对高价值年轻预付费用户。

其次，在社会渠道方面，遍布在全国范围内具有排他性的 Sprint 特许加盟的首选经销商主要为低价值的预付费用户提供服务；另外，约有 20 000 个分销点（非排他）及其他合作零售店（包括大卖场、医药连锁、便利店、专业零售店）主要为低价值的预付费用户提供服务。

最后，Sprint 直接运营及管理其电子渠道，针对所有用户。

总体上看，Sprint 根据目标客户、价值特点进行渠道分流，实现协同联动，提升资源使用效率。

10.1.4 渠道演进

基于国际标杆整体渠道体系的优化目标及各类渠道的转型经验，渠道体系的演进存在自有渠道集中化、社会渠道连锁化、电子渠道电商化的趋势。

在自有渠道上，以“集中化”为导向；初级阶段为前端专业化，后端依托公司大后台支撑的模式；中级阶段为前后端混合，后端由总部派驻人员及总部支撑的模式；最终阶段为公司独立化运作模式。在社会渠道上，以“连锁化”为导向，架构“二元化”社会渠道体系，实现社会渠道的“体系化、高效化、专业化、规范化”运营，满足客户便捷服务及购买需求。在电子渠道上，以“电商化”为导向，优化前端客户体验，提高后端运营效率，实现“物资流、资金流、信息流”的一体化运转，实现电子渠道运营的“明确化、高效化、专业化、协同化”运营。

从总体上看，国际标杆运营商渠道体系优化的方向是一体化、协同化、专业化。

国内某先进省公司、苏宁、T-Mobile 可视为自有渠道三个不同阶段的典型代表。

10.1.4.1 自有渠道演进

（1）自有渠道演进第一阶段：国内某先进省公司

国内某先进省公司实行地市集中化、专业化运营战略，自建厅专业化运营；营业厅前端运营、营销、管理职能划归运营中心；IT 系统开发及维护、采购物流等统一由公司大后台集中支撑；其主要特点是前端专业化，后端统一支撑。

该省公司原有的组织管理形态是省公司市场部控制协调下设的市公司市场部，市公司市场部控制区县分公司，区县分公司控制管理下设的营业厅。这一组织管理形态所产生的问题是运营管理决策路径长，执行力不能保障；管理与生产职能界定不清晰，交叉管理与多重考核；管理分散无法形成营销合力；支撑分散、协同不足，产能弱。

由此，该公司变革了组织架构，使得省公司市场部将营业厅管理、决策职能下放给市公司市场部，市公司市场部将运营管理职能剥离给自有渠道运营中心，而地市公司市场部下设自有渠道运营中心统一负责营业厅的运营管理与业务支撑；实现了运营中心组织架构的扁平化，厅店考核的垂直化，业务支撑的集中化和统一化；缩短了决策路径，保障执行力贯达省公司统筹规划，部分关键决策权转向地市，明晰省公司与地市、地市内部管运职能，分工独立的运营中心负责自有渠道营销管理、日常运营管理与服务支撑。

另外，管运分离后，市场部剥离渠道、业务管理等运作职能，更高效地专注于市场商机挖掘及竞争应对，主要负责全局性策略的制定与落实，产品与资源的规划和统筹，其职能主要包括目标设定、策略制定、指标下达、品牌经营、资源规划、产品管理、市场分析七个方面。运营中心具体负责营业厅集中运营管理、支撑与人事工作，并统筹指标、业务、资源、营销，专注于业绩与运营效率的提升。

其中运营管理指的是统筹运作营业厅，提升运营效能和效率，提升自建渠道运营水平。营销支撑主要负责营业厅界面的策略执行、跟踪与反馈、营销宣传管理、主动营销、属地营销、节假日促销。服务管理主要包括营业厅服务统筹管理，建立营业厅运营过程管控机制，持续改善厅店客户满意度和内部运营效率。渠道建设包括负责组织开展自营渠道建设与优化打造标准化建设模式，保障渠道建设规范性与高效性。人力资源的目标是打造高业务水平的营业厅团队，致力于厅、店人力资源管理，提供营业厅团队人力资源保障。综合管理为营业厅日常运营提供综合保障支撑，确保营业厅持续、稳健运营。片区经理主要负责协助开展营业厅指标监控、营业厅间沟通协调、分公司的沟通协调、应急事件处理。

在多元集中模式的地市实践中，该公司一直以“省公司牵头实践多种典型地市集中模式；省公司统一部署，各地市结合外部条件与内部因素借鉴选择”为核心。

该先进公司还积极推进多元集中全省自有渠道的地市集中管理实践。在实践中，外部条件与内部因素相互制约、相互影响。其中，外部条件包括各地市行政区域划分与面积、各地市 GDP 与人口分布密度、各地市核心商圈分布特点、地区内用户信息消费结构差异、各地市面临的竞争环境差异。内部因素包括各地市原有基础管理能力、各地市原有岗位职能设置、各地市原有岗位编制数量、各地市考核体系与指标差异、各地市信息化能力建设差异等。根据以上内外部条件，可以大致将各个地市划分为如下四个模式。

- A 模式

虚拟后台集中；多行政区划分，区镇为主；核心商圈分散，密集度不高；终端消费以中低端为主；中国电信、中国联通正在布局核心商圈；内部基础管理能力较强；支撑人员分散于区镇；信息化基础较强；大城市，小农村。

- B 模式

大后台集中；多镇区行政划分，市镇为主；核心商圈分散，密集度不高；终端消费以中低端为主；终端消费中高端旺盛；中国电信、中国联通正在布局核心商圈；内部基础管理能力较强；支撑人员集中于市区；信息化基础较强；多镇区。

- C 模式

大市区集中；市区为主；核心商圈集中度高；终端消费以中低端为主；终端消费中高端旺盛；中国电信、中国联通正在布局核心商圈；内部基础管理能力一般；支撑人员集中于市区；信息化基础较强；大城市，无农村。

- D 模式

小市区集中；市区、乡镇为主；核心商圈分散但集中度高；终端消费以中低端为主；终端消费中高端旺盛；中国电信、中国联通正在布局核心商圈；内部基础管理能力一般；支撑人员分散；信息化基础一般；大城市，大农村。

（2）自有渠道演进第二阶段：苏宁——事业群式组织架构

苏宁创办于1990年12月26日，是中国商业企业的领先者，经营商品涵盖传统家电、消费电子、百货、日用品、图书、虚拟产品等综合品类，线下实体门店1 600多家，线上苏宁易购位居国内B2C前三。

2013年2月19日，基于线上线下多渠道融合、全品类经营、开放平台服务的业务形态，苏宁将公司名称变更为“苏宁云商销售有限公司”，以更好地与企业经营范围和商业模式相适应。此次更名可看作是苏宁电器的科技转型战略迈出的又一大步，也宣告着苏宁“云商”新模式的正式面世。

苏宁董事长张近东在工作部署会议中表示，苏宁要做“店商 + 电商 + 零售服务商”的云商苏宁，并将通过新模式服务全行业、全社会。未来10年苏宁电器将不再是传统家电连锁企业，而要做中国的“沃尔玛 + 亚马逊”。据了解，在部署会议召开的同时，苏宁围绕云商模式，从组织架构、年度计划、经营策略、人员任命等方面进行全面部署，以确保“云商”模式的全面落地。

苏宁电器高调更名苏宁云商，更改标识，大肆调整公司架构。所谓云商是指“店商 + 电商 + 零售服务商”相结合的新零售业模式。苏宁此次变革，其电商平台——苏宁易购地位也得到明显提升和重视，张近东的电商战略已经非常明显。在苏宁的变革背后，可以看到的是电商时代的崛起，网购规模逐年提升，网络交易额占社会消费品零售总额的比例在大幅上升。此外，电商已经开始冲击传统零售业，导致百货、超市、家电连锁、家居建材等各行业都纷纷涉足电商。

苏宁的组织架构可以分为线上线下两大开放平台，三大经营事业群、28个事业部、60个大区组成了苏宁云商的新架构。

平台类型上，苏宁云商拥有连锁店面平台和电子商务平台两大开放平台。从服务类型上，苏宁云商 = 实体产品 + 内容平台 + 服务产品。在组织架构方面，苏宁云商新增连锁平台经营部、电子商务经营总部、商品经营总部。电子经营总部下设八大事业部，分别为网购、移动购物、本地生活、商旅、金融产品、数字应用、云产品和物流。电子经营总部业务类型包括实体商品经营、生活服务、云服务和金融服务。物流事业部纳入电子商务经营总部，支持小件商品全国快递服务。

总体上看，苏宁采取“大区集中化、专业化运营；线上、线下渠道专业化运营；总部层面前台经营 - 后台管理支撑分离模式，后台部门统一支撑前台各商品事业部；大区层面由总部派驻经营管理及支撑人员，侧重门店经营”的策略，即“派驻人员支撑 + 总部统一大后台支撑”。

苏宁云商集团的组织结构大概可以分成5个层级。首先，总部管理层包括五大总部——连锁开发管理总部、服务物流管理总部、市场营销管理总部、财务信息管理总部、行政人事管理总部。集团对这五大总部进行统一管理，主要负责战略规划、标准制定、计划管理，协调各经营事业群工作。

其次，总部经营层划分为两大平台——连锁平台经营总部、电子商务经营总部。其中连锁平台经营总部负责统一门店的运营，管理线下的营销工作。电子商务经营总部管理线上的营销工作。而商品经营总部负责商品的分类采购，为其他两个经营总部提供服务。

总部事业部主要依赖自主经营，内部协作。在事业部内，对所经营的商品有很大决策权，独立核算业绩，将人员派驻各大区进行经营管理。在事业部间，商品销售按事业部商品和属地化客户两个维度进行核算双计，促进协同。

苏宁大区运营层采取扁平组织的形式以提高效率。苏宁将大区拆分增设为 60 个，进一步深耕细作；将“大区—子公司—运营部”三级缩减为“大区—城市终端”两级管理。

苏宁在成长期采用加盟连锁的方式，快速扩大门店数量，随着家电行业竞争的白热化，苏宁需要加强渠道管控力度，提高运营效率，因此将加盟店全部收购形成直营连锁的模式。

由加盟转为直营后，苏宁不断优化门店结构，门店体系转变为“苏宁”和“乐购仕”两大品牌，苏宁品牌下划分为 5 类门店，从而便于差异化管理。这 5 类门店包括 Expo 超级店、地区旗舰店、精品店、常规店、县镇店 / 社区店。

除了精品店外，苏宁的其他 4 类门店均贯彻大店攻略，优化门店结构，推进“超级店 + 旗舰店”战略布局；提升门店效能，有效减少店面租金和人员费用等成本上升带来的压力，相比现有大量社区店形成的销售规模，更具规模效应。

此外，Expo 超级店、精品店、乐购仕、生活广场店还采取“突破新零售模式，体现差异化定位”的策略——经营品类上有重点地开展去电器化，渠道协同上实践线上线下融合，经营策略上实施差异化精准定位，改变以地域覆盖和价格战为主的粗放竞争模式。

在门店管理上，苏宁通过督导监控机制，确保总部指令准确下达并高效运作；由店长下达任务与指示给督导，督导监管柜长，柜长负责管理营业员与促销员。

督导既是基层管理者，负责政策宣贯、培训等工作，参加店内每日沟通会、每周例会、部门间营销例会；同时也是实际经营者，向上承担所负责品类商品的销售业绩指标，向下分解指标，指导、参与销售，进行经营分析，并指导、带领团队完成销售任务。

督导的职责有如下几方面。

① 现场巡视

店面巡视，加强现场销售督导，强化主推促销力度；协调解决现场销售问题，对突发事件及时协调解决和上报跟进各柜组每日销售任务完成情况。

② 市调安排

组织并亲自参与市场调研；对市调信息进行分析，并在权限之内安排人员调整；

结合其他商家价格及促销情况，第一时间提出经营建议。

③ 任务分解

将每月指标、主推任务细分到周、日，分解到各柜组，并跟进柜长指标分解及完成情况；根据上月销售情况制定每月销售计划，并跟进计划执行情况。

④ 团队考核

核算每个营业员的每月销售完成情况、主推完成率等；对完成率高、服务到位的人员进行奖励，并进行末位排名，以激励销售。对于连续三个月排后三名的人员，予以处罚。

⑤ 销售分析

与柜长、营业员沟通，了解当日销售中存在的问题，在职权范围内及时调整，确保次日销售；按周、月进行销售分析，汇总销售分析、市调结果等，参与相关部门沟通，提出合理化建议。

⑥ 人员培训

按照当月培训安排，进行具体培训工作计划安排，并落实计划的开展和到位；参与销售，并在销售中指导团队成员，开展实战培训。

在发展模式上，上线初期苏宁易购以传统电商的发展模式独立运营，迅速拉升规模，在获得卡位后，力图融合实体门店优势，打造“店商 + 电商”的融合模式。

苏宁采用线上线下融合统一的战略，双线“同品、同价、同服务”。管理方面，考核标准按大区划分，只要在该区域内销售，不再区隔线上线下；采取双线同价，若有差价，采用就低原则；从事业部和属地化顾客两个完全融合协同的维度核算成本。

在支撑上，双线统一由商品经营部采购；商品库存等数据资源共享；并计划在所有实体门店实现电脑、网络全覆盖，同时门店推荐客户安装苏宁易购客户端，便于线上比价；将物流事业部纳入电子商务集群进行管理。由此，苏宁实现了线上线下的联动，发挥 O2O 模式的优势。

（3） 自有渠道演进第三阶段：T-Mobile

TSG 被定位成为 T-Mobile 零售的销售渠道、宣传渠道、服务渠道，通过 TSG 完成 T-Mobile 连锁化经营模式转型，实现“最佳购物体验 + 规模化经营”。TSG 公司是电信公司在零售商店的销售渠道，包括自己的专卖店以及合作伙伴的商店；是为电信产品提供销售和服务的商店；是电信产品的展示平台，并且承担向世界推广其品牌的任务。

① TSG 内部组织架构

TSG 按照职能划分为三个部门（见图 10-1），其中战略、市场和销售部门负责前端直接及间接渠道的运营，后端采购、物流、IT 等由其他两个部门统一支撑。

TSG 战略、市场和销售部门负责 TSG 的销售业务，确定 TSG 的总体销售策略，总体指导和监管 TSG 的销售活动，支持地区销售部门的市场和销售管理。

TSG 运营支持部门集中支持销售实体商店的销售工作；支持商店内运营、IT、采购、后勤、ERP、财务和控制、人力资源和组织。

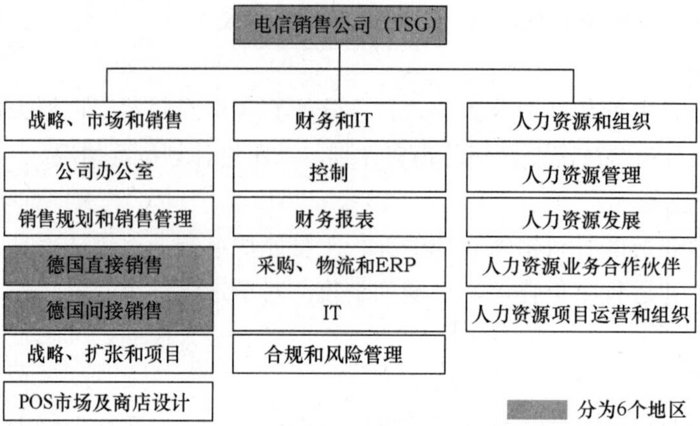

图 10-1　TSG 内部组织架构

② TSG 与 T-Mobile 之间的销售关系

每年 TSG 需要和 T-Mobile 签订销售合同，对于运营中遇到的问题通过每周定期的销售会议来解决，而未能解决的问题通过更高层级的督导委员会来调解（见图 10-2）。

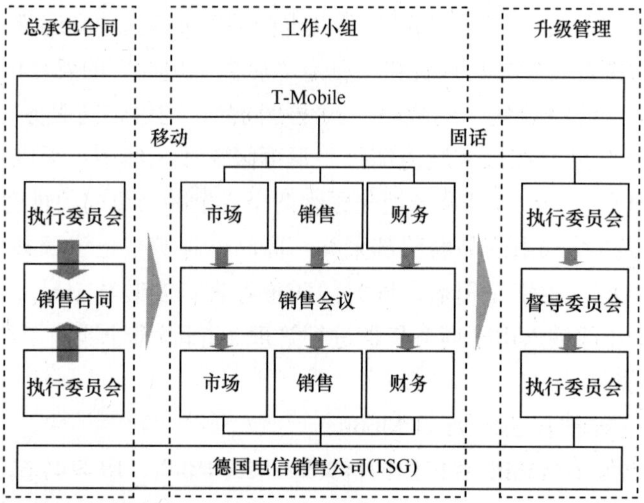

图 10-2　指导关系

其中销售合同主要包括管治模式定义、销售策略定义、总 KPI 定义、补偿和激励协议、DT & TSG 承诺。工作小组的主要任务包括监督和讨论执行，确保 KPI 的实现，KPI 调整，产品 / 价格组合，销售（市场）活动的协议，专门项目，议题等。升级管理主要用于解决分歧。

10.1.4.2　社会渠道演进趋势：连锁化运营

标杆电信运营商社会渠道转型经验可总结为：①发展渠道连锁化，提高渠道掌控力及运营能力；②设置集中管理组织对连锁门店进行标准化、规范化管理；③采用集中供货模式提升供货效率；④构建与用户价值挂钩的激励体系实现代理商收益与用户价值提升；⑤全方位支撑促进渠道稳健运营。连锁化运营见图 10-3。

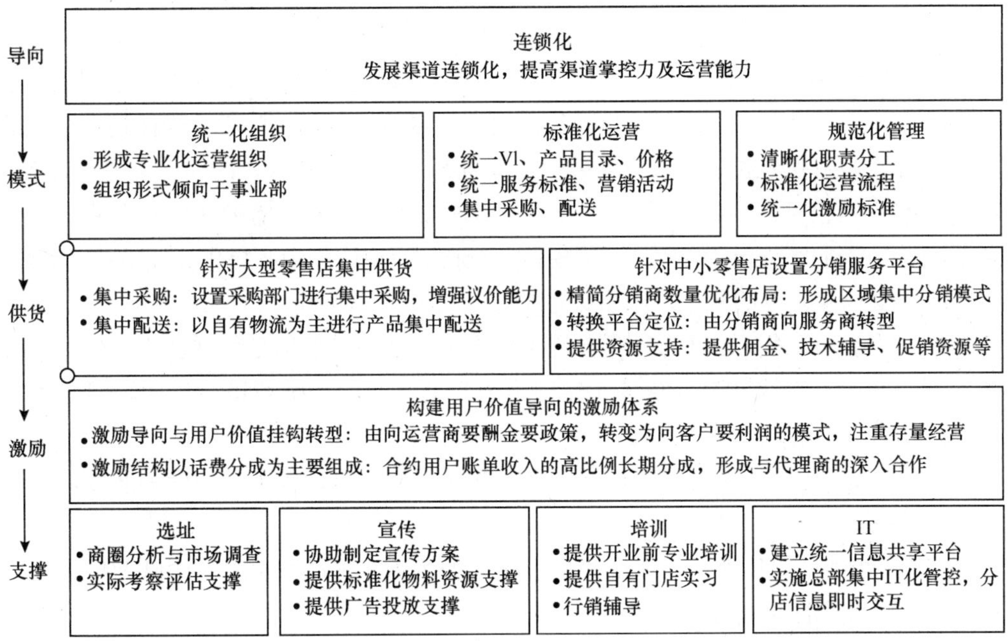

图 10-3　连锁化运营

（1）社会渠道演进标杆：T-Mobile

T-Mobile 与终端连锁零售商 The Phone House 签署了长期合作框架协议，它是 T-Mobile 的唯一合作伙伴，以店中店的形式销售合约计划，以 T-Mobile 的大批存量客户换机需求置换 The Phone House 分销能力，实现双赢。

The Phone House 在全国大约有 60 家门店，覆盖中小城市核心商圈，以建立在框架式合作协议上的合作模式进行合作，在六大区域中心独立结算独立供货。产品组合上，T-Mobile 的常规产品由 The Phone House 根据市场需求采购，重点产品由 T-Mobile 集中供应并统一上架。门店设计上，销售区域设计需满足 T-Mobile 基础规范，并确保品牌标识显著。门店运营上，The Phone House 独立承担租金与人员雇用成本，销售人员接受 T-Mobile 的基础培训。控制激励上，采用“差价 + 佣金”的利益分享模式和针对首推率的额外激励。

（2）社会渠道演进标杆：Sprint

Sprint 特许加盟有严格的准入要求，包括投资上要至少加盟 5 家店，财务上对净资产、初始投资有下限要求，销售上要有足够的管理经验及市场增长能力，并需提交商业计划等，保障渠道进入质量。

首先，合作者可通过 Sprint 官网了解基本信息，填写加盟申请。其次，在审批上，包含投资要求、财务要求、销售和市场要求、商业计划以及个人面试 5 个方面。投资要求是特许经销商必须至少投资 5 家店面，已有店面的资产不能计入新店面投资的资本要求。财务要求包括最低净资产达到 \$500 000，最低流动性资产达到 \$150 000（其中 5 个店铺为 \$30 000），最低每店初始投资达到 \$100 000。销售和市场要求包括 5 年及以上的多店管理经验，有力的市场增长能力，丰富的人力成本、库存管理经验，吸引、发展、维系优质客户的能力，专业化的形象。商业计划方面要提交 3 年发展计划，计划应包含阶段性成果、员工招募、营销和运营等各方面，发展战略应包含门店扩张计划。个人面试方面有最低信用积分要求，由市场运营专家进行专业面试和深入的零售商资质调查。

开业准备则包括店面选址、开业培训、店面布局、装修，需要 3 ～ 6 个月。正式运营后，要严格遵守 Sprint 的相关运营规范。Sprint 为特许经销商提供开业支持、培训、供货等运营支撑和丰厚的酬金，吸引渠道加盟，提高渠道粘性。

Sprint 为特许经销商提供的开业支持包括无加盟费——虽然是特许加盟，但是无加盟费，利用 Sprint 的数据库为经销商提供选址帮助，帮助经销商进行店面陈设与设备支持等，使店面更合理。

宣传上，Sprint 利用多种渠道提高其产品和服务知名度，提高加盟商知名度，为其提供广告支持。

Sprint 为经销商提供课堂、在线等多种统一的培训方式，并由专业团队为经销商提供运营和销售等个性化辅导。

供货支持上，Sprint 拥有丰富的优质手机资源——多款最新 4G 手机。此外，Sprint 也广泛招聘社会供应商，使货源更丰富，价格更有优势，具有优质的终端供应链。

Sprint 为经销商提供丰厚的佣金，包括放号佣金、终端酬金、业务酬金及其他服务酬金。

发展上，Sprint 对想要扩张的经销商可以提供选址以及策略支持，虽然目前暂不提供资金支持，但是未来可能会成立相关基金进行一定的支持。

工具上，Sprint 为经销商提供销售、客户服务系统；通过邮箱新闻、周报等多种途径与经销商进行良好的沟通和交流；代理商的软硬件系统出现任何问题可以联系其工作人员，及时维护，保障了日常的系统运行。

10.1.4.3 电子渠道演进趋势：电商化发展

国际标杆运营商加快电子渠道的电商化建设，以客户体验为中心加强前后端能力建设，注重支撑系统的功能完善及实时信息交互，形成了专业化组织、流程、利益分享机制。电商化运营如图 10-4 所示。

（1）电子渠道演进标杆：Verizon

Verizon（美国）电子渠道体系包括网上商店、手机客户端、电商合作渠道、新媒体渠道。不同渠道有不同的定位及功能，通过优化前端设计、后端支撑能力，促进渠道协同。

网上商店的渠道定位在终端销售与营销的核心渠道，终端提供为主，带动套餐及配件、媒体、交易、家庭服务等各色业务销售。横向导航清晰化，以产品分区导航，注重分类搜索；纵向购买体验佳，完成选择后可进行横向比较，下单只需选择产品、客户信息填写两步。为客户提供优质的配送服务，手机两日免费配送，配件免费陆地配送。

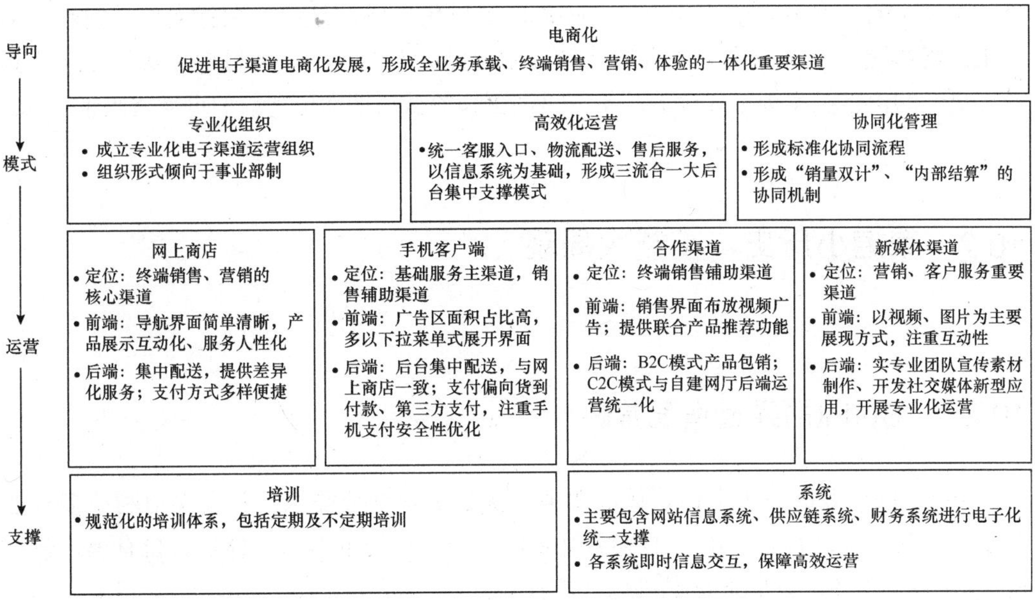

资料来源：Detecon分析

图 10-4 电商化运营

手机客户端的渠道定位是基础服务主渠道与销售辅助渠道。主要功能是查询、业务办理等基础服务，以及配件、低端机销售，高端机预售。导航简单、清晰，各项基础服务导航与配件、终端销售功能导航清晰。页面跳转少，内容展示多采用下拉菜单式，无需页面跳转。

电商合作渠道是终端、配件销售重要渠道，承担了合约机、裸机及配件、号卡、流量卡销售，产品种类丰富。销售界面布放视频广告，提供联合产品推荐功能，通过产品组合推荐与同类产品推荐，提高销量。用佣金激励电商，电商平台商销售一款合约机即可获得运营商支付的销售佣金。

新媒体渠道定位在产品营销与客户服务。通过 SNS 平台介绍推广新产品和新业务，进行品牌营销，提升客户粘性。结合多种媒介进行强化互动，在社交媒体的主页上放置照片、最新产品信息、客户服务支持、宣传视频、公司宣传册、地区性新闻事件等。运用专业团队运营视频制作、图片制作、跟进客户反馈等。技术开发部门针对社交媒体开发新型应用产品。

Verizon 将网上商店定位为终端销售以及业务分流的核心渠道，通过完善网厅功能，强化后台支撑，全面优化用户线上体验，实现网厅的电商化经营。2009 年投入 3 000 万美元优化网上营业厅体验，2010 年业务分流比例提升了 30%。

（2）电子渠道演进标杆：T-Mobile

在电子渠道方面，T-Mobile 在自有网上商店提供更丰富的产品、更低廉的价格和更弹性的政策，从而满足客户线上消费需求，并实现对实体渠道的有效分流。在其网上商店中，导航栏根据终端的种类、品牌进行分类导航，新上市的明星终端重点推荐（一般通过网店首发）。

总体上看，在其电子渠道上，T-Mobile 提供更丰富的选择，包括老旧款终端、最新上市终端更多电子渠道专享合约计划；制定更低廉的价格，通过电子渠道专享折扣达到更低的价格；实施更弹性的政策，提供更长的试用期和更宽松的退换货政策。

10.2 渠道小历史，承载大局观

10.2.1 Sprint的渠道适配策略

Sprint 自有渠道提供个性化体验服务，满足用户细分需求；社会渠道利用多行业分销，不限于关联行业；电子渠道实现多种功能，与线下渠道一体化。自有渠道包括 Sprint 品牌店与 Boost Mobile 品牌店（虚拟运营商）。

Sprint 品牌店提供 Sprint 全面的产品和服务与少量 Boost Mobile 及 Virgin Mobile 产品及服务，展示新机型，宣传新产品，提供个性化服务及技术支持，方便用户购买或激活。

Boost Mobile 品牌店（虚拟运营商）提供 Boost Mobile 及 Virgin Mobile 产品及服务，还包括用户入网、空中充值、便捷支付等服务。

总体上看，三种渠道均提供全面的产品和服务；自有渠道侧重提供体验个性化服务，社会渠道侧重利用多行业分销（不限于关联行业），电子渠道侧重实现线上线下一体化。

10.2.2 T-Mobile的渠道适配策略

T-Mobile 自有渠道实现“城区 + 村区”覆盖，进行差异化布局；社会渠道借助合作伙伴分销能力，加速城镇扩张，电子渠道以便捷多样性吸引用户，分流线下渠道。

T-Mobile 的自有渠道包括自有营业厅与流动营业点。其中自有营业厅包括常规厅、旗舰厅、社区概念厅、多媒体概念厅、社群概念厅。自有营业厅提供全面的产品和服务，是服务与营销的核心力量，占领着大中型城市核心商圈。流动营业点可办理所有门店内的业务，销售部分热销终端；实现低成本的渠道盲点覆盖，覆盖没有 T-Mobile 门店的农村与郊区。

社会渠道包括特许经营店和连锁经营店。特许经营店提供全面的产品和服务，热销终端与合约计划，并进一步强化销售能力，借助合作伙伴向城镇扩张。连锁经营店负责销售合约终端，以 T-Mobile 的大批存量客户换机需求置换终端连锁零售商分销能力，实现双赢。

电子渠道包括自有网上商店与合作网商渠道。自有网上商店提供全面的产品和服务以及网上商店特有的合约与折扣，以丰富的产品与便捷的体验吸引客户、分流线下渠道。合作网商渠道负责与主流网商合作销售合约终端，依托网商平台进行产品售卖，给予用户多样化的网购选择。

T-Mobile 的三种渠道也提供全面的产品和服务；自有渠道侧重实现城区与村区的覆盖，社会渠道借助合作伙伴分销能力，电子渠道以便捷多样性吸引用户。

10.2.3 Verizon的渠道适配策略

Verizon 自有渠道实现对其服务区域的全面覆盖，兼顾高端用户个性化定制；社会渠道借助合作伙伴分销能力进一步提高销售能力；电子渠道以便捷全面服务吸引用户。

Verizon 的自有渠道包括无线营业厅与移动旗舰店。无线营业厅提供全面的产品和服务，对服务区域实施全领域覆盖，提供包括产品、业务及咨询等全面服务。移动旗舰店提供 LTE 产品和服务及配套应用程式及科技器材，帮助客户发现所有关于移动通信生活方式的无线科技，并提供个性化 LTE 定制。

Verizon 的社会渠道即特许经销商，全面的产品和服务通过 Jetworld 以及 Infinitel 等经销商进行分销，销售能力进一步强化。

电子渠道包括自有网上商店和合作网商渠道。自有网上商店提供全面的产品和服务，以终端提供为主，带动套餐及配件、媒体、交易、家庭服务等各色业务销售。合作网商渠道提供终端产品及相关配件，借助 Amazon、Bestbuy、Radioshack 等合作伙伴扩展销售渠道，分担运营成本。

10.2.4 渠道适配策略总结

国际标杆运营商多以自有渠道承载完成重点覆盖与优质体验，社会渠道承载完成填补覆盖盲点与跨行业联合，电子渠道承载完成自有与他有网购平台，在线客服则需相应提供全面的产品咨询服务。

自有渠道一般包括自有营业厅与旗舰类门店。自有营业厅提供全面的产品、服务和流动的服务点，覆盖主要城市和乡镇，提供标准化的服务与营销。旗舰类门店也提供全面的产品和服务，但侧重体验或个性化服务，仅覆盖核心商业区或特定区域，提供优质的体验服务。

社会渠道包括加盟经营店与连锁经营店。加盟经营店一般提供全面的产品和服务，填补自有渠道覆盖空白，采用的是第三方加盟经营的模式。连锁经营店则以合约终端销售为主，通过合作零售来实现渠道延伸。

电子渠道包括自有网上商店与合作网商渠道。自有网上商店提供全面的产品和服务，网站特有优惠促销，实现线上线下一体化。合作网商渠道一般合作销售合约终端，依托电商流量转化拉动产品销售。

10.3 有激励，才有动力

10.3.1 渠道激励体系多样化

国际标杆运营商针对其经销商实施“酬金 + 补贴”的双重激励，以分级体系为基础的绩效考核决定业务收入分成，提高渠道忠诚度，最终完成存量维系、流量经营和提高用户价值的目标。

在用户发展上实施的激励措施包括提供放号酬金与终端酬金。其中放号酬金针对高价值放号给予达量奖励。终端酬金指的是用户充值金额返点。

在存量经营上的激励措施包括终端酬金、数据业务酬金、话费酬金、其他代办业务酬金、分级评估奖励。终端酬金也是对用户充值金额进行返点。数据业务酬金指的是对合约用户的数据收入分成。话费酬金主要是对合约用户的话费收入分成。其他代办业务酬金包括代办手续费与续约酬金。分级评估奖励是使评级等级高的经销商得到高的分成比例。

渠道维系上的激励包括分级评估奖励与渠道硬件补贴。分级评估奖励指的是使评级等级高的经销商得到高的分成比例。渠道硬件补贴包含销售奖励、装修补贴、营销补贴、租金补贴。

经销商层面的目标是建立与渠道商的深度合作，提高渠道忠诚度，对业务发展数量、质量进行结果性激励。运营商层面的目标是维系用户存量，提高用户品牌忠诚度，降低离网率；发展新入网用户；提高品牌渗透，稳定增长市场份额；实现用户存量经营，提升客户价值，发展高端用户群体。

10.3.2 T-Mobile渠道激励体系

T-Mobile 于 2008 年采用账单收入分享模式，同时在多方面给予渠道佣金及补贴支持，以提高渠道忠诚度，保有存量客户，在面对高饱和市场的情况下避免用户流失率增加。

T-Mobile 当时面临的市场环境是其在德国的竞争对手包括 Vodafone、E-plus、O2 等基础运营商，以及几十家虚拟运营商；其市场份额与 Vodafone 相当，约为 30%；2008 年移动市场渗透率为 132%，高度饱和，且客户离网率增加。其设立的激励体系设计目标是提高渠道忠诚度，保有存量客户。

T-Mobile 激励体系大致可以分为三大类：发展类、存量经营类、渠道维系类。发展类包括放号酬金与终端酬金。放号酬金采用的是入网酬金、一次性支付的形式。终端酬金中，如果属于合约机，则进行补贴；如果是裸机，则采取小额一次性补贴。存量经营类包括终端酬金、数据业务酬金、话费酬金、其他代办业务酬金。话费酬金一般采取充值金额返点的形式。其他代办业务酬金采用固定代理费的百分比与续约酬金。渠道维系类主要指的是补贴，一般包括房租补贴与进货支持。

总体上，酬金以收入分享为主，以鼓励渠道提升用户价值为目标。

10.3.3　SK Telecom渠道激励体系

SK Telecom 的激励体系以存量经营类为主，注重经营效果，低发展类酬金，主要方式为长期收入分成，同时提供多样的渠道补贴，支撑渠道经营。

SK Telecom 面临的市场环境是，当时韩国移动渗透率为 98%，市场高度饱和，用户 98.9% 为后付费合约用户；另外，韩国每年 50% 用户更换手机，选择手机等于选择运营商，用户转网不换号，因此运营商维系用户在网的压力较大。

由此，SK Telecom 的激励体系设计目标是激励渠道提供维系服务，提高客户品牌忠诚度。

SK Telecom 激励体系与 T-Mobile 类似，其他代办业务酬金与补贴有些区别。SK Telecom 的其他代办业务酬金包括“手续费 + 达量奖励”的续约酬金、客户代理费的 0.2% ～ 0.5% 的其他代办业务酬金。补贴方面，SK Telecom 实行 50% ～ 70% 的费用支持装修补贴、租金补贴、营销补贴以及每月对每个商品进行积分，对积分高、增长率高的代理商进行奖励。

整体上看，SK Telecom 以存量经营类酬金为主体，采用超长期收入分成方式，激励渠道提升存量用户价值。

10.3.4　Vodafone渠道分级指标体系

Vodafone 拥有世界上最完备的企业信息管理系统和客户服务系统，在增加客户、提供服务、创造价值上拥有较强的优势。Vodafone 的全球策略是涵盖语音、数据、互联网接入服务，并且提供客户满意的服务。Vodafone 集团公司在全球拥有超过 10 万员工。

Vodafone 按照业务发展数量、业务发展质量、服务质量和自身能力四大维度标准，将经销商分为白金级、金级和银级三个等级，并建立了差异化佣金分成机制、政策支持并完善考核机制。Vodafone 的社会渠道管理主要由 Vodafone Partner Services（简称 VPS）负责，VPS 根据经销商的业务发展数量、发展质量、服务质量和代理商自身能力水平四大维度对经销商进行分级。

业务发展数量包括放号量、终端销量、合约发展量、数据业务发展量等指标。业务发展质量包括用户 ARPU、流失率等。服务质量用用户服务反馈进行衡量。自身业务能力质量用门店数量、人员数量和素质、门店位置等指标进行衡量。

Vodafone 每六个月会对经销商的销售额、交叉销售额、业务发展量、业务发展质量、用户流失率和月计费账单额等指标进行考核，从而确定对经销商进行升级、保级或者降级。

Vodafone 对经销商分级后，对于白金级，其收入分享比例为 47%，合同期为 3 年，定制产品合约与商业协定，每季度对业绩进行分析，定制化业务培训、市场激励，对其进行资金支持（较金级更高），配备专职合作伙伴支撑团队。对于金级，收入分享比例为 43%，合同期为 3 年，提供产品支持、业务培训、市场激励、资金支持（较银级更高），配备专职合作伙伴经理。对于银级，收入分享比例为 41%，合同期为 1 年，提供产品支持、业务培训、市场激励、资金支持。

Vodafone 引入收入分享机制加深渠道合作，通过收入高比例分享激励渠道，提升用户价值，以达量酬金激励提升用户增量，依发展数量、质量等结果进行激励。

Vodafone 面临的市场环境是，当时在英国的竞争对手包括 Orange、T-Mobile 等四家电信运营商，其市场份额为 36%，份额较高，但 2011 年起份额有所下滑，因此 Vodafone 来自市场方面的压力巨大。

Vodafone 激励体系的设计目标是建立与渠道商深入合作的激励体系，激励渠道商发展高价值用户，并提供提升客户价值的服务。

Vodafone 的放号酬金主要针对特定品牌，终端酬金采用合约酬金形式，价格 60 ～ 100 英镑。其他代办业务酬金主要采用代办手续费形式。补贴的形式主要体现在租金补贴、装修补贴、年度奖励。

整体上，Vodafone 注重存量经营效果，通过高额收入分享以及维系酬金，促进客户价值及忠诚度提升。

第十一章 虚拟运营：助手或对手

移动虚拟运营商（Mobile Virtual Network Operator，MVNO）简单来说，就是租用实体移动网络运营商（Mobile Network Operator，MNO）的网络，经营和移动运营商相同的语音、短信等通信业务的企业。MVNO是移动电信运营过程中产生的一个概念，其最大的特点是不需要拥有移动电信网络，只是向网络供应商购买或租用网络的使用权，无需花费上亿美元兴建基础设施即可以自己的品牌进行市场经营，最终达到提供移动电信服务和产品的目的。

11.1 欧美老玩家，亚太刚入围

MVNO在全球的发展已超过15年。1998年，全球第一家MVNO——挪威Sense通信公司成立。1999年，Virgin集团开始在英国启动移动虚拟运营。此后，MVNO数量不断增长，逐步在全球移动通信市场建立起了一定的市场影响力。目前，全球MVNO的数量已超过1 100家，主要分布在西欧、北美和亚太地区，2011年用户已达到1.05亿，占全球移动电话用户数的1.8%。Informa Telecoms & Media数据显示，到2015年，全球MVNO用户数将达到1.86亿，将占全球移动电话用户数的2.6%。由于区域市场成熟度、法制规范、开放度和客户消费习惯等的差异，全球MVNO市场分布明显不均，且呈现浪潮式发展进程。

从全球来看，MVNO在欧洲发展迅速，约占全球的2/3；在部分地区，例如中东和拉美由于政策限制的原因，MVNO发展相对缓慢。2013年数据显示，欧洲共有MVNO 755家，归66家运营商所有；北美共有MVNO 118家，归10家运营商所有；亚太地区的日韩共有MVNO 40家，归8家运营商所有。45%的MVNO属于批发折扣和电信这两类，19%股东来自其他行业，例如零售、银行、电视、杂志等。36%的MVNO专注于某个特定市场。从发展情况来看，低价和业务捆绑依然是主流，但在逐渐被差异化服务取代。

从整体来看，全球MVNO发展分三个阶段（见图11-1）。第一阶段是起步期，全球年新增 MVNO 数量不足 40 家，市场主要由固网运营商主导，MVNO 只是其为拓展移动业务而采取的方式，典型代表如 Tele2、Eplu 等。第二阶段是快速增长期，这一阶段全球年新增 MVNO 数量为 40 ～ 80 家，非电信行业企业开始进入 MVNO 经营移动市场，如家乐福、TESCO。按客户类型聚焦细分市场的客户细分型 MVNO 出现。第三阶段是成熟期（2008 年起至今），这一阶段全球年新增 MVNO 数量较第二阶段下降，但行业拓展型和客户细分型 MVNO 发展迅速。大体趋势与 MVNO 企业发展起落趋势相似（见图 11-2）。

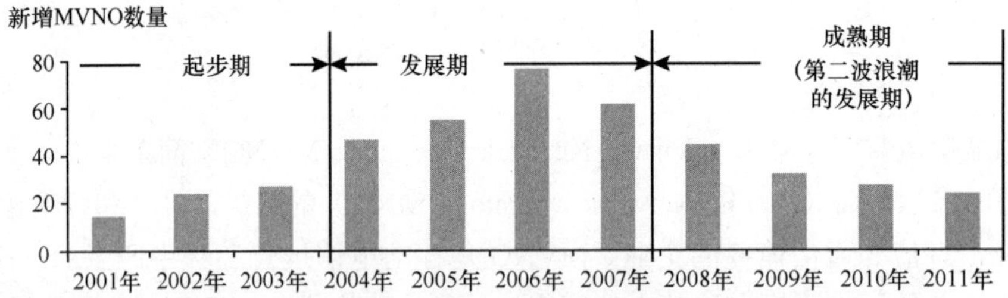

图 11-1　2001-2011 年全球 MVNO 区域市场发展情况

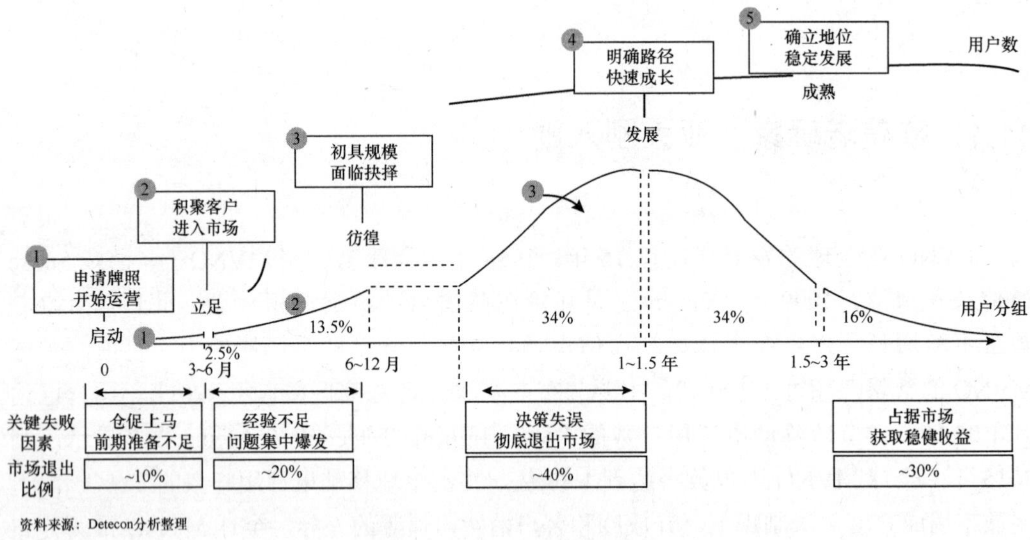

图 11-2　MVNO 企业发展过程

就目前 MVNO 整体发展情况来看，基于拥有优势资源、与运营商互补的战略定位等可将 MVNO 分为以下几类。

细分型：如 Lebara 与 E-Plus，这类 MVNO 拥有细分客户群体和市场运营经验，可以协助运营商开发细分市场，降低客户获取与维系的成本。

渠道型：如 Tesco Mobile、家乐福电信、7-Eleven、全虹通信和 Carphone Warehouse，他们拥有广泛的销售网点和渠道管理经验，能提供运营商无法获取或获取成本较高的渠道资源。

内容型：如 Virgin Mobile，这一类型企业拥有大量的媒体 / 音乐 / 电视资源和资源开发能力，能弥补运营商短板——内容运营能力差的缺陷。

电信型：如 Tele2，拥有网络能力、业务支撑能力，拥有成熟的电信运营经验，能辅助运营商完善其电信服务。

折扣型：如 Giffgaff，低资费是其主要优势，能通过低资费和推广经验有效降低运营商客户获取与维系成本。

行业型：如 KoreTelematics，拥有某行业特有运营经验和客户基础，如银行、金融等，可利用行业运营经验协助行业市场开发。

11.1.1　西欧MVNO的发展

西欧是 MVNO 的发源地，也是目前为止 MVNO 发展最为成功的地方。

11.1.1.1　欧洲市场监管政策

欧盟成员国对电信市场采取一般授权方式，电信企业无需申请许可证即可进入市场，对 MVNO 同样使用一般授权方式。欧盟电子通信管制政策从 1998 年开始导入市场竞争，逐步实施自由化。2013 年，欧洲电子通信监管机构（BEREC）呼吁欧盟委员会推迟实施其单一电信市场的改革，因为其相关规定未能合理考虑新一代接入宽带的用户覆盖率、服务速度、价格和 4G 投资等实际情况。

MVNO 运营主要受三方面政策的影响，包括移动接入（MA）、呼叫接续（MO）和落地接续（MT）。欧盟只将 MT 纳入了事前监管市场（事前管制市场的政策对 MVNO 业务有影响，其主要作用是针对国内主导运营商和管制政策进行评估并规定需进行管制的相关市场），针对 MT 给出了“促进竞争、保护用户”的指导性意见，但具体管制政策由各国电信管制机构自行决定。例如，在西班牙和法国，曾对运营商滥用其主导地位处以巨额罚款。2012 年 1 月，西班牙竞争委员会对西班牙电信、Orange 和沃达丰三家公司分别处以 1 200 万欧元的罚款，因为他们对 MVNO 收取了远高于有效成本的 SMS 批发价格。这说明欧盟成员国有强大的事后监管能力维护 MVNO 和运营商的公平竞争，总体上欧盟电信监管一直朝着引入竞争，加强市场建设和促进监管一致性等有利于 MVNO 发展的方向发展。

11.1.1.2　欧洲市场竞争情况

截至 2012 年，全球前 10 个活跃国家的 MVNO 总量占到全球数量的 70%：德国 119 家、英国 74 家、美国 67 家、荷兰 54 家、法国 43 家、丹麦 43 家、澳大利亚 42 家、西班牙 29 家、波兰 23 家和比利时 21 家。尤以欧洲国家最为显著。MVNO 的经营主体来自电信、零售、媒体等多个行业。从市场总体情况看，运营商的数量一直处于波动状态，一方面旧的 MVNO 不断退出或被合并，另一方面新的 MVNO 不断加入市场。

欧洲 MVNO 用户发展快，2005-2008 年保持了两位数增长。2005 年欧洲 MVNO

用户数已达到总用户数的 8%，2008 年达到总用户数的 11%，在整个移动市场增长放缓的背景下，其增速是比较突出的。根据 2013 年相关数据，在西欧较开放的电信市场（如德国、挪威等），MVNO 市场份额为 15% 左右。2013 年数据表明，荷兰是全球 MVNO 市场占有率最高的国家，MVNO 总数达到 130 个，市场占有率合计达 13.5%（相对 2012 年的 54 家发展迅猛，这也表明即使在发展的第三阶段，MVNO 的市场竞争仍然激烈）。英国、比利时、瑞典等国家的 MVNO 市场份额也接近 10%，但在欧洲其他区域，一些国家的 MVNO 数量不多于 10 家，市场份额普遍低于 5%。

欧洲共有 MVNO 755 家，归 66 家运营商所有，主流运营商所选 MVNO 类型以折扣型、细分型、电信型为主（见图 11-3）。

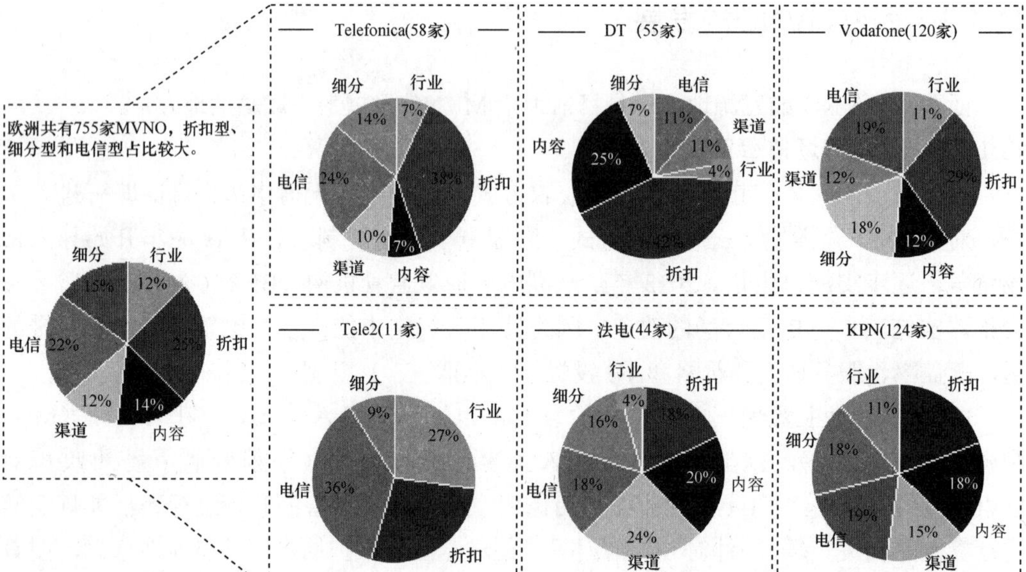

资料来源:SMA Detecon分析整理

图 11-3 主流运营商所选 MVNO 类型

以英国为例，英国是西欧移动通信市场开放程度较高、竞争比较充分的代表，MVNO 兴起时，就有沃达丰、BTCellnet（即后来的 O2）、德国电信全资的 One2One、法国电信 Orange、专营 3G 的和记黄埔 3 公司 UK 五大运营商。2010 年，法国电信 Orange 和德国电信 One2One 合并，Everything Everywhere（简称 EE）成立，一跃成为英国移动通信市场新的领先者。西班牙电信 O2 和沃达丰则紧随其后。领先运营商 EE 共有包括 Virgin、BLYK、Mobile、中国电信欧洲公司等在内的共 25 家 MVNO 合作伙伴。英国 MVNO 市场表现十分活跃，业务类型丰富，除了 Virgin Mobile 这种多领域品牌价值类 MVNO，还有以 Tesco 为代表的大型零售连锁企业、由手机终端零售商转型为固网宽带运营商的 TalkTalk、着重于国际长话细分市场的 Lebara 和专注于为青少年群体提供广告媒体服务的 BLYK 等。由于市场定位清晰，差异化业务区别明显，多家 MVNO 均有不俗的市场表现（见表 11-1）。

表 11-1　各 MVNO 的细分市场、特色业务

名称	类型	合作MNO	目标细分市场	特色业务
Virgin Mobile	品牌价值类	EE	16～35 岁青年人	特色数据业务和增值应用
Tesco Mobile	零售连锁类	O2	低价值预付费用户	固定费率网间通话
TalkTalk Mobile	终端零售→固网宽带类	Vodafone	家庭用户	低价移动宽带和话音套餐
Lebara Mobile	细分市场类	Vodafone	新移民	低价国际长话
BLYK	媒体类	EE	16～24岁青少年	搭配定制广告的免费语音短信套餐

11.1.1.3　典型MVNO范例

成立于 1989 年的荷兰皇家电信（Royal KPN N.V.），是一家国际服务供应商，业务范围涉及邮政、电信、电缆和多媒体等多个领域。公司经营着固定电话部和移动通信部两个部门。KPN 在德国（E-Plus）和比利时（BASE）均拥有移动网络，在全球拥有 2 000 多万移动用户，被评为全球最值得投资的十大电信运营商之一。该公司在 2004 年后加快 MVNO 的引入，类型分布较为平均（见图 11-4）；MVNO 目前占有荷兰移动市场 39.5% 的份额，约有 470 万客户（58.4%）。2004 年 KPN 加速引入 MNVO 后，市场份额止跌回升，用户数大幅提高。后期 MVNO 引入稳定，可能是用户数与市场份额多年来持续保持稳定增长趋势的重要原因。

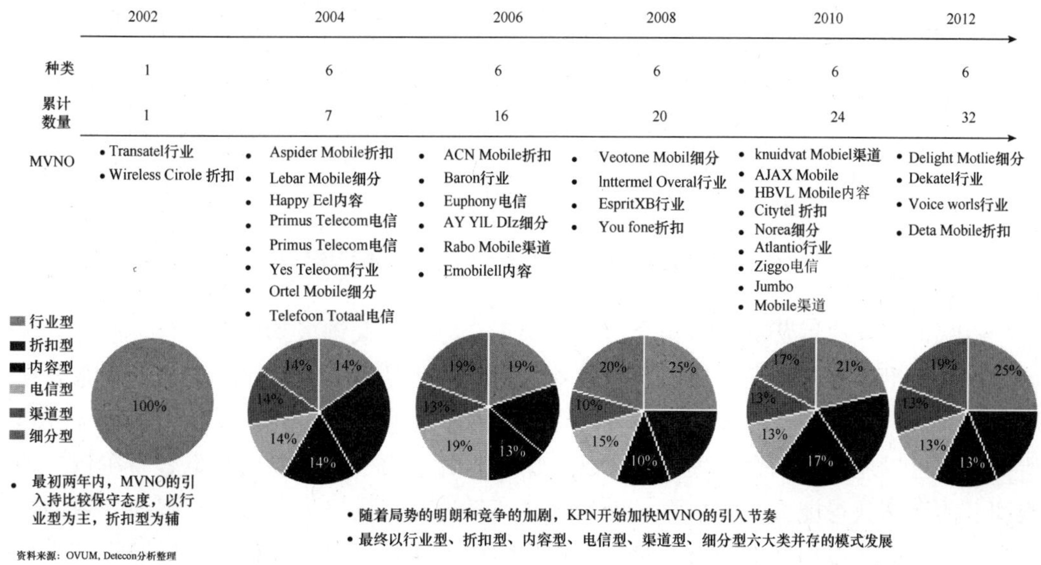

图 11-4　荷兰 KPN 移动虚拟运营发展历程

德国电信（Telekom）是欧洲最大的电信运营商，全球第五大电信运营商，Telekom在2002年引入MVNO，相对较晚，以折扣型为主，引入后用户数量上升明显；随着竞争加剧，Telekom在2010年引入渠道、电信、内容等新类型，影响不大，多年来市场份额很平稳。目前仍以折扣型合作者为主（见图11-5、图11-6）。

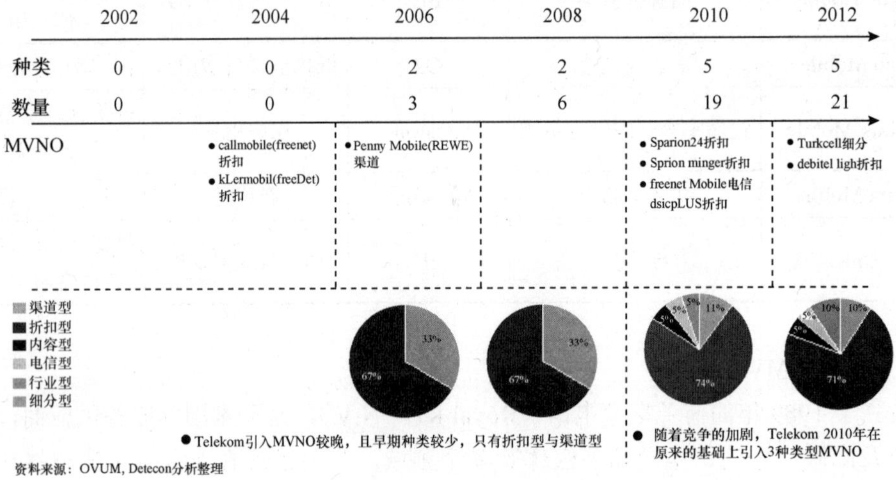

图 11-5 Telekom 移动虚拟运营发展历程

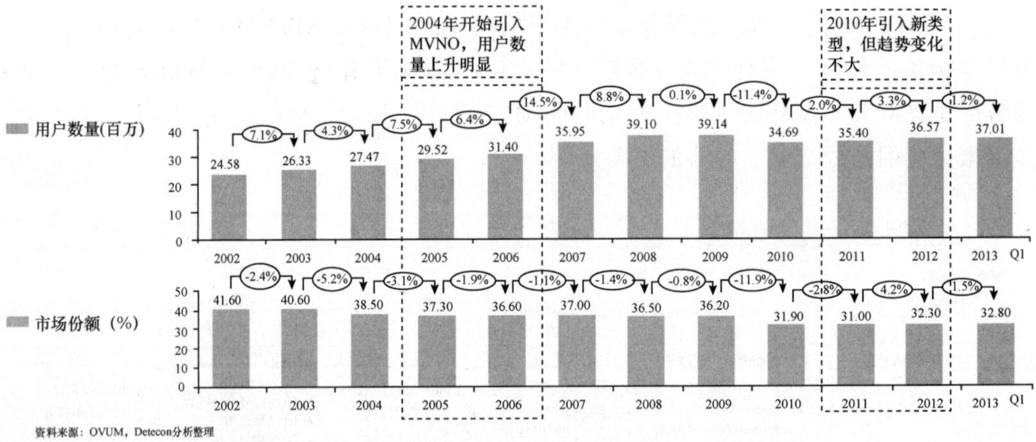

图 11-6 引入 MVNO 后德国电信用户数量和市场份额的变化

西欧市场虚拟运营商发展至今，展现出三个方面的关键成功因素：分发能力、行动力以及精准的价值定位。第一，分发能力是最终成功的关键，以独家的形式充分利用高效的分销渠道是针对大众市场的消费方式的有效手段，分销渠道不一定由MVNO所拥有，可以通过独家合作关系来实现；第二，行动力，先行者通常更容易在新市场饱和之前迅速获得庞大的客户群，而后来者要经过几年的努力，辅以超强的分销渠道及产品，才能实现相同的效果；第三，价值定位，市场需要差异化，虚拟网络运营商更容易聚焦和传播清晰的价值主张，锁定或者创造客户。

11.1.2　美国MVNO的发展

美国也是全球移动通信市场竞争程度最为激烈的国家之一，其 MVNO 市场与西欧几乎同时启动，虽然市场规模总体弱于西欧，但仍在第一波浪潮中扮演了重要角色。

11.1.2.1　美国市场监管政策

美国对 MVNO 政策上鼓励但不强制运营商开放。美国曾经在 20 世纪 90 年代中期制定了转售规则，规定运营商在没有正当理由的情况下，不得拒绝 MVNO 提供转售业务的请求。但是在 2002 年，随着美国移动市场成为一个竞争性市场，取消了对运营商的网络开放要求，移动转售规则也随之失效。

11.1.2.2　美国市场竞争情况

美国移动通信市场早期一直是语音主导，短信业务渗透率低，远低于欧洲和亚洲。近年来随着智能手机、平板电脑等终端使用人数的上升，移动数据流量呈迅猛增长态势。在 21 世纪初 MVNO 兴起之时，美国的移动电话普及率尚不足 45%，包括 Cingular Wireless、Verizon Wireless、Sprint PCS、T-Mobile、Nextel、AT & T Wireless 在内的六家全国性大型运营商与众多地方性运营商共同参与市场竞争，市场格局多极化。2002 年 6 月 Virgin Mobile 进入美国市场，引爆了美国 MVNO 市场的发展，移动虚拟运营商被认为是电信行业的下一个商机，大量来自包括电信、零售连锁、品牌价值类、媒体等在内不同领域的运营商进入 MVNO 市场，到 2005 年美国市场已经有近 30 家 MVNO，MVNO 用户占全美移动用户数的比例由 2002 年前的不足 1% 升至近 6%。激烈的同质化竞争，加上大型运营商开始提供细分服务，虚拟运营商市场一片红海，大批虚拟运营商难以为继，被迫退出或被基础电信运营商回购，Mobile ESPN 和迪斯尼移动（Disney Mobile）两大虚拟运营商分别于 2006 年及 2007 年停止运营，Virgin Mobile USA 经营状况虽然相对较好，但仍于 2009 年被 Sprint Nextel 收购。2011 年以后，美国 4G 业务逐步开放，随着新兴的智能终端和移动宽带市场的兴起，几家大型运营商态度上发生从排斥到合作的转变，美国的虚拟运营商迎来新的春天，诞生了 Ting、Zact、GSM Nation、Karma 等多家虚拟运营商。目前，美国代表性 MVNO 多以特色数据业务和增值应用为主。

表 11-2　当前美国代表性 MVNO

企业名称	类型	目标细分市场	特色业务
TracFone	国外移动运营商	西班牙语人群	预付费话音业务
Virgin Mobile	品牌价值类	18 ～ 35 岁低端用户	预付费话音业务
7-Eleven	零售连锁类	低消费大众群体	
Helio	国外移动运营商	对时尚极为敏感、高消费的年轻群体	娱乐服务及高性能终端

（续表）

企业名称	类型	目标细分市场	特色业务
Disney Mobile	品牌价值类	8 ～ 14 岁儿童及他们的父母	娱乐类应用及定制终端
Kajeet	—		特色数据业务和增值应用
Amp'd Mobile	—	年轻人	娱乐服务
Mobile ESPN	媒体类	体育迷	特色数据业务和增值应用
LifeComm	—	以 40 ～ 65 岁人群为主的医疗应用群体	特色数据业务和增值应用

目前，北美共有 MVNO 118 家，归 10 家运营商所有。主流运营商所选的 MVNO 类型以折扣型为主，渠道型和电信型居次（见图 11-7）。

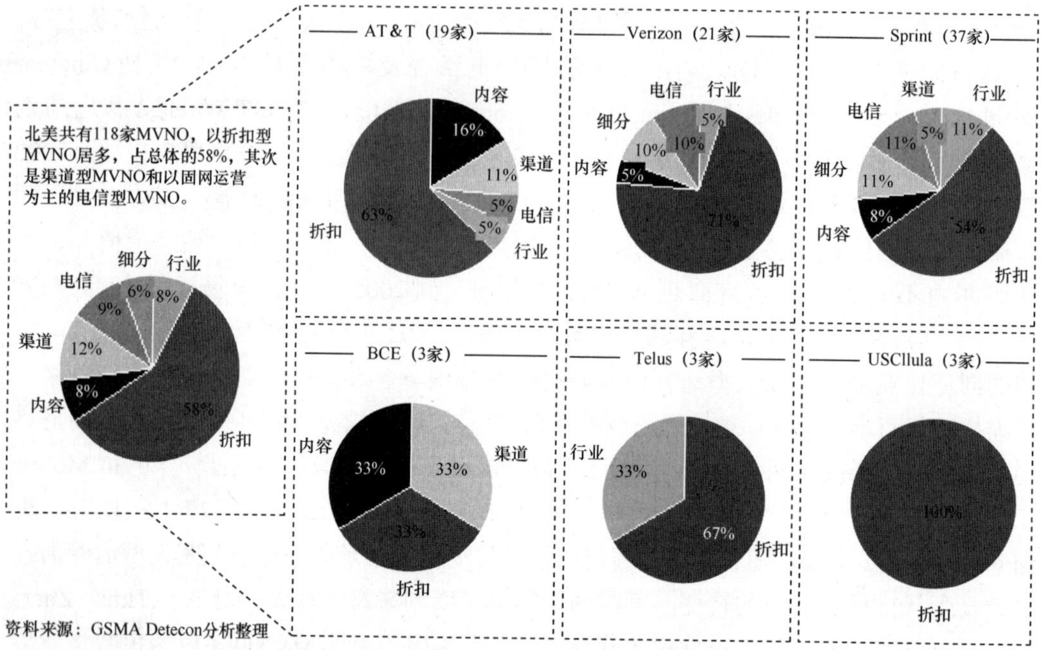

资料来源：GSMA Detecon分析整理

图 11-7　北美运营商所选 MVNO 类型

11.1.2.3　典型MVNO范例

美国电话电报公司（AT&T）是一家美国电信公司，创建于 1877 年，曾长期垄断美国长途和本地电话市场，是美国最大的本地和长途电话公司。2003 年大量引入 MVNO 后，用户数与市场份额上升幅度很大。

多年来以折扣型为主，用户数稳定，市场份额略微下降，但总体平稳。2012 年后美国电信市场竞争激烈，AT&T 希望引入 MVNO 降低用户维系成本，双方以资费分成方式合作，折扣型 MVNO 为主（见图 11-8、图 11-9）。

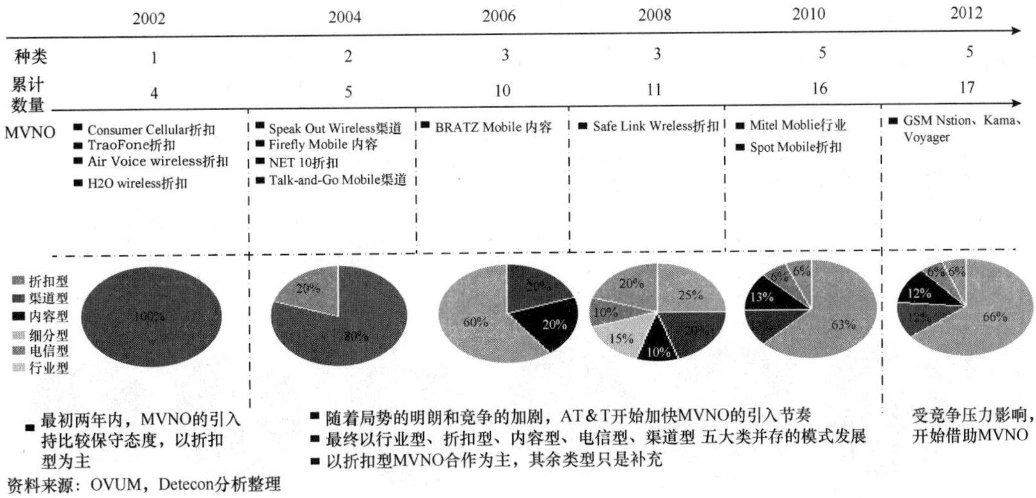

图 11-8　AT&T 移动虚拟运营发展历程

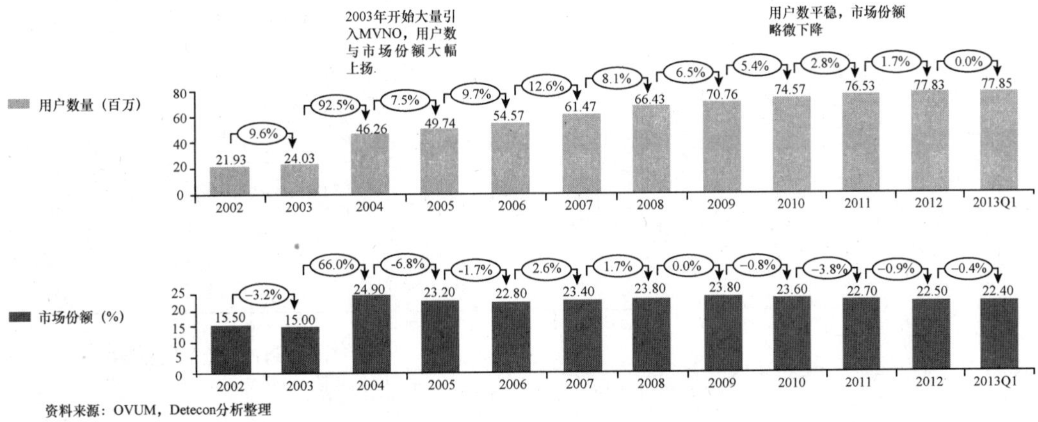

图 11-9　AT&T 引入 MVNO 后用户数量和市场份额的变化

Verizon 初期对 MVNO 持保守态度，用户和市场份额稳步小幅提升，2008 年开始引入不同类型 MVNO 后，用户和市场份额有明显上涨趋势（见图 11-10、图 11-11）。

美国 MVNO 发展至今，总结出了 MVNO 生存扩张的有效手段，例如预付费无合约模式、差异化资费结构和创新业务等。终端合约计划是运营商保有用户，提升用户价值的重要手段，在客户忠诚度提升、稳定度维持及消费习惯培养方面可发挥重要作用。美国 MVNO 的发展历程（目前形成增值业务服务模式）又一次展现了细分市场的重要性。创新业务及特色服务极大地扩展了通信服务的外延，极大地提高了用户粘性和用户忠诚度，新的业务也在某种意义上相当于创造或加强了新的业务需求，开拓了新的用户市场。

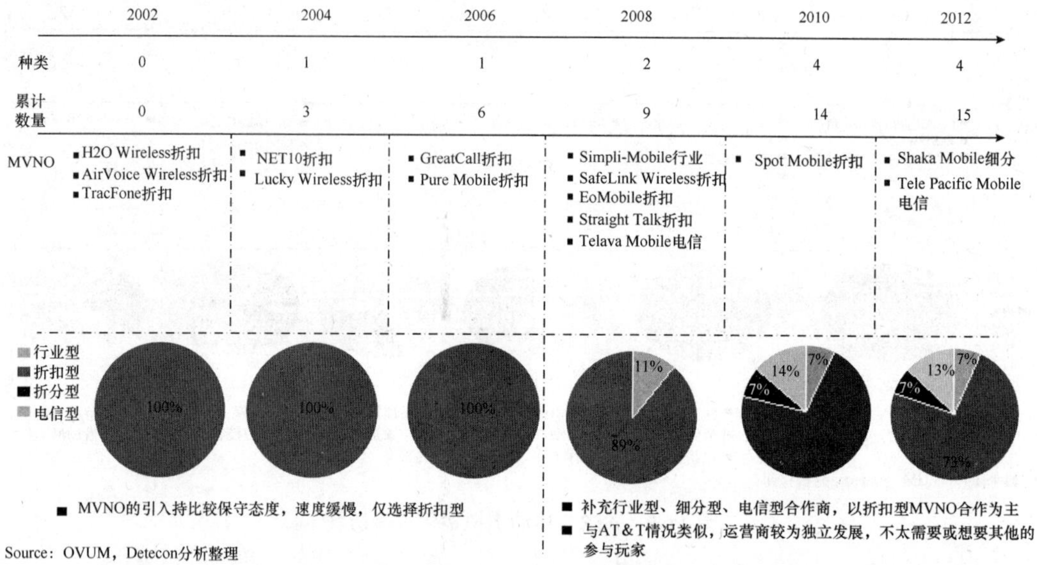

图 11-10　美国 Verizon 移动虚拟运营发展历程

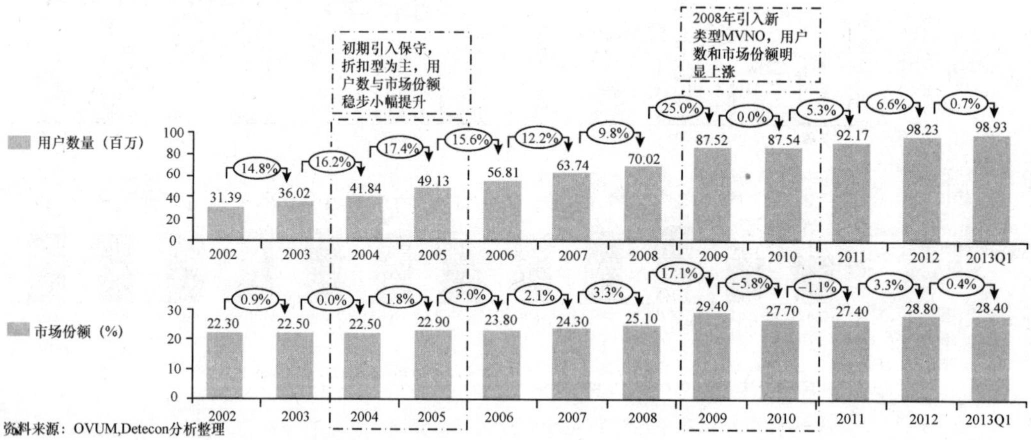

图 11-11　美国 Verizon 引入 MVNO 后用户数量和市场份额的变化

11.1.3　亚太开启新时代

与西欧、北美市场的第一波繁荣相比，MVNO 在亚太地区的入门波折，但发展速度并不慢。

11.1.3.1　亚太市场监管政策

一些发展中国家早期并没有关于 MVNO 开放的相关法律法规，在西欧、北美等发展虚拟运营商业务后，一方面认为本土电信市场发展并不十分成熟，另一方面出于促进基于网络设施的竞争的考虑，曾在一段时间内不开放 MVNO。但是随着移动电话的普及，越来越多的亚太国家逐步开放 MVNO。韩国监管机构 KCC 在 2010 年修改了《电信事业法》，要求市场份额和业务规模超过一定标准的运营商必须根据 MVNO 的请求向其提供批发业务，同时制定了相关的批发价格指南。中国香港地区监管机构 OFTA 为了促进移动市场在内容和服务方面的竞争，在 2003 年强制 3G 运营商开放 30% 的网络容量给其他服务提供商，其中包括 MVNO 在内。日本在 2002 年制定了相关指南，鼓励 MVNO 进入日本移动市场，但并未明确要求运营商向 MVNO 开放接入。新加坡、马来西亚等国家以及中国台湾地区的监管机构都鼓励运营商向 MVNO 开放接入，按照业务颁发许可证，但不进行实质干预，而是由 MVNO 和运营商通过商业谈判达成合作。特别值得一提的是，马来西亚根据 MVNO 拥有设施多少的不同，还设计了 4 种类型的许可证，适用于不同的许可条件。印度监管机构（TRAI）规定，如果 MVNO 要退出市场，必须提前 6 个月通知用户、运营商和监管机构，要求合作的运营商接纳这些 MVNO 的用户且不允许收取入门费等额外费用，用户可保留原有号码等。一些国家和地区规定由运营商根据自身码号资源情况给 MVNO 分配号码。总体来看，MVNO 实现了在亚太地区的合法化，大部分国家对 MVNO 的态度属于鼓励状态，但相关机制还在进一步完善。

11.1.3.2　亚太区市场竞争情况

2002 年 7 月，Virgin Mobile 终止了与新加坡电信的合作，决定退出新加坡市场，仅仅 9 个月的短暂运营引发了一场讨论：MVNO 能否在亚洲获得成功？从 2005 年年底开始，MVNO 陆续进入澳大利亚、新西兰、中国香港、日本和菲律宾等地区。2007 年后，更多亚洲国家开放 MVNO 市场，亚太 MVNO 势头正盛。

作为亚太地区最发达的移动通信市场，日韩两国 MVNO 的发展历程可以看作亚太 MVNO 整体发展的缩影。以日本为例，日本的 MVNO 市场启动较早，2001 年第一家 MVNO——日本通信成立。但早期大多与 PHS 运营商合作，数量和规模有限。2008 年之后，随着 NTT DoCoMo、KDDI 等规模较大的运营商开放 3G 业务，涌现出一批提供高速数据服务的 MVNO，目前多以提供数据通信服务为主（见表 11-3）。

表 11-3　提供高速数据服务的 MVNO

企业名称	运营时间	合作MNO	租用网络	特色业务
日本通信	2001至今	Willcom	PHS	包年数据服务
	2008.6至今	NTT DoCoMo	FOMA HSDPA	包年数据服务
	2009.6至今	KDDI	HSDPA	包年数据服务
NTT通信	2005至今	Willcom	PHS	面向集团客户的FMC IP电话包月
Jupiter Telecom	2006至今	Willcom	PHS	PHS和固话通话优惠
IIJ Mobile	2008至今	NTT DoCoMo & E-mobile	HSDPA	数据服务
Disney Mobile	2008.3至今	SoftBank	3G	面向年轻女性提供话音、数据和特色增值业务
诺基亚	2009.5至今	NTT DoCoMo	诺基亚用户	定额包月定量语音+无限数据

与日本相比，韩国的移动通信市场相对封闭。在主导运营商的强烈抵制下，韩国 2007 年才开始启动向 MVNO 开放市场的立法，2011 年 7 月相关细则才正式公示。“免费终端 + 后付费”用户发展模式在韩国的存在根深蒂固，严重影响了 MVNO 的利润空间，加上市场启动初期，弱势的子公司和代理商市场吸引力度不够，韩国市场 MVNO 发展缓慢。随着移动普及率的逐步提高，主导运营商对 MVNO 的态度转变，他们希望在 MVNO 的帮助下维系中低端用户，节约自身营销资源。此外，韩国监管机构 2012 年开始实施 MVNO 激活综合计划，在这些积极因素的推动下，2012 年大型连锁零售企业开始进入 MVNO 市场，MVNO 在净增用户市场的份额大幅上升。

综合日韩来看，两国 MVNO 市场发展呈现 4 个特点：移动电话普及率从 21 世纪初 MVNO 刚刚兴起之时占 60% 左右，至目前接近 100%；3G 部署和数据业务发展迅速，3G 用户渗透率高，青睐娱乐类数据业务；市场格局三足鼎立，3 家大运营商日本 NTT DoCoMo、KDDI 和 SoftBank 把持市场，而韩国 SK Telecom、KT 和 LG U+ 把持市场，主导运营商拥有强大的市场控制力；主导运营商战略方向向开放平台和智慧运营商转型。

作为亚太代表的日韩 MVNO 发展起步虽晚，但发展并不慢。目前，日韩共有 MVNO 40 家，归 8 家运营商所有。主流运营商所选的 MVNO 类型以电信型为主，折扣型其次（见图 11-12）。

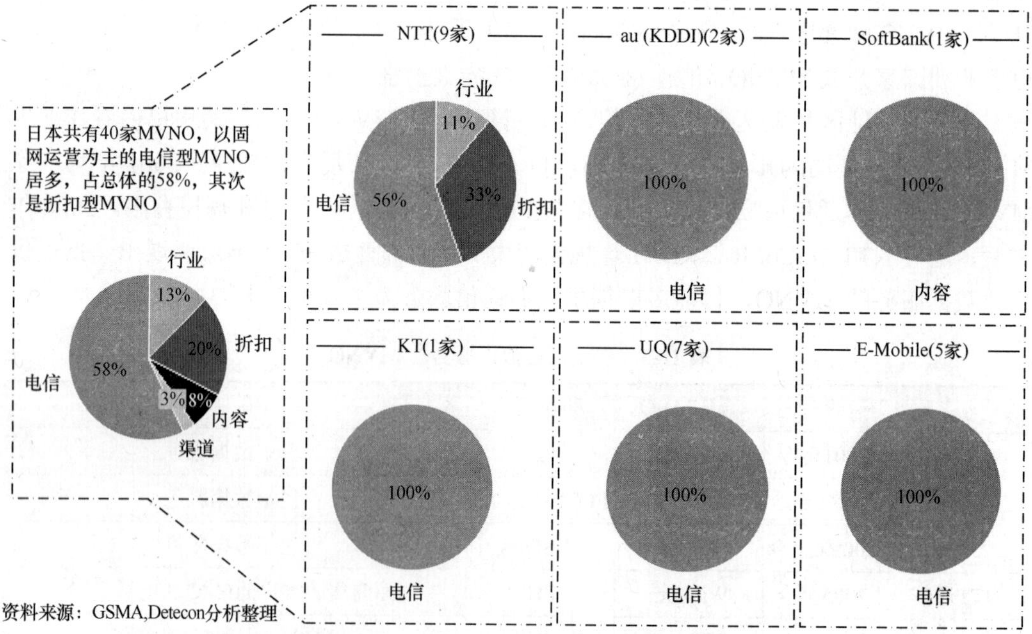

图 11-12　日本运营商所选 MVNO 类型

中国香港特别行政区是亚洲虚拟运营商 MVNO 发展相对较好的地区。自 2001 年起香港开始允许市场资本申请 MVNO 牌照，目前有包括中国联通、电讯数码、新世界电讯、中信国际电讯、中港通电讯、润迅在内的多家企业获得了 MVNO 牌照。2012 年数据显示，中国香港地区 MVNO 用户数在 2012 年 4 月已达到 110 万，约占移动用户总数（1 533 万）的 7%。当时在世界其他地区，欧洲相对开放的电信市场如荷兰、挪威、德国 MVNO 的市场份额可达 15%，英国、瑞典、比利时等地也超过了 10%，但在欧洲大部分地区，单国 MVNO 数量少于 10 家，市场份额也普遍低于 5%，由此可看，中国香港地区 MVNO 发展与世界第一波浪潮几乎同步。

如果说全球 MVNO 发展局势是欧美老玩家，亚太新入围，那么中国香港的虚拟运营市场发展如此迅速不得不说是亚太地区的一个例外，究其原因，主要有三个方面。第一，中国香港 MVNO 提供服务在明确的制度下具有相当大的灵活性，中国香港地区 MVNO 事务由香港地区通信事务管理局办公室负责主管，包括 MVNO 发牌、MVNO 与移动运营商互联、MVNO 码号资源分配等。对于虚拟运营商牌照申请，通信事务管理局的要求并不严格。通信事务管理局规定，移动虚拟运营商加入市场需要申请“服务运营商牌照”，移动运营商允许 MVNO 的合作则需要申请“综合运营商牌照”。如想申请服务运营商牌照，在满足下述两个方面的要求后，申请人不需要向通信事务管理局提交财务方面的相关资料。条件之一是虚拟运营商提供服务必须与中国香港本地环境兼容，且在技术上要是成熟的；二是移动运营商与移动虚拟运营商之间的互联必须要有明确的规定和安排。

通信事务管理局对如何接入移动运营商的网络，做出了明确规定。参考 4G 兴起前的情况，中国香港地区 2001 年发放牌照时明确表示，移动运营商需遵守“开放网络连接”的规定，开放 30% 的网络容量给非联营的虚拟运营商和内容提供商、适合提供 3G 服务的运营商；在 2005-2006 年运营商牌照续牌时，加入了“开放网络连接”的规定，并且可以在 2011-2012 年有权获赦免，不受此条款约束，适用于 2G 网络提供商。目前，中国香港地区市场对于其他频谱（如 4G）等，没有“开放网络连接”的强制性要求。

通信事务管理局对移动运营商和虚拟运营商之间的互联也做出了两条明确的规定。第一，互联的条款（包括费用）需要由双方经过商业谈判和协商决定。第二，如果移动运营商和虚拟运营商在互联的条款上难以达成一致，任何一方可以通过通信事务管理局确定互联的条款。而通信事务管理局确定双方互联的最终具体条款时，需考虑多方面的因素，包括政府制订的电信政策目标、电信基建方面的投资、消费者利益、互联的双方在各方面实力上的差距以及未来双方间公平竞争的可能性等。虚拟运营商进入电信市场带来了激烈的市场竞争，通信事务管理局为了鼓励良性竞争，从反竞争行为的角度对运营商和虚拟运营商双方的责任进行了明确。《电讯条例》规定，双方均不得做出目的在于防止或很大程度上限制电信市场竞争的行为。

综上所诉，虽然中国香港地区电信市场竞争非常激烈，但通信事务管理局并未大幅插手进行干预，在相关规定下，虚拟运营商有足够的选择。除了申请牌照进行相关服务外，中国香港移动虚拟运营商还可以采取合作的模式挂靠移动运营商，通过无牌照的方式来提供服务。对于有牌照的 MVNO，无牌照的 MVNO 经营方式显然更加灵活，他们无需向通信事务管理局申请牌照和号码资源，对技术设置的要求更简单，不需要投入成本处理与通信事务管理局相关的日常事务，节省了大笔在运营时间、精力、费用等方面的投入。此外，对于风投公司来说，他们更倾向于投资持牌的 MVNO，因为持牌 MVNO 在切换到其他托管运营商时，转换方式更为灵活，政策上也更容易。

在 2001 年引入 MVNO 后，由于消费者可以根据自己的不同需求选择不同的 MVNO，中国香港地区电信市场竞争明显加强。加上 MVNO 所用的网络基础设施均为传统移动运营商建设，节省了在基建方面的大部成本，大大推动了虚拟运营市场的发展。这种节约不仅局限于电信持牌某企业，也体现在通信事务管理局对虚拟运营商号码资源的分配。通信事务管理局给虚拟运营商分配了特定的码段，如果虚拟运营商获得分配的码号后，其使用率不超过 70%，就不允许向通信事务管理局申请额外的号码。这大大降低了码号资源的浪费，是一种社会成本的节约。中国香港地区一直以来经济发展水平和市场成熟程度相对中国大陆地区要完善得多，相关经济政策的开放程度、民众消费观念等无不使其成为中国市场的特例，国内外公司在很多领域无不把其看作进入中国大陆市场的跳板，吸金力极强。

中国香港地区自 2001 年开始发放虚拟运营商牌照，至今已经有 13 年的历史，整个发展历程有以下 4 个特点。首先，根据用户需求细化市场。香港地区的虚拟运营商提供的产品主要是服务，因此虚拟运营商非常重视用户的真正需求，根据不同的用户群体提供不同的服务，完成了极佳的市场细分。如针对外籍人口市场提供高质量 IDD、数据、语音、漫游等零售服务，针对本地后付费市场推出数据流量、高质量和可靠的基本语音等服务，针对出入境旅客呈现基本的预付费、通话等服务，并与旅行套装进行捆绑销售，提供服务的目标定位精准，实现了完美的市场细分。其次，MVNO 的营销优势显著。MVNO 业务具有推出周期短、灵活度高的特点，相比传统移动运营商，在营销上具有天然的优势，当然优势的实现需要依靠充分进行市场调研和市场情报的深入挖掘。在清楚深入地了解市场竞争情报的基础上，才能真正了解用户需求，对目标市场进行正确细分，实现 MVNO 的营销优势最大化，成功经营自身品牌。再次，创新改革定价机制。针对主要使用上网服务的客户，MVNO 提供以流量为基础的服务计费计划；针对多设备客户，MVNO 主要提供应用和服务，获取流量外的额外的收入；针对主要要求语音服务的客户，MVNO 提供基于通话时长的服务计费计划等。对目标市场进行分析细化，真正了解目标客户的需求，就能在定价上准确地关注到不同客户的情况，当然这也可以说是在初步用户服务需求市场细分下再对用户消费能力的进一步细分。最后，中国香港地区 MVNO 发展中并不是一帆风顺的。前文提到过通信事务管理局对于网络互联的规定，比如 30% 的网络连接给虚拟运营商的硬性规定。随着移动运营商用户数量的增多，在数字化限制下，某些移动运营商遭遇不利，其自身服务开展受到限制，用户体验大不如前。MVNO 在政策鼓励和利益驱动下大量进入电信市场，加上 OTT 业务的爆炸性增长，一方面使得传统运营商经营下未用的网络资源利用率上升，另一方面随着未用网络资源缺口的一步步缩小，现有的网络基础设施建设将不能承受移动运营商及用户的需求，电信行业将在某个时段面临拓展带宽的压力，而这笔投入将是巨大的。

那除了中国香港特别行政区外，目前中国国内 MVNO 发展形势如何？

2012 年工信部发布了《关于鼓励和引导民间资本进一步进入电信业的实施意见》，放开了电信业民资入局的领域，开辟了中国民间资本进入基础电信业务的新时代。2013 年 5 月 17 日，工信部公布《移动通信转售业务试点方案》。方案指出：移动通信转售业务是指从拥有移动网络的基础电信业务经营者购买移动通信服务，重新包装成自有品牌并销售给最终用户的移动通信服务，明确了“预留并规划 170 号段资源，规定转售业务的接入质量，限定业务的最高批发价格以及在试点期间的纠纷处理办法”等保障条例。该方案的颁布，标志着中国移动虚拟运营市场发展正式启动。2013 年 12 月 26 日，工信部正式向 11 家民营企业发放虚拟运营商牌照，2014 年 1 月 29 日，第二批 8 家民营企业获得移动通信转售业务试点批文，同年 4 月初，中国移动的 17 位合作伙伴正式出炉。民营企业扎堆进驻电信业，虚拟运营市场角逐激烈，有说法称 2014 年事实上成为中国虚拟运营元年。

引入 MVNO 是继 2008 年电信业重组之后电信业又一次历史性重大变革，它的出现意味着国内三大巨头垄断电信市场的原有格局被打破，同时带来了行业监管上新的挑战。

中国目前进军 MVNO 市场的企业有以下特点。

第一，虚拟运营企业所属行业繁杂多样，战略定位各异。从行业来看，传统的电子商务巨头京东与新型的金融支付企业银盛各有其长；从渠道来看，线上的 IDC 服务商万网和线下手机终端渠道连锁迪信通长袖善舞。以中国移动为例，其战略伙伴拥有家庭宽带入口、移动视频、互联网金融等领域的优势，这些多为移动自身的薄弱环节。中国移动意图通过相关服务的转售业务来完善新兴业务发展的战略部署，抢夺移动互联网入口资源，打破行业壁垒，寻求发展突破，早一步占领市场，实现全行业跨界融合、协同发展。

第二，我国虚拟运营商发展仍在初期阶段，存在估值过高、盲目入市的情况。2013 年三大基础电信运营商的财报指出，电信业移动业务收入为 8 557 亿，虚拟运营商年收入总量达到 214 亿元，占虚拟运营市场 2.5%，针对大蛋糕，各运营商虎视眈眈，虚拟运营商雄心勃勃，对 MVNO 市场报以极高预期，进一步加大投入，加快了 MVNO 的商用进程。自虚拟运营商品牌公布以来，获得牌照的企业纷纷致力于自身品牌建设。相关企业运营热情高涨，宣传热度一波接着一波，新服务业务发掘紧锣密鼓：首个 170 号码的通话标志着首个虚拟运营品牌“U•友”诞生；京东通信推翻了“流量鸡腿论”，宣布月末剩余流量不清零且可以共享，赚足眼球；苏州蜗牛颠覆了传统电信业的商业模式，推行“免卡”，免费语音通话和免费流量，试水效果不凡；苏宁还表示可以让消费者参与套餐设置以增强用户体验；阿里通信不甘示弱，宣布完成自建计费系统等。然而就目前各个产品市场占有率来看，攻占市场的实现并没有想象中那么简单。

第三，进一步发展困难重重。三大电信巨头在过去的发展中，面对 MVNO 反应失灵，今后传统运营商不可能退出 MVNO 全部市场，MVNO 面临高压风险。此外市场需求扑朔迷离，发展业务必须要正确定位战略，精准细分市场，然而目前国内就算是坐拥 8 亿注册用户数的阿里集团，也不能精确估算其虚拟运营的客户数。研究开发客户所需求的特定服务业务、套餐明细以及解决因换号转网所带来的一系列后续社会问题（如银行账户注册），改善用户体验等，都是 MVNO 需要面对的重要课题。虚拟运营服务在国内尚且属于新鲜事物，套餐的诱惑和打破电信业垄断的口号下，造成了在目前基础用户中形成潜在粉丝，可以预测抱着尝鲜心态的支持虚拟运营产品的用户不在少数，赢得时间就意味着赢得市场。但由于在资金投入、运营经验和专业技术等方面的差异，各个企业推出相应特定服务也有时间上的先后之分。大量资本投入，业务即将上市前其他公司竞品出炉，前期投入马上转入沉没成本，这是 MVNO 进一步发展的时效风险。最后，MVNO 面临极高的竞争淘汰风险，2012 年工信部发布《关于鼓励和引导民间资本进一步进入电信业的实施意见》，强有力地刺激了民间资本和民营企业，大批企业进入市场，竞争正逐渐白热化，加上电信行业要求资金投入数目大，回报时间跨度长，市场环境可预测性不强（尤其是 OTT 产业应运而生，造成了电信市场竞争的进一步复杂化），能否获得期望收益有诸多不确定性，优胜劣汰的生存规则将日益显现。

从发展历程来看，亚太地区发展虽然入围较晚，但 MVNO 市场发展基本雏形已定，一旦入局，经营品牌、发展规模等方面有例可循，加上前人之鉴，新入门国家和地区能够规避发展漏洞与歧路。新一波 MVNO 的整体发展，亚太与欧美高手对决似乎略处下风，但发展速度鹿死谁手，犹未可知，加上印度、中国大陆区经济开放政策进一步发展，OTT 等业务进入电信市场，市场最终走向仍存在变数。

11.1.3.3 典型MVNO范例

NTT DoCoMo 对 MVNO 的引入始终采取保守的态度，数量相较其他典型运营商较少，多年来用户数小幅上涨，市场份额却持续下降，导致单用户 ARPU 值下降。至 2011 年仍然只确定 3 大类 MVNO 进行合作发展，由日本 MVNO 协会负责监管（见图 11-13，图 11-14）。

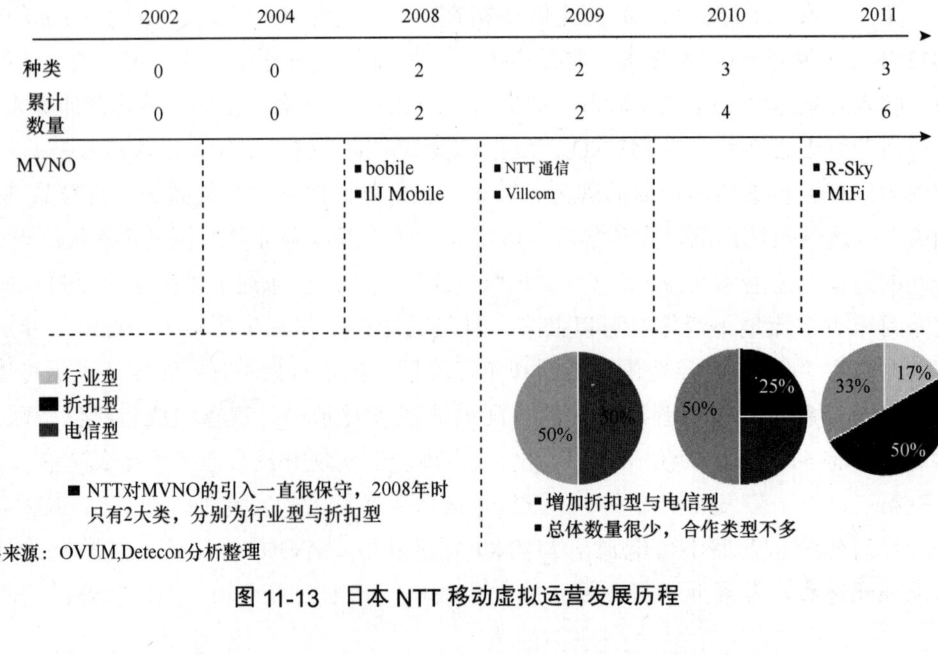

图 11-13 日本 NTT 移动虚拟运营发展历程

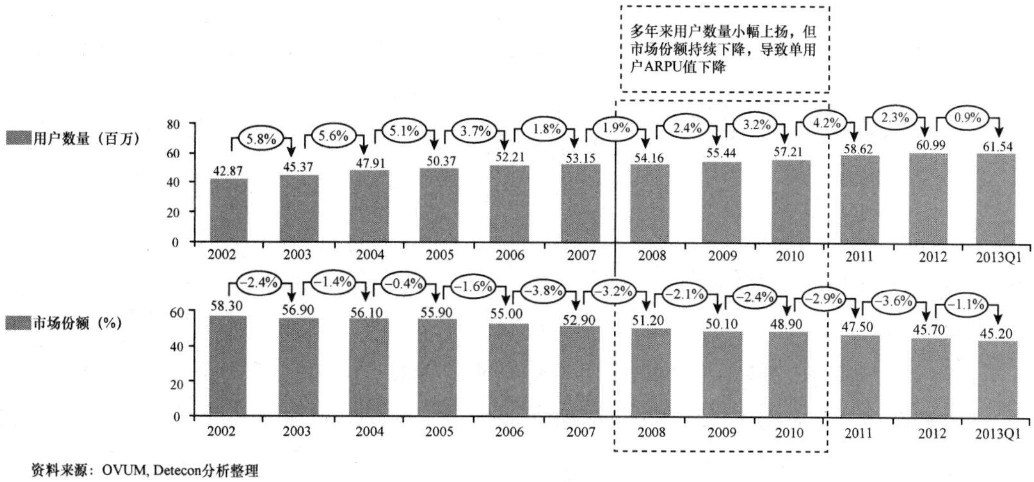

图 11-14 DoCoMo 引入 MVNO 后用户数量和市场份额的变化

MVNO 的产生和发展是电信市场发展到一定程度的必然产物，意味着移动普及率和语音业务均接近饱和的成熟电信市场，亚太地区入围晚，但并不代表绝对弱势，从欧美发展中吸取教训有助于亚太地区规避不必要的问题。此外看到欧美 MVNO 的发展，亚太地区运营商对 MVNO 的抵制强度远远低于 MVNO 发展时的抵制强度，他们乐于将低价值的客户维系转让出去，这样双方就找到了利益契合点，但从欧美 MVNO 的发展经验教训上也应该清醒地看到，MVNO 仍不足以和 MNO 抗争，在市场上所起的作用主要是拾遗补缺，其存在的合理性在于拥有特定的细分市场渠道，相应的有一定消费潜力的用户群和差异化的数据业务，MVNO 的策略重点是找准自己的定位，处理好和 MNO 之间微妙的竞合关系，更多以互补型合作者而非直接竞争者的形象出现。欧美 MVNO 整体市场趋于稳定需要大约五六年的时间，亚太加快这一进程也不是不可能的。所以我们说，只要市场成熟度满足 MVNO 生长，MVNO 的产生就是不可阻挡的，然而电信市场监督管理机制能在很大程度上加快或者延缓 MVNO 的成熟。科学网络技术的变革等因素将进一步扰乱电信市场，乱局之下，MVNO 市场最终占比约为 15% 的预测可能存在变动。我们可以大胆提出一个假设，需求发展，网络负荷增加，新的负荷要求下在新网络基础设施建设中民营资本比重变大，从而有资格和传统运营商抗衡，大力发展基于流量数据的特色业务，而大数据的发展更加有助于 MVNO 的市场精细定位，OTT 入局，语音业务、短信业务出局，传统运营商转型，走向单营网络提供或者产业并购之路，最终小的运营商出局，市场留下单营网络维护基础设施的运营商和包含基础网络维护和基于数据的特色服务商。

11.2 夹缝出生，细分求生

11.2.1 MVNO夹缝出生

MVNO 的快速发展本质上是由信息化需求不断增长、市场充分竞争和社会分工发展等因素造成的。移动信息产业的迅速发展为投资者提供了参与市场的机会。信息化需求空间巨大，有独特优势的各类行业纷纷进入该市场，MVNO 一方面可以通过运营电信业务产生利润，另一方面也带来了其他收益，如零售商通过经营 MVNO 增加客户忠诚度。MVNO 的存在也为运营商带来了收益。对运营商而言，除了有些国家监管机构要求运营商开放他们的网络的原因外，MVNO 还多方面协助运营商开发细分市场、增加运营收入。如 AT&T 无线通过 7-Eleven 和 Tracfone 开发预付费市场；T-Mobile 借助 Virgin Mobile 的力量成为了英国第三大移动运营商。MVNO 以高效率和低成本在市场立足，以英国的 MVNO 市场为例，对运营商而言，来自 MVNO 渠道发展的用户的利润比运营商自身直销用户的利润多 32%。在成熟的电信市场，专业化的分工可以大大提高运营效率，扩大价值增值流量。社会化分工决定了 MVNO 的产生和发展，MVNO 是移动成熟市场的产物，但这并不意味着 MVNO 的发展会一帆风顺，反而代表更多的行业壁垒。

其一，入门门槛高。一方面传统运营商依靠品牌和垄断的优势，牢牢地把控入口，为竞争对手筑起了很高的门槛，另一方面发展虚拟运营商业务需要精细运作，适应市场需求，考虑到目前 4G 服务价格较高，起步阶段的移动虚拟运营商因为规模不大也无法直接与大型公司谈判，移动虚拟运营商较难获得资金支持。电信行业具有基础投资大、回报周期长、沉淀周期长的特点，尽管虚拟运营商无需自建无线传输基础设施，但对于虚拟运营商的服务质量、保障措施等多方面也有明确的要求，需要投入的人力、物力、财力绝非小数目。

其二，市场饱和困境。从根本上来说，满足 MVNO 产生发展的运营商市场已经非常成熟，无论从固话还是移动，市场的总量已接近饱和，部分细分子类甚至出现下滑情况。此外各种移动互联网资源和应用已被深入挖掘，即便没有新人的进入，原有的运营商市场竞争也已经白热化，加上目前虚拟运营商被认为是电信行业的下一个商机，短时间内很多企业纷纷进入，结果造成了市场的迅速饱和，大型运营商也开始提供细分服务，导致市场竞争非常残酷。由于竞争的日益激烈，以前以角为利润单位，而如今已经逐渐以分为利润单位，甚至到厘，市场的机遇已经成为一片红海之争。同质化竞争带来传统的电信业务如语音、短信营收额不同程度下滑，OTT 对电信传统业务的替代趋势也日益明显，甚至可能带来毁灭性打击。显而易见，仅靠分销或传统价格战等手段，虚拟运营商不可能胜券在握。

其三，自身能力困境。MVNO 自身虽然有着招人喜爱的品牌，但由于公司规模的限制或者所做业务的限制，往往都比较“专业”，而且对传统运营商的核心业务了解并不多，在零售渠道、客户支持、用户规模方面既不能与传统的移动通信运营商竞争，又必须得与其他虚拟运营商进行激烈抢夺。企业必须在渠道、运营、客户把握等方面有着良好的经营能力和资源。

结合 MVNO 全球发展规律，能在电信市场夹缝中生存发展，虚拟运营商还有很长的路要走。

11.2.2　MVNO看重市场细分机遇

MVNO 独特的魅力就是能提供他们所钟爱的业务开展方式。迄今为止，全球范围内已有的 MVNO 覆盖了各类颇具特色的用户群体——青年人、企业用户、体育迷、少数民族、低消费群体等。市场细分已经被视为通信企业发展的一大重要手段，而虚拟运营商恰好可以针对特定用户群设计服务。这种策略也使虚拟运营商能避开同强势运营商的正面交锋。如高通的移动虚拟运营商 Life Comm 锁定的目标群体就非常有特色——以 40 ～ 65 岁人群为主的医疗应用群体，该公司将提供医疗保健类的移动业务，包括对健康指标、体重、糖尿病等的管理以及心脏监测等。塞内加尔的 Toubatel 聚焦当地的穆斯林用户群。维珍移动凭借品牌赋予的空前活力，只发展年轻用户。而美国的 Karma、NetZero 和 Freedom Pop 更是瞄准了移动互联的商机，干脆不卖语音业务，只销售数据业务。

然而从系统上来讲，细分市场知易行难，不同的 MVNO 在不同的行业市场的资源和市场地位不同，清晰地辨识自身的核心资源，找到其与虚拟电信服务之间的关联，确定有效的战略才能有效完成细分市场。

首先，要进行可能存在的几种虚拟运营商的定位，即进入虚拟运营行业的竞争者诉求。虚拟运营商细分市场的选择原则与进入电信服务市场的目的无关。细分市场首先要满足的条件是其用户市场规模性。电信的基本特征是用户锁定效应，达到一定的用户规模是能够盈利的基础，能保证运营和服务成本的有效摊销。规模性的判断不是标准化的，以产品升级型 MVNO 为例，最优选择是其单一产品的用户规模要足够大，但是如果其核心产品已经是现金牛产品，转售移动服务不能改善其市场地位，即使其有足够的现有用户规模，也不是我们需要的，而需要进一步发现其他具有潜在用户规模市场的产品。用户规模市场的选择不以现有产品的市场地位作为唯一衡量标杆，本身已经处于产品生命周期衰退期的产品也应不予考量。

用户对虚拟运营商是否具有高度的品牌认知性是细分市场选择的第二个条件。品牌的溢价对于用户来说是一种服务质量的有效信号辨识标志。选择产品品牌还是公司品牌也并没有固定的法则。例如，如果腾讯申请作为虚拟运营商，差异化其微信的产品品牌可能就比腾讯的公司品牌占优。在微信这个品牌下，产品具有规模用户市场，用户能够通过辨识品牌而能理解产品所具有的服务，培训用户的成本显著降低。

细分市场选择的第三个条件是传统电信运营商的产品和服务覆盖还处于低水平的价格竞争层次。目前，三大基础电信运营商看似已经覆盖了所有的市场，但是提供的产品服务水平却处于低水平的阶段，即价格层面的竞争。激烈的价格竞争意味着低收益，传统运营商是不倾向于把服务资源投入到这个市场的。然而这个低价竞争的市场并非意味着没有利润，运营商采取低价覆盖是一种被动手段。目前来看，被视为客户价值不高的低消费群体反而是 MVNO 更为关注的对象，而 MVNO 也从这个群体中获得了可观的收益。在多数市场上，低价值用户通常都是 MVNO 首要锁定的群体，而这一市场最终也通常会成为饱和率最高的市场之一。家乐福等零售商在开展移动虚拟业务方面做得尤为出色。这类零售商通常有口碑良好的品牌、强大的零售渠道以及丰富的价格营销经验，他们凭借这些优势提供最基本的移动业务，多数收到了良好的效果。对于零售商来说，虚拟运营的方式为他们涉足移动通信市场提供了极大的便利，这也使得提供移动业务像出售其他商品一样简单，只要零售商能吸引足够多的用户，就能获得令人满意的回报。例如瑞典家具分销商宜家，该公司在英国推出了预付费移动业务，服务内容主要是英国本地的语音和短信服务，目前已经成为英国本土最具竞争力的服务之一。像宜家这样的虚拟服务商在英国并不少见，他们主要争抢的用户就是低价值的预付费用户。Asda Mobile 的主要特点是价格营销，而英国的实体运营商则选择避免此类价格战。对于虚拟运营商来说，通过价格这一指标辨识低水平细分市场，通过提供差异化的服务获得这一市场份额是一条捷径。关键问题是虚拟运营商是否能辨识出真正的客户需求，并结合自己的资源情况，占领这一市场。

细分市场选择的第 4 个条件是虚拟运营商本身处于领先者的市场地位，其核心产品和服务具有一定的行业壁垒。领先的市场地位和独特的产品地位，是切入虚拟运营的技术基础，所以关键的问题是竞品辨认和分析。例如互联网机顶盒，直观上是普通的电视机顶盒，本质上却是电视台广播电视与互联网视频网站的竞争。某些产品从表面看与某产品是竞争对手，但是如果深入观察用户对该产品的功能需求，可能会发现其竞争关系并不存在。只有正确辨识自己的产品市场，才能做出正确的竞争决策。正确辨识竞品之后，只有进行竞品分析，识别出自己处于市场领先者地位的虚拟运营商才能聚集足够的用户规模，并通过与移动转售业务的融合，实现自身核心业务和电信服务业务的促进，才能实现行业立足和发展。

尽管细分市场是催生 MVNO 模式的一大因素，却并不是决定其成功与否的唯一关键点。正确辨识出细分市场之后，虚拟运营商必须构建其差异化的竞争优势，而差异化的来源可以分为以下几类。第一，服务差异化，虚拟运营商在细分市场投入密集的资源在服务差异化上，形成不对称的服务竞争优势，内容包括：账单服务，更灵活的账期比如包周、包年、包半月，更灵活的付款方式比如分期付款等；客户服务，例如捆绑与自身核心产品服务；培训服务，例如提供手把手的客户消费指导服务；售后服务，例如面对面的售后服务。第二，生态圈形态的供应链优势，指虚拟运营商开拓集团客户的优势，依靠自己的产业链上下游形成的差异化竞争优势。内容包括：IT 系统整合，例如自身 IT 业务系统与产业链上下游厂商的 IT 业务系统的更低成本的整合；流程协同，例如销售协同流程，共享用户消费信息或者产品物流信息，实现上下游的流程协同；产品整合，例如家电企业的物联网与移动通信服务的整合；营销协同，例如开发基于智能终端的共同客户营销服务，包括促销广告等。第三，交叉补贴优势，依靠核心卖点的产品，以产品捆绑或者服务捆绑的形式，形成竞争优势。内容包括：产品交叉补贴，例如终端产品捆绑、物联网概念的家用电器捆绑；服务交叉补贴，例如售后服务的捆绑。第四，互联网应用精细化运营的优势，聚焦民生的互联网应用合作，比如医疗行业的细分市场应用合作推广；广告合作模式，线上线下的广告服务合作。第五，新业务创新优势，内容包括：更灵活的试错机制，相比运营商更灵活的产品创新体制；客户需求，例如细分市场对客户需求更精准的理解；异业整合，与其他传统行业比如医疗、制造、电子电器等产品和服务的整合。

从全球虚拟运营商的发展历史和现状来看，虚拟运营商能够实现超过传统电信运营商利润率几乎是不可能的，但是通过在细分市场的精耕细作，综合考虑市场环境、提供、管理、出售移动业务的专业性、品牌和营销、分销网络、批发合同、客户服务、财务支持、自有网络设备情况等多种因素，取得一定保障生存和发展的市场份额也并非不可能，关键在于要正确辨识自己的市场地位和资源优势。

11.3　合作也要合适

11.3.1　4G新时代下MVNO新局面

MVNO 在 4G 时代的发展有两大关键的障碍需要克服。首先，移动虚拟运营商需要获得 4G 网络的批发接入许可。目前很多运营商仍然处于 LTE 启动的早期阶段，视 4G 为优质业务，多预留给自己的零售渠道用户。这些移动运营商认为，为自己的零售用户预留更快的网络，可以使自己的品牌提高竞争力，同时提升 ARPU 值。此外，大部分运营商认为可以就 4G 业务收取溢价，这是不合适的，不过批发渠道可以另当别论，因为监管部门并没有阻止这类行为。第二大障碍在于 4G 业务新，价格昂贵，难以获得。大部分移动虚拟运营商都靠精细运营，利润率维持在较低水平。考虑到目前 4G 服务价格较高，移动虚拟运营商较难获得资金支持，市场上补贴手机盛行的大环境下，移动虚拟运营商仅提供 SIM 卡或微型 SIM 卡的服务对于消费者来说，是远远不够的，如果终端设备适应有问题，例如 iPhone6，大部分运营商优先关注的是自己零售渠道的用户，而且，所有的移动虚拟运营商也无法直接与苹果公司谈判，因为规模不大，没有资格。因此，4G 需要进一步成熟，移动虚拟运营商才会涌现。

4G 移动虚拟运营在其他市场也开始出现，步伐要更慢。例如澳大利亚，Optus 已经开始 4G 批发业务，日本的 NTT DoCoMo 也在为两家 ISP 运营商提供 4G 业务。欧洲市场目前还没有出现 LTE 批发业务，不过仍然有一些批发交易崭露头角，如荷兰 KPN、瑞士 Sunrise 都在和移动虚拟运营商合作。在英国，Phones4U 是第一家 MVNO 4G 客户。

4G 移动虚拟运营商作为现有 MVNO 运营模式的延伸，有着相同的优势与劣势，不同之处在于它提供了可靠的宽带连接，这也会使一批新的移动虚拟运营商出现。日本的 4G 移动虚拟运营商都是 ISP 企业并非巧合；在英国，对 MVNO 领域感兴趣的也是专家型的企业，例如 Gamma。这也使得为 MVNO 提供网络基础设施的运营商有了用户类型拓宽的机会，但囿于以上提到的种种限制因素，移动虚拟运营商的增长仍然相当缓慢。4G 是移动虚拟运营商的又一轮新机会，但现在很难说这项新技术能为电信业带来新的景观，还是只能提供另一波轮回（很多虚拟网络运营商一般只有 3 年左右的生命周期，虚拟运营商要么退出这一行业，要么被有基础设施的运营商收购。只有少数几家移动虚拟网络运营商能够存活下来，实现规模运营）。

11.3.2 升级价格战

中国联通和中国电信相继介入 4G 市场，19 家获得牌照的虚拟运营商手段层出，势必带来一场价格战，如何降价，降价的程度有多大？虚拟运营商在其中扮演什么样的角色？最终又会不会实现免费模式？

从本质上来说，4G 套餐资费大降势必会吸引更多的用户，但是目前 4G 的网络覆盖还没有到位，终端的价格也没有降下来，在这种情况下，4G 发展一方面并不适用于大规模商业推广，另一方面，用户即便使用了 4G 服务，体验也会很差。4G 发展的瓶颈不是资费，而是网络覆盖和终端的价格。

价格战并不都意味着降价，价格战包括多种形式。对于流量来说，包括两个方面，一个是单价，即每兆流量的价格；一个是流量包的价格。举例来说，中国移动的流量包当月的流量只能当月用，没有用完不能延续到下个月，而中国电信或者中国联通在局部地区推出的流量包，用户在用不完的情况下可以分享给别人，或者延续到下个月，按季度使用结算。这也是一种变相的价格战，但这不是降价。4G 资费价格战，语音也是一个重要的竞争形式。三大运营商可以推出加 5 块钱畅打的套餐，或者语音免费的套餐等。再例如对 4G 套餐的更灵活的使用方式，现在一个用户可能会有多个终端，比如手机、平板电脑等，三大运营商可以让用户在多个终端共享一个套餐，这也是资费竞争的一种方式。

虚拟运营商的出现让市场竞争更加激烈。用户在呼吁降低 4G 资费，而要想达到这个目的，引导市场进行更充分的竞争、发挥市场的作用，可能要比行政手段更加有效。目前有 19 家民营企业拿到了移动通信转售业务牌照，基础电信业务对民营企业开放有了实质性进展。尽管这些民企作为虚拟运营商，短期内还没资格与三大运营商谈比拼，但肯定是竞争关系。

那么虚拟运营商会是目前这轮价格战中的“黄雀”吗？

必须承认，在具体的业务策略方面，显然虚拟运营商比三大运营商要灵活得多。然而，虚拟运营商的服务是建立在三大运营商的基础上的，所以不大可能会在价格上与三大运营商形成太大冲击。而且目前来看，虚拟运营商的用户还很少，即使价格再低也不会对主流市场形成冲击，这也决定了虚拟运营商在价格战中不会扮演太重要的角色。虚拟运营商更多的是一种业务模式的探索，更多的是要开拓行业应用。比如苏宁就会把 4G 服务和电商捆绑，给苏宁电商的用户带来优惠。对于不同的虚拟运营商来说，其 4G 服务是多样化的。对于一些虚拟运营商来说，其核心不是价格收费，而是借助灵活的资费及良好的服务推广其原有的业务。例如虚拟运营商中的手机零售商，他们可以通过低价格的 4G 套餐捆绑更多的用户，促进手机的销量。虚拟运营商的出现会使 4G 服务更多元化，套餐、话费的计费方式也更加灵活，也有可能会出现免费，但也仅仅是针对其原有的业务。

有分析认为，从三大运营商数据经营的角度来看，改变业务模式，即向公众用户收费的模式调整为免费的模式，转向全面的后向经营模式，也就是互联网以免费为主的模式，这样的模式对公众用户端将无价格战可打，也就是实现完全免费。实际上这种发展不是不收费，而是收费的渠道、方式改变了，把向公众用户收费这种事情交给了最灵活的市场。有分析认为，这条路径未来随着前后向收入结构的变化很可能出现。这种免费模式的实现途径是这样的：三大运营商可以和互联网公司合作，在特定区域针对特定用户推出价格的优惠，如在合作时，不同的运营商可以给互联网公司不同的优惠，比如一家运营商在和互联网公司合作时可能不会给互联网公司价格上的优惠，而另外一家会以 8 折的价格向与其合作的互联网公司提供服务，然后互联网公司把这种服务免费提供给用户，再通过其他形式把钱赚回来，但是运营商自己可能不会主动采用这种免费模式。就目前来看，现在运营商都在做增值业务，做移动互联网服务，但他们的移动互联网服务走的还是传统的 SP 模式，还是前向收费模式。而且运营商做移动互联网应用采取的是外包形式，也就是包给某些服务提供商去做，就三大运营商的产业链整体来说，要他们去做免费或者后向模式，不太容易做成，他们不具备互联网公司做免费商业模式的能力，而且他们也没有必要这样做，因为他们掌握着整个基础网络的资源（当然这个假设只考虑了传统运营商的参与，实际上 OTT 等相关产业的发展使得互联网思维驱动国内语音、短信、流量收费时代终结，后续依靠服务挣钱，虽然这个变化对运营商来说，是被动选择的，但这个变革可能引起电信行业的大革命）。

价格战最大的好处就在于能够迅速吸引消费者的注意力并抢夺市场，但价格战并非长远之计。发动价格战的最初目的是为了利用自身成本或综合实力的优势，通过低利润、零利润甚至负利润来牵制竞争对手，甚至将竞争对手驱逐出市场，但目前很难做到将竞争对手驱逐出市场，即便完成驱逐出市场的阶段，价格也难以恢复到原有的水平之上，长期成本很高。

11.3.3 运营商应乘MVNO长风

3G 时代，面对异军突起的微信等 OTT 业务时传统运营商表现恐慌，然而传统运营商不能眼睁睁地看着市场被分割，4G 新时代下，传统运营商必将提前选择面对虚拟运营商新的处理方式。

从本质上来看，民营资本进入通信行业最大的阻力便来自享有极高话语权的基础运营商：昂贵的二手购买价，用户激活量指标的硬性要求以及市场大战中可能出现的排挤现象，加大进入阻力可以从根本上减少来自虚拟运营商的竞争压力。

从长远看，MVNO 进入电信行业已是大势所趋，运营商真正需要的是能够推动他们实现转型的有效外力，而虚拟运营商能够很好地完成这个任务，具体体现在以下方面。

（1）改变传统渠道格局。就目前已经公布的虚拟运营商业务模式来说，基本上都以客户差异化、个性化需求为出发点，重新进行产品包装，线上渠道进行销售，线下渠道辅助——采用这种销售形式是由虚拟运营商的基本属性决定的，也更加符合当前互联网电商发展的浪潮以及消费者购买习惯的转变。然而对于基础运营商来说，虽然运营商不断改善渠道战略，并愈发重视电商渠道（如官网已经作为其电商平台），但是成效并不明显，目前依旧是以线下销售为主，线上销售并不成熟。传统运营商可在虚拟运营商帮助下，有效推动渠道革新，使之更加适应互联网时代。此外，目前得到虚拟运营商牌照的企业大多拥有自身的销售渠道，基础运营商应当借此机会，在重新审视自己渠道定位的同时借机梳理一遍渠道商，建立系统的渠道格局。

（2）加速管道价值升级。虚拟运营商的互联网基因决定了他们对网络绝对的依赖性，大量的网络需求将对基础运营商基础网络建设形成巨大的考验；另外，虚拟运营商数量众多，将使竞价机制的产生成为可能。对于基础运营商来说，管道基本功能是由其自身属性决定的，然而运营上本身又不甘心沦为单纯的管道，为此中国电信成立了全国流量后向经营团队，中国移动筹建移动互联网公司。移动互联时代流量地位上升显著，传统以语音通话作为基础计费单位的时代正在远去，手握管道王牌的运营商此时的发展核心是做好基础流量经营，从源头搞好产业链，提升管道价值。

（3）营销渠道变革。传统电信行业不管在业务上还是在管理上都已经形成了思维定式，短时间内很难实现创新，更难实现颠覆性的改变；而虚拟运营商在这方面具有绝对的优势，如其互联网的营销能力，新型数据业务的开拓，为基础运营商提供创新营销样板。在业务建设初期，基础运营商的存量用户很难动摇，虚拟运营商多着眼于通过创新模式带来增量用户。这种意义上来讲，虚拟运营商成为基础运营商的“业务代理公司”。增量用户有限、运营商众多，竞争激烈，如何利用各自母公司的原有行业优势，拓展特定客户群，进行创新营销，虚拟运营商将会呈现新想法，与基础运营商开展形式多样的合作，就会变成自己开展创新营销的手段。

（4）更新行业观念。目前，大多数消费者都拥有一到两个手机号，对传统意义上的“手机号”并没有刚性需求。然而，“沃微信卡”等产品的尝试已经预示了“号码”的定义必然随着时代的发展被颠覆。淡化“号码”本身承载的含义，这个工作必须要在传统运营商主导虚拟运营商辅助下完美完成，能从流量经营、增值服务、创新业务组合等方面进行深度开发，为“号码”赋予更符合时代需求的意义，通信业将朝着更加多元化的方向发展。

（5）优势互补收获更多。虚拟运营商的特点是母公司具有较强的实体渠道能力、互联网营销能力、品牌影响力以及更加灵活的运营机制，传统运营商在品牌、用户、网络等方面的优势也毋庸置疑。虚拟运营商最大的优势在于非电信领域，传统运营商如能与虚拟运营商开展跨界合作，不仅能够在新的领域发展客户，更有机会弥补眼下市场的短板。如中国移动 NFC 业务，倘若能够与各领域的虚拟运营商展开全面合作，必然能从产业链源头激活一直不温不火的 NFC 市场，如与银盛（移动金融服务商）合作，可以完善手机支付功能；与朗玛信息（增值服务商）合作，可以深化移动互联增值服务。传统运营商由于自身原因在用户区分的时候无法全面顾及，因而无法完全满足流量时代更加复杂的用户需求。而虚拟运营商的用户定位为传统运营商的精准营销提供了更多可能。以蜗牛移动为例，如果能与运营商在手机游戏领域开展深度合作，如为运营商提供其游戏用户群体的消费习惯画像，为中国移动手机游戏（现更名为和游戏）创造用户引流等，都将为传统运营商在细分领域的用户发展创造有利条件。在电信行业面临重大转折的时刻，如果传统运营商加强和虚拟运营商的合作，将会有机会实现资源的最大化利用，打造更完善的产业链，带动整个行业的稳健发展。

第十二章 组织架构变革正当时

12.1 运管分离，国内国外两重奏

随着移动互联时代的到来，电信运营商的转型将不断深化。一方面，为应对传统业务的收入不断下滑与网络投资的不断增多的情况，电信运营商必须要压缩管理成本，提高管理效率。而另一方面，为了抓住互联网为核心的信息服务的发展机遇，需要按照互联网和信息服务的规律，快速决策、适应激烈的产品竞争和瞬息万变的市场变化。为了迎接以上两个挑战，运管分离是电信运营商的最优选择。

运管分离即为“管理监督”和“日常运营维护”分离。长久以来，运营和管理两个名词都是并列使用的，尽管运营与管理可以同时进行，但是董事会和管理层在有关职责的方面，不能很好地协调，在实施中会各有侧重，但是无论董事会和管理层哪一方处于强势，另一方将会处于架空状态。这一弊端将会带来以下影响。

- 外部监管不力：各管理中心既是管理者又是经营者，缺乏监管机构监管，监管的不够透明导致管理和运营中出现一些违规违纪的问题。
- 经营效率低下：经营和管理部门所关注的重点不一样。经营部门是扩张的，要关注市场，抓住机会；管理部门是收敛的，更注重谨慎稳妥。
- 经营决策失误：在管理经营不分的情况下，会出现过分强调管理而轻视经营的倾向，重大的经营决策往往缺乏科学的研究分析，往往会造成企业重大失误。

例如一些资源垄断企业（如旅游集团），同时履行管理与运营的职能，既作为市场主体独立经营，又肩负着旅游市场的管理职能，这明显对其他市场主体不公平。

如果想解决这个弊端，必须将两者分开，实施运管分离。运管分离是根据经营与管理的不同特点，严格遵循各自的规律办事。这样一方面可以让管理层更好地发挥自己的优势，另一方面可以抑制管理层的强势，防止管理层的内部控制。管理需要的是执行型人才，而经营需要的是开拓型人才，两者在职权上的明确分工有助于发挥各自

的长处，不能像“经营权”和“所有权”一样界限分明，运营权和管理权的分离应该分工不分家，相互制约。运管分离解决了之前董事会在形式上对运营和管理都负责，但是却都管不了的窘境。运管分离之前，公司经理层主持公司的生产经营活动，虽然董事会掌握经营决策权，但是相关的方案是由经理层提出，理论上董事会可以否决管理层提议，但是很多情况下，为了避免否决后所造成的影响公司整个经营体制的状况，反而影响了董事会的决策结果。而运管分离之后，董事会需要自己对市场进行研究，及时提出建设性的经营举措，这就避免了董事会以咨询者的态度参与到经营决策中，而是要解决现实问题，当然，运管分离之后，经理层不再仅仅处于主持工作的地位，而是就经营决策提出自己的议案。

总的来说，运管分离并非将董事会与公司管理隔绝开来，而是要求董事会更加关注公司管理。因为经营权的正确行使既需要关注市场变化，更需要从企业通过管理所体现出来的核心竞争力的实际出发；既要从管理的质量中来，又需要通过管理的质量来实现既定的经营计划。

对于电信行业，尤其是LTE时期，创新是必不可少的，同时创新也是减少企业成本的主要途径。董事会不仅要为企业现阶段的经营决策负责，同时需要对企业的持续发展负责。这就要求董事会以经营者的身份加大对科研创新方面的投入，加大创新力度，但是科研创新并不能为企业产生当期的效益，这和管理者的想法相背离，而运管分离能够很好地解决这个问题。

纵观国内外电信运营商，呈现出两种截然不同的状况。国外公司很多已经开始采用运管分离的管理措施。但是在中国，运管分离的概念刚刚开始推行，住房公积金、旅游行业等首当其冲接受运管分离改革，所以在中国电信行业的运管分离还属于构建阶段，而且国内外达到运管分离的组织变革方式也不相同。

国外运营商如德国电信和NTT DoCoMo均采用了集约化变革，已达到运管分离的目的。考虑国内运营商央企的特点，决定了其稳健、风险可控、保增长的要求比国外运营商更高，而这与移动互联网业务高风险、快速决策部署、集中管理的需求是背道而驰的，因此必须灵活采取多种方式，进行移动互联网业务的孵化与运营。具体来说是，在设置独立部门管理、准事业部制、事业部制、基地模式、投资不控股等资本运作等5个方式中，运营商的管控权限是逐级递减的，可根据业务的性质和运营商本身实际情况，灵活选取。

下面我们就以德国电信与NTT DoCoMo的组织架构变革和中国联通某省分公司的未来变革方向的标杆经验具体阐释一下国内国外的运管分离。

（1）德国电信集团客服集约化变革实现运管分离

T-Mobile通过理顺6大管理关系，建立了完善的存量管理体系。其中特别是“维系与流量经营和互联网经营职能的整合”，“统一的共享支撑中心的建立”，“管理与生产职能的完全分离”等特点，也正在成为全球运营商的主要管理转型趋势。T-Mobile的组织架构改革将存量经营的管理职能与生产职能完全分离，通过专业化的运营子公司提供专业化的运营服务（见图 12-1）。

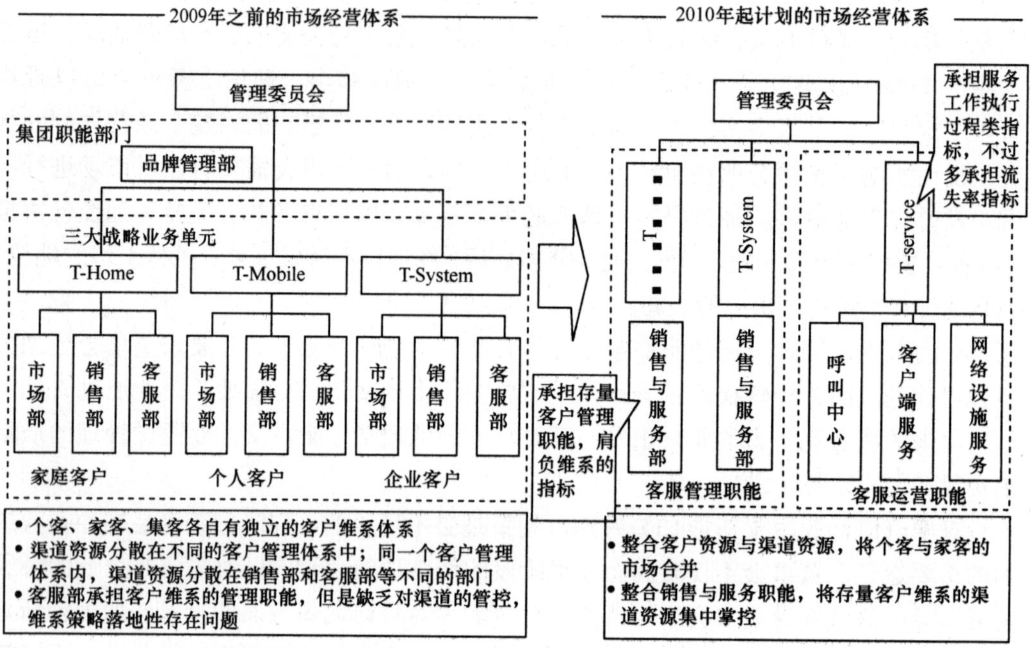

图 12-1 2009 年之前和 2010 年开始的市场经营体系对比

除此之外，德国电信集团秉承着“客户服务专业化”的理念，在集团设立 T-Service 服务部门，对公众客户部门与大企业服务运营部门的服务运营的资源调配和服务管控进行统一管理，通过打造统一的客服界面并提升客服效率等方式，实现客服专业化，同时实现客服管理与运营职能分离，独立运营移动互联网业务。

组织架构改革之前，三大客户群“个客”、“家客”和“集客”各自拥有独立的客户维护体系。渠道资源分散在不同的客户管理体系中，同时渠道资源也分散在销售部门和客服部门等不同的部门。这样的组织构架也带来了很多问题，客服部承担客户维系的管理职能，但是缺乏对渠道的管控，维系策略落地性存在问题。

通过此次组织架构改革，德国电信选择了职能的充分整合模式，将发展、服务管理、存量经营、流量经营和互联网经营职能整合到一个部门。德电集团整合客户资源和渠道资源，将个客和家客的市场合并，同时整合销售与服务职能，将存量客户维系的渠道资源集中掌控，并实现了该独立客服部门的管理和运营职能的分离。客服管理将承担存量客户管理职能，肩负维系的指标，而客服运营将承担服务工作执行过程类指标，不过多承担流失类指标。

（2）NTT DoCoMo 进行组织架构扁平化调整

传统的 NTT DoCoMo 组织架构的最大特征就是总部管理，共设北海道、北陆、东海、东北、中央、四国、中国、关西、九州 9 个区域公司。区域公司是子公司，总部不直接对子公司进行管理，区域内的战略、网络、服务、业务产品、营销等方面的管理由区域子公司负责完成，因此区域子公司拥有相当大的经营自主权。近年来，NTT DoCoMo 组织架构调整的方向是破除自上而下的垂直结构，减少管理层级，建立横向的扁平化组织，主要采取以下两大措施：

① 区域公司部分权力收归总部，强化总部控制能力。原九大区域公司在管理过程中，战略不统一，销售、宣传资源分散，各地区财务单独结算。经过组织扁平化调整后，区域子公司被重新进行了吸收合并，只负责销售和落地以及后台支撑。同时，总部将负责市场营销、渠道、服务等资源的统一调配，制定统一的市场、服务标准，取消总部的业务部门，业务相关部门（如网络管理、战略管理、服务管理以及业务产品管理等）直接成为向决策层汇报的职能管理部门。通过以上举措，NTT DoCoMo 简化了管理和运营的流程和层次，总部只负责管理，而各区域公司只负责运营，达到了运管分离的目的，从而提高了管理效率。

② 进行市场线组织架构调整，实现前端营销集约化管理。传统的 NTT DoCoMo 前端市场缺乏统一统筹部门进行统一的协调管理，营销、客服分属各营业本部，产品、业务分属各产品和服务本部。此次组织架构调整，整合了市场线的组织架构，设置战略市场部进行市场定位、目标市场选择等统筹规划，账单营业部进行费用的统一配置，销售部统一进行渠道管控，促销部负责产品的营销策略制定和推广，终端服务部负责进行终端管理，前端业务部 / 智能通信服务部 / 泛在服务部负责各自业务管理。通过市场线的组织架构整合，形成了终端、服务、产品和套餐设计、渠道等在总部的统一管理。

NTT DoCoMo 通过集约化变革，将子公司的管理职能移交到了总部手中，将总部的业务部门转化成为管理职能部门，区域公司只负责运营，总部只负责管理，从而实现运管分离，以提高公司的管理效率。

（3）中国联通某领先省公司未来将实现运管分离

中国联通某领先省公司的互联网事业部的未来变革方向为：进一步运管分离，实现三层管理运营架构，逐步向市场化、专业化和公司化方向转型（见图 12-2）。

通过将互联网事业部分为职能管理部门、生产运营环节和管理支撑岗位三个独立的部门，该省分公司将实现运管分离。同时，实现三层管理运营构架：一体化管理导向、专业化生产导向和市场化经营导向三个层次。管理部门对生产中心和公司化运作实体进行统筹管理以及业务指导。生产中心直接承担专业线业务发展与产品运营、平台运营，包括创新孵化中心、平台建设运营中心、产品运营中心以及数字化业务经营中心。公司化运作实体采取独立公司化运营，包括电子商务公司和音乐运营公司。最上层的管理层负责管理决策，而生产中心和公司化运作实体则独立负责运营方面的业务。

中国联通某领先省公司将通过将经营和管理分配到不同的层次，实现运管分离。

通过以上的标杆经验，我们不难发现国内外运管分离的区别，国外采取集约化变革，将管理职能上移，避免了之前的资源上收、责任下放的现象。而国内运管分离主要是采用设计独立管理部门的方式实现运管分离。

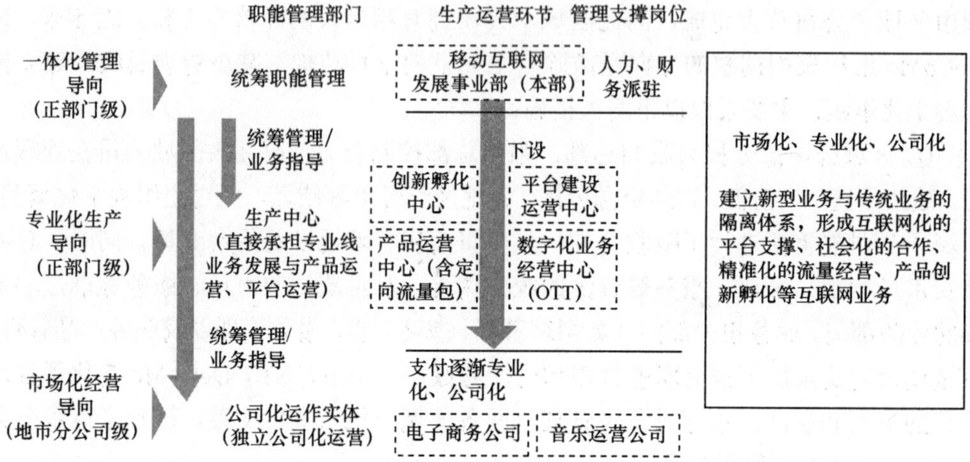

资料来源：Detecon分析　　注：带虚线框的部门是前端部门

图 12-2　中国联通某省公司互联网事业部的改革方向示意

12.2　支撑独立，数字业务引领

安永发布的《2012年电信行业十大经营风险》显示，未能实现从“时长到流量”的业务模式转化成为首要风险。全球电信运营商需要满足客户、竞争对手和监管机构不断变化的需求，建立以数据业务为核心的业务模式是非常关键的。

如今全球范围内的运营商，特别是移动运营商，都陷入了支出增长远高于营收增长的困境，原因在于以下两点。

- 数据流量的高速增长带动了资本支出的增长，而服务与应用的日渐复杂以及日渐提高的用户对服务的期望值，都进一步促使运营方面的开支水涨船高。
- 传统运营商的业务遭到各种OTT应用与服务的侵蚀，同时竞争导致价格的下滑，使得运营商营收增长愈加缓慢。

由于经济发展水平较低的原因，中国运营商面临的压力甚至高于国外的运营商。同时以腾讯为代表的OTT服务商推出的即时通信服务对传统的电话短信业务持续打压，运营商的营收遭到不断侵蚀。

传统运营商的企业服务市场同样遭到了侵蚀和替代。网络电话和电话会议、各种即时通信工具和协同工作软件的普及，使企业对语音、短信和高保真的电话服务需求大量被替代。与此同时，大型企业在电信服务方面的议价能力相对于运营商有所提升以及企业网络的不断内部化也都使得运营商的收入不增反降。

互联网巨头对于传统运营商的最大威胁在于，互联网巨头通过在各自平台上为用户提供身份认证以及全方位的服务，使用户对平台产生依赖，进而削弱了用户与运营商通过号码建立起来的关联，用户将会逐步脱离运营商。

数字业务无疑是运营商一条明智的战略选择。传统运营商通过开发数字业务，将自身转化为一个复合型数字服务提供商，充分发挥运营商的网络资源价值，通过服务和计费整合，以及服务创新和开发的生态战略，可建立自身在整个生态系统中的整合者地位，构建可持续的竞争优势。

数字业务给予传统运营商如下两大优点。

- 作为运营商核心资产的网络基础设施得以保值增值，并成为服务创新和生态系统掌控的基础平台。
- 运营商的服务创新，以及其对于生态系统中各方创新的支持和协同，在提升用户体验和增加数字消费粘性的同时，也为运营商和其合作伙伴开拓了广阔的增长空间。

虽然传统运营商不能像互联网公司一样灵活多变地应对用户的需求，不断发现新的商机，但是运营商在数字业务上面有着自己得天独厚的优势：

- 运营商拥有庞大的用户基础、海量的用户信息和用户行为，运营商可以通过对这些数据进行分析研究，发掘出用户的使用习惯等珍贵的信息。
- 运营商拥有高质量的网络基础设施，可以更有针对性地进行任务交付，使不同层次的人群体验到差异化服务。
- 一般企业难以获得像运营商一样的社会影响力和公信力，这就为运营商开展数字业务，为第三方业务提供支撑奠定了非常良好的基础。

但是运营商发展数字业务也有着自己的障碍。在华为全球大会上，对运营商“发展数字业务最大的障碍是什么”的问题上，有32%的人投给了“IT支撑系统不灵活”，这在所有选项中位居第一。大多数用户都支持对现有支持系统进行改良或者重构一个独立的支持系统。

传统运营商向复合型数字提供商转型需要独立支撑体系的支持。传统的支撑系统主要基于产品线（固网、无线等）形成，往往以单一的业务为出发点，内部缺乏有效的互联互通，形成“信息孤岛”，由于系统的集成度不高，导致统一管理和决策支持能力受到影响，造成人力与资源的浪费。

以中国的电信行业为例，中国当前运营商的运营支撑系统包括：综合营业管理系统、计费系统、财务系统、集中采集系统、网管系统、销账系统、客服系统、电信资费管理系统、经营分析决策系统、大客户管理系统等。随着电信行业的不断发展，新的电信支撑系统还将不断涌现，电信运营商陷入了一种极端复杂的状况。运营支撑系统数量的庞大、集成系统之间接口技术的复杂、软件技术的多样化以及各级业务规范和技术规范的交叠都使电信运营商在使用和维护这些支撑系统时遇到很多棘手的问题。即便电信运营商通过不断扩大运营维护系统的队伍来解决以上问题，运营支撑系统还是遭到很多诟病。造成支撑体系高成本、低收效的状况都是因为缺乏独立统一的电信运营支撑系统。

高度系统集成化的独立支撑中心将很好地解决支撑系统高成本低效率的问题。独立支撑系统的高度系统集成化能够将各式各样的分离业务系统融合起来，串联起来，形成统一而又独立的整体，实现内部业务流程和外部业务流程的顺畅通达和统一协调，从而实现企业管理水平、运营效率、服务能力等方面的整体提升，为全网的客户提供支撑服务。

为了应对移动互联网时代的挑战，运营商纷纷提出了业务转型战略，并相应地进行组织结构的调整，调整方向主要是集约化、专业化，通过成立共享支撑中心，开展数字业务，保障运营商在产业链上的定位转型。

12.2.1 T-Mobile组织变革案例

T-Mobile 通过组织变革建立了独立的统一共享支撑中心。

T-Mobile 将后端的支撑资源充分整合，建立独立的统一共享支撑中心，包括平台支撑、网络运维支撑、业务运营支撑、财务支撑，为全网客户提供支撑服务。

如图 12-3 所示，T-Mobile 的支撑系统并不属于任何系统，属于一个独立的部门，T-Mobile 的组织架构改革将三大客户旗下的支撑系统都转移到了一个统一的共享中心，统一进行公众客户部门与大企业服务运营部门的服务运营的资源调整和服务管控。

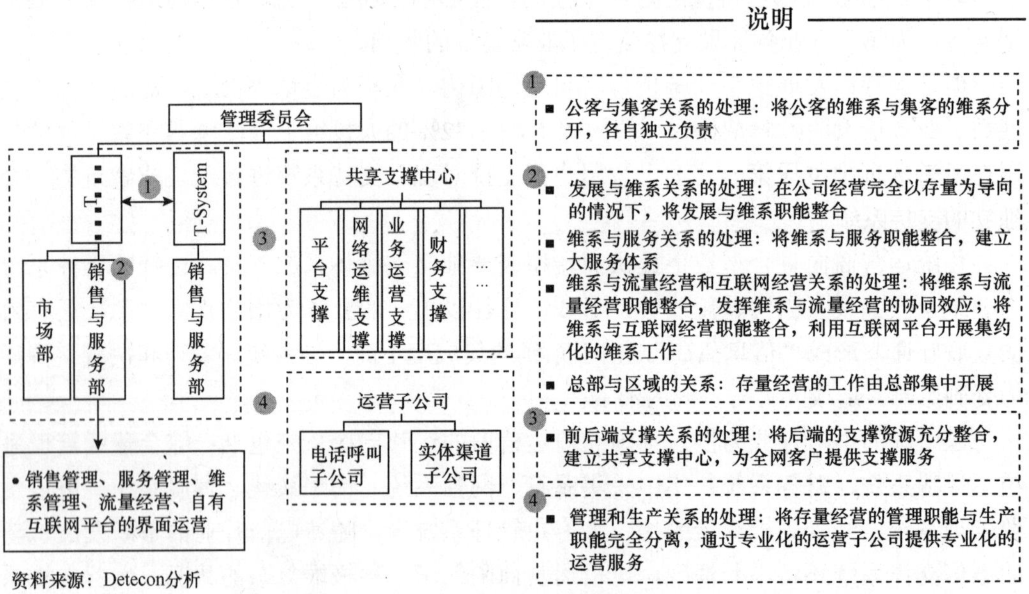

图 12-3　T-Mobile 的存量经营管理体系

12.2.2 Telefónica Digital组织变革案例

Telefónica 通过 2011 年和 2014 年两次组织架构调整不断推进数字业务的发展，同时建立独立的后台支撑系统。

2011 年 Telefónica 进行了三个组织架构重组，一是将区域市场进行有效整合，成立了欧洲和拉美部门，把业绩不佳的本土分公司 Telefónica 西班牙并入欧洲部门；二是设立新的全球资源运营部门，进一步强化企业的全球化运作；三是设立总部位于伦敦的数字业务部门 Telefónica Digital。

为了更好地抓住数字世界的战略性机遇，Telefónica 成立负责为集团寻找新增长点的创新业务单元 Telefónica Digital。Telefónica Digital 作为创新和增长的引擎汇聚了大量资源，其中就包括 Tuenti、Terra 以及 Jajah 等，以推动数字业务的发展。

Tuenti 作为西班牙最大的社交网络之一，是西班牙最具价值的数字资产。2010 年 8 月，Telefónica 收购 Tuenti 91% 的股份，Tuenti 给 Telefónica 带来四种协同效应：战略效应，完善 Telefónica 的生态圈，保留在数字世界获取新机遇的入场券；市场协同，确保在西班牙的绝对领先地位，改变电信运营商在年轻人中的品牌形象；研发协同，Tuenti 号称具有通过世界上最严格招聘程序招聘的 Web 工程师；数据协同，Tuenti 社交图谱与 Telefónica 数据库的用户数据整合具有巨大的价值。

Terra 作为拉美地区领先的互联网媒体及门户，服务遍布美国在内的 18 个国家和地区的西班牙语用户。1999 年 Telefónica 在西班牙创建该公司，经过收购扩张上市，于 2005 年获取 Terra 全部控制权。Terra 提供的服务包括：互联网电视、原创内容频道、在线音乐平台、电台、博客、照片分享、聊天、论坛、交友、邮箱、比价购物、旅行预订等。Terra 内容频道包括：汽车、音乐、新闻、女性、运动、健康、娱乐、电影、旅行、生活、经济等。Terra 作为子公司，为 Telefónica 带来三种协同效应：Terra 为 Telefónica 提供大量内容（部分为独家），支撑其家庭宽带和三重播放业务的发展；随着智能机和平板电脑的普及，内容在 Telefónica 移动网流量经营中的重要性也日益上升；Terra 为 Telefónica 带来了丰富的品牌内涵。

Jajah 是一家领先的 VoIP 平台提供商，为个人、SME 以及大型互联网企业提供服务或平台支撑。2009 年底被 Telefónica 以 2 亿美元现金收购。Jajah 提供的服务包括：面向消费市场的 VoIP 服务，可以通过加拨某个号码或者在网页上发起呼叫，享受低廉稳定的 VoIP 服务；面向企业市场的统一通信服务，为 SME 提供融合的全球语音服务方案；为互联网应用提供 VoIP 能力，如雅虎 Messenger 和 Twitter 的 VoIP 功能都使用该平台。Jajah 提供以下协同效应：收购替代者，拥抱 IP 化，为电信业彻底 IP 化做储备和布局；丰富 Telefónica 产品线，为消费用户提供 VoIP 服务，为企业市场提供更全面的 IP 解决方案；共享双方合作伙伴与 SME 客户。

这些资源允许 Telefónica 在数字业务开拓创新。Telefónica Digital 集中原分散在各区域的资源，实现互联网业务集约运营，提供统一平台、服务及推广。

Telefónica Digital 的设立体现了垂直化管理实现专业运营，由专业的部门或企业通过深度理解与挖掘客户的需求，将移动信息化手段与行业应用功能点相结合，业务部门下不断细分与填充的垂直行业就是其战略发展重点。

Telefónica Digital 公司成立旨在推动 Telefónica 在数字领域的发展，平衡大环境下的发展机遇，推动创新，提高产品和服务的份额，以最大程度地利用客户基础。例如 Telefónica Digital 最为关注的 M2M 计划，可以实现实时数据处理以及监控流量消耗的功能。这项服务可以应用于不同的国家与地区，支持本地语言，匹配当地网络。

Telefónica Digital 公司希望能够为公司带来新的业务增长点。预计到 2015 年，英国分公司将可以通过移动广告收益 10 亿英镑。同时，新的数字业务的开发也会使公司在金融服务与手机支付领域获得等额利润。公司的主流产品，如 M2M、电子健康以及视频 & 媒体等，将会为公司带来 5 亿英镑的收益。虽然只占公司总营业收入的一小部分，但是在英国分公司传统业务压力重重的情况下创造出新的增长点，也证明了数字业务的增长潜力。

同时，成立 Global Resource，负责全球资源的集中规划管控，部门结构包括网络运营、IT、采购、全球解决方案、集团服务和全球人力资源六大领域。全球资源运营部门将建立统一的后台支撑平台，在技术、IT 系统、采购、支持服务、HR 各个领域实现对 TEF 欧洲、拉美和数字部门的统一支撑。Telefónica 希望通过支撑功能的集中化管控，充分发掘公司全球性规模的潜力，最大限度地提升盈利能力。

除此之外，西班牙电信英国公司还和市场研究公司 GFK 联手，成立新的部门——西班牙电信数字洞察部门 Telefónica Digital Insights，致力于大数据产品的开发。

2014 年西班牙电信公布了机构重组计划，撤掉了 Telefónica Digital，设立 CCDO（首席商务数字官）负责促进收入增长。西班牙电信对 Telefónica Digital 的重组旨在创建"全新的、全面以客户为中心的运营模式"，之前的集团数字服务和产品将融入所有的商业活动中。重组之后，原有的数字部门、欧洲部门、拉美公司通过这次组织架构变革，Telefónica 的数字业务与之前相比不再作为一个独立的部门运营，而是与欧洲公司、拉美公司和全球资源部旗下的诸多业务一同划归到了全球企业中心。这次重组也使得数字业务更加接近决策核心，也更加有利于数字部门的职能更紧密地同其他部门结合。同时，传统业务从数字业务部门中分拆出去，避免冲突；聚集资源发展大数据及 IP 沟通业务（见图 12-4）。

通过 2011 年和 2014 年两次组织架构变革，从最开始成立独立的业务部门 Telefónica Digital 到后来的将数字业务部门合并入会更加接近核心决策层的全球企业中心部门，Telefónica 一直在极力发展自己的数字业务。同时在 2011 年组织架构改革中，建立了独立的共享中心。

T-Mobile 建立共享的数据中心，Telefónica 已在通过组织架构变革推行数字业务。数字业务和独立支撑系统是未来电信运营商的大趋势。

同时华为也开始和运营商展开合作推行数字业务，帮助运营商打造价值链，共同盈利，目标是成为运营商数字业务转型的最佳伙伴，并且获得了显著的成果。

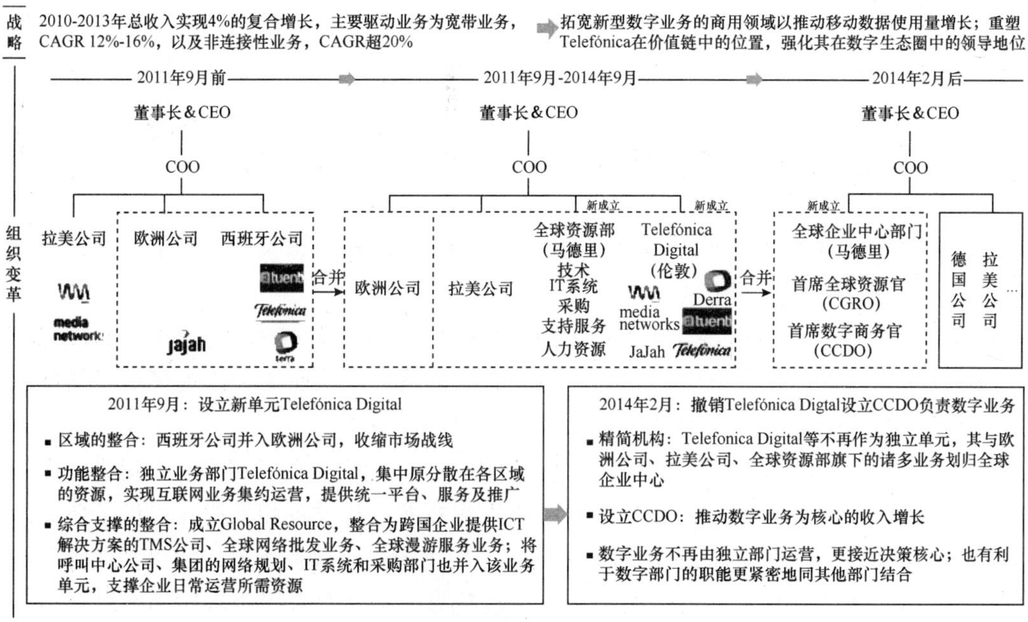

图 12-4　Telefónica 2011 年和 2014 年组织架构调整

DoCoMo 通过投资收购等方式快速进入垂直行业，收购包括终端、内容、应用在内的本地化资源，提供多样化的服务。2015 年，数字业务收入预计将达到 100 亿欧元。

中国移动通过成立九大业务基地，进入多项垂直行业，包括音乐、游戏、互联网、阅读等，通过跨行业整合，构建新型价值链。

12.3　LTE创新中心：以用户为中心的体验创新

从全球技术发展趋势来看，LTE 成为所有主流运营商共同的技术演进路线，欧美日韩等在内的发达电信市场都将 LTE 部署提上了日程，也催生了 LTE 在全球的发展。LTE 网络最大的价值在于提升用户体验，运营商们都开始建设自己的创新中心，通过联合基础设施供应商、应用提供商、技术供应商等合作伙伴，构建完整多元化的 LTE 创新生态系统，从而为用户提供更多的应用和终端，引领 LTE 未来发展，迎接 LTE 变革的到来。

LTE 创新中心通过将产品开发团队、产品设计团队、用户体验团队以及基础设施支持团队引入创新中心，为合作伙伴提供 LTE 的产品设计、用户体验、商业模式设计等服务，旨在培育出更多创新型解决方案，从而使人、场所、事物均可依托 LTE 网络实现充分的无线互联，为用户提供更先进的设备和应用以及定制化内容。

下面本文将通过 Verizon、华为、大唐无线移动创新中心、中兴通讯创新中心、

Alcatel-Lucent 以及中国电信“蓝极光”创新平台的标杆经验，详细解读创新中心是如何满足用户需求的。

12.3.1 Verizon建立了创新中心和应用中心

Verizon 成立 4G/LTE 创新中心与应用中心，建立 LTE 生态系统，为用户提供更多的终端、应用以及定制化服务。

2009 年 2 月，Verizon 成立“4G/LTE 创新中心”，宣称要成为“非传统 LTE 产品”初期发展的催化剂，建立一个多元化、强大的生态系统，从而为用户提供更多的终端和应用。

2011 年，Verizon 在波士顿创建了 LTE 创新中心，为设备商、终端厂商提供一套完整的 LTE 环境用于开发测试。LTE 创新中心为新技术、新设备和新终端提供了快速改进和验证的平台。同时 Verizon 在旧金山创立了应用中心，旨在为开发商以及业务厂商提供新应用和新业务开发和验证的平台，特别是为中小开发者提供真实的网络环境和基础设施进行新应用和业务产品的开发和测试。任何新的想法均可以在创新中心提供的网络基础设施中验证和实现，这大大缩短了产品开发的流程。这样不仅鼓励了创新，而且也对新应用和业务的在网质量进行了有效的前期管控。

Verizon 的合作伙伴分为创始伙伴、优先伙伴及普通伙伴。创始伙伴包括阿尔卡特公司（电信系统和设备以及相关的电缆和部件领域的世界领导者）和爱立信（全球最大的移动通信设备商）。优先伙伴包括思科（提供互联网解决方案、设备和软件产品）和三星（业务涉及电子、金融、机械和化学多个领域）。普通伙伴包括 4HOME（纺织业公司）、Dell（电脑产品和周边）、LG 集团（业务涉及电子、电器、化学、能源、服务、金融）、柯达（业务涉及影像拍摄、分享、输出和显示领域）和日立（业务涉及电机、电子和商业）。

LTE 创新中心旨在建立并促进一个多元化合作的团队，利用 Verizon 的 LTE 高级宽带网络，高效开发符合市场需求的 LTE 非传统产品及服务。LTE 的创新中心由创新实验室和体验中心构成，创新实验室为合作伙伴提供一系列的服务，协同 Verizon 及不断强大的 4G LTE 生态系统，开发最好、最智慧的解决方案；体验中心是一个示范展示环境，消费电子企业、合作伙伴、创新合作者、企业高管和政府官员能够聚集在这里，探讨、预测下一代前瞻性的技术，如 4G LTE 无线技术。

Verizon 将 LTE 创新中心建设成为 LTE 生态系统，该生态系统以 LTE 为技术标准，芯片 / 组件为基础设施，终端为技术供应商，平台 / 终端软件为应用提供商，Verizon 为服务运营商，非传统产品和服务为新的解决方案。

创新实验室提供的服务主要包括产品设计、体验和商业模式设计，通过高质量的交互和协作机制帮助合作伙伴进行 LTE 产品开发。作为“非传统 LTE 产品”初期发展的催化剂，LTE 创新实验室提供高质量的体验和交互创造高效率的协作机制，同时协助合作伙伴传递更易成功的端到端体验。

Verizon 创新实验室提供以下服务。

- 实时 4G/LTE 服务，区别于商用网络，赋予产品设计充分掌控能力。
- RF 和有线接入访问 4G LTE 网络，具体方式取决于用户设备。
- 丰富高性能的软件工具，用于模拟和设计每一个 LTE 情景。
- 安全隔绝的物理工作空间：专供现场设计团队。
- Verizon 的各种丰富资源：LTE 集成、用户体验和业务发展的建议。
- Verizon 的 LTE 创新中心向甄选伙伴提供卓越的服务，帮助他们简化 LTE 产品开发流程。

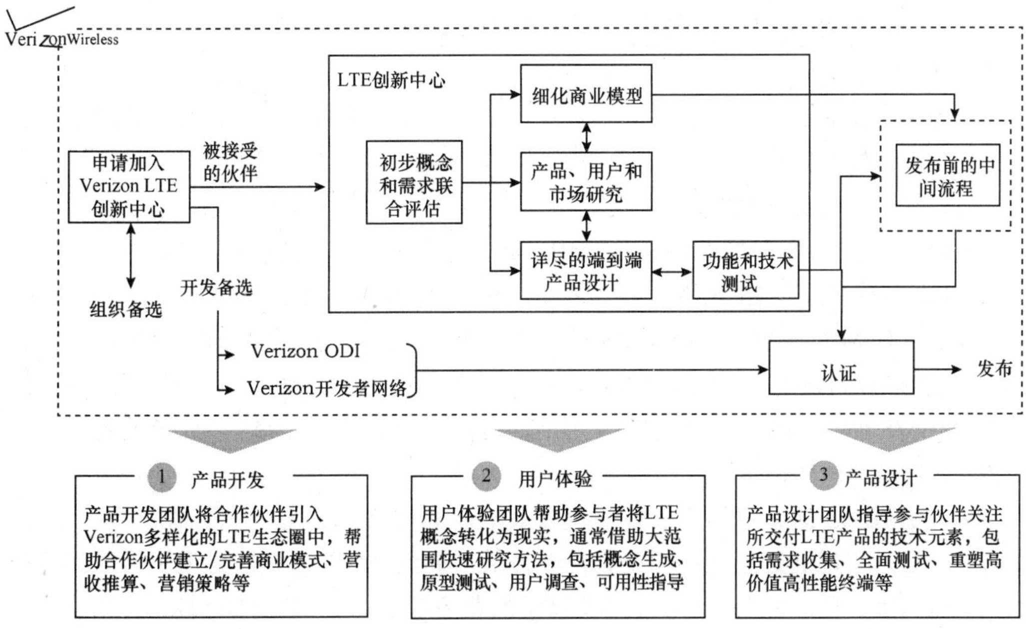

资料来源：Verizon Wireless Detecon分析

图 12-5　创新中心服务流程

- 申请加入 Verizon LTE 创新中心并被接受的伙伴将由 Verizon LTE 创新中心提供服务。
- 通过对新产品、技术、终端概念的初步理解和需求的联合评估，提供细化的商业模型，然后对产品、用户和市场进行研究，最后根据以上的要求进行详尽的端到端产品设计，并根据功能和技术不断进行改进。主要包括产品开发、用户体验和产品设计三项服务。
- 产品开发主要指产品开发团队将合作伙伴引入 Verizon 多样化的 LTE 生态圈中，帮助合作伙伴建立 / 完善商业模型、营收推算、营销策略等。用户体验主要指用户体验团队帮助参与者将 LTE 概念转化为现实，通常借助大范围快速研究方法，包括概念生成、原型测试、用户调查、可用性指导。产品设计包括产品设计团队指导参与伙伴关注所交付 LTE 产品的技术元素，包括需求收集、全面测试、重塑高价值高性能终端等。

除了创新中心，Verizon 还专门成立了体验中心，为合作伙伴提供探讨、示范展示的环境。体验中心是一个艺术性、对话性的示范展示环境，消费电子企业、合作伙伴、创新合作者、企业高管和政府官员能够聚集在这里，探讨、预测下一代前瞻性的技术如 LTE 无线技术。应用新技术的进步将成为关注的焦点。

Verizon 打造的 LTE FDD 业务和应用生态系统已经初具规模，在 CES2012 展览上，Verizon 携合作伙伴展示了消费者、零售、健康医疗、企业、公共事业、公共安全、汽车七大行业近 80 种设备和应用。

12.3.2 华为与多方合作建立众多创新中心

华为作为全球领先的信息与通信解决方案提供商，秉承着“LTE 网络的最大价值在于提升用户体验”的理念，构建了众多的创新中心以及用户体验中心。

（1）华为成立 eMBMS 创新中心

2012 年 8 月，华为在深圳成立 eMBMS（增强型广播多播服务）创新中心，进行 eMBMS 端到端解决方案的研究，同时探究 LTE 在移动宽带领域的更多应用前景。

与上一代 MBMS 相比，eMBMS 技术能够更好地支持更宽的宽带，这也就意味着有更多的频道和视频内容能够被提供，同时视频画面更加清晰流畅，用户体验更好。华为 eMBMS 创新中心在丰富 LTE 应用的同时，也推动了 eMBMS 产业链的发展，包括芯片、终端和网络设备等。

华为 eMBMS 创新中心不仅是解决方案的研究中心，更是一个丰富的体验中心。在研究中心，可以通过智能终端观看视频直播、手机电视等，接收并浏览推送到手机上的热门内容。目前为止，创新中心所展示的业务都是基于 LTE TDD 技术，后续也会在 LTE FDD 技术方面展开 eMBMS 的研究。现在已经有许多欧洲、亚洲、南太平洋的运营商来这里参观体验，并对创新中心的研究成果予以肯定。

华为 LTE 一直致力于提供最佳性能的商用网络，提供用户体验最佳的网络融合和演进，提供丰富的终端和创新业务，端到端保障运营商商业成功。

（2）华为与 LG U+ 合作成立移动创新中心

2014 年 8 月，华为与 LG U+ 在首尔成立移动创新中心，负责开发 LTE-Advance 以及其他无线技术。通过该中心，LG U+ 将能向用户提供最先进的、高质量的以及极具成本竞争力的服务。研发工作将专注于 LTE-Advanced、5G 技术以及楼内设备的开发等。移动创新中心的成立将提升华为以及 LG U+ 在 ICT 市场的竞争力。

（3）华为与阿尔及利亚合作成立创新中心

2013 年 8 月，阿尔及利亚的 LTE 创新中心由 ANPT 主导，全部采用华为 LTE 设备，包括核心网 EPC（Evolve Packet Core，演进型分组核心网）、基站 eNodeB 等设备建设。

创新中心建成之后将为当地主流运营商、研究中心和大学的 LTE 联盟提供技术研究，同时开放给学生和企业进行创新应用的测试。创新中心通过最前沿的 LTE TDD 技术的研究与应用，指导阿尔及利亚通信事业的发展，是阿尔及利亚邮电通信部重点关注的创新实验室。

（4）华为与沃达丰合作成立联合创新中心

2008 年 1 月，华为在西班牙与沃达丰合作建立了联合创新中心，包括应用创新中心、移动创新中心、网络创新中心和网络管理创新中心，并与西班牙电信共同组建了镜像实验室。华为在西班牙的合作伙伴包括 Telefónica（电信运营商）、Jazztel（宽带服务提供商）、沃达丰（电信运营商）、Orange（电信运营商）、Yoigo（电信运营商）、Euskaltel（电信运营商）等运营商，以及 Segittur、Sanitas 等企业级用户。创新中心基于用户的需求进行创新，如华为的即时网络为灾区服务的沃达丰提供紧急解决方案，3 箱共计 100kg 的通信设备可在 40min 内完成组装。

（5）华为与 Zain 科威特公司合作成立联合创新中心

2013 年 2 月，Zain 科威特公司和华为推出联合创新中心，作为一个服务于 Zain 当地用户的 LTE 移动宽带技术和应用程序的研究中心，该联合创新中心的目的在于测试 LTE 兼容的服务和应用程序，以及发展精细的过程来测试用户服务质量，并执行更强大的用户体验分析。

（6）华为建成行业首个用户体验转型中心

2014 年 4 月，华为宣布建成了业内首个客户体验转型中心，通过该中心建立客户体验管理生态系统，引领产业发展，开发匹配运营商商业目标的解决方案，帮助运营商完成以用户为中心的运维转型。华为建立该中心旨在加强与运营商的协同，共同创造卓越的客户体验，帮助其实现更大的商业价值。

在客户体验转型中心，华为可以针对运营商的所有流程审计用户体验，通过客户体验管理成熟度的评估、多渠道的客户历程映射、流程再造、定制化的 DashBoard、用例设计与验证、商业成果计算等核心能力，使其真正转型到以用户为中心的运维模式，从而提升运营效率和有效性，培养客户忠诚度，创建高质量的品牌，最后实现卓越的经济回报。

12.3.3　大唐无线移动创新中心

大唐无线移动创新中心为用户带来了 LTE“真仿”云平台，为用户带来 LTE 方便、快捷、高精度的仿真服务。

大唐无线移动创新中心是电信科学技术研究院于 2011 年 1 月以“无线移动通信国家重点实验室”和“新一代移动通信无线网络与芯片技术国家工程实验室”两个国家级重点实验室为依托，整合集团在无线移动通信领域的优势资源，以标准化、算法研究和知识产权的核心队伍为主体组建的新型科研创新实体。该中心是电信科学技术研究院面向 4G 国际竞争，以创建国际一流无线移动通信研发中心为目标，打造的无线通信领域高水平的研究创新平台。创新中心的成立将为集团在无线移动通信及相关领域搭建 6 个强有力的公共平台：核心基础技术研发平台、标准制定平台、产业支撑的公共平台、知识产权布局和经营平台、开放合作平台、产业孵化平台。

大唐无线移动创新中心在新技术预研、无线系统设计和开发、标准化推动方面具有丰富的经验，在基站、终端、物理层、无线资源管理等核心设计领域具有雄厚实力，并以协议、算法、仿真等软实力为基础，对外提供培训、组网研究工具和软件、多层次的网络性能咨询及综合解决方案服务。

大唐无线移动创新中心将以建设创新型国家为己任，依托 TD-SCDMA、TD-LTE、TD-LTE-A 技术基础，持续在宽带移动通信方向突破创新，引领中国通信产业发展以应对国际竞争。

大唐无线移动创新中心在 10 余年 LTE /TD-SCDMA 系统技术（标准协议、物理层及高层算法）精研的基础上，借鉴以前组网方案实践的经验，为移动通信网络的规划优化精心打造了高精度、高性价比的工具软件，使网络规划优化更加便捷、高效和准确。

大唐无线移动创新中心具有以下优势：

- 稳定的软件、硬件分析平台；
- 简捷方便的配置方式，完全人性化的操作界面；
- 经验丰富的开发团队，提供快捷的版本升级策略与功能定制方案；
- 一流的技术服务团队，全天候实时响应速度；
- 相同的配置及功能选项，其产品具有最好的性价比。

2012 年 9 月，在北京举办的“2012 年中国国际信息通信展览会”上，大唐无线移动创新中心研发的 LTE 网络规划“真仿”云平台受到业界客户的广泛关注。该平台是创新中心将 TD-LTE 标准优势与系统关键技术研究相结合，依托 10 余年的组网研究经验和仿真评估经验，开发出的业内第一款真正满足 LTE 特效的高效规划工具“真仿”云平台，能够全面满足运营商的网络规划需求。相对于传统的单机规划软件，用户可以随时随地通过 Web 登录 LTE 网络规划云平台，实时输入现场相关参数进行规划动态仿真，为用户带来方便快捷、高精度的仿真服务。

2013 年 10 月 7-11 日，大唐无线移动创新中心承办了 3GPP 国际会议，就 LTE TDD&FDD 融合运营等进行讨论。会议期间，大唐无线移动创新中心帮助中国移动成功布置了 TD-LTE 体验、演示环境，演示非常成功。

12.3.4 中兴通讯创新中心

中兴通讯创新中心秉承着“DRA”的理念，即 Demand、Requirement 和 Architecture，创建了诸多创新中心，满足用户体验需求，鼓励用户提出意见，参与设计。

2011 年，中兴通讯计划筹建 10 个国际联合创新中心，主要分布在英、德、法和西班牙等，携手欧美主流电信运营商，研究前瞻性的未来技术，如LTE技术，努力占领产业制高点。同时在国内，中兴计划与国内三大运营商建立“联合创新中心”，旨在通过与高端客户建立长期、稳定、有效的沟通渠道，以深入了解运营商的需求，产生对未来双方发展有价值的创新业务与解决方案。中兴员工会不定期常驻创新中心，对用户需求进行分析和处理，创新中心能够让厂商的创新实时更新以适应运营商不断变化的需求。同时中兴的用户体验和创新中心主要满足用户的体验需求，培养潜在客户，鼓励用户提出自己的设计建议，甚至参与一部分设计。

中兴通讯建立的国际联合创新中心将采取建立联合实验室、联合经营、联合测试等多种方式，主要针对全球电信市场发展有重大价值的技术、产品解决方案和业务运营模式等进行联合创新。

中兴通讯在海外建立的第一个联合创新中心，是与英国运营商Qicomm联合建设的，中心位于英国伦敦东区，与Qicomm核心互联网和数据中心建在同一大楼。由于Qicomm是英国本土主营语音、数据和托管业务服务的提供商，中兴通讯建立的创新中心意义重大，能够让中兴通讯在一个实地网络环境中运行旗下任何基础设施产品，大大提高中兴在英国的开发以及测试能力，同时增强在英国市场展示有线和无线两种设备的能力。该中心还能同时为快速增长的中兴通讯基础设施支持和开发团队提供基地。

2011年中兴通讯和智利大学达成合作关系，建立LTE实验室，用于测评LTE技术本身以及验证运营商相关业务。2012年中兴通讯与智利大学再次达成合作协议，在建立创新实验室的基础上，发挥高新技术创新中心的功能，同时在创新中心的基础上组建智利培训中心，为用户提供定制化知识服务。

总的来说，中兴通讯在全球各地包括中国、美国等国家和地区共设立了18个研发中心，并与全球顶级运营商成立了联合创新中心，公司有近3万名研发技术人员专注于行业技术创新。通过中兴用户体验和创新中心来满足用户体验需求。

为了加强用户对中兴产品的使用体验，中兴2012年底到2013年第三季度，建立用户体验中心和创新中心，首先选址在中国、北美、欧洲等主要市场部署，目前中兴正在与合作伙伴洽谈店址选择和配合等一系列细节问题。中兴的用户体验与创新中心主要满足用户的体验需求，培养潜在客户，不接受购买下单业务，鼓励用户提出自己的设计建议，甚至参与一部分设计，数量达到要求可以提供定制服务。

如今用户的需求变化是颠覆性的，需求差异化也带来了业务的个性化，这就要求核心人员要听到一线客户的声音，不能只关在实验室里面，这样才能最终了解用户的体验和感受，并转化为产品的需求，最终制定标准或建立构架。

12.3.5　Alcatel-Lucent设立创新中心，启动在台深耕计划

Alcatel-Lucent设立创新中心，旨在为客户规划出完善的解决方案，以便更好地满足客户的需求。

2013 年底，Alcatel-Lucent 选择在台湾地区设立亚太区创新中心，将整合电信以及网络通信业者、设备业者共同提供更先进的服务内容。之所以选择中国台湾地区作为创新中心的地点，是因为中国台湾地区具有完整的电信产业生态系统，且与国际电信产业密切接轨，整体环境具备创新前景。这是继在法国、巴西、美国成立创新中心之后，Alcatel-Lucent 创建的第四个创新中心，也是在亚太地区设立的第一个创新中心，Alcatel-Lucent 希望通过创新中心与中国台湾地区当地的电信公司与企业合作，创造出新的应用服务于商业合作模式，借以促进中国台湾地区 ICT 产业发展，并与世界接轨，进而提升中国台湾地区在国际上的产业地位。

Alcatel-Lucent 建立创新中心，希望通过创新中心能够跟客户（电信运营商）针对使用者来提供新的创新服务，并协同网络通信厂商、电信运营商、手机制造商为 4G LTE 高速移动网络技术发展规划出完善的解决方案。

2014 年 6 月 Alcatel-Lucent 的 Cloudband 创新中心面向所有生态系统成员开放，采用该中心的 Cloudband NFV 平台，技术伙伴和提供商正在积极开发和测试 Alcatel-Lucent 分布式云环境中的 NFV 工作负载。Cloudband 生态系统计划在业内独一无二，采用 Cloudband 二代 NFV 管理和协调功能，针对正在进行的分布式云基础设施，为合作伙伴提供开放的免费接入。Alcatel-Lucent 的 NFV 专家团队提供培训、支持和面向这一独特基础设施和工作区的接入。现在，成员可在模拟云环境中提出和测试新应用，并创建使用案例，向服务提供商展示其 NFV 解决方案。

目前，Cloudband 生态系统有 36 家技术提供商和运营商参与，这些合作伙伴携手开发更多创新的应用案例，以便更好地满足客户的需求。

12.3.6 中国电信“蓝极光”计划创新技术平台

“蓝极光”计划是中国电信旨在解决中国电信向下一代无线通信演进时将会遇到的挑战。项目至今，中国电信技术创新中心进行了 LTE 覆盖增强仿真、实验室测试、外场测试等一系列研究和测试，以用户为中心，更多地研究有线、无线网络提供的服务融合，从而为用户提供无缝的覆盖服务。

中国电信“蓝极光”技术创新平台与合作用户包括爱立信、诺基亚西门子通信、阿尔卡特朗讯、华为、中兴通讯签署了合作研发的框架合同，共同研发“蓝极光”。

12.4 降本增效：变革的归属

移动互联网时代的到来迫使电信运营商不断进行转型，为了应对传统业务的收入不断下滑与网络投资的不断增加，电信运营商势必要推行组织架构改革，通过变革压缩管理成本，提高管理效率，即为降本增效。

降本增效并非简单的成本控制，而是一种基于管理活动和生产活动过程控制的战略导向，以减少耗用资源，实现效率改善与高效运营。

中国电信行业被“营改增”税制改革和“销售费用压降”降本增效两项政策调整，不仅利润与收入直接遭受影响，同时对运营企业的支出有了限制。尤其是“营改增”叠加降本增效，成为国内电信运营商现阶段最大的压力，同时也正为电信行业提供了发展模式快速转型以及运营层面深度变革的难得契机。

“营改增”之前，电信业适用的税率为 3%；“营改增”之后，基础电信服务税率增长到了 11%，增值电信服务税率为 6%。由于税率的大幅提升，电信运营商的收入下降了 10%，利润更是减少了 20%。

电信运营商降本增效的措施有 4 种：网络降本增效、共享服务降本增效、集中管理降本增效、企业合作降本增效。

12.4.1　网络降本增效

网络降本增效即降低网络成本开支，提升网络运营效率，可以分为以下 4 种方式。

- 裁减网络相关部门人力成本：裁员以削减网络运营成本。
- 开放网络以创收：向第三方开放网络，根据客户使用的流量收费。
- 使用新技术以降本增效：如采用以太网的回转技术来实现无线信号的回传，从而提高效率、降低成本。
- 共享网络以节省投资：与其他运营商共享网络，有助于双方在拓展网络覆盖面的同时节省成本。

下面通过分析 AT&T、Verizon 和 T-Mobile 的案例来进一步了解网络降本增效。

（1） AT&T

AT&T 降本增效主要依赖多次削减网络相关部门人工成本、网络运行成本，实施环保计划等手段，并建立支撑系统进行辅助执行。

削减网络相关部门人工成本措施包括：2003 年 IT 部门裁员 1 800 人；2008 年削减员工 4 600 人，受到影响员工主要集中在美国“非面向客户领域”的管理层；2009 年裁员 12 000 人，并且降低费用支出以度过经济衰退难关。削减网络运行成本的措施包括：2004 年实施成本削减系统，聘请顾问为消费者部门客户服务电脑和系统基础设施部署新系统，并向 AT&T 公司提供培训和管理技巧； 2014 年大幅削减网络成本开支，由 2013 年的 35 亿美元降低到 30 亿美元左右。实施环保计划措施包括：2010 年期间，选择无纸化在线账单服务，每年可以节省 40 万吨纸；使用“零耗损”手机充电器，这种充电器在不接通手机时，不会消耗任何能量。其他的措施包括：专注数据业务，向数据传输公司转型，出售更多的软件产品如网络安全系统。

除此之外，AT&T 还通过收购其他公司进行降本增效，例如 2006 年收购南方贝尔总共节约 180 亿美元成本，包括裁减 1 万名员工，降低广告开支以及网络合并后运营成本的降低。

通过以上措施的实行，AT&T 在 2003-2010 年，能够将收入费用率始终保持在稳定水平。

（2） Verizon

Verizon 降本增效主要通过网络改善实现，如开放网络、以太网外场试验等，并辅以关闭呼叫中心和削减员工数量等其他措施。

网络改善的措施包括：2007 年 Verizon 开放网络，传输第三方的设备和应用产生的流量，有助于降低成本，第三方负责营销和客户服务，根据客户使用的流量向 Verizon 支付费用；2010 年进行以太网外场试验，在高带宽无线业务需求增长的背景下，移动运营商采用以太网回程技术来实现无线信号的回传，从而提高效率降低成本。除了网络改善以外，Verizon 还采取削减员工数量，关闭呼叫中心等方式进行降本增效。削减员工数量的措施包括：2009 年 Verizon 削减了 8 000 名雇员。关闭呼叫中心的措施包括：2012 年 Verizon 关闭其三个呼叫中心，并重新安置雇员以便改进用户服务并更好地利用现有的设施。

除此之外，Verizon 还采取改变 IPTV 付费模式，合并部门，共享设备，停止 FiOS 高额投入以及使用 P4P 技术的方式进行降本增效。2013 年 Verizon 按照电视业务的订户数向广播公司付费的模式转变为根据实际观看的订户数计算费用的模式，既能降低 Verizon 的成本，又能降低很多用户的支出。2011 年 Verizon 与沃达丰合作，考虑合并多国客户服务的企业部门，并考虑一起购买网络设备。2010 年 Verizon 聚焦于完成在已获许可小区的网络铺设，缩小继续拓展 FiOS 扩张范围。2008 年 Verizon 使用 Pando 下载的测试结果，下载性能提高约为 200%，通过使用 P4P 使 P2P 技术获得更加广泛的商业性采用的同时，疏通网络并降低阻塞。

通过以上措施的施行，Verizon 很好地实现了降本增效，尤其是在 2007 年，Verizon 收入费用率减半，降本增效成效显著。

（3） T-Mobile

T-Mobile 采用共享网络，引入合作伙伴和缩减呼叫中心等手段实现降本增效。

共享网络措施包括：2007 年 T-Mobile 与和记黄埔 3 公司共享英国的 3G 网络，在有助双方拓展网络覆盖面的同时，减少投资成本。引入合作伙伴措施包括：2003 年 T-Mobile 与北电网络签订合约，有助于在遍布全国的网络上，有效利用北电网络卓越的产品优势，以高经济效益的方式提供高传输容量；2007 年 T-Mobile 选用爱立信作为合作伙伴，通过爱立信提供的新型兼容 EDGE 技术的 GSM 无线网络，节省了 30% 能耗。与 Verizon 一样，T-Mobile 也采用了缩减呼叫中心的方式，2009 年呼叫中心从 24 个减少到 17 个，裁减 1 900 名员工并邀请这些地方的员工到 17 个呼叫中心工作，在削减成本的同时，增加网络扩张的开支，以便与 AT&T 和 Verizon 无线等更大的竞争对手展开竞争。

除此之外，T-Mobile 还采用了收购公司，取消终端补贴和采用新一代用户数据管理的方式进行降本增效。收购公司的措施包括：2009 年 T-Mobile 对 Spirit Nextel 进行收购出价，从而帮助 T-Mobile 扩展规模以及进一步开拓美国市场。取消终端补贴措施包括：为用户提供不含补贴但无需签长约的资费套餐。采用新一代用户数据管理措施包括：将诺基亚西门子通信下一代用户数据库解决方案作为新网络架构的核心后，简化了业务运营，削减了成本并大幅提高了提供个性化应用和业务的能力。

12.4.2　共享服务降本增效

共享服务降本增效一般采用强化资源统筹共享，提供统一高效服务的方式，生产部门趋向大市场统筹管理。常见做法包括以下三方面：

- 构建共享资源池，提供客户联络、网络共享、IT 共享、平台共享、研发等多种资源；
- 实现各事业部资源共享，产生协同效应；
- 为内部客户提供统一、专业、标准化的高效服务。

下面通过分析中国联通某省公司的案例来进一步了解共享服务降本增效。

中国联通某领先省公司中生产部门趋向大市场统筹管理，逐步走向专业化、公司化运作，既可使集客事业部、互联网事业部、公众发展事业部共享资源配置，又可产生联动效应；对于新建的互联网事业部而言，可以利用现有资源迅速发展壮大。

该公司通过构建共享资源池，实现三个事业部的资源共享，产生联动效应，达到降本增效的目的。

12.4.3　集中管理降本增效

集中管理降本增效通过集中管理监控，实现规模效应，进而降低成本。常见方法包括以下两点。

- 统一行动计划：如手机统一采购，通过集团统一行动，实现规模效应，降低企业成本。
- 简化管理：推出具备系列管理功能的服务以有效节省时间和提高效益。

下面通过分析 Vodafone 的案例来进一步了解集中管理降本增效。

Vodafone 以集中化管理为主要手段达到降本增效目的，捆绑战略合作伙伴或建设合资公司、简化管理、执行集中管理等以实现规模效应与统一管理。

捆绑战略合作伙伴或建设合资公司措施包括：2006 年与华为合作，表明了沃达丰的规模及全球业务能给用户带来的成本利益；2007 年通过建立合资公司，大幅降低沃达丰在基站方面的投入，同时扩大在农村地区的网络覆盖；2012 年与 O2 合作，合并两家公司在英国的移动接入网，以便合力发展 LTE，双方的网络成本能够降低 25% 左右。简化管理措施包括：2009 年推出具备系列管理功能的服务以有效节省时间和提高效益，推出咨询服务确保该服务体系发挥最佳作用。执行集中管理措施包括：2004 年开始执行“One Vodafone（一个沃达丰）”，如手机采购，通过集团统一行动，实现规模效应，降低企业成本。

除此之外，Vodafone 还采取了节约开支计划和降低 3G 成本的方式达到降本增效的目的。节约开支计划措施包括：制定节约开支计划，该计划一直持续到 2008 年 3 月，每年为沃达丰节约开支 25 亿英镑左右。降低 3G 成本的措施包括：2003 年 Vodafone 采购华为 WCDMA 设备，以实现提供视频电话和下载视频剪辑等功能时降低网络成本的目的。

Vodafone 通过以上措施，达到了降本增效的目的，以 Vodafone 埃及子公司为例，公司费用率相对稳定，趋于下降。

12.4.4　企业合作降本增效

企业合作降本增效是通过企业合作拓展业务，以达到资源共享降低成本的目的，可以分为以下三种方式。

- 与互联网公司合作提供多样化服务。
- 与高科技公司合作使用其先进技术降低成本。
- 与其他运营商资源共享降低成本。

下文将通过分析 NTT DoCoMo、SK Telecom 和 O2 的案例来进一步了解企业合作降本增效。

（1）NTT DoCoMo

NTT DoCoMo 采用向亚洲扩张，与谷歌和英特尔合作等多种方法来达到降本增效的目的。2004 年与英特尔合作，开发耗电量低、成本低而且能够完成包括数据通信和图像处理等多种任务的芯片；2006 年与谷歌合作，谷歌向日本 4 800 万通过手机上网的用户提供结合了网络搜索、电子邮件和其他功能的服务，新的服务有助于留住用户，在降低开发成本的同时提高广告收入。

除了与企业合作，NTT DoCoMo 还采取了其他措施进行降本增效：2005 年使用 IBM 的刀片服务器 HS20，实现 IT 任务的自动化和简单化，节省了系统维护的管理成本和人力成本；NTT DoCoMo 公司开发基于 Linux 的可使用数据库的手机软件，使其更易于日本手机制造商国外投资和降低成本；NTT DoCoMo 部署惠普基于标准的媒体服务器，以降低成本和缩短新服务的上市时间，同时将其 5 400 万客户迁移至 HP OpenCall Media Platform，以提高语音服务的质量；NTT DoCoMo 选择阿尔卡特朗讯的 7750 业务路由器用以部署支持其 LTE 业务运营的 IP 网络，帮助其大幅提升 IP 网络的速度和容量，以应对日本国内爆炸性增长的移动宽带业务需求。2012 年，NTT DoCoMo 决定在以后两年里，削减 4 000 亿日元（约合人民币 312 亿元）的成本（包括设备投资以及人工费）。

NTT DoCoMo 通过以上方式，在 2004-2012 年，费用率持续降低，降本增效效果明显。

（2） SK Telecom

SK Telecom 从成本控制、合作伙伴和网络变革入手，进行降本增效。

成本控制措施包括：制定了严格的高效费用制，以提升企业竞争力和效率。与企业合作的措施包括：与北电合作，采用北电的 HSDPA 技术降低运营成本，并更有效地利用现有网络提供高质量的通信业务；与中国联通合作，签署了战略联盟框架协议，双方就联通红筹公司向韩国 SK Telecom 定向发行 10 亿美元可转换债签订了协议，通过整合双方的供应链实现联合采购进而降低采购成本。网络变革措施包括：SK Telecom 通过基于 CDMA、WCDMA 的传感器网络，提供各类 M2M 应用，并重点扶植 M2M，以开拓 IPE 市场，通过构建既稳定又便于操作的 M2M 平台成功降低研发和构建解决方案所需的时间和成本。

除此之外，SK Telecom 还以 8 929 亿韩元购买了其宽带子公司 SK Telecom 网络，帮助 SK Telecom 降低每年 3 000 亿韩元租赁光纤网络的费用。

SK Telecom 于 2005-2009 年采取以上降本增效的举措，公司 2006 年的费用率显著下降，并且在 2006-2009 年维持稳定，趋于下降。

（3） O2

O2 降本增效主要从网络部署、合作伙伴管理和节能减排角度进行。

网络部署措施包括：2006 年部署基于 BEA WebLogic Network Gatekeeper 的解决方案，不仅能够帮助 O2 公司为其用户提供一系列创新的互联网服务，而且还帮助 O2 成功地把多种服务整合到统一的操作平台上，从而降低成本。合作伙伴管理包括：2011 年与英国智能电表服务提供商 G4S Solutions 签署 M2M 合同，由 O2 负责简化管理并监控 G4S 的智能电表，公司的网络可以帮助公共事业公司以及其他服务提供商，以更快更具成本效益的方式管理其设备；2012 年与沃达丰合作，通过合并两家公司在英国的移动接入网（包括 2G 和 3G），合力发展 LTE，双方的网络成本因此降低 25%。节能减排的措施包括：2012 年与 HTC 合作，出售一款不带充电器的手机，减少充电器流通的浪费，达到减少对环境的破坏，降低手机成本和避免包装过度的目的。

O2 通过以上举措进行降本增效，公司费用率维持稳定，趋于下降。

以上运营商采取的降本增效的方式虽然各有不同，但都旨在降低管理成本，达到降本增效的目的。各运营商通过以上 4 种方式，也都达到了提升管理效率，降低管理成本的效果。

第十三章 身处 4G，未来路在何方

13.1 百年经验谈，四海取经路

当人们还在感慨 3G 让手机上网变得便捷，给生活带来更多便利和娱乐的时候，通信新一代的产物——4G，已经在全球热火朝天地建设并且以迅雷不及掩耳之势“蔓延”，截至 2014 年 10 月，全球已有一百多个国家部署了三百多个 4G 网络。回顾移动通信的发展历程，移动通信的发展大致经历了四个发展阶段：第一代移动通信技术主要指蜂窝式模拟移动通信，特征是蜂窝网络结构克服了大区制容量低、活动范围受限的问题，主要关注将各类事物连接起来。第二代移动通信是蜂窝数字移动通信，主要关注大众市场对它的采纳、解除管制、提高速度、提供如 SMS 和数据支持等额外的服务。第三代移动通信的主要进步是提供宽带多媒体业务，并能实现全球漫游。第四代移动通信能够传输高质量视频及图像，其清晰度与电视不相上下，能够以 100Mbit/s 的速度下载，上传的速度也能达到 20Mbit/s，能够满足几乎所有用户对于无线服务的要求。

抛开技术的问题不谈，4G 和 3G 最大的区别在哪里呢？从用户能够最直接感知的层面来说，当然是手机或者平板电脑无线上网速度的提升。以苹果新发布的 iPad 为例，其支持的 4G 网速为 75Mbit/s，比国内 3G 速度最快的 WCDMA 网络的 21Mbit/s 的速度快三倍左右，提升可谓不小。速度的提升意味着用户在同样的时间里可能会消耗更多的流量，4G 时代，以流量经营为核心的战略将是运营商未来发展的方向。

13.1.1 创新计费模式

为了促进流量经营，在产品运营策略上，国际电信运营商主要采取沿用定价模式、改变套餐设计模式的方法，运用价格杠杆提升网络效率。欧美运营商沿用阶梯型分档流量包模式，日本运营商沿用“二阶段定价”模式，但都在套餐设计模式上有所改变——

以流量作为依据划分套餐档次，更改 3G 时期不限量套餐为 LTE 封顶流量套餐，超出部分降速或收取额外费用；同时起步流量显著提高，套餐外流量单价有所提升。

除套餐设计模式外，部分运营商也对业务的盈利模式和计费模式进行了创新。例如西班牙电信巨头 Telefónica 从流量和速率两个维度进行分层定价，并根据带宽需求差异对用户进行区隔，流量使用较少的用户下行最高速率也限制在相对较低水平；法国第一大电信运营商 Orange 根据网络资源的忙闲时间进行区别定价，降低了空闲时段的资费单价；英国第一大电信运营商沃达丰对短期大流量需求进行了区别定价，推出了限定短时间内使用的套餐，满足用户视频、下载等需求。这些做法都成功地提升了 4G 网络的使用效率和企业的流量收入。

13.1.2　打造4G特色产品

国际电信运营商为了促进 4G 的普及与发展，除了大力开展 4G 网络建设和 4G 套餐重新设计外，还致力于开发、设计和制定有吸引力的 4G 产品体系。为了充分发挥 4G 容量大、速度快、实时性视频传输稳定等特点，带给用户超越以往的感知体验，运营商推出的特色业务产品也主要是基于这些特征提供的视频类业务及各种高容量、实时性强的延伸性应用。例如，美国第一大移动运营商 Verizon 基于 LTE 的视频传输能力和高实时特性推出了与基础医疗服务相关的行业应用，包括远程医疗诊断及监护、移动过程中的医疗救助远程指导、病情监视和分析等；韩国第一大运营商 SK Telecom 的“Tfreemium”服务每月给 LTE 用户免费提供最新的电影、游戏、电子书等高品质内容，同时联手专业手机游戏公司单独上市网络游戏“创世纪”，并推出专属的网络游戏套餐；韩国第三大运营商 LG U+ 针对 LTE 网络开发出一系列应用，包括 HDTV、HD Music、U+ Box、云共享应用 U+ Share、导航应用 U+ Navi LTE 和游戏平台 C Games；而日本第二大运营商 KDDI 舍弃长尾，推出了名为 AU Smart Pass 的 App 套餐计划——由公司统一购买用户最常用的 500 个应用打包放入套餐，供用户自由选择下载。在这种经营模式下，KDDI 与开发商合作，给予比谷歌和苹果更加优厚的分成条件，为 AU Smart Pass 吸纳各种应用，同时要求开发人员提供高级功能或独家解锁内容。该计划每年为 KDDI 创收约 2.5 亿美元，突破了运营商经营 App 难以盈利的困境。

13.1.3　4G价值链合作

国际电信运营商为了更好地运营 4G，还在上下游的研发创新、资本支持、孵化器建设等方面积极投入，为 4G 发展建立了良好的业态生态圈，进行双赢竞争。例如，Verizon 一方面在波士顿和旧金山成立了 LTE 创新中心和应用创新中心，向开发 LTE 产品和应用的第三方公司提供技术、人员、商用化以及资本支持；另一方面让近百家系统、芯片、终端、业务和应用厂商加入 Verizon 的合作伙伴计划，共同做大做强 LTE

的生态系统。通过这样多层次、全方位的合作，Verizon 打造的 LTE-FDD 业务和应用的生态系统取得了一定规模，研究成果包括消费者、零售、健康医疗、企业、公用事业、公共安全、汽车 7 大行业近 80 种设备和应用。日本第一大运营商 NTT DoCoMo 则延续了 3G 时代的应用生态圈建设，各种餐饮、娱乐、购物、金融 / 支付等领域的联盟商家群体丰富且合作稳固，在金融 / 支付、购物和优惠券等 O2O 商业服务、媒体服务等领域均有上千亿日元的良好收益。

13.1.4 4G发展问题

借鉴国外先导运营商 4G 运营经验的同时，其发展过程中遇到的问题也值得引起注意。

首先是运营商面临的资金压力问题。一边是 4G 的大规模建设需要大量的资金，一边是 3G 建设投资还未收回，电信运营商的利润一直在下降，资金的压力不言而喻。如韩国通信委员会（KCC）的数据显示，2011-2012 年，韩国三家运营商 SK Telecom、KT、LG U+ 利润率分别下降 9、6、5 个百分点，而近三年来韩国三家运营商利润都呈下降趋势。欧洲的沃达丰、维旺迪、法国电信等运营商，2013 年分别遭遇了 93.9%、94.3%、80.5% 的利润下滑。Verizon 测算其未来三年的流量将出现 7 倍增长，网络压力巨大，需要不断投入资金用以扩容和维护；但 4G 网络为运营商带来的收入增长普遍仅维持在 10% ～ 20%。

其次是运营商商业模式不成熟的问题。4G 时代电信运营商的业务重心已从语音、短信转到流量，但流量变现能力弱成桎梏运营商收入的主要原因。当电信运营商沦为流量的“管道”，真正赚钱的是移动互联网公司，而电信运营商则变成了“搬运工”的角色。如国外的 iMessage、BBM、Facetime 都变成了运营商业务的取代者，真正的盈利全被 OTT 企业抢走，量收剪刀差加大。在 3G 与 4G 将长期共存的背景下，由于网络流量变现能力有限，单一的用户收费模式在 4G 网络建设成本和 OTT 企业的冲击下将难以承受，因此电信运营商需要寻找 4G 时代的新盈利模式。

13.2 信息服务业：搭载4G的新生态

信息服务业是指从事信息生成、采集、加工、存储、传输、检索利用，向社会提供信息产品或服务的行业。信息服务业是一个涉及信息传输、信息生产、信息分发与供给等众多领域的综合性行业，其价值链包括用户、运营商、设备制造商、软件开发商和内容提供商等众多环节。伴随着技术的不断发展和商业模式的不断创新，信息产业“服务”化的趋势愈来愈明显，信息服务价值链不断延伸，正将越来越多的国民经济行业纳入其中。信息服务业已经成为最具发展潜力的产业之一，其对整个国民经济的带动作用正显著增长。

4G 的高速无线网络为人们的生活提供了更快速、更便捷、更高效的无线宽带体验，信息无处不在，4G 技术推动着各行各业的信息化转型。

13.2.1　云服务

4G 网络将网络传输速度提高 10 倍，因此使得基于云计算的云服务对于移动用户来说，变得更加可靠、实用和安全，更具吸引力。

在云计算概念风行之后不久，安全厂商就提出了“云安全”概念，指采用云计算的模式来提供安全服务。“云安全”主要有两种服务形式，第一种是托管的邮件安全、网页安全和即时通信安全等服务。其基本商业模式为企业将邮件和互联网的安全托管给一个安全服务商，企业不再需要自己建立邮件服务器，在 Web 网关或者代理服务器上也无需部署病毒查杀工作。用户接收的邮件和网络服务先由“云安全平台”检查和过滤。第二种安全云服务则是通过大量客户端来收集网络中软件的异常行为，以获取最新木马、恶意程序以及钓鱼网站等信息，然后在服务器上进行自动分析和处理，最后把病毒和木马的解决方案分发到每一个客户端，对其中的病毒库进行更新。也有厂商提出了基于云的主动式病毒防御技术。比如，赛门铁克、瑞星等就提出一种基于信誉的技术，通过给每个软件定义一个安全信誉等级来指导用户下一步行动。

“营销云”是云计算的一种成功应用。营销云主要集中在 ERP、成本核算、生产排成、订单、全程电子商务、进销存等领域，而这是最能体现企业收益的环节。过去要完成这些环节，企业往往要购买相应的软件、服务器、存储和网络设备等，普通中小企业很难花重金购建这些高端设备。这时候，以 SaaS 模式出现的 CRM（Customer Relationship Management，客户关系管理）使得企业使用 CRM 的门槛大大降低。在在线 CRM 领域，Salesforce.com 是国内外行业学习的榜样；在 B2C 电子商务领域，亚马逊“云计算”服务输出模式的成功也已是一个成熟的样板。当这股“营销云”风潮波及到中国，迅速将中国大大小小的 IT 企业虏获。金蝶的友商网打出了做“中小企业保姆”的口号，用友的伟库也直瞄中小企业，而 800 客提出要争当国内的“Salesforce”。

随着视频监控领域正从模拟走向数字化、网络化，视频监控采用云计算成为可能。近来，出现了一种 VSaaS（Video Surveillance as a Service，视频监控即服务）的概念，也就是“监控云”。与传统的视频监控解决方案相比，将互联网的应用模式植入视频监控行业后，VSaaS 会给视频监控行业带来很大的变化，使得易用性大大提高的同时综合使用成本大幅度降低，且易于集成各种智能分析工具。因为在 VSaaS 的架构中，接口是标准的，视频智能分析存在于云中，其能力可无限扩展。融合且个性化的应用应运而生，例如用于防盗的仓库监控；为了强化管理的连锁店监控以及能够加强对儿童关怀的幼儿园监控等。通过使用“监控云”，用户不但减少了前期投资费用，而且能够免去自己设置监控室，雇佣监视人员的成本，同时也免去一部分存放、管理和使用视频录像带的成本。另外，用户使用“监控云”解决方案，所需付出的是租赁费用，而非大额的设备购置成本，这也为用户提供了灵活的财务解决方式。

当云计算大潮来临，软件开发工具供应商也在按照云计算的模式来优化和改进其软件开发工具。Embarcadero 就推出了一种新形式的软件开发和数据库管理工具——“工具云”。它把软件开发工具搬到了云端，使用类似于云计算的模式来管理软件开发和数据库管理工具的许可、分配、配置，包括不同版本的管理。Embarcadero 推出的这种工具云主要面向中大型企业的软件开发部门或者 IT 部门，企业可以把它部署在某个服务器上（可以是企业内的服务器，也可以是外部的服务器），用户登录到服务器下载到本地上安装执行，或者不安装直接执行。前一种方式面向那些开发强度很高的人员，侧重利用工具云来管理软件许可，无需持续在线；而后一种方式则主要面向不经常使用开发工具的人员。

现代商业运作讲究团队协作，传统办公软件“一人一软件”的独立生产模式无法将团队中每位成员的生产力串联起来。虽然传统办公厂商（如 Microsoft）推出了 SharePoint 等专有文档协同共享方案，但其昂贵的价格与复杂的安装维护成为了其普及的绊脚石。为解决传统办公软件存在的诸多问题，“办公云”的问世呈现出了全新的商务办公模式。与传统的办公软件相比，在线办公软件最主要的一个优势就是跨平台，无论走到哪里，只要打开电脑上网，就能编写出符合规格的专业文档，并且这些文档在大部分主流操作系统与智能设备中都可以轻易被打开，因此也可以容易地获取和修改文件。另一个重要优势是协同性，文档可以多人同时进行编撰修改，配合直观的沟通交流，随时构建网络虚拟知识生产小组，从而极大提高办公效率。此外，配合在线办公软件强大的云存储能力，文档数据可以无处不在，通过移动互联网随时随地同步与访问数据，这使得外派人员可以彻底扔掉繁重的公文包，实现移动化办公。不过目前真正用基于“云”的办公软件来替代微软 Office 的企业仍然不多。与微软 Office 相比，这些在线办公软件无论是功能的丰富性和功能本身都存在一定差距。在线办公应用替代本地 Office 还有待时日，短期内它们仍然是互补的关系。

“位置云”是“云计算”方法在卫星导航定位领域的具体应用。它将卫星导航定位技术的多层技术平台统合到一个开放和共享的中心里，用户可通过手中的终端产品提交不同的服务需求，平台随时反应、处理并反馈回来，以满足用户不同类型的需求。简言之，“位置云”是一个技术体系，包含多层设施平台，容纳全息位置资讯，为社会各领域提供基于位置的多需求解决方案。不久前，国家测绘局发布了“天地图”，虽然并没有打出“云”的口号，但是它却代表着一个方向，就是要整合政府、企业、社会资源，充分发挥各方面作用，建立健全地理信息共享机制，这其实也是“云服务”的一个目标。

基于云计算，统一通信技术（Unified Communications）将被当做一种服务而不是产品来提供。通过“统一通信云”，用户采用租赁或托管统一通信服务，来实现即时消息、视频会议、电子邮件、短信、传真和语音邮件等通信应用。例如，Cisco 的 WebEx

平台已经成为涵盖语音、网络会议、E-mail、Presence、视频等功能在内的一款功能全面的统一通信平台，与社交网络 Quad 的相通极大地拓展了 Cisco 统一通信战略的内涵和外延。宝利通与 BroadSoft 公司合作推出了 BroadCloud 视频统一通信云解决方案，帮助服务提供商为全球企业部署，使用 B2B 远程呈现和高清语音解决方案时进一步降低成本和复杂性。与传统的统一通信厂商相比，中国电信这样的运营商在网络资源、客户基础、现网服务整合等方面具有天然的优势。中国电信基于云计算模式，面向用户提供“按需付费”的统一通信服务。用户只需要支付少量的租赁费，无须自行建网，即可享受快捷、高效和低成本的统一通信服务。目前用户已经超过了 100 万，用户群正以较快的速度发展。

“语音云”指的是基于语音应用引擎技术而构建的语音计算平台，用于为人们开发的应用程序提供高质量的语音操作，如语音合成、格式转换、识别、听写等服务。各种应用开发者基于语音云来构建语音应用程序，可以非常快速地向应用程序中增加语音功能支持。因为在应用程序的使用过程中，不需要维护语音引擎，扩展新的语音技术也将非常容易。科大讯飞推出的同时提供语音合成、语音搜索、语音听写等智能语音交互能力的移动互联网智能交互平台“讯飞语音云”就是这样一种服务。科大讯飞在互联网上开放了该公司最新研发的各种语音技术体验和快速开发接口，包含世界领先的语音合成技术、语音识别技术、声纹识别技术等，并向任何组织和个人免费提供面向 PC 和多种智能终端的互联网客户端接口和语音应用开发接口。基于科大讯飞的智能语音技术，应用开发者能够在很短时间内构建出“能听会说”的特色移动互联网应用，从而使移动互联网语音创新开发的门槛显著降低，开发周期显著缩短。

“视频云”提供的服务则是通过各种终端设备实现视频内容的分享和交互。用户的终端可以是数字电视、网络电视或手机等，只要这些终端设备具有网络处理能力、显示能力和视频解码能力，就可以在任何时间、任何地点访问“视频云”，通过终端设备观看所点播的各种视频内容。所有应用包括音视频处理都在云端进行，只把处理结果通过视频、音频流发送到用户的终端。当有交互请求时，通过上传通道传输到云端，云端再次进行处理后，通过音视频发送到终端。东方传媒集团 SMG 正在努力构建的中国广电“视频云”，通过全新的“视频云”技术，吸纳全国广电进入到新媒体平台，实现全国广电的共同参与、多赢合作；永新视博公司自主研发了“视频云”端到端系统方案，将所有的计算能力全部集中在“云端”，然后将应用的运行结果以视音频化的方式通过网络传输到终端。

13.2.2 智慧城市

随着物联网、云计算、移动互联网的大力发展，在新一代技术的支撑下，利用信息和通信技术，城市生活将更智能，资源利用将更高效，生活质量将得到提高。这样的城市形态被称为“智慧城市”。其根本理念是，把城市本身看成一个生态系统，城市中的市民、交通、能源、商业、通信、水资源等构成一个个子系统，这些子系统形成一个普遍联系、相互促进、彼此影响的整体。在过去的城市发展中，由于技术的限制，这些子系统之间的关系无法为城市发展提供整合的信息支持。而在未来，在高速的 4G 通信基础上，借助新一代的物联网、云计算、决策分析优化等信息技术，通过感知化、物联化、智能化的方式，可以将城市中的物理基础设施、信息基础设施、社会基础设施和商业基础设施连接起来，成为新一代的智慧化基础设施，使得城市中各领域、各子系统之间的关系显现出来，在节约成本和能源的同时实现服务的改进，完成从数字城市向智慧城市的跃升。

例如，用车载电子传感装置，通过移动通信技术、汽车导航系统、智能终端设备与信息网络平台，使车与路、车与车、车与人、车与城市之间实时联网，实现信息互联互通，从而对车、人、物、路、位置等进行有效的智能监控、调度、管理。为了实现这个目标，汽车需要采用与高端智能手机非常相似的技术，4G 技术就是其一。通过应用 4G 技术，智能汽车将拥有基本的安全及安保服务，如汽车碰撞检测和警示、汽车远程诊断和维护以及 3D 导航和互联信息娱乐服务等。在交通设施方面，类似于机场的航空控制器，交通监控系统将在道路、车辆和驾驶员之间建立快速通信联系，哪里发生交通事故，哪里交通拥挤，哪条路最畅通，该系统都将会以最快的速度提供给驾驶员和交通管理人员。4G 技术与传感器技术相结合，不仅可以为交通行业提供通信保障和系统调度平台，还可以实现对交通环境的实时监控，最终实现智能交通。

另外，4G 能够对污水、PM2.5、机动车尾气、固体废物、噪声等方面监测数据的传输发挥重要作用，从而实现对烟尘等环境信息的监测，对危险废弃物、放射源废物企业和医院的自动监控以及水质量监测、空气质量监测，和对火电、钢铁、有色金属、石化、建材、化工等行业、企业进行重点防控和多种污染物协同控制，达到保护环境、能源高效利用的目的。

13.3 高速率：无处不在的高清生活

4G 时代的到来到底为人们的生活带来了什么改变？与 3G 相比，4G 最大的变化是网速大幅提升，体验过 4G 的人都会有这样的心声：快！一秒打开商业网站，几分钟下载一部高清电影，这些都将成为习以为常的事情。

13.3.1 大型网游随时玩

在拥有了更快速的移动网络之后，曾经依赖于有线网络的网游将不再受限于地点，即便在每小时数百公里的高速行驶状态下，4G 仍然能顺畅地提供服务，因此人们能够随时随地都能够玩转画面华丽的网游，只要设备性能足够播放视频就行。特别是，由于近几年智能手机的井喷式增长，移动网络的快速普及以及人们碎片时间的普遍增多，绝大多数人已不再使用传统的电脑来进行游戏，越来越多的人已经把手机作为他们的主要娱乐方式，通过各种各样的手游来打发上下班路途中的无聊时间。

2012 年我国移动游戏的产值为 50 亿元左右，2013 年全年产值达到 100 亿元，而 2014 年有望超过 200 亿元。很显然，这是一个蕴藏巨大价值的广阔市场。移动互联网企业尤其是手机游戏厂商在 3G 时代尝到甜头后，纷纷加大了产品开发力度，争取在 4G 时代扩大自己的市场份额和行业影响力。2013 年，微信上的打飞机、天天跑酷、斗地主等游戏出尽了风头，但在高网速的 4G 时代，主导市场的将是那些高画质、大制作的多人在线游戏。4G 在韩国普及后，韩国手机游戏市场正由休闲类向 3D 等游戏转型，相较于传统的卡牌等类型的手机游戏，RPG、SLG 手机游戏可玩性更高，画面更为精致，内容更为丰富，反应速度更快。可以说，面对 4G 时代这个大好的机遇，手机游戏产业将迎来发展的新高潮。

13.3.2　超高清视频通话

在欧美、日本等国家，4G 网络正式运营直接带动了视频拍摄分享社交用户的提升。继文字、语音走俏移动社交之后，短视频有望成为下一个被广泛认知的移动社交元素，短视频应用 Vine 和 Instagram Video 用户数都已经达千万甚至破亿。2013 年 9 月，腾讯推出了一款主打 8s 短视频分享的移动社交产品“微视”，用户可以将拍摄的短视频同步分享到朋友圈、QQ 空间、腾讯微博等，上线不久就成为热门应用。爱奇艺、新浪等巨头也先后强推自家短视频应用，“秒拍”、“短片”分别以不同形式粉墨登场，期望借助短视频元素造出横扫移动社交领域的下一个“微信”，成为 2014 年移动互联网的开年之战。在 4G 时代，微视频领域被认为是最有可能出现颠覆式创新的领域，可以预测，类似微视这样的应用会更加红火，同时将带来全新的社交形态，网络社交从文字、图片升级到视频，让人们的社交变得更生动和丰富。

2009 年 3G 刚启用时，视频通话功能就是运营商宣传的热点，但现实与期望相距较大。尽管这种通话方式看起来很美，尽管运营商已经在 3G 套餐中增加了视频通话业务，但很少看到有人用手机进行视频通话。造成视频通话功能未能真正普及的原因除了人们的习惯外，最主要的就是 3G 网络在传输视频时稳定性较差，同时，在 3G 业务初期智能手机的视频功能也很有限，这些导致视频通话功能的用户体验不佳。而随着 4G 时代的到来，数据传输能力大幅提升，利用 4G 网络，曾经在 3G 网络上卡壳丢帧频繁的视频通话终于可以实用起来了，有了 4G 网络，视频通话高清同步的画面就会成为现实。加上现在智能手机无论拍摄能力还是显示效果都已经很出色，高清视频的拍摄和传输都不再是问题，因此视频通话在 4G 时代会真正普及开来。

在美国，很多大学已经把 4G 网络运用到课堂上，与 iPad 进行融合来取代实物教科书。目前，我们使用移动终端看视频的习惯是，要么在有 Wi-Fi 的环境下观看，要么在 Wi-Fi 环境下先缓存好后离线观看。即使使用 3G 网络环境直接观看也仅限于一些短视频节目。以往的在线教育通常采取的也是录播的形式，这种方式成本较低，且可以反复使用，但是这种量产的方式已经无法满足消费者的个性化互动需求，所以直播模式被看作在线教育突破原有局限的有效方式。在传统教育行业中，好的师资是一种稀缺的资源，要实现这种资源的共享往往需要巨大的人力、物力、成本。4G 时代高达 100Mbit/s 的速度，让直播课程变得更为现实。类似，这一优点还将被运用到实况转播等领域。

13.3.3 手机云计算时代

云计算是一种虚拟化、分布式计算模式，它通过分布式计算模式把计算力、存储、应用平台汇聚成虚拟的、可动态扩展、可被管理的庞大的资源池，然后通过虚拟化技术把资源池按照一定量分割成众多可被管理的单元，最后把这些单元通过互联网远程按需输送给终端用户。通过云计算服务模式，用户只需要一个移动云终端，就可以通过移动互联网获得足够的计算力和存储空间，一切运行和存储全部在云数据中心进行，用户只管享受结果。如果将云计算比作一个大的蓄水池，4G 与传统网络相比是更粗的管道，让大量资源得以流通。在现有网速下，大量的数据处理只能通过终端硬件来完成，而有了高速的 4G 网络，就可以快速地访问存在云端的数据，使得用户获得大型计算机的运算能力成为可能，因此将可能改变手机存储的方式，甚至颠覆手机的操作方式。

以内容存储为例，依托 4G 时代的高带宽与功能强劲的智能终端，互联网视频内容的生产与供应逐渐形成了一个完整的产业链条。在这个链条中，有人输出创意，有人负责制作，还有各种渠道分销商进行二次售卖，最终传到用户的手中。每一次的传递，从本质上来说，都是超大容量文件的传输。这条传输的链条上，需要一个又一个的中转站来提供文件的存储服务，哪怕传递到最终用户手中，该用户可能暂时不想看这些视频，但放在自己的终端中又太占内存，这时，弹性伸缩、随存随用的云存储就派上了用场。而且，从经济的角度考虑，按容量付费，不用之后释放空间的模式，也是最为合理的。

而将所有应用程序都放在后台超强弹性云数据中心运行，手机终端只负责服务的请求和数据的接收，只运行简单的应用，便可以降低手机功耗，保持手机续航和便携性优势。以“云游戏”为例，游戏本体在云端服务器上运行，用户不需要下载安装，整个游戏过程中服务器会不断接收用户的操作指示，然后帮用户计算出游戏的画面，再像视频那样传回给用户的手机播放。

此外，在手机云计算服务模式下，数据的安全性大大提高。将手机数据存放在云服务器中，有专业的企业级的安全技术、软件对数据进行防木马、病毒保护和加密处理，不仅可以随时对手机终端数据进行同步、备份，必要时还可以通过 PC 端对手机位置进行远程定位，对手机里的信息进行加密、锁定、删除。

进一步，针对手机用户的服务也将变得更为贴心。例如，定位服务将延伸出一系列个性化服务，当后台云服务器追踪到登录用户所在的地理位置时，便会将所在地的天气、新闻、购物等资讯通过手机进行推送，同时还能通过各个终端地理位置信息的交互找到附近好友等。

13.3.4　全景导航

4G 的到来将给地图导航行业带来剧烈的波动，传统导航仪厂商将彻底退出地图导航市场。如果说之前人们购买导航仪是因为移动网络不够顺畅，且网络流量费用高等问题的话，那么在 4G 时代，车主完全没必要再花费几百元甚至上千元购买导航仪。如前所述，只需要花十几元买个手机支架，将手机固定好，打开在线导航软件，就可享受手机云计算服务带来的便利——事实上，因为在线导航软件的智能性，能够实时根据路况来规划路线，及时播报前方拥堵情况，车主在驾驶的过程可以及时避开拥堵，更高效率地完成出行生活，导航体验会更好。

有了 4G 网络提供的更好的带宽，导航系统的用户体验可以提高到一个新的台阶。摄像头提供实时的视频数据可以实时地传送到车载导航系统中，现有的二维地图能够升级到三维，地图可以完全真实反映实景信息。如此，用户再也不用担心在复杂的立交桥上走岔路；当与多名好友组成小车队出行时，可以设置成“多人导航”，通过定位系统轻松找到队友，还可以通过免提通话保持联系，让车与车互通互联，出行更便捷。在行车途中，还可以随时记录和查询历史行车轨迹——当然，是在确认身份之后。

同时，语音播报可以将新闻资讯、商务信息和各种个人信息以最快的速度，发送到导航系统显示屏上并进行读播，改变传统用眼睛读屏的老方式，让车主既能安全驾驶，又能一“览”天下事。例如，车主有时会在不知情的状态下违反交规，造成许多不便，若此时系统能自动将违章信息告知车主，则为车主带来许多便利。进一步，在商业搜索及广告推送等方面也可以催生出新的模式。

和手机类似，导航系统也可以进行远程定位和遥控，当车辆非正常启动时，车辆将通过云中心自动向车主的手机发送信息预警和定位，车主可以随时随地监控爱车，再也不用担心汽车安全。

13.3.5　智能家居

那些在 3G 时代因为带宽、流量而被限制的应用，比如无人驾驶汽车、智能家居等物联网服务将在 4G 时代迎来二次进化机会。

未来的物联网时代，每一个物体都将实现可通信、可寻址、可控制，也就是说任何物体都能上网。物与物之间的传输将大部分采用无线传输方式，4G 的信息传输速率快、带宽高正符合物联网发展的要求。

此前一批智能家居用户曾遇到过信息反应迟钝的情况，比如在外面发现忘记关掉电饭煲电源，如果遇到网络不好，就会出现接收设备反应延时的情况。4G 网络将缩短用户指令执行时间，提高对智能家电的操作效率。

4G 也将给无人驾驶汽车发展注入强心剂。驾驶具备 4G 通信技术的汽车，在出发前设置目的地，通过云计算及物联网，可以快速帮助驾驶者选择出行路线，避开拥堵、维修及事故路段。

13.3.6 远程医疗

就在前不久，杭州一台配备 4G 终端的救护车成功挽救了一位心梗老人的生命。在配有 4G 终端之后，急救医生在救护车上就能调取患者的个人信息，救护车上的监护仪实时将所有生命体征信息实时传到医院医生手上，急救医生在车上就能和医院的专家展开视频会诊。

杭州市急救中心主任应旭旻表示，以往救护车上只能做一些应急措施，一位急性心梗患者即便从抵达医院急诊室门口到为其开通血管，就大约需要 90min，主要花在询问患者病史、抽血、初步检查、调集相应医务人员等事务上，到最后，有些病人连上手术台的机会都没有。“安装 4G 实时联网之后，上述准备工作中的一部分可在 120 急救车上完成，一般情况下能节省一个小时左右的抢救时间。对于心梗等危重病人，快一分钟，就多一分生还的机会。”

在美国，一些科技企业已经在为卫生保健应用开发独特的工具和服务，使用 4G 网络来迅速传输像 X 光片那样的大文件，为医生远程监督和指导提供互动视频。

利用高速 4G 网络，大容量的医用数据，例如幻灯片和高清手术画面等都可以传输到另外一端，这就让快速应急响应有了专家的技术支持，从而争取到抢救的“黄金半小时”。

13.4 应用：不再是OTT的独角戏

美国运营商打响 OTT 防守反击战，将实现 VoLTE 跨网互通。

美国两大电信巨头 AT&T 和 Verizon 将在 2015 年实现 VoLTE 的跨网兼容和互通。数年来，面对 OTT 冲击，电信运营商一直苦思对策。2014 年以来，一度仅有 4 家运营商商用 VoLTE 的局面被打破，全球多地运营商相继推出该业务，无非是为了利用“高清”语音业务扳回一城。而今，VoLTE 跨网互通实现在即，这意味着电信运营商在传统语音领域对 OTT 阵营的防守反击力量正形成规模。

（1）不容再失的阵地

传统语音业务收入的下滑已成不争的事实，而令电信运营商陷入这一困境的最大力量非 OTT 服务商莫属。

有数据显示，2013年全球四成的国际通话量被Skype占据。2013年全球共有15亿移动VoIP用户，其中大部分使用OTT应用程序。大部分的OTT移动VoIP应用程序用户在亚太地区。该地区的移动宽带普及率达到100%，而在2012年后，这一地区的中国、韩国、日本、印度和印度尼西亚的OTT移动VoIP应用程序用户出现了爆发式增长。Infonetics Research的首席分析师Diane Myers称："在不断变化的OTT移动VoIP市场，日本的Line已经超过Skype成为市场领先者，2013年全球OTT移动VoIP用户的四分之一都是Line的用户。"

而资历更老的WhatsApp，早在2014年4月底就收获了5亿用户。用户每天分享的照片多达7亿张，视频多达1亿条。当月早些时候，WhatsApp单日信息处理量达到了前所未有的640亿条，比2014年1月增加了100亿条，其中发出的信息为200亿条，接收的信息为440亿条。WhatsApp称，用户增长的主要动力来自巴西、印度、墨西哥和俄罗斯。

中国的情况也丝毫不容乐观，2013年移动语音业务量增长基本停滞。近年来，全球运营商目睹了曾经的支柱型业务——语音收入被OTT服务商蚕食鲸吞的过程。

不过尽管在2013-2018年OTT移动VoIP市场的年复合增长率预计能够达到12%，但大多数服务提供商能够从每位用户身上获得的收入却十分有限，这种商业模式对于很多独立的企业而言是不能持续的。

（2）运营商的集体突破

曾经的支撑业务语音被大肆分流，电信运营商苦思对策。对于运营商来说，在灵活性和创意方面可能稍逊于OTT服务商，但更高质量的语音业务是最大的竞争砝码。为此，多年来外界对于运营商大力发展高清语音的呼声一直不减。而随着4G的普及，VoLTE无疑成为高清语音的极致产品，但鉴于网络覆盖、终端、辅助技术等多方面的进度不一，电信运营商在VoLTE方面的进展一度非常缓慢。2012年韩国运营商推出全球首例VoLTE业务后，在接近两年的时间里一度维持着只有4家运营商（分别为韩国三大运营商和美国的MetroPCS）商用该业务的局面。2014年这一局面终于被打破，迎来了更多运营商。

2014年5月14-19日，日本NTT DoCoMo、美国AT&T、中国香港电讯公司和新加坡电信相继发布VoLTE的商用计划，打破了局面。后续又有新加坡星和公司、香港和记黄埔3公司和美国Verizon等跟进。根据GSA公布的最新报告，截至2014年9月，全球已有11家运营商推出了VoLTE业务，另有60家运营商正在进行VoLTE调研、测试或部署工作。2014年年底，商用VoLTE的运营商数量达到19家，2015年将在此基础上翻番。2014年7月的数据显示，全球支持VoLTE功能的智能手机有92款。此外，全球已有116家运营商推出了移动高清语音业务，比2013年增加30%。

德国用户数量最多的移动运营商Telefónica德国选择爱立信作为其主要供应商升级其网络，以便支持VoLTE服务。Telefónica是欧洲首批已完成网络升级，准备推出商用VoLTE服务的运营商之一。它在德国有LTE覆盖的所有地区都部署了VoLTE。一经确定

VoLTE 设备拥有了完整的生态合作体系，Telefónica 就会在大众市场推出商用 VoLTE。

尽管 VoLTE 的商用进程不理想，但这也为该业务的起飞奠定了更牢固的基础。对于 VoLTE 来说，网络的覆盖和适配的终端数至关重要。LTE 商用迄今已近 5 年，近两年随着运营商的大力投资，网络覆盖已卓有成效。在韩国，LTE 几乎已经实现了全境覆盖。当然，在多数国家和地区，LTE 覆盖仍有欠缺，但 VoLTE 的配套技术 SRVCC 日趋完善，可实现在 LTE 网络覆盖不足的地区帮助用户在 LTE 网络和 2G/3G 网络之间平滑切换，保障用户体验。

2014 年 8 月，一家名为 Spirent 的网络、服务和终端测试厂商联合 SRG 公司对美国一家大型运营商的 VoLTE 信号进行了双向测试，结果显示 VoLTE 在通话质量、呼叫表现、电池表现等指标上都完胜 3G 和 OTT（Skype）。据研究机构 Infonetics Research 统计，截至 2013 年年底，全球 VoLTE 用户数为 1 200 万，其中大部分是韩国用户。截至 2014 年年底，VoLTE 用户数增长至 5 100 万。

此番 AT&T 和 Verizon 表态将跨网互通，是对运营商 VoLTE 业务的又一重大利好。在分兵作战的基础上实现合力，无疑将为传统运营商争取更大的影响力和用户基础。但客观来说，在 VoLTE 方面，运营商在定价方面该如何定位？是效仿互联网企业走免费路子？抑或是坚持收费路线，但制定一个用户易于接受的价位？这仍是一个有待深思的课题。

13.5 4G终极策略：用户、运营商、互联网公司的黄金三角

服务是运营商的立命之本。4G 来临，运营商如何为用户做好服务？时代在变，用户的需求也在发生变化，服务的范围、方式与程度也应该随之变化。

从 4G 时代运营商的内外部环境来看，主要变化体现在通信网络上：一是网络速度更快，4G 网络支持 100 ～ 150Mbit/s 下行带宽，速度是 TD-SCDMA 的 35 倍，是 WCDMA 的 14 倍；二是通信质量更高，4G 时代对高速数据和高分辨率多媒体服务的支持，远高于 3G 时代，通信品质也有所提升；三是网络更加智能，可以实现网络的智能疏导、管控和分发等智能管道能力，使得差异化服务成为可能。

在通信网络之外，还应该看到与 4G 时代同时出现的一些环境特点。如移动互联网快速发展，已经超过 PC 端的互联网服务；智能终端加速普及，几乎人手一个；OTT 业务更加丰富，不断侵蚀传统运营商服务；还有“营改增”等政策让运营商利润下滑等。可以看到，产业链的竞合关系更加复杂。

与此同时，移动互联网呈现社交化趋势。每个人的时间更加碎片化，人们之间的沟通更加频繁。信息的不对称性逐渐降低并去中心化，每个人都想表达自己。人们的需求更加复杂，使得服务的难度更大。

在这种背景之下的运营商，想要获得用户一如既往的信任，谋求更多的利益，就

需要在服务上下更多的工夫。笔者认为，4G 时代运营商的服务应该做到：有中心、有高度、有低度、有内功、有外功，即始终以用户为中心，实现服务战略化、社交化、定制化、显性化。这样才能提升核心竞争力，取得新的突破。

（1）以用户为中心，才能够体现服务的价值，真正获得用户认可，继而进行服务变现盈利。

前段时间被炒得沸沸扬扬的“流量清零”事件，矛盾点就在于，运营商提供的服务与用户需要的服务产生了冲突。运营商的解释看似有理，但如果从服务的角度来讲，确实应该转变思路。虚拟运营商纷纷在流量上做文章，宣扬转变流量做法，得到用户认可。现在，三家运营商基本否定了当时的观点。

以用户为中心，还要做到用户在哪里，服务就跟到哪里。运营商早已实现了服务渠道的多元化，如在营业厅、网站、电话、短信、WAP、微博、微信等开放服务接口。进入 4G 时代，相应的服务接口自然会陆续开放。多渠道情况下，既需要统一的服务品牌，又需要根据用户在各个渠道行为特点，投入差异化的资源，提供有针对性的服务。

（2）有高度，服务战略化。就是要从战略层面出发，快速发展现代服务业，争取服务主动性。

服务在公司中的地位，应该上升到什么样的高度是环境决定的。当前，三家运营商的语音和短信依然是重要收入来源，属于传统通信服务，但是这种形势正在发生变化。OTT 业务对传统通信业务的侵蚀，逼迫运营商进行转型。同时，“营改增”后，基础电信服务和增值电信服务适用不同的税率、电信资费市场化等政策也影响着运营商转型中的决策。

国家把推动现代服务业发展作为产业结构优化升级和促进就业的战略重点，通过合理规划和财税政策扶植，积极引导现代服务业发展。运营商可以借此机会，提升现代服务能力，实现企业发展壮大和资产保值增值。

从通信服务业到信息服务业，再到现代服务业，将成为主流的发展路径。这一转型进行得越快，运营商的主动性将越强。

（3）有低度，服务社交化。就是要充分运用社交网络的自组织、自传播特点，做到四两拨千斤。

在移动社交时代，每一个终端背后都有一个用户。关注同一个微博、同一个微信公众账号的用户往往具有共同的特点，他们自发地聚集在一起，处于一种互助服务的状态。这是社交网络的自组织性。人和人构成了网状化的传播体系，任何人都能成为信息的发布者、传播者和阅读者，人们之间口口相传，能使信息快速地从一个点传播到一个面，其速度、传播面和影响力甚至大于传统的平面和网络媒体，这是社交网络的自传播性。

运营商应该格外重视基于社交网络的服务。一方面，可以充分挖掘客户的力量，让客户为己所用，在服务的同时，对于企业品牌能够起到良好的宣传作用。另一方面，如果基于社交网络的服务做不好，对于企业的负面评价，会以更快的速度传播，为企业带来极大的损失。

对于不同渠道的服务分工，传统渠道可以以查询、办理和解决简单投诉处理为主，社交网络适于开展交互式营销、服务和宣传，可以解决传统渠道难以解决的重点疑难问题。

（4）有内功，服务定制化。就是要依托大数据分析，为用户群体提供个性化的服务。

浅层次的定制化服务是将服务产品化运营，提供多种组合。例如在资费套餐方面，虚拟运营商多主打“私人定制”。苏宁互联提出，对上网流量、短信数量、通话时间进行自由组合；同时，当月套餐余量不予清零，可累积续用，上网流量、短信数量和通话时间甚至能在亲朋好友间互相转赠。这是一种简单的定制，相对于运营商的传统做法，这已经是一种进步。

深层次的定制服务是通过大数据分析，预测用户群的需求。运营商拥有 10 多亿的用户，每天产生的通信数据都是海量的。拥有数据到懂得用户，需要一个分析与认识的过程，在 4G 时代要进行深入的研究与应用。

放眼全球主流运营商，美国 AT&T 利用大数据技术收集、分析用户的位置信息，通过客户在消费场所附近通话或者其他通信行为，预判消费者的购物行为，以培育新的业绩增长点。日本 NTT DoCoMo 利用大数据解决方案，实现医疗资源的社会化创新，培育医疗信息服务增长点。法国电信 Orange 通过对用户消费数据的分析评估，找出了超负荷运转的网络并及时进行扩容，从而有效完善了网络布局，给客户提供了更好的服务体验，获得了更多的客户以及业务增长。

成功的案例较多。可见，在 4G 时代，大数据已经成为运营商的重要武器。只有利用好大数据挖掘、共享和分析这个有利的武器，才能够建造好“智能管道”，不断赢得用户的认可。

（5）有外功，服务显性化。就是要利用适当的方式，将优质的服务表达出来。

“随风潜入夜，润物细无声”固然珍贵，但不可作为执行方针。如果简单地把服务品牌传播的职能全部寄托在用户身上，凭借用户感知去进行口碑传播，是不负责任的，也是不靠谱的。这种情况下，一定要将好的服务利用适当的方式“说”出来。

小米在这方面有一定的经验。例如小米与迈外迪合作，推出 2 万多处公共场所 Wi-Fi 一键连接功能。虽然是一个很小的功能，给用户带来的便利性也不是很大，但是小米善于把故事讲出来，既有他自己发微博宣传，也有“用户”体验谈感受。而且，雷军会在各种场合谈到这种人性化的功能，传播自己的服务用户理念，哪怕很多用户还不能享受到这种服务，也会对小米产生较好的印象。

服务显性化的过程，不应该是死板教条地打广告，比如，“某某服务就是好”的空口号，难以给用户留下深刻的印象。通过更加人性化、更加“真诚”的方式表现出来，才会起到更好的效果。

在 4G 时代，无论运营商的定位是通信专家、信息专家还是数字化专家，服务都应该放到重要的位置。做到以用户为中心，服务战略化、社交化、定制化、显性化，既是运营商与时俱进的体现，又是运营商满足用户需求，实现价值提升的最佳路径。